【제3판】

아동복지론

【제3판】

아동복지론

도미향 · 남연희 · 이무영 · 변미희

KNOWLEDGE COMMUNITY 공동체

머리말

『아이 하나를 키우는 데는 온 동네가 필요하다(It takes a village)』라는 책이 한때 화제가 된 적이 있다. 우리의 미래는 현 세대의 건강한 성장을 위한 개별 가정을 넘어서 사회적·국가적 차원의 아낌없는 지원과 노력에 달려있다고 해도 과언이 아니다.

그러나 최근 저출산, 아동학대, 학교폭력, 사교육의 과열, 가족해체에 따른 아동빈곤 등이 심각한 사회문제로 대두되고 있으며, 이 과정에서 아동은 상실과 고통을 경험하고 있다.

우리나라는 OECD 회원국으로 선진국 대열에 들어섰으나 선진국과 비교해 볼 때, 우리 사회의 아동복지 수준과 의지는 그다지 높지 않은 편이다. 다만, 최근 고무적인 사실은 영유아를 위한 무상보육 실시와 미취원 영유아를 위한 양육수당 지급, 아이돌봄서비스 제공, 육아종합지원센터 확대·실시 등의 아동복지증진을 위한 다양한 서비스의 실시이다.

이러한 상황에서 본 저자들은 아동과 아동복지의 이해, 실천자들을 위한 지식과 기술 등에 대한 이해를 높이고 아동복지학과, 아동학과, 사회복지학과, 유아교육학과 내지는 관련학과 학생들은 물론 아동복지실천에 관심이 있는 사람들을 위한 아동복지 교재로 사용하는 것에 집필목적을 두었다. 특히 우리 사회가 지향해야 하는 아동복지의 방향과 이념을 일관성 있게 정립하고, 그에 따른 체계적 지원을 모색하고자 하였다. 이를 위해 우리나라 아동복지의 현실과 제도를 이해하고 실질적으로 현장에서 서비스를 제공하는 데 있어 기초지식 형성에 도움이 되고자 주력하였다. 또한 실제적인 아동복지 분야의 이해와 실천 적용을 위해서 아동복지실천분야를 아동뿐 아니라 아동이 속한 가족의 특성을 고려하여 구성하였다.

이 책은 크게 3부로 구성되어 있다. 제1부의 아동과 아동복지의 기초에 대한 이해 편에서는 변화하는 사회와 아동복지의 의의, 아동의 권리와 안전, 아동의 발달, 아동복지 발달사, 아동복지 정책과 행정, 아동복지실천방법에 대해 살펴보았고, 제2부의 아동복지실천분야에서는 보육아동, 장애아동, 빈곤아동, 학대아동, 가정위탁아동, 입양아동, 시설아동, 다문화가정 아동을 위한 아동복지실천에 대해 살펴보았으며, 제3부에서는 아동복지의 과제와 전망을 중심으로 아동복지의 미래에 대해 다루었다. 또한 각 장마다 연습문제와 연구문제를 제공하여 아동복지 전문가로서 문제해결능력과 분석력을 기를 수 있도록 하였다.

한편 이번 3판에서는 최근 들어 무상보육정책에 따라 아동복지 분야에서 가장 막대한 예산을 투자하면서 정책의 대대적인 변화를 가져온 '보육아동을 위한 아동복지실천'에 관하여 전면 개정하였고, 각종 안전사고로부터 아동보호의 필요성이 대두됨에 따라 아동권리와 안전을 추가하였다.

본 저자들은 공동집필 과정에서 집필방향의 일관성, 일관된 관점 등을 잃지 않도록 여러 차례의 의견교환과 원고의 교정을 거치고자 노력하였다. 그럼에도 불구하고 미흡하고 부족한 부분이 있으므로 독자들의 양해를 구한다. 이 책이 보완될 수 있도록 아동복지에 대한 관심있는 분들의 따뜻한 애정과 조언을 부탁한다.

이 책이 나오기까지 많은 도움을 주신 분과 우리의 가정에서 아동복지의 기본 모델이 되어주고 있는 아이들에게도 감사를 드린다. 특히 이 책이 나올 수 있도록 도와주시고 꾸준히 독자들에게 사랑받는 책이 될 수 있도록 깊은 관심을 쏟으시는 공동체 사장님과 직원 여러분께도 감사를 드린다.

2014년 8월

저자 일동

차 례

제 2 부 아동복지실천분야

제 3 부 아동복지의 미래

1

아동과 아동복지의 기초에 대한 이해

Child Welfare

제1장

변화하는 사회와 아동복지의 의의

1. 아동복지의 기본 개념

1) 아동복지의 개념

아동복지란 아동의 건강한 삶을 보장하기 위한 국가와 사회 그리고 민간단체의 다양한 노력들, 즉 법과 정책 그리고 행정뿐 아니라 전문가에 의한 구체적인 서비스를 총칭하는 말이다.

고유명사로서의 '아동복지(child welfare)'는 특정 사회복지 분야를 지적하는 용어이고, 보다 더 큰 사회적 개념이며 목적 개념인 '아동의 복지(welfare of child)'로부터 파생된 용어이다. 아동복지는 아동복지법과 그와 관련된 법규정에 의한 아동을 위한 서비스를 말하는 것으로 학자들의 관점에 따라 조금씩 다르게 정의되어 왔다.

아동복지라는 용어는 아동복지 현상 그 자체를 지칭하는 것과 아동복지정책의 실시를 주장하며 촉진시키려고 하는 하나의 사회사상을 의미하는 경우로 구분된다. 전자는 일정의 이념 내지 목적을 전제로 바람직한 아동복지정책의 주장을 주된 내용으로 하는 '사상으로서의 아동복지'이며, 그것은 복지실천과 운동에 대해서는 그 계기로서의 의미를 갖는다. 후자는 '실체로서의 아동복지'이며 아동복지정책 제도 및 활동 등의 체계 그 자체인 것이며, 실제에 있어 양자는 상호 밀접하게 관련되어 있다.

그리고 현대의 아동복지라는 말은 보다 넓은 의미를 가지는 것으로 아동의 신체적 · 지능적 · 정서적 발달에 관하여 모든 아동의 복지를 지키며 보호하고자 하는 공 · 사 단체의 사회적 · 경제적 · 보건적 활동과 일체를 이루는 것을 말한다. 또한 사회복지 프로그램에서 넓은 범위에 있어서 아동복지란 주로 아동과 그 가족의 복지, 그리고 보다 광의로는 모든 아동의 복지 증진에 관한 것이라고 하여 '광의의 실체로서의 아동복지'의 개념에 입각하고 있다고 할 수 있다.

미국아동복지연맹에 따르면, "아동복지는 부모가 양육의 책임을 다할 수 없거나 지역사회가 아동과 그 가족이 요구하는 자원 및 보호를 제공하지 못하는 아동에게 사회적 서비스를 제공하는 것"이다. 아동복지서비스는 부모가 할 수 없는 기능을 보강, 보충 또는 대체하며, 기존의 사회제도를 수정하거나 새로운 제도로서 아동과 그 상태를 개량하도록 설계된다고 하여 비교적 '협의의 실체로서의 아동복지' 개념의 입장을 취하고 있다.

아동복지에는 희망적이며, 이상적인 이념사상을 포함하는 경우가 있으며, 노력의 목표도 되어 추상적인 사고여도 좋은 경우가 있다. 실체개념으로서의 아동복지란 그 목적을 달성하기 위하여 행해지는 구체적인 실천 그 자체를 가리킨다. 따라서 그 사회의 경제적, 사회적 및 문화적인 조건에 당연히 지배되는 것으로서 역사적 현실과 관련되어 파악되지 않으면 별 의미가 없다.

아동복지의 정의는 위에서 살펴본 바와 같이 아동복지를 어떻게 보느냐에 따라 달라진다. 구체적으로는 어떤 아동이 복지의 대상이 되며, 또한 어떠한 주체에 의해 복지활동이 수행되느냐에 따라 좁은 의미의 아동복지, 또는 넓은 의미의 아동복지로 나눌 수 있다(이소희, 1995).

(1) 좁은 의미의 아동복지

일반적으로 좁은 의미의 아동복지란 보호를 요하는 아동을 중심으로 한 복지활동을 말하되, 비교적 개인이나 민간단체를 중심으로 이루어지는 활동을 말한다.

(2) 넓은 의미의 아동복지

넓은 의미의 아동복지란 일반아동과 그 가족을 대상으로 다양한 복지주체들이 서로 유기적인 관련하에 체계적으로 복지활동을 전개하는 것을 말한다. 여기에서 일반아동이란 보호가 필요한 아동에 대응되는 대상이나, 실제적으로는 보호를 요하는 아동을 포함한 모든 아동이란 의미로 사용되고 있다.

그리고 아동복지의 대상에 아동의 가족이 포함되는 것은 아동복지의 1차적인 책임은 가족에게 있으며, 최선의 아동복지는 아동양육에 대한 가족의 기능을 강화해 주는 것이라는 입장에 근거하고 있다.

광의의 입장에서 내린 정의로 Kadushin(1984)은 모든 아동의 행복과 사회적응을 위해 심리적, 사회적 및 타고난 잠재능력을 길러주는 각종의 활동을 아동복지로 보았다. 그리고 Costin(1981)은 아동복지를 가족생활을 강화하기 위한 사회복지의 한 분야로서 아동과 그 가정의 안녕을 위한 것이라고 정의하였다.

오늘날에는 대부분 광의의 정의를 취하고 있는바, 아동복지란 "보호를 요하는 상태에 있는 아동은 물론 모든 아동이 가족 및 사회의 일원으로 건강하고 건전하게 성장할 수 있도록 개인, 민간 및 국가가 서로 협력하여 벌이는 활동"으로 정의할 수 있다.

2) 아동복지 개념의 확대

이미 앞서 언급한 바와 같이 아동복지 개념은 잔여적 개념에서 보편적 개념으로 변화되고 있다. 일반적인 사회생활을 영위할 수 없는 이른바 사회적 약자인 빈곤자, 아동, 빈곤 한부모가정의 아동, 장애아동 등을 대상으로, 이들이 일반적 생활을 유지할 수 있도록 구제, 보호, 예방, 회복 등의 정책 및 방법체계로서의 협의의 아동복지 개념이 역사적 · 경제적 · 사회적 조건의 변화와 그에 따른 국민생활의 변화 및 구제, 원조의 기본 구조와 국민의식의 변화 등에 따라 변화를 가져오게 되었다. 즉, 아동복지의 대상이 이전의 "자본주의의 재생산기구로부터 탈락한 경제질서 외적 존재"라든가 또는 "정상적인 일반 생활수준에서 탈락되었거나 그렇게 될 위험이 있는 자" 등과 같이 보호를 요하는 아동에서 전체 아동으로 그 대상이 확대되기에 이르렀다. 이것은 자본주의의 발달 내지 산업화의 진전에 따른 사회구조의 변화에 의해 아동복지가 대응해야 할 문제의 변화와 확대에 기인하는 것이다.

Wilensky와 Lebeaux(1958)도 보충적(residual) 사회복지는 "진전하는 산업화에 따른 근본적인 사회의 변화를 반영하고 있지 않다"고 봄으로써 산업화의 진전에 따른 사회 및 가족구조의 변동과 가치의식의 변화 등을 배경으로 사회복지는 제도적인(institutional)

것으로 이행하고 있다고 주장하고 있다. 사회복지와 동일한 맥락에서 보면 아동복지 개념의 확대는 아동복지의 발달과정에 있어 일반적인 경향이라고 할 수 있다(김익균 외, 2001).

3) 아동복지의 학문적 배경

아동복지의 학문적 배경을 살펴보는 것은 아동복지의 개념을 파악하는 데 도움이 된다. 아동복지는 노인복지, 여성복지, 장애인복지 등과 같이 대상자를 기준으로 분류한 사회복지의 하위체계이다. 따라서 학문적 측면에서 사회복지와 맥락을 거의 같이 한다. 최근에 들어서는 아동복지를 아동의 최대한의 발달보장이라는 맥락에서 파악하려는 입장에서 아동학의 체계에서도 논의되고 있다(주정일 외, 1997).

사회복지학은 사회학, 문화인류학, 법학, 경제학, 정치학, 심리학 등의 인접학문에 근거하여 발달해왔다. 이 중에서도 사회학과 문화인류학은 초기 사회복지학의 체계를 성립시키는 데 기여한 바가 컸다. 특히 오늘날에 있어서는 아동문제를 포함한 사회문제의 발생과 대책에 대한 국가의 책임이 강조되는 추세이므로 정치학, 경제학, 법학 등의 이론적 배경이 사회복지 및 아동복지의 실천에 적용되고 있다. 관련학문의 아동복지에의 적용을 살펴보면 다음과 같다.

① **사회학** : 사회학은 인간의 사회적 공동생활을 연구하는 사회과학의 한 분야로, 사회학의 이론적 체계 중에서 문화, 사회화, 사회계층, 사회이동, 사회통제 등의 개념은 아동복지를 포함한 사회복지에 관한 사회적 힘의 근원을 발견하는 데 유용하다. 그 예로 사회계층과 범죄아동의 발생률의 관계에 대한 연구를 들 수 있다.

② **법학** : 법학은 사회질서를 유지하고, 공익을 보장하기 위한 근거를 마련하기 위해 연구하는 사회과학의 한 분야로, 법학의 이론적 체계 중에서 특히 아동복지를 포함한 사회복지정책 실현은 관계법률의 입법제도를 통해서 이루어지고 있다. 더구나 우리나라와 같이 여러 사회적 질서를 법에 의존하는 나라에서는 법

적 뒷받침은 강력한 힘을 갖는다. 그 예로 입양을 성립시키기 위한 요건의 규정을 위한 연구 등을 들 수 있으며, 그 외에 최저 고용연령이나 형사상의 면책특권을 가지는 아동연령의 설정 등을 들 수 있다.

③ **문화인류학** : 문화인류학은 인간의 사회생활과 문화를 연구하는 사회과학의 한 분야로, 역사적 관점에서 인류의 역사와 현재의 생활을 대상으로 문화의 생성과 변이를 탐구하는 과학이다. 문화인류학의 이론적 체계 중에서 특히 문화의 개념은 아동을 포함한 사회구성원의 사회적 적응과정을 이해하는 데 도움을 준다. 특히 아동발달의 보편성과 특수성에 대한 시각을 제공하며, 더 구체적으로는 문화적 차이에 의한 사회적 행동의 이해와 수용은 아동복지 종사자와 대상 아동의 문제해결 과정에서 상호작용을 용이하게 해주는 주요 동인이 된다. 그 예로 문화권에 따른 아동학대의 현상과 그 대책에 관한 연구를 들 수 있다.

④ **정치학** : 정치학은 정치현상을 연구하는 사회과학의 한 분야로, 정치학의 이론적 체계 중에서 특히 정치이념의 유형은 아동복지를 포함한 사회복지에서 국가 차원의 서비스 수준을 결정하는 기준이 된다. 그리고 정치활동의 하나로 복지정책의 결정과정과 분석은 공공복지의 실행에 영향을 주는 이익집단의 역동성에 대한 실체를 파악할 수 있게 해준다.

⑤ **경제학** : 경제학은 경제활동과 관련된 사회적 질서를 연구하는 사회과학의 한 분야로 정치학과 밀접한 관련을 갖는다. 경제학의 이론적 체계 중에서 특히 고용, 임금, 소득의 분배와 조세의 개념은 아동복지를 포함한 사회복지정책에서 비중있게 취급된다. 즉, 기본적 생활의 보장과 관련된 완전고용, 최저임금의 보장, 공공부조와 사회보험 및 복지사업을 실시하는 기관과 사회적 약자에 대한 조세 감면 등은 아동복지실천에서도 구체화된다. 그 예로 아동을 둔 빈곤가정을 지원하기 위한 빈곤선(poverty line)의 설정을 들 수 있다. 최근에 들어서는 경제학의 목표가 사회 전체의 경제적 안정의 극대화에 있다는 관점에서 후생경제학(welfare economics)이 활발히 연구되고 있다. 후생경제학에서는 국민생활수준의 측정, 최적 공공가격의 설정, 경제활동에서 편익과 공평성의 보장을 위한 과제들이 연구

되고 있다.

⑥ **심리학** : 심리학은 생물체의 의식과 행동을 연구하는 학문으로 심리학의 이론적 체계 중에서 자극-반응, 학습, 정신분석, 모방 등의 개념은 아동과 부모를 위한 상담과 치료 등에 유용하게 활용된다. 뿐만 아니라 낙인(stigma) 및 일탈(deviation) 심리의 연구 등은 복지 전반에 걸쳐 광범위하게 활용된다. 특히 아동발달심리학의 연구성과는 아동을 올바르게 이해하고 지도하는 데 지침으로 활용되고 있다.

2. 아동의 생활환경

아동복지의 대상은 전체 아동이지만 아동에 대한 연령을 제시하는 것은 실정법마다 각각 다르다. 우리나라 아동복지의 기초가 되는 아동복지법에서는 "아동이라 함은 18세 비만의 자"라고 규정하고 있으며, 입양특례빕에서도 "아동이란 18세 미만의 자" 라고 규정하고 있다. 그러나 민법에서는 "19세 미만을 미성년자"라고 규정하고 있고, 소년법에서는 "19세 미만의 자를 소년"이라고 규정하고 있으며, 근로기준법에서는 "18세 미만의 자는 도덕상 또는 보건상 위험한 사업에 사용치 못한다"고 규정하고 있다. 이러한 여러 가지 아동연령에 대한 규정 중 이 책에서는 아동복지에 초점을 두고 아동복지법에 근거하여 18세 미만인 자를 아동으로 정의하고자 한다. 그리고 아동을 대상으로 이루어지는 복지를 아동복지라 할 수 있다.

1) 아동기의 생활환경

환경은 '개인에게 부딪히는 조건과 세력 및 외적 자극'이라 할 수 있는데, 이는 다시 말해, 개인에게 긍정적 영향을 미치는 외적 조건 및 자극의 개별적·총합적 구조와 작용이라고 할 수 있다.

이를 아동과 환경의 관계에서 보면, 첫째, 환경에는 언제나 개인이 핵심이 된다. 즉, 집단으로서의 인간이 아니라 개인으로서의 아동을 중심으로 하고 있다는 점에서 어떤 아동은 환경에 더 깊이 영향을 받을 수 있으나, 어떤 아동은 거의 영향을 받지 않을 수도 있다. 그러므로 같은 외적 자극에 대해서도 아동은 서로 다르게 지각하고 반응을 할 수 있다.

둘째, 환경은 개인에게 영향을 미치는 개인 외부의 물적·인적 요인을 모두 포함하는데, 아동 개인을 중심으로 볼 때 그의 환경에는 아동을 둘러싼 가족들과 그들의 특성은 물론, 또래와 친척, 이웃들과 같은 인적 조건과 그들이 주는 자극이 포함된다.

셋째, 개인에게 부딪히는 외적 조건과 자극이 개별적으로도, 총합적으로도 개인에게 영향을 미친다. 아버지와 어머니는 각기 아동이라는 개인에게 영향을 미치는 환경이 되지만, 아버지와 어머니의 상호작용이 총합적으로 아동에게 영향을 미칠 수 있다.

넷째, 환경에는 작용이 포함된다. 환경의 인적 요인과 물적 요인 간의 작용은 물론, 인적 요인끼리 그리고 물적 요인끼리의 작용이 곧 아동의 환경이 된다. 이 작용은 눈에 보이지 않는 풍토이며 문화이기 때문에 아동이 감각적으로 흡수하고 반응하는 행동에서 관찰될 수 있다. 또한 이 작용은 물적 및 인적 요인보다 비교적 가변적이고 이 가변성도 인적 및 물적 요인의 영향을 받기도 한다.

이상의 환경에 대한 정의에 근거하여 아동환경을 정의한다면, 아동환경이란 아동 각자의 성장과 발달에 영향을 미치는 외적 조건 및 자극과 그 작용이라 할 수 있다(이소희 외, 2003).

(1) 아동과 가족환경

아동환경은 아동이 태어나서 성장해나가는 과정 속에서 경험하게 되는 삶의 장을 의미하는 것으로서 이러한 환경에는 가정의 주택 등 물적 환경뿐 아니라 부모의 양육태도 및 양육관을 비롯한 심리적 혹은 인적 환경이 포함된다. 아동환경 중 특히 가족과 부모는 자녀가 성장·발달함에 있어서 필수적인 요소이며, 또한 가족은 아동을 외부의 위험으로부터 보호하고 격려하면서 한 인격체로 성장시켜 나가는 가장 근본이 되는 체계라 할 수 있다(도미향 외, 2003; 2004).

① 가족환경의 의의와 변화

아동의 사회화 과정에 많은 사회적 요인과 집단이 영향을 주지만 그중에서 가정이 강력한 영향력 있는 집단이라 할 수 있는데, 그 주된 이유가 아동은 가족구성원과 최초로 사회적 접촉을 가지며 많은 시간을 함께 보내기 때문이다. 따라서 부모의 성격, 태도, 사회·경제적 지위, 교육수준 등이 아동의 문화에 대한 가치관이나 태도, 의식 등에 영향을 미치게 되는 것이다. 다시 말해, 가정은 아동이 언어와 인간관계를 배우고 질서와 규칙을 익히는 최초의 학교이자 사회화 과정을 습득하는 공간이며, 체계로서 대부분의 인간은 인생의 가장 중요한 초기 시기를 가정 안에서 그들의 부모와 관계를 맺으며 지내게 된다. 특히 경제적으로나 사회적으로 완전히 독립할 때까지 비교적 가정의 영향력 안에서 보내게 되는 우리나라의 실정을 생각한다면, 한 인간의 발달과 교육에 있어서 가정과 부모의 역할이 중요하다는 것은 두말할 필요가 없다.

가족기능의 변화를 살펴보면, 현대사회의 산업화와 도시화 현상은 가족의 구조와 기능 및 가족 간의 관계에 많은 변화를 가져왔으며, 이러한 변화는 가정을 통해 성장하는 아동에게도 중요한 영향을 미치고 있다. 가족의 기능은 경제적 기능, 출산 및 성행위 규제 기능, 자녀양육 및 사회화 기능, 정서적 유대 기능, 사회보장기능, 지위계승기능 등으로 나누어지기도 한다(함인희, 1993). 그리고 가족의 경제적 기능은 산업화로 인해 가족과 일터가 공간적으로 분리됨에 따라 생산기능은 약화 혹은 상실되고 소비기능은 강화되었다.

가. 가족관계 변화

1960년대 이후 정부의 산업화 정책에 힘입어 국가경제가 급성장하게 되면서 서구의 다양한 문화가 빠른 속도로 유입되었고, 물질만능주의가 팽배해졌다. 뿐만 아니라 사회는 점차 다양화되었으며 가치관도 빠른 속도로 변화하였다. 동시에 여성의 교육수준 확대로 인한 사회진출의 기회가 증가됨에 따라 기존의 결혼관계, 부모-자녀관계, 형제자매 관계 등의 가족관계가 과거와는 다른 양상으로 변화를 거듭하게 되었다.

즉, 전반적으로 사회변화에 부응하여 권위적이고 일방적인 관계로부터 민주적이고 평등한 관계로 변화하고 있다. 부부관계의 경우 '남편주도형'에서 '부부의논형'으로,

권위적인 지배-복종관계에서 민주적인 상호 의논관계로, 부모-자녀 중심에서 부부 중심의 우애적 관계로 변화하고 있다. 그러나 오늘날 여성의 취업률이 증가하고 사회활동에 대한 욕구가 증대하면서 성역할 분업구조에도 변화가 일고 있으며, 부모-자녀관계에서도 부모의 권위는 낮아지고 오히려 부모가 자녀의 눈치를 보는 '역수직 관계'로, 부모-자녀관계도 이젠 서로에게 소외감과 부담을 가중시키는 관계로 변화하였다(김현용 외, 2003).

나. 출산율 저하

우리나라는 1962년부터 약 30년간 정부 차원에서 강력히 추진해온 가족계획사업과 그동안의 사회·경제 발전에 따른 국민생활의 변화, 그리고 가치관의 변화가 출산수준의 변화를 초래하였다. 또한 IMF 이후 대량 발생한 기업의 도산, 파산, 구조조정 등의 영향은 실업자의 급증, 소득의 감소, 그리고 불투명한 장래 등으로 연결되어 청년층의 결혼 연기와 기혼부부의 출산 지연 등으로 이어져 출산율은 더 급속히 저하되었다(김승권, 2003).

2013년도 합계출산율(total fertility rate)[1)]은 1.19로, 경제협력개발기구(OECD) 국가의 평균인 1.74에 훨씬 못 미치며, 34개국 중에서 최하위이다. 우리나라 출산율의 변화를 역사적으로 살펴보면 1960년 6명에서, 1970년 4.53명, 1980년 2.83명, 1983년에 인구대체수준(population replacement level)인 2.1명보다 낮은 2.08명을 기록한 이래 급격히 감소해서 1990년 1.59명, 2010년 1.23명, 2013년 1.19명으로 지속적으로 감소하고 있다.

이러한 한국의 출산율 저하는 두 가지 점에서 서구 선진국과 다른 점을 가지고 있는데, 첫째는 출산율이 급격하게 감소하고 있다는 점이다. 둘째는 출산율 저하 등 가족구조의 급격한 변화에 대응한 종합적 가족복지정책이 마련되어 있지 않으며, 이에 대한 준비도 미흡하다는 점이다.

1) 합계출산율(total fertility rate)이란 한 여성이 가임기간(15~49세) 동안 평균 몇 명의 자녀를 낳는지를 나타내는 지표로서 출산력 비교를 위해 사용되는 대표적인 지표임.

물론 정부에서는 육아휴업법, 출산수당, 양육수당, 보육료지원 등의 일련의 대책을 제시하고 있으나, 저출산의 원인은 무엇이며, 그 원인 중 어떠한 것에 정책적으로 접근 가능한지, 이러한 정책이 사람들의 결혼이나 자녀 수의 선택에 개입할 수 있을 것인지, 아동 및 가족복지정책, 노동정책을 포함한 저출산 관련대책이 출산율 향상에 효과가 있을 것인지 등 검토해야 할 과제는 많다. 그중에서도 열악한 재정사정에 비추어 어떠한 정책이 국민의 수용도가 높고 어떠한 시책에 중점을 두어야 효과적인지 주목할 필요가 있다.

그러면 이러한 출산문제가 왜 국가적 차원에서 사회문제로 논의되어야 하는가? 그 이유는 자녀의 출산이 각 가족의 개인적 차원에서 선택하는 문제이기 때문에 그 자체로 독립적 형태로 진행되는 것처럼 보이지만, 그 국가의 경제과정이나 사회과정과 밀접히 관계되어 국가의 존속, 발전에 중요한 영향을 미치기 때문이다(김옥암, 2000).

서구 선진국들은 1960년대 이후 출산율 저하, 이혼율 증가, 한부모가족 증가, 여성의 경제활동참여 증가 등 가족구조에 급격한 변화를 경험하게 되었다(Gauthier, 1998 : 1-2). 그리고 우리나라에서 최근 집중적으로 논의되고 있는 출산율 하락 등과 같은 사회문제들은 이미 서구에서도 1980년대에 유사한 양상으로 발생한 바 있다(임인숙, 1999; Esping-Andersen, 2002; Murray, 1984; Popenoe, 1993; Wilson, 1987).

특히 출산율 저하는 인구규모의 감소속도를 증가시키고 인구구조를 비정상적 형태로 변화시켜 인구의 고령화, 노동력 감소, 사회복지비 지출 증대 등의 문제를 야기하고 있다. 이는 이미 저출산으로 인한 노동인구 감소와 노인인구비율의 증대로 사회보장제도의 운영위기를 경험했던 외국의 예에서 주지되어 있는 바로서 각국은 출산율 저하에 대해 각별한 관심을 갖고 이에 대한 아동복지정책을 마련해왔다. 그리고 이러한 저출산 문제는 주로 고령화 사회와의 관련성을 중심으로, 생산연령인구의 감소에 따른 사회의 활력 저하 등 인구문제 또는 경제문제로서 논의되어 왔다. 이것은 아동 자신의 문제보다는 사회의 존속에 관련된 문제로서 저출산 문제를 보는 시각이다.

그러나 최근 출산율이 여성의 경제활동참가율 증가, 아동양육 갈등, 사교육비 증가 등으로 인한 경제적 부담 등과 맞물리면서 가족 내부적으로 출산을 연기하거나 거부하는 양상들이 나타나면서 주요한 사회문제 중의 하나로 부상하고 있다.

다. 이혼 증가

우리나라의 혼인과 이혼의 비율은 3:1이고, 조이혼율은 2.3으로(통계청, 2013), OECD 국가 중 이혼율 1위이며, 이혼하는 부부 2쌍 중에서 1쌍은 미성년 자녀가 있다. 이러한 이혼율의 증가는 산업화에 따른 경제적 자립도의 증가, 전통적 도덕관의 쇠퇴, 핵가족화로 인한 갈등중재자의 부재 등으로 인하여 결혼생활의 갈등을 이혼으로 해결하려는 경향이 높아지고 있기 때문으로 설명할 수 있다. 여성의 사회진출 증대, 결혼율과 출산율의 감소, 개인의 개성이나 감정을 존중하고 집단보다 개인을 우선시하는 가치관의 변화로 인하여 사회가 보다 서구화됨에 따라 이혼에 대한 사회인식도 개방적으로 변하게 되어 이혼율의 증가라는 새로운 문제를 야기하게 되었다(Hetherington, 1979; Martin & Bumpass, 1989).

② 어머니의 취업과 아동

2013년 경제활동인구연보에서 보면 여성의 경제활동참가율은 50.2%이며, OECD 국가 평균 62.5(2012)보다는 낮다. 결혼, 출산, 육아 등의 이유로 경제활동 중인 기혼여성의 20%는 경력단절을 경험하지만, 맞벌이가정은 전체 가구의 43.5%로 높게 나타났고, 고학력화, 초혼연령의 상승, 자녀 소수화로 향후 지속적으로 증가할 전망이다.

기혼여성의 취업률이 증가함에 따라서 맞벌이가정도 급증하고 있는데, 맞벌이가정 아동은 어머니의 취업으로 인하여 홑벌이가정의 아동과는 달리, 자기보호(self-care)를 해야 하는 상황에 놓이기가 쉬워 삶의 질이 위협을 받을 수 있다. 이는 방과 후 자기보호아동이 29.6%인 것으로도 잘 알 수 있다(여성가족부, 2011). 뿐만 아니라 가정과 사회에서의 지지가 원만치 않은 경우 여러 가지 어려움에 부딪힐 수 있다.

(2) 아동과 교육환경

① 학교의 정의와 현황

학교는 가정에 비해 다분히 계획적 · 조직적 · 합리적 · 의도적인 사회화 기관이며, 교사와 학생이 늘 생활하고 경험하는 교육환경의 하나로서 학교뿐만 아니라 학교와 밀접하게 관련된 학교주변의 상황을 모두 포함한다. 또한 학교의 주요 인적 환경인 교사는 아동이 가정 밖에서 만나는 첫 번째 성인으로서 부모의 대리역할을 하게 되며, 오늘날과 같이 복잡, 다양, 첨단화해가는 사회에서 교사의 역할은 교육에 있어 그 어느 때보다 중요하다(김춘경 외, 2002).

한편 우리나라 학교의 인적 환경을 살펴보면, 교원 1인당 학생 수는 초등학교 28.7명, 중학교 20.1명, 고등학교 20.9명에 이르며, 이는 OECD 국가의 평균 초등학교 17.1명, 중학교 14.9명, 고등학교 15.1명에 비해 두 배 이상 높은 것이다. 아울러 초등학교의 여교사의 비율과 교사의 이직률은 중·고등학교에 비해 높은 편이며, 초등학교 여교사의 비율 또한 계속 증가추세에 있다(통계청, 2012).

학교교육의 본질적 기능은 새로운 지식을 발견하고 가르치는 기능과 기존의 문화유산을 전달하고 습득시킴으로써 새로운 생활방식을 익히게 하는 사회화 기능 및 개인의 능력과 적성에 맞는 직업과 지위를 선택하고 분류하는 선발기능을 수행하는 것이다. 그러나 우리나라의 학교교육은 입시 위주의 교육으로 유치원에서 고등학교에 이르기까지 부모의 지나친 경쟁의식과 고학력 사회풍토로 인하여 진정한 인간교육을 실현할 수 없는 중요한 조건이 되고 있다. 입시 위주의 교육으로 인한 교육병리 현상을 보면 다음과 같다(이배근, 2003).

- 시험에 대한 중압감, 시험 후의 결과에 대한 불안, 시험횟수의 과다로 인한 스트레스를 증가시켜 정신질환이나 자살까지 이르고 있다.
- 교사나 친구와의 인간관계에 악영향을 미친다.
- 지식 위주의 교육으로 정서교육이나 의지력 훈련 기회가 부족하게 되어 전인교육에 많은 지장을 초래하고 있다.
- 학교에서의 생활지도교육이 형식적이고 미흡하다.

② 방과 후 아동생활

맞벌이가정이 증가함에 따라 방과 후 자기보호(self-care)아동이 29.6%로 나타났는데(여성가족부, 2011), 이들의 돌봄에 대한 필요성이 제기됨에 따라 초등학교에서는 초등학교 저학년 아동을 위한 돌봄교실과 다양한 방과 후 프로그램을 운영하고 있으며, 사회복지법인, 종교단체 등에서 지역아동센터를 운영하고 있다. 돌봄교실과 지역아동센터는 별도의 비용 없이 이용할 수 있으므로, 저소득층의 아동들이 많이 이용하고 있다. 반면에 중산층 이상의 맞벌이가정의 아동들은 영어, 수학, 음악, 미술, 체육 등의 학원을 다니고 있어서, 사교육비 부담이 매우 크다.

③ 학업과 아동문제

가. 학습장애

다른 아동과 비교해서 지능은 정상이지만 듣기, 말하기, 읽기, 쓰기, 추리 또는 계산 능력에 문제가 나타나는 장애로서 특수학습장애라고도 한다. 학습장애(learning disorder)가 있는 아동은 실패감, 낮은 자아존중감, 무기력을 경험할 수 있다(Zastrow & Kirst-Ashman, 2001). 학동기 아동의 약 3~9%가 이 장애를 갖고 있는 것으로 알려져있는데 학습의 기회나 교육적 자극이 부족한 경우, 정서적 문제, 신경학적 이상이 있거나 학습과 관련이 있는 뇌기능 특정 영역의 결함, 발육 지연 또는 장애가 있는 경우가 원인이 된다. 또한 부모가 조기에 자녀의 능력과 적성을 잘 알지 못하는 경우에도 많이 생긴다. 따라서 이러한 아동이 조기에 적절한 치료를 받을 수 있도록 아동복지기관은 정보제공과 상담 그리고 자원연결 등의 도움을 제공해야 한다.

나. 학교공포증

학교공포증이란 심인성 등교거부, 정신신경증적 거부라고도 할 수 있는데, 발생배경에는 현대 가정의 문제, 학교교육의 특성 등이 반영된다. 일반적으로 학교공포증을 보이는 아동은 두통, 복통 등의 신체증상을 호소하는 경우가 많다. 이 외에도 교사에 대한 불만, 공부와 다른 친구에 대한 불평, 교통문제 등을 호소하는 것으로 나타나기도 한다. 이러한 증상은 대부분이 무의식적 불안과 같은 심리적 이유에서 비롯된 것이므로 꾸중이나 강제적인 방법으로 학교에 가게 하는 것보다는 정서적 안정을 유도하는 상담이나 치료를 통해 접근해야 한다(최옥채 외, 2003).

이 외에도 장애아동, 그리고 결식아동 또는 소년소녀가정세대의 아동뿐만 아니라 가정해체나 경제적 어려움 등으로 인해 시설에서 보호받고 있는 아동도 아동복지기관에서 도움을 주어야 하는 대상이다. 그리고 또래들로부터 집단따돌림을 경험하는 아동, 부모나 양육자로부터 학대를 당하고 있는 아동 모두 전문가의 도움과 관심이 필요한 아동이다.

2) 아동과 사회환경

(1) 또래환경

아동이 성장함에 따라 사회적 환경은 가정의 울타리를 벗어나 연령이 비슷한 또래집단으로 확대되어 나가게 되며, 이러한 변화는 아동의 사회화 과정에 새로운 의미를 부여한다. 특히 최근 들어 맞벌이 부부의 증가, 다산기피로 인한 외동아의 증가로 인하여 아동발달에 있어 또래는 더욱 중요한 의미와 역할을 지니게 되었다. 이 시기의 아동은 부모의 강력한 영향력에서 벗어나 친구, 또래, 그리고 선생님과의 접촉에 신경을 쓰게 되고, 그들과의 관계에 더 민감해진다(최옥채 외, 2003).

아동이 자신을 인식하는 데 있어 또래는 자신을 비춰주는 거울역할을 하기 때문에 그들의 의견이나 반응에 매우 민감해진다. 또래 사이에서 인기를 끄는 성격 특성은 나이, 성별, 계층에 따라 다르다. 여러 연구에서 공통적으로 나타나고 있는 것은 우호적이고 사교적이며 참여적인 아동이 인기가 높은 반면, 수줍어하고 소심하고 무관심한 아동은 인기가 적다(Papalia et al., 1998). 인기를 좌우하는 요인은 아동의 성격 특성뿐 아니라 그 가정의 사회・경제적 특성도 포함된다.

아동은 연령이 증가함에 따라 점점 주변세계의 지식을 넓힐 뿐 아니라 또래를 점점 중요하게 생각하기 시작하고 또래와 관계를 맺고 의사소통하려고 노력한다. 이 시기에 또래집단에 수용된다는 것은 아동의 자아발달에 매우 중요한 역할을 한다. 특히 초등학교에 입학하게 되면 아동의 역량과 독립심은 더욱 발달하면서 부모를 따르는 것이 점차 줄어들고 또래와의 관계가 깊어진다(이재연・김경희, 1990).

이와 같은 또래관계에서 나타날 수 있는 현상 중 한 가지는 또래 괴롭힘이다. 또래 괴롭힘의 방법으로 남학생은 적극적이고 공격적인 방법을 사용하는 반면, 여학생은 수동적이면서 사회적 고립이나 배척 등 무시하는 방법을 자주 사용한다. 성격에 있어서도 공격자는 충동적이고 지배적이며, 공격적인 것이 가치가 있다고 생각하는 반면, 괴롭힘을 당하는 아동은 수줍어하고 순종하는 것이 가치있다고 생각하는 등 뚜렷한 차이를 보인다(Bernstein, 1999).

이러한 또래 괴롭힘의 영향을 살펴보면, 아동기에 또래로부터 반복적 괴롭힘을 당한 피해아동은 자아존중감이 낮고(양원경 · 도현심, 1999), 우울증 증세와 외로움을 보이며, 학교에 대한 거부감을 갖게 되는 등 사회 · 정서적 차원의 여러 가지 부적응 문제를 보인다. 이런 아동은 집중력 저하, 주의산만(Schwartz, Mcfadyen-Ketchen, Dodge, Petit, & Bates, 1998), 심지어 비행이나 정신질환에 이를 수도 있으며(문형춘, 1999), 아동기에 경험한 또래 괴롭힘의 부정적 결과가 성인기 우울증 성향과 낮은 자아존중감과도 관련이 있는 것으로 보고되었다.

(2) 대중매체환경

현대인에게 있어서 매체를 통한 생활은 필수불가결한 것이라고 받아들여지고 있다. 특히 가정에서 텔레비전이나 컴퓨터는 생활의 필수도구가 되었다. 이렇듯 대중매체는 현대의 아동과 매우 밀접한 관련을 맺고 있으며, 앞으로 그 영향력은 더욱 커질 것임이 분명하다(도미향 외, 2004).

① 텔레비전의 영향

텔레비전의 긍정적 측면으로는 규칙적인 친사회적 프로그램을 통해 바람직한 행동을 습득하고, 좋은 교육 프로그램을 통해 인지능력의 향상 및 학교에 대한 준비도와 흥미도를 높여주는(Bogatz & Ball, 1972) 것을 들 수 있으며, 부정적 측면으로는 텔레비전에서 방송되는 폭력장면을 많이 시청한 아동은 폭력장면을 적게 보는 동급생보다 더 적대적이고 공격적이 되는 경향이 있음(Slaby, Roedell, Arezzo, & Hendrix, 1995)을 들 수 있다. 텔레비전 프로그램 가운데 성인 위주로 제작된 프로그램과 광고물의 내용이 지나치게 외설적이며 폭력적인 경향이 있고, 쇼나 개그 프로그램들은 아동을 대상으로 자극적이고 퇴폐적인 복장과 몸짓을 보이는 연예인 중심으로 구성되거나, 도덕과 전통을 무시하고 국적도 품위도 없는 유행어와 몸짓을 소개하는 저질 프로그램의 경쟁으로 치닫는 경우도 있다. 이 밖에 흔히 볼 수 있는 선정적인 광고물과 자극적인 선전문구는 아동의 주의를 사로잡고 있다(이배근, 2003).

최근 들어 아동에게 중요한 매체로 자리 잡고 있는 애니메이션을 분석한 결과 여성 등장인물들의 경우 아름다운 것이 기본이 되며, 남성 등장인물들의 경우 용감성이 기본이 되는 등 '남성다움'과 '여성다움'을 강요하고 성역할을 정형화시키는 것으로 지적되었으며(이정아, 1998), 최근 상영된 해리포터와 같은 영화는 아동에게 마술과 도덕적 상대주의를 가르치고 있으며, 신성 모독과 불유쾌한 유머 등에 대해 무감각해지도록 만들고 있다고 주장되었다(국민일보, 2001. 11. 16).

② 인터넷과 스마트폰의 영향

현재 우리나라 컴퓨터 보급률은 80.6%, 인터넷 보급률은 79.8%로 매우 높고 스마트폰 보급률은 초등학생 50%, 중고등학생 80%로 급격히 늘고 있다(미래창조과학부·한국인터넷진흥원, 2013). 인터넷과 스마트폰을 통하여 아동은 자아를 탐색하고, 부모와 가족을 벗어나 다양한 국적, 성격, 취미, 가치관을 가진 사람들을 만날 수 있으며, 정보의 홍수 속에서 필요하고 가치있는 정보를 찾을 수 있는 능력을 기를 수도 있고, 세상에 대한 이해의 폭을 넓힐 수도 있다.

그러나 인터넷과 스마트폰을 잘 활용한다면 장점이 있지만, 만 10~19세의 스마트폰 중독률이 18.4%로 나타나는 등(미래창조과학부·한국인터넷진흥원, 2013) 인터넷중독, 스마트폰 중독 등의 문제로 호소하는 아동들이 늘어나고 있다. 따라서 가정에서는 아동이 인터넷과 스마트폰을 적절하게 활용할 수 있도록 관심을 가지고 지도하여야 한다.

(3) 아동보호와 유해환경

유해환경은 국가의 안전한 환경과 아동의 복지 및 삶의 질에 적극적으로 영향을 주는 매우 중요한 환경의 하나이다. 2012년에 우리나라에서 교통사고, 익사, 추락, 화재, 중독 등 안전사고로 사망하는 아동은 326명(통계청, 2012)으로 나타났다. 아동 10만 명당 2007년 6.2명에서 2012년 4.2명으로 감소하였지만, 향후 더욱 안전한 환경을 만들기 위해 노력하여야 할 것이다.

연습문제

1. 우리나라가 협의의 아동복지에서 광의의 아동복지로 가고 있다는 증거는 무엇인가?
2. 다양한 환경 중 아동을 위협하고 있는 환경적 요소는 무엇인가?

연구문제

1. 변화하는 가족환경과 가족유형에 대응하여 아동복지를 실시할 수 있는 방법에 대해 생각해 보자.
2. 출산율의 저하가 아동복지에 미칠 영향에 대해서 생각해 보자. 또한 출산율의 저하에 대응하여 아동복지에서 해야 할 역할에 대해서도 생각해 보자.

제 2 장

아동의 권리와 안전

1. 아동의 권리

1) 아동권의 발달[1)]

권리란 인간의 여러 가지 욕구에 대한 사회적 표명이다. 즉, 여러 가지 욕구가 사회에 의하여 인식되고 주창될 때 권리라고 표현하는 것이며, 따라서 권리의 내용은 욕구로 간주된다.

일반적으로 아동복지는 아동복지권 보장이라는 차원에서 전개되고 있다. 여기에서 말하는 복지권이란 아동이 한 독립된 인간으로서 최소한도의 기본적 생활을 영위할 뿐만 아니라, 나아가 인간다운 생활을 영위할 권리가 있는 존재로 파악되는 것을 말하며, 사회와 국가는 이러한 권리를 보장해 주어야 할 의무가 있다고 보고 있다.

역사적으로 볼 때, 19세기까지만 하여도 세계 각국은 아동복지를 일종의 자선사업으로 간주하는 경향이 짙었다. 그러나 20세기에 들어서 아동을 독립된 인격체로 받아들이기 시작하였다. 계몽사상가인 루소에 의해 아동이 차별받지 않고 평등하게 존중되어야 한다는 사상이 전개되었으며, 이후 페스탈로찌 등 근대교육 사상가들을 통하여 더욱 발전되었고 학습의 주체로서 아동의 인간성이 존중되었다.

인권사상의 발전에 힘입어 Ellen Key(1900)는 『아동의 세기』라는 저서에서 아동의 권리를 주창하기도 했다. 여기서 말하는 아동의 권리는 아동은 튼튼하게 태어날 권리, 건전하게 키워질 권리, 정상적인 가정생활을 영위할 권리, 교육을 받을 권리, 정서적 및 도덕적 훈련을 받을 권리, 유희나 오락을 충분히 즐길 수 있는 권리를 말한다.

1) 오정수 외(2013); 이용교 외(2005); 한국청소년정책연구원(2011)을 참고로 재정리함.

아동의 권리는 1924년 국제연맹총회에서 '아동의 권리에 관한 제네바 선언'을 채택함으로써 공식화되었다. 이 선언은 전문과 5개조의 본문으로 되어 있는데, 그 전문에서 "모든 나라의 남녀와 인류가 아동에 대하여 최선의 것을 주어야 할 의무를 진다는 것을 인정하고, 인종·국적 또는 신념에 관한 어떠한 사유에도 관계없이 모든 아동에게 다음과 같은 사항을 보장할 것을 선언하고 또한 자기의 의무로서 수락한다"고 그 기본 이념을 분명히 하였다. 제네바 선언이 담고 있는 구체적인 조항은 다음과 같다.

1. 아동의 정신상의 정상적인 발달을 위하여 필요한 모든 수단을 강구해야 한다.
2. 굶주린 아동에게는 음식물을, 병든 아동에게는 치료를, 비행에는 교정을, 그리고 고아와 집 없는 아동에게는 보호와 구제를 해주어야 한다.
3. 아동은 재난 시에 최우선적으로 구조되어야 한다.
4. 아동은 생계를 유지할 수 있는 상황에 있어야 하며 모든 형태의 착취로부터 보호되어야 한다.
5. 아동은 그의 능력이 모든 인류를 위하여 도움이 되어야 한다는 인식을 갖도록 자라나야 한다.

이 선언은 그 후 1959년 유엔(UN)에서 채택한 「세계아동권리선언」에서 10개 조항으로 확대되었다. 아동권리선언은 아동의 권리에 대해 생존권의 최저 보장적 내용을 포함하고 있는 것과 동시에 발달권에 대한 보장을 부각시키고 있다는 측면에서 주목할 만한 가치가 있는 것으로 평가된다. 아동권리선언의 내용을 요약하면 다음과 같다.

1. 권리의 무차별 평등의 보장
2. 성장·발달의 권리
3. 성명과 국적을 가질 권리
4. 사회보장의 권리

5. 장애아의 사회적 필요의 충족권
6. 가족의 사랑을 받고 자랄 권리
7. 교육을 받을 권리와 놀 수 있는 권리
8. 우선적으로 보호받을 권리
9. 학대 · 착취 등으로부터 보호받을 권리
10. 평화롭게 살 권리

아동권리선언은 아동의 권리 실현에 있어 국제적인 관심을 이끌었다는 측면에서 역사적으로 큰 의미를 가지고 있지만, 선언은 선언으로 그칠 뿐 구속력이 없다는 한계를 가지고 있다. 따라서, 유엔은 1997년에 유엔아동권리선언 20주년을 기념하여 이 해를 '국제 아동의 해'로 결정하였다. 유엔은 단순한 선언적 권리에서 나아가 실천적 구속력을 가진 세계아동의 권리에 관한 국제협약의 필요에 따라 국제협약의 제정안을 마련하였으며, 10년간의 준비기간을 거쳐 1989년 10월에 유엔총회의 승인과 20개국 국가들의 비준을 받아 1990년 9월 2일부터 국제법으로 발효되고 있다. 우리나라는 이 협약에 서명하고 1991년 11월 20일에 비준서를 유엔에 기탁함으로써 1991년 12월 20일부터 아동권리에 관한 국제협약의 당사국이 되었다. 2013년 현재 한국을 포함한 전 세계 193개 나라가 유엔의 회원국으로서 모든 아동의 인권보장을 위한 국제협약에 호응하여 법적 · 제도적 · 행정적 조치를 취하고 국제적인 차원의 아동권리와 복지증진 노력에 보조를 맞추고 있다.

2) 국제 아동권리협약

1989년 11월 20일 유엔총회에서 채택된 아동권리협약(Convention on the Rights of the Child)은 아동 · 청소년의 권리보호만을 위해 만들어진 국제사회의 최초의 협약이다. 이 협약은 아직 신체적, 인지적, 정서적, 사회적 발달의 선상에 놓여있는 아동 · 청소년을, 발달상의 특수성으로 인해 부모와 기타 양육 및 교육을 담당하는 사람들의 특별한 보호를 받으면서도 자신의 권리를 적극적으로 행사할 수 있는 주체로 본다는 측면에서 역사적으로 큰 의미를 가지고 있다. 또한 이 협약에서 말하고 있는 아동의 권리라 함은 아동이 인간으로서 가지는 기본적인 권리와 자유를 향유할 수 있는 것과 더불어 생애시기적 특수성에 입각해 특별한 보호와 배려를 받을 수 있는 권리를 말한다(http://unicef.or.kr). 유엔아동권리협약은 전문, 총 3부, 총 54개의 조문으로 되어 있다(한국청소년정책연구원, 2011).

(1) 유엔아동권리협약의 주요 원칙

아동권리협약은 각 국가마다 아동에 대한 대우, 그들의 보호 및 참여에 관한 기본적인 기초를 두고 있다. 아동권리위원회는 1991년 제1차 회기에서 당사국 정부의 제1차 보고서의 작성방법에 관한 지침을 마련하면서, 위 협약의 토대를 이루는 기본적 가치를 '일반원칙(General Principles)'이라고 하였다. 아동권리보장의 가장 중요한 일반원칙으로는, 먼저 그 어떠한 종류의 차별 없이 아동의 권리를 보장하고, 둘째, 아동의 생명권 및 생존과 발달을 보장하고, 셋째, 아동의 견해와 진술이 자유롭게 표현될 수 있도록 하고, 마지막으로, 아동의 최선의 이익을 최우선적으로 고려하도록 하는 것이다. 이러한 4개의 일반원칙을 통하여 아동에 대한 보호와 배려라는 중요한 기본 목적을 설정하고 서명 당사국이 협약을 온전하게 이행하고 있는가를 총체적으로 판단하는 기준이 된다(박한비, 2014 재인용). 구체적으로 살펴보면 다음과 같다(이용교 외, 2005; http://www.childrights.kr).

① **무차별의 원칙**(Non-discrimination, 제2조)

아동의 성별, 연령 등과 관련된 차별금지의 원칙이다. 우리나라 헌법 제11조 제1항을 보면 "모든 국민은 법 앞에 평등하다"라 나와 있듯이 헌법 역시 아동관련법과 마찬가지로 차별금지의 원칙을 기본 정신으로 두고 있는 것을 볼 수 있다. 이 원칙은 아동권리협약 당사국 관할권 내에서는 아동 또는 그의 부모나 법정 후견인의 인종, 피부색, 성별, 언어, 종교, 정치적 또는 기타의 의견, 민족적, 인종적 또는 사회적 출신,

재산, 능력, 출생 또는 기타의 신분에 관계없이 그리고 어떠한 종류의 차별을 함이 없이 이 협약에 규정된 권리를 존중하고, 각 아동에게 보장하여야 함을 의미한다.

② **아동 최선의 이익 원칙**(Devotion to best interests of the child, 제3조)

최우선의 이익은 아동권리협약 제3조 제1항40에 잘 나타나있다. 아동에 관한 모든 활동에 있어서, 그 활동이 공적 혹은 사적 기관들에 의해 행해지든, 아동의 '최선의 이익(the best interests)'이 제1차적으로 고려되어야 함을 의미한다. 또 아동이익의 최우선의 원칙은 '복지권'의 보장을 의미한다고 볼 수 있기 때문에 그 내용을 신체와 정신의 건강, 정상적인 지적발달, 적절한 물질적 지원, 안정적이고 의미있는 인간관계, 그리고 적절한 정도의 자유 등의 조건을 제공하는 것으로 이해할 수 있다. 즉, 국가나 기관 등 아동에게 중대한 영향을 끼치는 결정을 할 때에는 부모 또는 국가의 이익만을 중심으로 하는 것이 아니라 아동의 이익이 1차적으로 고려되어야 한다는 것이다.

③ **생명, 생존과 발달보장의 원칙**(The right to life, survival and development, 제6조)

생존과 발달의 원칙, 아동의 생명권 및 생존과 발달을 보장하는 원칙으로 아동권리협약 제6조에 나타나 있다. 당사국은 모든 아동이 고유의 생명권을 가지고 있음을 인정하며, 가능한 한 최대한도로 아동의 생존과 발달을 보장하여야 함을 의미한다. 여기서 말하는 생명권(the rights to life)은 단순히 아동에게 죽음을 당하지 않을 권리를 부여하는 것이 아니라 아동의 생존과 발달을 포함하는 내용이다.

④ **아동 의사존중의 원칙**(Respect for the views of the child, 제12조)

아동의 견해와 진술이 자유롭게 표현될 수 있는 의사표현의 원칙으로 아동권리협약 제12조 제1항34 그리고 제13조 제1항35에 나타나 있다. 아동권리협약 제12조를 보면 ㉠ 당사국은 자신의 견해를 형성할 능력이 있는 아동에 대하여 본인에게 영향을 미치는 모든 문제에 있어서 자신의 견해를 자유스럽게 표시할 권리를 보장하며, 아동의 견해에 대하여는 아동의 연령과 성숙도에 따라 정당한 비중이 부여되어야 한다. ㉡ 이러한 목적을 위하여, 아동에게는 특히 아동에게 영향을 미치는 여하한 사법적,

행정적 절차에 있어서도 직접 또는 대표자나 적절한 기관을 통하여 진술할 기회가 국내법상 절차규칙에 합치되는 방법으로 주어져야 함을 의미한다.

(2) 아동권리협약상의 아동권리

이러한 기본 원칙하에 아동의 생존권, 보호권, 발달권, 참여권의 네 가지 기본 권리를 누려야 함을 규정하고 있다(http://unicef.or.kr/crc).

① **생존권(Right To Survival)** : 적절한 생활수준을 누릴 권리, 안전한 주거지에서 살아갈 권리, 충분한 영양을 섭취하고 기본적인 보건서비스를 받을 권리 등, 기본적인 삶을 누리는 데 필요한 권리

② **보호의 권리(Right To Protection)** : 모든 형태의 학대와 방임, 차별, 폭력, 고문, 징집, 부당한 형사처벌, 과도한 노동, 약물과 성폭력 등 어린이에게 유해한 것으로부터 보호받을 권리

③ **발달의 권리(Right To Development)** : 잠재능력을 최대한 발휘하는 데 필요한 권리. 교육받을 권리, 여가를 즐길 권리, 문화생활을 하고 정보를 얻을 권리, 생각과 양심과 종교의 자유를 누릴 수 있는 권리 등

④ **참여의 권리(Right To Participation)** : 자신의 생활에 영향을 주는 일에 대해 의견을 말하고 존중받을 권리. 표현의 자유, 양심과 종교의 자유, 평화로운 방법으로 모임을 자유롭게 열 수 있는 권리, 사생활을 보호받을 권리, 유익한 정보를 얻을 권리 등

3) 우리나라 아동권리협약 이행 사항

우리나라는 1991년 11월 20일 유엔아동권리협약에 비준하였으며, 우리나라는 협약과 관련하여 이룩한 진전 상황에 대하여 정부와 민간단체를 통해 협약에 관한 이행보고서를 각각 작성해 유엔아동권리위원회에 제출하고 있는데, 2014년 현재 지금까지 제4차 국가보고서를 제출하였다.

이행보고서는 유엔아동권리위원회의 지침에 따라, ① 협약 이행을 위한 일반조치, ② 아동의 정의, ③ 일반원칙, ④ 시민적 권리와 자유, ⑤ 가정환경 및 대안 양육, ⑥ 기초보건 및 복지, ⑦ 교육, 여가 및 문화활동, ⑧ 특별보호조치 등 8개 주제로 나누어 작성하도록 되어 있다. 유엔아동권리위원회는 한국에서 제출한 이행보고서에 대해 2011년 심사를 실시하여 우리나라 아동권리에 대한 문제점을 지적하고 필요한 조치를 권고하였다. 우리나라의 아동권리협약 비준 상황과 이행 성과 및 과제 등을 정리하면 다음과 같다(보건복지부 한국아동권리모니터링센터, 2011; http://www.unicef.or.kr).

(1) 한국의 아동권리협약 비준 상황

〈표 2-1〉 한국의 아동권리협약 비준 상황

연 도	비준내용
1991년 11월 20일	아동권리협약 비준 - 단, 국내법과 일치하지 않는다는 이유로 3개 조항 유보 ▪ 유보된 3개의 조항 제9조 제3항 아동의 부모 면접권(이혼 가정 자녀가 부모를 만날 권리가 법적으로 보장되지 않음) 제21조 (a)항 정부 당국의 입양 허가(입양이 사실상 관계당국의 허가에 의해 이루어지지 않음) 제40조 (b)-5항 상소권 보장(비상계엄하의 재판이 단심제여서 아동의 권리를 보호하기 어려움) * 2013년 현재, 법 개정 등으로 제40조 (b)-5항만 유보된 상황
2004년 9월 24일	아동권리협약 선택의정서 2개 비준 아동의 무력 충돌 참여에 관한 아동권리협약 선택의정서 아동의 매매·성매매 및 아동 음란물에 관한 아동권리협약 선택의정서

우리나라는 1991년 11월 20일 유엔아동권리협약에 비준하면서 당시 54개 조항 중에서 국내법과 충돌되는 몇몇의 조항에 대하여 유보하는 방식을 택하였다. 유보조항으로는 제9조 제3항 면접교섭권, 제21조 (가)입양허가제, 그리고 제40조 제2항 b호 아동의 상소권 보장에 대하여 유보하였고 최근 민법 개정으로 제9조 제3항 면접교섭권은 유보가 취소되었다(박한비, 2014).

(2) 한국의 아동권리협약 이행상황

한국은 아동권리협약 비준 후 2014년 현재 제4차 보고서를 유엔아동권리위원회에 제출하였으며, 4차 보고서에 대한 유엔아동권리위원회의 권고에 따른 이행을 실시하였다. 3, 4차 보고서를 통해 나타난 이행성과는 아동권리협약을 이행할 수 있는 법안의 채택, 조약 비준 및 가입, 제도적·정책적 조치 등이다.[2] 구체적으로 한국의 아동권리협약 이행상황을 정리하면 다음과 같다(박한비, 2014; 보건복지부한국모니터링센터, 2011).

① 아동의 부모면접교섭권에 대한 유보 철회

정부는 협약 비준 당시 유보하였던 세 가지 유보조항 중 아동의 부모면접교섭권에 대해서는 2007년에 「민법」을 개정하여 현재 유보를 철회하였다. 2007년 개정된 민법을 통해 협약상의 '아동의 이익 최우선의 원칙'을 실현하고 아동의 권리를 강화하기 위하여 아동에게도 부모면접교섭권을 인정하였다. 또한 부부가 협의이혼할 경우 면접교섭권의 행사 여부에 관한 협의서를 제출해야만 협의이혼이 가능하도록 하여, 이혼 후 자녀에 대한 면접교섭이 원만하게 이루어질 수 있도록 하였다.

② 아동정책 조정과 공적기관에 의한 모니터링 기구 설치

정부는 2004년 「아동복지법」을 개정하여 '아동정책조정위원회'의 설치 근거를 마련하였다. 아동정책조정위원회는 국무총리 산하에 신설된 위원회는 아동의 권리증진과 건강한 출생 및 성장을 위한 종합적인 아동정책을 수립하고, 관계부처의 의견을 조정하며, 그 정책의 이행을 감독하고 평가한다. 또한 정부는 아동의 권리증진 및 유엔아동권리협약 이행 모니터링을 실시하기 위하여 2006년 10월에 '아동권리모니터링센터'를 설치하였다.

2) 아동권리협약 이행을 위해 채택한 법안 : 2011년 8월 개정된 입양특례법, 2011년 9월 개정된 민법, 2011년 3월 개정된 초·중등교육법 시행령, 2011년 제정된 자살예방 및 생명존중문화 조성을 위한 법률, 2010년 3월 개정된 가사소송법, 2011년 제정된 장애아동복지지원법, 2011년 개정된 아동복지법, 2011년 개정된 다문화가족지원법
아동권리협약 이행을 위한 조약 비준 및 가입 : 2008년 12월 11일 장애인권리협약 비준, 2006년 10월 18일 여성에 대한 차별철폐에 관한 협약 선택의정서 비준
아동권리협약 이행을 위한 제도적·정책적 조치 : 2010년 제2차 학교폭력 예방 및 대책 5개년 기본계획 수립

③ 아동관련 통계수집 및 권리지표 개발

정부는 2003년에는 아동권리 수준을 파악하고, 협약 이행을 위한 정책의 기초자료로 활용하기 위하여 '아동권리지표'를 개발하였다. 2006년에는 통계체계가 아동권리 전반에 걸쳐 수집되지 못하고 있음을 인식하여 40개 주요 아동지표(Key Indicators)'를 만들어 아동발달 단계별 조기개입, 양육 프로그램 개발 등 중장기 아동정책 수립과 각종 아동복지사업의 기초자료로 활용하고 있다. 또한 정부는 2002년부터 '아동청소년통계집'을 발간하고 있으며 2006년에 유치원, 초등학교, 중학교, 고등학교, 대학교 등 전체 교육기관에 대한 통계자료를 체계적으로 조사하고 한곳에서 서비스를 할 수 있는 '교육통계 One-Stop서비스' 체계를 구축하였다.

④ 종전의 「민법」상 약혼연령 및 혼인적령의 차별 시정

종전의 「민법」은 약혼연령 및 혼인적령에 관하여 남자는 만 18세, 여자는 만 16세로 다르게 규정하고 있었다. 그러나 이는 불합리한 차별로서 남녀평등에 반하고 아동이익 최우선의 원칙에 의거하여 2007년 민법 개정을 통해 남녀 모두 혼인 가능 연령을 18세로 동일하게 하였다.

⑤ 인권침해 요소가 있는 학교생활 규정 개선

정부는 학교에서 아동의 능동적인 참여를 촉진하기 위하여 학생인권침해 논란이 있는 학교생활규정 조항을 개정하고, 학생의 인격을 침해하는 생활지도 방법을 개선해나가기 위한 노력을 하고 있다. 다만, 체벌의 경우 원칙적으로 금지되어 있으나, 「초·중등교육법 시행령」(제31조 제8항)에는 학생을 지도할 때 '학칙으로 정하는 바에 따라 훈육·훈계 등의 방법으로 하되, 도구, 신체 등을 이용하여 학생의 신체에 고통을 가하는 방법을 사용해서는 아니 된다'고 규정하고 있어 교육상의 필요에 의해서 제한적으로 이루어지고 있는 실정이다. 따라서, 학생에게 심한 폭행, 욕설행위 등 사회통념상 지나친 체벌을 한 교원에 대해서는 교원양정기준을 강화하여 형사처벌하고 있다.

4) 유엔아동권리협약 이행 과제

유엔아동권리위원회는 2011년 심사를 실시하여 우리나라 아동권리에 대한 문제점을 지적하고 필요한 조치를 권고하였으며, 이에 대한 최종견해의 이행에 관한 정보를 포함하는 제5, 6차 통합정기보고서를 2017년 6월 19일까지 제출해 줄 것을 권고하였다. 유엔아동권리협약 제3, 4차 국가보고서 심의결과에 대한 유엔아동권리위원회의 주요 관심분야 및 권고사항 중 일부를 요약·정리하면 다음과 같다(보건복지부, 2011 내부자료).

(1) 일반이행조치〔협약 4, 42, 44(6)조〕

유엔아동권리위원회에서는 우리나라가 제출한 2차 정기보고서에 관한 위원회의 최종견해 중 아직 이행되지 않은 권고사항, 특히 국가인권위원회 내 아동권리 분과위원회의 설립, 체벌의 전면적인 금지, 그리고 아동이 겪는 고도의 스트레스를 줄이기 위한 교육정책 검토와 관련된 사항을 처리하기 위하여 필요한 모든 조치를 취할 것을 촉구하였다. 또한 아동정책조정위원회를 복구하여 강화하고, 오히려 가급적이면 필요한 권한과 충분한 인적·기술적·재정적 자원을 확보한 적절한 관련기구를 수립, 대한민국의 높은 경제발전 정도 및 OECD 수준에 좀 더 걸맞도록 협약이행을 위해 배정된 재원 수준을 검토하고 증가시킬 것을 권고하였다.

(2) 일반원칙(협약 2, 3, 6, 12조)

위원회에서는 일반원칙과 관련하여 무차별의 원칙 준수를 위한 차별적 태도 근절 및 예방을 위한 필요조치로 차별금지법 제정 권고, 아동관련 법률, 행정 및 모든 정책과 프로그램에 있어서 아동이익 최우선의 원칙 준수, 아동의 자살위험 요인 연구를 통한 정책 및 제도 방안 이행으로 아동생명, 생존과 발달 보장원칙 준수, 아동에게 영향을 주는 모든 정책결정과정에 있어서 아동의사 존중의 원칙 준수 등을 권고하였다.

(3) 기타 권고 사항

위원회는 시민권과 자유 협약과 관련하여 출생 신고, 사상, 양심 및 종교의 자유, 표현과 결사 및 평화적인 집회의 자유 등을 누릴 수 있어야 하며, 체벌을 명백히 금지하고, 대안양육시설 내 아동학대 관련 진정 접수, 조사 보장, 망명신청아동 및 난민아동, 이주상황 아동 등을 위한 특별보호조치, 모든 장애아동에 대한 적절한 지원, 공교육의 강화, 국제인권조약 비준 등을 권고하였다.

2. 아동의 안전

1) 아동 안전의 개념

아동의 건강한 성장과 발달을 위해서는 안전한 가정, 학교, 사회 환경을 보장하는 것이 가장 기본적으로 필요한 부분이다. 현행 아동복지법에서도 아동이 건강하게 출생하여 행복하고 안전하게 자랄 수 있도록 아동의 복지를 보장하는 것을 목적으로 한다고 명시되어 있는데, 이는 안전한 환경의 중요성을 직접적으로 표현한 것이라고 볼 수 있다.

'안전'의 사전적 의미는 '위험이 생기거나 사고가 날 염려가 없는 상태'를 말하며, 안전한 상태란 위험 원인이 없는 상태 또는 위험 원인이 있더라도 인간이 위해를 받는 일이 없도록 대책이 세워져 있고, 그런 사실이 확인된 상태를 뜻한다. 단지, 재해나 사고가 발생하지 않고 있는 상태를 안전이라고는 할 수 없으며, 잠재 위험의 예측을 기초로 한 대책이 수립되어 있어야만 안전이라고 할 수 있다(두산백과사전, 2014).

아동을 포함한 국민의 안전을 위협하는 것을 재난이라고 할 수 있는데, 재난 및 안전관리 기본법(2014)에서는 '재난'을 국민의 생명·신체·재산과 국가에 피해를 주거나 줄 수 있는 것이라고 규정하면서 자연재난과 사회재난으로 분류하고 있는데, 최근 우리 사회에서 빈번하게 아동의 안전을 저해하는 묻지마 범죄를 포함한 범죄, 성폭력 및 아동학대, 유괴 및 실종, 약물의 오남용 등도 사회재난으로 포함되어야 할 것이다.

이상에서 살펴본 바와 같이 아동 안전의 개념은 아동의 건강한 성장과 발달을 위해서 자연재난과 사회재난이 발생하지 않도록 모든 환경을 유지하는 것과 각종 재난이 발생할 경우를 대비한 모든 대책이 체계적으로 마련된 상태를 의미한다고 할 수 있다.

2) 아동 안전사고의 유형

아동 안전사고의 유형은 다양하게 분류할 수 있는데, 먼저 영유아 안전관리 분야에서는 생활안전, 놀이 및 스포츠 안전, 교통안전, 화재안전, 재해안전, 식품안전 등과 성폭력·유괴와 같은 대인안전 등으로 분류하고 있다(문혁준 외, 2009; 권혜진 외, 2012). 두 번째로, 통계청의 사망원인 통계에서는 아동 안전사고를 교통사고, 익사, 추락, 화재, 중독, 기타 등으로 분류하여 조사하고 있다. 마지막으로, 아동복지법(2014)에서는 아동안전교육을 성폭력 및 아동학대 예방, 실종·유괴의 예방과 방지, 약물의 오남용 예방, 재난대비 안전, 교통안전 등으로 분류하고 있다. 본 고에서 아동복지법에 따른 5개 분야를 중심으로 아동 안전사고 유형을 제시하고, 아동 안전사고의 현황은 통계청 자료를 중심으로 제시하고자 한다.

(1) 성폭력 및 아동학대 예방

먼저 성폭력범죄의 처벌 등에 관한 특례법(2013)에 따르면 아동성폭력은 만 13세 미만의 아동에 대한 강간과 강제추행이라고 규정하고 있고, 구체적인 행위는 다음과 같다(서울해바라기아동센터, 2014).

- 원하지 않는데 강제로 성관계를 하는 것은 성폭력입니다.
- 몸의 중요한 부위를, 성기나 유방 그리고 엉덩이나 배 등 수영복으로 가려지는 부위들을 원하지 않는데 만지거나 부비거나 빠는 것 모두 성폭력입니다.
- 성기나 유방과 같은 중요한 부위가 아닌 다른 신체부위라고 하더라도 상대방의 성적인 즐거움을 위해 이용당한 느낌을 받으면 성폭력입니다.
- 원하지 않는데 자기의 신체부위를 보여주거나 만져달라고 하는 것도 성폭력입니다.

- 행동으로 하지 않더라도 신체부위나 성행위에 대한 말로 기분 나쁜 농담을 하거나 놀리는 것도 성폭력입니다.
- 야한 비디오나 음란물을 보여주는 것도 성폭력입니다. 강제로 보여주는 것이 아니더라도 어린이나 지적 능력이 낮은 사람의 호기심을 자극해서 보여주는 것도 성폭력에 해당됩니다.
  - 어린이의 경우에는 스스로 동의했다고 하더라도 어른이나 나이 많은 청소년이 성적인 행동을 유도하는 것은 성폭력입니다. 생각이나 판단이 다 자라지 못한 어린이가 몸과 마음을 다치지 않도록 어른들은 보호해 줘야 합니다. 그러니까 어린이가 좋다고 했더라도 어른이나 나이 많은 사람이 성적인 행동을 함께 한다면 그것은 성폭행입니다.

다음으로 아동복지법에 따르면 '아동학대는 보호자를 포함한 성인이 아동의 건강 또는 복지를 해치거나 정상적 발달을 저해할 수 있는 신체적·정신적·성적 폭력이나 가혹행위를 하는 것과 아동의 보호자가 아동을 유기하거나 방임하는 것을 말한다'고 규정하고 있다. 아동학대에 관한 구체적인 내용은 제10장을 참고하기 바란다.

(2) 실종·유괴

실종 및 유괴의 개념을 살펴보면 실종아동 등의 보호 및 지원에 관한 법률(2014)에 따르면 '실종아동 등이라 함은 약취·유인 또는 유기되거나 사고를 당하거나 가출하거나 길을 잃는 등의 사유로 인하여 보호자로부터 이탈된 아동 등을 말한다. 2013년부터 실종 대상 아동의 연령이 만 13세에서 18세 미만으로 확대되었다.

(3) 약물의 오남용

약물의 오남용은 약물과 화학제품으로 분류하여 살펴볼 수 있다. 먼저 약물은 질병을 치료하거나 예방할 목적으로 사용하는 의약품을 의미하며, 먹거나 사용했을 때 몸과 마음, 기분의 변화를 일으키는 물질의 모든 것도 약물이라고 한다. 그리고 화학제품은 화학제품 세정, 세척, 해충박멸, 미용 등 사람들의 편리를 위해 화학적으로 만든 제품을 말한다. 이러한 약물과 화학제품을 용도와 용량에 따라 복용 또는 사용하지 않았을 경우, 즉 오남용할 경우 심한 부작용과 중독사고로 신체를 손상시킬 수 있다(한국생활안전연합, 2013).

(4) 재난안전

재난 및 안전관리 기본법(2014)에서는 '재난'을 국민의 생명·신체·재산과 국가에 피해를 주거나 줄 수 있는 것이라고 규정하면서 자연재난과 사회재난으로 분류하였고, 아래 <표 2-2>에 제시하였다.

〈표 2-2〉 재난의 유형

분 류	유 형
자연재난	태풍, 홍수, 호우, 강풍, 풍랑, 해일, 대설, 낙뢰, 가뭄, 지진, 황사, 조수, 그 밖에 이에 준하는 자연현상으로 인하여 발생하는 재해
사회재난	화재·붕괴·폭발·교통사고·화생방사고·환경오염사고 등으로 인하여 발생하는 대통령령으로 정하는 규모 이상의 피해와 에너지·통신·교통·금융·의료·수도 등 국가기반체계의 마비, 「감염병의 예방 및 관리에 관한 법률」에 따른 감염병 또는 「가축전염병예방법」에 따른 가축전염병의 확산 등으로 인한 피해

(5) 교통안전

교통안전을 보장하기 위해서는 교통사고의 예방 및 신속한 대처가 필요한데, 교통안전법(2013)에 따르면 교통사고란 교통수단의 운행·항행·운항과 관련된 사람의 사상 또는 물건의 손괴를 말한다. 여기서 '교통수단'이라 함은 사람이 이동하거나 화물을 운송하는 데 이용되는 것으로서 구체적으로 살펴보면 다음과 같다. 「도로교통법」에 의한 차마, 「철도산업발전 기본법」에 의한 철도차량(도시철도를 포함한다), 「궤도운송법」에 따른 궤도에 의하여 교통용으로 사용되는 용구 등 육상교통용으로 사용되는 모든 운송수단(케이블카 등), 「해사안전법」에 의한 선박 등 수상 또는 수중의 항행에 사용되는 모든 운송수단, 「항공법」에 의한 항공기 등 항공교통에 사용되는 모든 운송수단을 말한다.

3) 아동 안전사고 현황

(1) 재난 사고 현황

통계청에서는 아동 안전사고 사망현황을 교통사고, 익사, 추락, 화재, 중독, 기타 등으로 분류하여 조사하고 있으며, 10만 명당 아동안전사고로 인한 사망은 2001년 14.26명, 2005년 8.17명, 2010년 4.8명, 2012년 4.28명으로 지속적으로 감소하고 있다. 2012년의 경우 326명의 아동이 안전사고로 사망하였는데, 교통사고 131명, 40.1%, 익사 53명, 16.2%, 추락 37명, 11.3%, 화재 14명, 4.2%, 중독 1명, 0.3%, 기타 91명, 27.9%로 나타났다(통계청, 2014).

아동 안전사고 사망률이 지속적으로 감소하고 있는 것은 다행이지만, 2008년부터 최근 5년간 0~19세 아동 사망 수 중에서 33.4%가 안전사고로 사망하고 있다는 것은 (한겨레신문, 2014. 5. 1) 매우 안타까운 현실이라고 할 수 있다. 참고로 최근 자료인 2005년 OECD 국가의 아동안전사고 사망률은 평균 5.6명이며, 당시 우리나라는 8.17명 이었다.

(2) 실종아동 현황

실종아동 현황을 살펴보면 2006년 17,477명이 실종신고 되었는데, 17,414명은 보호자에게 인계되었고, 63명은 실종상태로 남겨졌다. 2010년은 40,261명이 실종신고 되어, 40,094명이 보호자에게 인계되었고, 167명이 실종상태로 남겨졌으며, 2012년은 42,169명이 실종신고 되어, 41,797명이 보호자에게 인계되었고, 372명이 실종상태로 남겨졌다. 이와 같이 실종신고 된 아동의 대부분은 발견되어 보호자에게 인계되는데, 매년 0.1% 내외의 아동은 실종상태로 남아있게 된다.

4) 아동 안전을 위한 안전교육 및 정책방향

(1) 안전 교육

현행 아동복지법(2014)에 따르면 아동복지시설의 장, 「영유아보육법」에 따른 어린이집의 원장, 「유아교육법」에 따른 유치원의 원장 및 「초·중등교육법」에 따른 학교의 장은 교육대상 아동의 연령을 고려하여 안전교육을 실시하고 매년 보고하도록 하고 있다. 안전교육의 내용은 성폭력 및 아동학대 예방, 실종·유괴의 예방과 방지, 약물의 오남용 예방, 재난대비 안전, 교통안전 등이며, 아동안전사이버교육센터(http://www.childsafedu.go.kr)에서 안전사고 유형별, 연령별, 대상별(아동, 부모, 교사)로 다양한 교육 자료를 제공하고 있다.

이러한 강의식 교육 이외에 아동들에게 안전사고에 대비하는 경험위주의 교육 및 훈련 프로그램이 강화되어야 할 것이다.

(2) 안전 보장을 위한 정책방향

우리나라는 1996년 OECD에 가입하면서 아동안전과 관련된 정책이 마련되기 시작하였다. 1996년에 보건복지부에서 아동안전육성 종합대책을 마련하였고, 2001년에는 서울시 아동안전종합대책이 마련되었고, 2002년에는 국가수준의 어린이보호육성추진단을 조직하여 5개 중점 추진과제에 어린이 안전 강화가 포함되었다. 그러나 이러한 노력에도 불구하고 2003년까지 우리나라의 아동안전사고 사망률은 OECD 회원국 중에서 가장 높아서, 정부에서 2003년 5월 5일 어린이날에 '어린이 안전 원년'을 선포하고 어린이 안전사고 사망률을 매년 10%씩 감소시키는 것을 목표로 하면서 '어린이 안전종합대책'을 마련하였고, 이후 2008년에 아동안전종합대책 5개년 계획을 마련하였다. 이후 2013년에 국민안전종합대책에 학교폭력, 인터넷 음란물, 교통사고, 키즈카페 등 놀이시설 안전 등 아동안전을 포함하여 대책을 마련하였다.

이와 같이 국가와 정부에서 지속적으로 아동을 포함한 국민의 안전한 생활보장을 위한 대책을 마련하고 있으나, 최근까지도 안전사고가 지속적으로 발생하고 있다.

따라서 아동의 안전 보장을 위해서는 먼저 안전 불감증으로 표현되면 안전에 대한 국민의식을 개선할 필요가 있으며, 이러한 인식개선을 위해 지속적인 안전교육과 홍보, 캠페인을 실시할 필요가 있다. 두 번째로, 안전사고가 발생하지 않도록 예방을 위한 지도점검을 강화하고, 안전사고 발생 시에는 안전사고 발생의 책임이 있는 기관 및 담당자뿐만 아니라 지도점검을 담당했던 담당 부서 및 담당자가 책임을 지는 제도적 장치를 마련해야 할 것이다. 세 번째로, 자연재난 및 사회재난 등 재난사고가 발생했을 때 신속히 구조대책을 마련할 수 있도록 국가 차원에서 체계적인 재난구조시스템을 갖추어야 할 것이다. 마지막으로, 자연재난 및 사회재난사고의 피해자 및 피해자 가족의 적응을 도울 수 있도록 심리적·정서적·사회적·경제적 측면에서 지원과 보상이 충분히 이루질 수 있는 트라우마센터와 같은 기관을 설립·운영할 필요가 있다.

제 3 장

아동의 발달

1. 아동기의 발달

아동기란 조직적 생활이 시작되는 초등학교 1학년부터 초등학교를 졸업하는 12세까지의 시기를 말하며, 이 시기에는 아동의 생활중심이 가정에서 학교로 옮겨지게 된다. 이러한 의미에서 이 시기를 학령기 또는 학동기라고도 한다. 아동기는 다시 아동 전기(초등학교 1~3학년)와 아동 후기(초등학교 4~6학년)로 나누어지기도 하고, 아동 전기(초등학교 1~2학년), 아동 중기(초등학교 3~4학년), 아동 후기(초등학교 5~6학년)로 나누어지기도 한다. 또한 Freud는 아동기를 잠재기, Erikson은 근면성이 발달하는 시기, Kroh는 도야기, Piaget는 구체적 조작기라고 하였다.

특히 이 시기는 가정, 학교와 이웃으로 아동의 활동범위가 넓어지고, 이에 따른 사회적 환경의 범위도 확대된다. 즉, 이 시기의 아동은 가족뿐만 아니라 친구, 책, 텔레비전 등의 영향을 많이 받게 되고, 그에 따라 사회적 · 도덕적 발달이 현저하게 차이가 난다. 이 시기의 아동은 새로운 지식을 얻는 데 주저하지 않고 무엇이든지 알고 싶어 하며 습득하기 위해 활발하고도 민첩한 활동을 한다.

또한 사회가 중요시하는 기술을 습득하기 위하여 대부분의 시간을 소비하며, 획득한 지식을 더 큰 지역사회에서 활동하기 위한 방안모색에 활용하게 된다. 이 시기에는 신체발달이나 감각운동발달보다는 이미 획득된 지각 · 운동기능을 보다 기술적으로 사용하는 능력을 키우며, 인지적 측면에서도 사물의 판단에 있어 지각의존성(perceptual dependency)과 자기중심성(egocentrism)을 극복한다(도미향 외, 2002).

이 시기는 정신적으로 신체적 · 사회적 발달상의 여러 가지 특징을 지닌다. 즉, 신체적으로 발달속도가 완만하게 이루어지며, 정신적으로는 두뇌의 발달에 있어서 거의 성인에 가까워지고, 그 기능도 조직적으로 분화 · 발달한다.

1) 신체발달

아동이 성장하는 속도는 개인마다 다르지만, 젖니가 빠지고 영구치가 나게 되며, 시각도 만 7세까지는 완전히 발달을 하게 된다. 여아는 대략 만 10세에서 12세경이면 사춘기에 들어가며, 남아는 대체로 만 14세에서 16세경에 사춘기를 맞게 된다. 아동기 신체발달을 위한 특정한 목표는 다음과 같다.

① **대근육 기술 강화하기** : 자신감을 가지고 대근육 기술 사용하기, 방향이나 속도에 대한 조절능력 강화하기, 물체 뛰어넘기
② **소근육 기술 강화 · 정교화하기** : 원활한 소근육 사용하기, 쓰고 그리는 도구 사용하기
③ **신체적 능력 향상을 위해서 모든 감각 사용하기** : 소리의 유사점과 차이점 확인하기, 향상되는 기술을 사용하여 균형 잡기, 방향 잡기

아동기의 신체발달에서 최근 관심을 기울여야 하는 문제 중 한 가지는 아동비만증이다. 비만아동(obese child)이라 함은 정상범위를 넘어서 비만상을 나타내는 아동을 말하는데 최근의 발육 가속현상 또는 도시화 현상으로 비만아동이 증가하는 경향이 있다. 이것은 생활환경의 개선이나 식생활에 있어서의 식품의 질적 또는 양적인 면에서의 향상, 운동량의 감소 등이 관계되는 것으로 생각되며, 세계적 경향이기도 하다. 호발연령(好發年齡)은 10세를 절정으로 9~13세에 집중적으로 많은데, 원인은 가족적 요인과 과식, 운동과 음식섭취의 불균형에서 기인한다. 비만아동은 2차적으로 운동기능이 저하되고, 그것이 다시 비만을 조장하는 식으로 악순환을 거듭할 뿐만 아니라 이로 말미암아 부정적 신체이미지와 열등감을 형성할 수 있어 심리적 문제라는 점에서 관심을 가져야 한다.

2) 사회 · 정서 발달

(1) 사회성 발달

아동에게는 인격적 독립을 얻는 것, 동년배 이성과 어울려 지내도록 배우는 것, 그리고 성역할을 배우는 것 등 사회성 발달을 위한 발달과업이 주어진다. 아동은 자신의 성취에 대한 기쁨과 더불어 성인에게 인정을 받으면서 자신에 대한 가치감과 근면감을 형성하게 된다. 또한 가족보다는 또래집단의 영향이 더욱 중요해지며, 또래관계가 아동의 가장 큰 기쁨과 깊은 좌절의 근원이 되기도 한다.

아동의 성과 관련해서는 여아가 남아보다 유능하여 친사회적으로 행동하며, 학교에서의 학업능력도 뛰어나고, 교우관계에서도 갈등이 적어, 남아보다 여아가 부정적 결과에 대하여 자신을 보호하고 건강한 발달을 증진시킬 수 있다는 측면에서 탄력적 요소를 부각시키는 보호요인으로 작용한다고 보고되고 있다(Dixon, 2002; Honig & Wang, 1997; Masten et al., 1998; 이용준 외, 2004).

아동기의 공격성은 점차 횟수가 증가하여 공격의 횟수와 공격을 표현하는 방법은 양성 간에 다양하게 나타난다. 아동의 공격성은 부모와 자녀양육방식, 교사와 학생 관계, 그리고 텔레비전 폭력과 같은 접촉 등에 영향을 받는다. 교사는 아동의 공격성을 조절하도록 돕기 위해 나누기, 협동하기, 좋은 것에 대해 이야기하기 등과 같은 사회적 행동을 많이 경험하도록 도와야 한다. 또한 긍정적 역할모델을 제공해야 하며, 공격적 행동이 줄어들 수 있는 물리적 · 사회적 환경을 제공해야 한다. 그리고 아동에게 자제력을 개발하고, 감정을 말로 표현하는 기술을 획득할 수 있도록 도와줄 필요가 있다(서영숙, 1996).

이 시기의 아동은 사회적 놀이 가운데 단체놀이(team play)를 좋아한다. 이 단체놀이는 혼자서 하는 놀이나 집단놀이(group play)에 비하여 규칙을 지키고 서로 간에 팀워크가 중요한 활동이다. 아동은 이러한 단체놀이를 통해서 분업의 원리, 경쟁의 본질과 승리의 중요성, 개인의 목표가 단체의 목표에 종속된다는 것을 배우게 된다(Newman & Newman, 1991; 김동배 · 권중돈, 1999 : 102).

(2) 정서발달

정서란 자극에 대하여 동요, 흥분될 때 경험하는 심리상태나 감동으로서 포괄적인 정신·신체적(psychosomatic) 상태라 할 수 있다. 정서표현의 변전성, 일시성, 강열성, 빈번성 등을 그 특징으로 들 수 있는데, 아동이 성장함에 따라서 이러한 정서적 표현 방법이 달라진다. 영유아기에 있어서는 미분화적·전체적·직접적 표현을 했으나, 점차 성장해감에 따라서 스스로 이를 억제할 수 있게 되며, 분화된 간접적 표현을 하게 된다. 또한 아동이 성장해감에 있어서 어떤 정서적 경험을 하느냐에 따라 그의 성격 발달에 큰 영향을 주게 된다. 아동기의 사회·정서 발달을 위한 구체적 목표는 다음과 같다.

- **자아존중감을 경험하게 하는 것** : 가족의 한 구성원으로서 자신 확인하기, 독립심 증진시키기, 자신감을 지니고 남에게 보여주기, 자신의 권리 옹호하기
- **협동적인 친사회적 행동을 보여주는 것** : 티인 돕기, 성인과 자신 구별하기, 타인의 권리 존중하기, 타인과 긍정적으로 상호작용하기, 과업완수를 위해 타인과 협동 작업하기
- **삶에 대한 적극적 태도 보이기** : 새로운 활동 시도하기, 일상생활에 참여하기, 교실 활동에서 흥미와 열정 보여주기, 성인과 신뢰감 형성하기

3) 인지발달

Piaget의 구분에 의하면, 아동기는 구체적 조작기에 해당된다. 이는 대략 7세에서 11~12세에 이르는 시기이다. 아동은 또한 전조작기에 불완전하게 획득했던 분류와 연속성, 보존의 개념들을 구체적 조작기에 들어서는 완전하게 획득한다. 또한 조합기술(combination skill)을 획득하여 더하기, 빼기, 곱하기, 나누기와 같은 셈을 할 수 있다. 이 시기의 아동은 또한 상황과 사건에 대해서 융통성 있는 사고를 할 수 있다. 그리고 자신과 다른 시각에서 사건을 평가할 수 있다.

그러나 구체적 조작기에 아동의 인지가 상당히 발달하였다고 해도 여전히 제한적

이다. 사건을 다양한 관점에서 바라볼 수는 있지만, 이 관점은 여전히 구체적 수준에 머물러 있다. 아동은 보고, 듣고, 냄새 맡고, 만지는 것을 중요시한다. 그들의 초점은 생각이 아니라 사물에 있다. 아동은 인지발달 최종 단계의 형식적 조작기로 옮겨져야 보다 수준 높은 사고를 할 수 있다(Zastrow & Kirst-Ashman, 2001 : 119).

아동의 인지발달을 위한 구체적 목표는 다음과 같다.

① **학습에 대한 적극적 태도 발달시키기** : 발견 · 모험하기, 학습활동에 성공하기, 실수한 후에도 일을 계속하기

② **학습기술 강화하기** : 질문하기, 형태 · 배경 식별, 부분 · 전체 식별, 배열과 같은 지각운동기술 사용하기, 환경에서 새로운 어떤 것을 탐색하고 조사하기, 경험 상기하기

③ **논리적 기술 확장하기** : 패턴을 인지하고 그것을 반복하기, 사건을 순서대로 배열하기, 구체적 경험의 바탕하에서 간단한 인과관계 설명하기, 문제해결 확인하기

④ **사물에 대한 개념과 정보 습득하기** : 시간개념의 이해 설명하기, 환경 중에서 사물의 이름을 알고 사용하기, 비교하기, 사회에서 일하는 사람의 역할 인식하기

⑤ **언어적 의사소통기술 확장하기** : 생각과 느낌을 자유자재로 말하기, 집단 토론에 참여하기, 정확한 문법 사용하기, 잘 듣기

4) 도덕성 발달

사회화 과정에서 아동에게 옳고 그른 것을 구별할 수 있는 능력을 가르치는 것은 매우 중요하다. 아동 중기에 접어들면서 아동은 사회의 규칙과 기준에 자신의 가치관을 맞추게 되고 자신의 생활을 조직화한다. 도덕성 발달은 아동 자신이 속한 문화의 생활을 조직화한다. 도덕성 발달이란 아동 자신이 속한 문화의 도덕적 가치에 따라 행동하도록 배울 뿐 아니라 그것을 내면화시켜서 자기 자신의 가치로 받아들이는 과정이다. 도덕성 발달은 도덕적 태도와 신념 및 가치관의 획득과 함께 도덕적 행동을 수정할 수 있어야만 한다(이 옥, 1997).

Piaget의 인지이론은 도덕적 추론능력의 발달에 관심을 가지고 도덕성 발달과정을 보았다. 그에 의하면, 5세부터 7세까지는 타율적 도덕성을 획득하는 시기인데, 이 시기 아동은 규칙은 절대적이며 신에 의해서 만들어졌다고 보며, 규칙에 위배되는 행동은 동기가 무엇이든지 간에 결과가 나쁘면 그 행동이 나쁘다고 지각한다. 즉, 행위의 결과만을 중시한다. 7세부터 10세까지는 친구와의 규칙 적응과 타율적 도덕성과 자율적 도덕성의 과도기이다. 10세가 지나고 나면 자율적 도덕성이 나타나는데, 이 시기의 아동은 규칙은 더 이상 신성불가침한 것이 아니라는 것을 알게 되며 모든 사람이 동의한다면 변화될 수 있는 것이라고 생각한다. 규칙은 신과 같이 권위적 존재에 의해서 만들어진 것도 아니며, 결과 위주보다는 동기도 같이 고려되어야 된다고 생각한다.

Kohlberg는 Piaget의 도덕성 발달단계를 좀 더 자세히 나누었다. 학령기는 개인의 관심에 따라서 도덕적 행위가 결정되는 전인습적 도덕수준(6~9세)과 타인으로부터 승인이나 인정을 받고 비난을 피하기 위해서 규칙을 지키거나 합법적 권위나 정당한 권위자의 지시나 규칙을 지키고자 하는 인습적 도덕수준(10~12세)에 있다고 하였다(이옥, 1997).

아동기는 초등학교 시기에 해당된다. 이 시기에는 신체적 발달이 비교적 완만히 진행되며 발달의 속도가 점차로 안정성을 보인다. 따라서 운동기능도 비교적 정상적으로 발달하고 놀이에 열중하며 지적 의욕이 생기고 흥미가 다양해지며 과학적 지식을 추구한다. 정서는 유아기(幼兒期)에 비하면 안정적이며, 집단생활에 대한 욕구와 사회적으로 우월하려고 하는 욕구가 확대되고 협동심과 경쟁심이 생긴다.

이 시기의 아동은 주된 생활의 터전이던 가정을 벗어나 낮 시간의 대부분을 학교에서 보내게 된다. 그래서 이 시기를 학령기라고도 부르는데, 아동은 학교에 들어가면서부터 같은 나이 또래의 아동과 어울려 다니면서 뛰노는 데 열중하여 부모와의 약속보다 또래친구와의 약속을 더 소중하게 여긴다. 이러한 특징을 강조해서 이 시기를 일명 '도당시기(gang age)'라고도 부른다.

이 시기에는 감각운동 발달보다 인지발달과 사회성 발달이 두드러진다. 친구와 집단을 형성하고 여기서 익히는 사회규준이 아동의 정신생활을 지배하여 성격 형성에 영향을 미친다. 자아와 환경이 융합하여 자아가 환경에 스며드는 시기여서 객관화 시대, 지식생활시대라고도 한다(주정일 외, 200).

2. 아동발달의 이론

1) 정신분석이론

(1) 이론의 중심 개념

① 의식구조

Freud는 인간의 의식수준을 전의식, 의식, 무의식으로 나누었다. 전의식은 무의식과 의식 사이에 존재하며, 억압되어 있지만 주의를 집중하고 노력하면 의식으로 회상시킬 수 있는 정신세계이다. 의식은 인간이 감각기관을 통해 알아차리는 모든 것을 말하고, 무의식은 감각기관을 통해 알아차릴 수 없는 마음속 깊은 곳에 감추어져 있어서 기억하지 못하는 정신세계로서 본능, 정열, 억압된 관념 및 감정 등이 잠재되어 있는 곳이다.

② 성격구조

Freud는 의식세계는 성격의 형성과도 관련이 있다고 하였으며, 이러한 성격의 기능적 구조를 세 가지, 즉 원초아, 자아, 초자아로 구분하였다.

원초아(id)는 인간의 선천적인 본능적 충동의 덩어리로서 정신에너지의 근본이 되는 것이되, 완전히 무의식적이다. 그리고 이 원초아는 쾌락을 추구하고 고통을 피하는 쾌락원리에 따르기 때문에 원시적이고 비논리적인 1차적 과정이다.

자아(ego)는 출생 후 세상과의 현실적 관계를 통하여 원초아의 욕구를 충족시키거나, 통제하기 위해서 발달하는 것으로 인간 의식의 일부가 된다. 자아는 원초아의 충동과 현실 사이에서 균형 잡힌 해결책을 강구하는 중재의 역할을 하게 되며, 이 과정에서 자아는 욕구나 긴장, 충동 등을 현실적으로 합당하게 해소시킬 수 있는 상황을 고려하기 때문에 현실원리에 따르는 2차적 과정이다. 그런데 이러한 현실적 중재가 잘 이루어지지 않을 경우 부적응 행동이 발생할 가능성이 높게 된다.

초자아(superego)는 사회문화적 제 규범이 내면화된 것으로 부모나 주위 사람의 영향을 깊게 받는다. 초자아는 도덕의 저장소라 불리며, 양심과 이상을 대표하는 기능을 한다.

③ 정신에너지 : 리비도와 성감대

Freud의 이론에서 사용되는 정신은 성적 차원에서의 본능적 에너지를 말한다. 이를 리비도(libido)라고 하며, 이 리비도가 집중적으로 모이는 곳을 성감대라고 하였다.

④ 방어기제

자아가 합리적 방법으로 자신이 느끼는 불안감에 대적하지 못할 때에는 자신이 의식하지 못하는 가운데 비현실적 방법으로 불안감을 제거하려고 한다. 이러한 무의식적인 심리적 기제를 방어기제라 한다. 방어기제에는 억압, 합리화, 반동 형성, 투사, 퇴행, 감정 전이, 억제, 보상, 치환, 승화, 히스테리, 동일시 등이 있다.

(2) 발달단계별 특성

Freud는 인간의 성격은 명확하게 구분할 수 있는 5단계를 거쳐서 발달한다고 보았는데, 각 단계마다 정신의 주관적 원초아, 자아, 초자아가 각기 다른 지각수준인 의식, 전의식, 무의식에서 그 기능을 담당한다고 했다. 이때 연령이 증가하면서 변하는 성감대가 의미있는 역할을 한다고 보았다.

① 구강기(0~1세)

구강기는 생후 1년까지의 시기로 리비도가 입, 혀, 입술 등 구강에 집중되므로, 먹는 행동을 통해 만족과 쾌감을 얻게 된다. 이 시기에 아동은 구강기의 기본적이고 근본적인 욕구를 만족시켜 주는 어머니와 애착을 형성한다. 아동은 구강을 통해 어머니의 젖을 빨아먹음으로써 성적 욕구를 충족시키는 것이다. 만약 이 시기에 구강만족을 얻지 못하면, 아동은 여기에 집착하게 되어 다음 발달단계로 이행하지 못하고 이 단계에 고착하게 된다. 여기에서 고착은 이전 단계의 문제점이나 쾌락에 계속 집착하는 것을 의미한다. 만약 아동이 구강기에 고착되었다면 이후의 발달과정에서 손가락 빨기, 과음, 과식, 과도한 흡연, 수다 떨기, 손톱 깨물기 등의 현상이 나타날 수 있으며, 이를 구강기적 성격이라고 부른다.

② 항문기(1~3세)

이 시기에는 아동의 성적 관심의 초점이 항문 부위가 되며 대소변을 보유하거나 배출하는 것을 통해 쾌감을 얻는다. 그리고 아동은 배설물에 흥미를 느껴 그것을 가지고 놀거나 만지기를 좋아하게 된다. 이 시기의 발달과업은 배변훈련인데, 만일 부모가 배변훈련을 너무 조급해하거나 억압적으로 시키게 되면, 성인이 되어서도 항문기에 고착된 현상을 일으켜 항문기 강박적 성격이 나타나게 된다. 그래서 지나치게 깨끗한 것을 추구하는 결벽증이 생기거나, 무엇이나 아끼고 보유하려는 인색함 등이 나타날 수 있다.

③ 남근기(3~6세)

이 시기 동안에는 정신에너지가 성기에 집중되고 성기를 만지는 것을 통해 쾌감을 얻게 된다. 이 시기 동안 아동은 성격발달에서 몇 가지의 커다란 심리적 변화가 일어난다. 즉, 이 시기에 남아는 오이디푸스 콤플렉스를 경험하게 되고 여아는 엘렉트라 콤플렉스를 겪게 되는데, 이러한 콤플렉스는 이성의 부모에게 성적 애정과 접근하려는 욕망을 갖게 되는 현상을 말한다. 즉, 어머니를 성적으로 소유하려는 욕망이 남근기 남아들의 특징이라는 것이다.

그래서 남아는 이 기간 동안에 어머니를 최초의 사랑의 대상으로 여기고, 아버지를 경쟁자로 생각하게 된다. 그리고 남아는 경쟁자인 아버지를 적대시하지만 아버지는 자신에 비해 엄청나게 우월한 존재이고 자신의 이러한 생각을 알고 자신을 해칠지도 모른다는 불안을 느끼게 된다. 이러한 피해의식은 자신의 성기를 잘라 버릴지도 모른다는 거세불안을 유발시키게 된다.

반면 여아는 이 시기에 남근을 못 가졌다는 사실을 깨닫게 되는데 여기에서 열등감을 갖게 되어 남근을 선망하게 된다. 이와 같은 심리과정 속에서 아동은 부모와의 심리적 갈등을 경험하게 되지만, 남아는 아버지에 대한 동일시 과정을 통해 자신의 거세불안을 감소시키려고 하고, 여아는 남근을 소유하는 것이 불가능하다는 것을 깨닫게 되며, 역시 어머니와의 동일시를 추구하게 된다.

이렇듯 동일시 과정에서 아동은 적절한 역할을 습득하며 부모의 가치체계를 자신의 것으로 수용하여 양심이나 자아 이상을 발달시켜 나가게 된다. 이 시기에 고착현상이 생기면 남근기적 성격이 되는데, 과시적이고 거만하고 공격적이거나 방종적인 특성을 나타내게 된다.

④ 잠복기(6~12세)

이 시기는 다른 단계에 비해 평온한 시기로 성적 욕구가 억압되어서 전에 가졌던 충동들이 잠재되이 있는 시기이다. 반면 이 시기에는 지적 탐색이 활발하게 된다. 이때는 아동이 초등학교에 입학하는 시기이므로, 지금까지 경험하지 못했던 지적 활동에 관심을 가지고 에너지를 집중시키게 된다.

⑤ 생식기(12세 이후)

이 시기에는 전 단계에서 잠복되었던 성 에너지가 무의식에서 의식의 세계로 나오게 된다. 이 시기의 청소년은 이런 성적 충동을 현실적으로 수행할 신체적·생리적 능력을 갖추게 되어 이성에 대한 진정한 관심을 갖게 되고, 점차 성숙한 애정으로 발전시켜 갈 수 있게 된다. 이 시기에 순조로운 발달을 보인 청소년은 타인에 대해 관심을 갖게 되고 이타적인 사람으로 성숙해간다.

(3) 아동발달에 대한 시사점

Freud의 이론은 아동의 성장과정에서 적절한 만족, 적절한 좌절을 경험하면서 자아와 초자아가 정상적 발달을 이루어 조화가 이루어지면 정신적으로 건강한 사람이 되지만, 이러한 정상적 발달이 손상을 입게 되면 발달에도 장애가 생기고 여러 가지 부적응 행동을 유발시킨다는 것이다. 다시 말해서, 만족과 좌절 또는 갈등 등의 적절한 경험이 정상적 발달을 이루게 하고, 어느 쪽으로든지 지나치게 편중되면 정상적 발달은 장애를 받게 되고 문제행동이나 부적응 행동이 유발된다는 것이다.

2) 심리사회이론

(1) 이론의 중심 개념 : 발달적 위기

Erikson의 심리사회이론에서는 인간이 각 단계마다 겪어야 하고 겪어낼 수밖에 없는 발달적 위기(developmental crisis)를 대립되는 양극(polarity)의 개념으로 제시하여 설명하였는데, 각 단계마다 특정의 발달과업을 성취하느냐 못하느냐에 따라서 발달의 위기를 극복하느냐 못하느냐가 되며, 따라서 발달의 정상적 측면이나 비정상적 측면이 나타난다고 설명하였다.

(2) 발달단계별 특성

Erikson의 심리사회적 발달단계는 인간이 사회와의 관계 속에서 맺게 되는 대인관계의 질과 정신기능을 중심으로 8단계로 구분되며, 서로 상반되는 위기개념으로 설명된다.

① 제 1 단계(0~1세) : 기본적 신뢰감 대 불신감

아동은 세상을 안전하고 믿을 수 있는 곳이라고 생각하게 된다. 그러나 만일 아기를 돌보는 방법이 부적절하고 일관성이 없고 부정적이면, 아동은 공포와 의심을 가지고 세상을 살아가려 하게 된다. 즉, 기본 불신감이 형성되는 것이다. 반면에 기본 신뢰감은 이후에 생의 의욕과 긍정적 세계관을 기르는 데 기초가 된다.

② 제 2 단계(1~3세) : 자율성 대 수치심과 회의

부모로부터 신뢰감을 얻게 되면 아동은 독립하고자 하는 강한 욕구를 갖게 된다. 만일 부모가 아동 스스로 할 수 있는 신체동작이나 놀이 등을 허용하고 격려하면 아동은 자율성을 형성하게 된다. 물론 이런 격려와 허용의 과정에서도 적당한 만큼의 감독과 제재가 있어야 하지만, 부모나 교사가 참을성 없이 아동의 모든 것을 대신 해주고 지나치게 간섭하고 통제하면, 아동은 자신의 능력에 대해 의심을 갖게 된다. 더욱이 아동의 미숙하고 부적절한 행동에 대해 수치심을 심어주면 자율감은 고사하고 심한 자기 회의에 빠지게 된다. 이러한 자율성은 이후에 독립심과 자아존중감을 기르는 데 기초가 된다.

③ 제 3 단계(3~5세) : 주도성 대 죄책감

자기의 요구에 따른 자율과 독립의 기초가 마련되면 아동은 외계에 대해 적극적이고 능동적인 신체활동과 언어의 사용이 증가된다. 이를 자발성의 요구라고 하며, 자발성은 자율성에 덧붙여 자신의 활동을 스스로 계획하고 추진하며, 또 외계에 도전하는 행동 특징을 말한다. 4~5세 아동이 적당한 만큼의 자유를 가지고 탐색하고 실험하도록 허용하고, 부모나 교사는 이들의 질문에 진지하게 응하며, 스스로의 문제해결에 자발적 의지를 갖도록 격려하면 자발성이 발달된다. 만일 아동의 요구와 신체활동을 지나치게 제한하고, 질문이나 탐색활동을 의미 없고 귀찮은 것으로만 취급하면, 아동은 자신에 대해 심한 죄책감을 갖게 된다. 순수한 자발성은 이후에 포부와 야망 형성에 중요한 기초가 된다.

④ 제 4 단계(5~12세) : 근면성 대 열등감

아동이 초등학교에 입학할 때쯤 되면 아동의 활동은 지적 호기심과 성취동기에 의해 유발된다. 즉, 뭔가 스스로 알아내고 성취하는 데서 인정을 받고 싶어 하고, 자신의 능력과 가능성을 확인하려는 욕구가 강하게 나타난다. 아동이 어떤 일을 성취하도록 성취의 기회를 부여받고, 성취한 과업에 대해 인정을 받으며, 또다시 시도해 보도록 격려를 받고 자라면 성취감이 길러진다. 그러나 성취할 기회도 갖지 못하고 해봐도 좌절감만을 경험하며, 어른과 비교하여 낮은 평가만을 받게 되면, 아동은 심한 열등감을 형성하게 된다.

⑤ 제 5 단계(청소년기) : 정체감 대 정체감 혼미

신체적 성숙이 이루어지고 부모로부터 심리적으로 상당한 만큼 독립을 하게 되면 청소년은 자신이 어떠한 사람이 될 것인지에 대해 깊은 관심을 갖게 된다. 즉, 청소년들의 마음속에 심리적 혁명이 일어난다. 나는 어떤 사람인가, 나는 다른 사람들에게 어떻게 보이고 있는가, 나는 무엇을 위해 살아야 하는가 등 끊임없는 자기 질문을 통해 자신을 통찰하고 자기상을 찾기 위해 노력하게 된다. 그 결과 얻는 것이 자아동일성(ego-identity)이며, 이는 자신의 장래 진로와 직업선택, 배우자 선택, 인생관의 확립 등에 있어서 중요한 역할을 하게 된다. 이것이 해결되지 아니하고 방황하는 사태가 바로 역할혼란(role confusion), 또는 자아동일성 분산(identity diffusion)으로, 이는 직업선택이나 성역할 등에 혼란을 가져오고, 인생관과 가치관의 확립에 심한 갈등을 야기한다.

⑥ 제 6 단계(청년기) : 친밀감 대 고립감

청소년기의 자아동일성이 확립되면 자신의 동일성을 타인의 동일성과 연결시키고 조화시키려는 노력을 하게 된다. 즉, 부모, 배우자, 동료 등 사회의 여러 다른 성인과 친밀한 관계를 맺으면서 자신의 고립과 고독을 극복하게 된다. 만일 다른 성인과 친밀한 관계를 맺지 못하고, 고립되면 불행한 인생을 영위하지 않을 수 없게 된다.

⑦ 제 7 단계(장년기) : 생산성 대 침체성

가정에서 배우자와 부모, 직장에서는 동료 및 사회의 다른 성인과 원만한 관계가 성취되면 중년기에는 자신에게 몰두하기보다는 생산적인 일에 몰두하며, 자녀를 낳고 기르고 돌보는 일에 전념하게 된다. 여기서 말하는 생산성은 1차적으로 다음 세대를 길러내고 돌봐주는 일을 의미하지만 넓은 의미로는 자신보다는 남과 사회를 위해 일하는 것을 의미한다. 즉, 사회적 성취를 포함하는 넓은 의미로 보아야 할 것이다. 이러한 과정이 원만하게 이루어지지 못하는 사람은 어릴 적과 마찬가지로 계속 자신에게만 몰두해있고, 사회적·발달적 정체를 면하지 못한다.

⑧ 제 8 단계(노년기) : 통합성 대 절망감

통합성은 자신의 인생을 그대로 인정하고 받아들이며, 생에 대한 통찰과 관조로 유한성과 다가올 죽음까지도 수용하는 것을 의미한다. 이러한 통찰이 이루어지지 못하면 인생의 짧음을 탓하게 되고, 불가능함에도 불구하고 다른 인생을 시도해 보려고 급급해하며, 급기야는 생에 대한 절망 속에서 헤매게 되는 것이다.

(3) 아동발달에 대한 시사점

Erikson의 심리사회이론은 인생 전체를 두고 각 단계에서 일어나는 대인관계와 사회관계의 변화 및 그 속에서의 자아의 변화와 발달에 대한 포괄적 통찰을 한 것으로 교육적 의미는 매우 크다(김광웅, 1988; Biehler, 1987). 이 이론에서는 단계의 성격 특징이나 행동 그리고 이들의 관계는 연령단계에 따라 각기 특별한 의의를 갖고 발달한다는 점을 강조하고 있다.

3) 인지발달이론

인지발달이론은 발달은 인간의 능동적 성숙요인과 함께 물리적·사회적 환경과의 계속적 상호작용을 통해서 이루어진다고 보는 것이다. 이 이론의 대표적인 학자인 Piaget는 인간은 주어진 환경 내의 사태를 이해하고, 이에 적절히 적응하기 위하여 자신의 내재적 정신구조를 바꾸어가는 것으로 보았다. 즉, Piaget는 인지란 기억하고, 생각하고, 이해하는 정신적 활동으로 유전과 환경의 끊임없는 상호작용으로 여러 단계를 거치는 가운데 구성되는 것으로 보았다.

따라서 Piaget는 인간의 성장에 따른 정신구조의 변화과정을 이해하는 것이 곧 인간발달 과정을 이해하는 것으로 보았다. Piaget는 아동은 호기심이 강하며 환경에 대한 탐색자로서 능동적 존재이며, 감각에 주어진 정보를 수동적으로 복사하기보다는 자신의 지식을 구성함에 있어서 이 정보를 능동적으로 선택하고 해석한다(한국인간발달학회, 1996)는 것이다.

(1) 중심 개념 : 동화, 조절, 도식, 평형

아동의 인지발달은 적응능력의 발달과정이며, 적응은 '동화(assimilation)'와 '조절(accommodation)'이라는 두 가지 작용에 의해 '평형(equilibrium)'을 이루어간다는 것이다. 여기서 동화는 이미 아동이 갖고 있는 자신의 이해의 틀(인지도식)에 의해 새로운 대상이나 사건을 해석하고 이해하는 것이며, 조절은 기존의 인지구조로 새로운 대상을 받아들일 수 없는 경우에는 기존의 구조를 변경시키는 과정을 의미한다. 또한 평형은 새로운 상황에서 일관성과 안전성을 이루려는 시도를 말한다. 이러한 평형의 주요한 이유는 만약 동화만 계속 일어날 경우 아동은 다른 도식 간의 차이를 알지 못하게 되며, 또한 조절만 일어날 경우 구체적 도식들은 많이 갖게 되지만 도식을 분류하거나 통합하기는 어렵기 때문이다. 따라서 인지과정에서 이와 같은 불균형을 초래하지 않기 위한 대응이 바로 평형을 의미한다(서봉연 외, 1988).

(2) 발달단계별 특성

Piaget는 개인의 인지발달을 4단계, 즉 감각운동기, 전조작기, 구체적 조작기, 형식적 조작기로 구분하였으며, 각 발달단계는 질적으로 다르며 발달은 내적 성숙이나 외적 교육에 의해 좌우되는 것이 아니라, 아동의 능동적 행동을 통하여 보다 분화되고 포괄적 인지구조를 세워나간다고 하였다.

① 감각운동기(0~2세)

생후 초기 아동의 인지활동은 감각적이고 동작적으로 제한된다. 타고난 단순한 반사기능이 점차로 복잡화하여 협응된 감각동작적 행동으로 발달해간다. 이 시기는 감각과 신체적 운동의 경험이 인지발달의 기초를 이룬다. 정신적 표방에 의한 개념적 사고가 시작되며, 지연 모방, 대상영속성의 개념이 획득된다.

② 전조작기(2~7세)

2세가 지나면서 아동은 감각동작적 행동에만 의존하던 것을 차츰 새로이 습득한 언어와 대치하게 되고, 언어 이외의 다양한 상징적 능력이 발달하게 된다. 또한 감각

동작기의 단순한 감각적이고 동작적인 놀이가 상징화된 놀이로 바뀌게 되고, 자기가 경험하는 사상과 사물을 대상으로 그 변화에 대한 유추와 판단이 가능해진다. 물활론적·자기중심적 사고를 하며, 논리적·추상적으로 사고하기가 어렵다. 구체적 조작을 위한 준비단계이다.

③ 구체적 조작기(7~12세)

아동의 사고가 급격한 진전을 보이는 시기로 구체적 조작이 가능하다. 아동은 이 시기에 논리적 사고능력이 발달하고, 가역적 사고가 가능하며 보존개념이 형성된다. 또한 전조작기에는 지각적으로 두드러진 대상에게만 자기의 관점을 한정시키는 데 비해, 구체적 조작기에는 일반적인 것으로 관점이 확대되고 탈중심화 능력이 획득된다. 이는 전조작기의 자아중심성과는 상반되는 개념으로 한 상황에 대해 여러 면을 동시에 고려할 수 있는 것을 말한다. 그러나 이러한 능력은 구체적 세계에만 한정될 뿐 추상적으로 사고하지는 못한다.

④ 형식적 조작기(12세 이후)

성숙한 인지구조가 습득되어 추상적이고 논리적인 사고를 할 수 있고, 문제해결을 하는 데 가설을 사용하며, 성인과 같은 형태로 사고할 수 있다. 따라서 형식적 조작기의 아동은 문제가 제기되었을 때, 가장 타당한 해결방안을 찾기 위해 먼저 그 문제를 해결할 수 있는 모든 가능한 방법들을 생각해서 그것을 차례로 검토해 본 다음, 결론을 내리는 사고를 하게 된다(성영혜 외, 2001).

(3) 아동발달에 대한 시사점

Piaget의 아동발달이론은 주로 '평균적(average)' 아동에 대해 언급하고 있으며, 교육과 문화가 수행(performance)에 미치는 영향에 대해서 언급하지 않고 있다는 점, 인지성장과 관련된 것 외에 정서나 인지 발달에 대해 거의 논의하지 않았다는 점, 표준화된 실험과정에서 결과를 얻은 것이 아니라는 점 등 몇 가지 점에서 비판을 받고 있다. 그러나 Piaget의 인지발달이론은 몇 가지 제한점이 있음에도 불구하고 아동의 사고과

정의 독자적 요소를 지적하였고, 아동의 정신은 성인과 다르다는 점을 인식시킴으로써 아동의 인지발달을 지도하는 데 강력한 이론적 배경을 제공해 주고 있다. Piaget 이론이 아동발달과 양육에 시사해 주는 점을 요약·제시하면 다음과 같다(김광웅, 1989).

① 아동이 어떻게 자기의 경험을 지적으로 조직하고 종합하는지를 알기 위해서 아동복지 종사자들은 Piaget 이론을 숙지할 필요가 있다. 또한 아동복지 종사자 자신이 자신의 사고를 분석해 볼 필요가 있다. 이는 아동복지 종사자의 경우 형식적 조작기의 사고구조를 갖고 있으나, 아동은 전조작기나 구체적 조작기의 사고구조를 갖고 있기 때문에 아동복지 종사자는 스스로의 사고에 대한 통찰을 가짐으로써 아동의 사고를 더욱 잘 이해할 수 있기 때문이다.

② 유아나 학동기 아동에게는 구체적 활동과 직접적 경험이 그들의 학습에 있어 본질적으로 중요하다. 따라서 아동에게 이러한 활동과 경험을 통해 스스로 학습할 수 있도록 풍부한 기회와 자료를 제공해 주어야 한다.

③ 아동은 자주 자기중심적 사고에 빠지기 쉽기 때문에 어느 경우에는 또래 상호간에도 의사소통이 잘 안 되고 좌절을 느끼거나 혼란을 경험할 가능성이 있다. 아동복지 종사자는 아동(특히 유아)이 다른 사람들의 생각과 자신의 생각이 다르다는 점을 깊이 이해하지 못해 의사소통에 자주 실패함을 이해해야 한다.

④ 아동발달은 외부와의 상호작용을 통한 내적 성숙이나 외적 교육에 의해 좌우되는 것이 아니라 능동적 행동을 통한 능동적 구성과정임에 기초하여, 아동 스스로 자진하여 자율적으로 활동할 수 있도록 격려해야 한다.

4) 행동주의 이론

행동주의 이론은 인간행동은 학습되거나 학습에 의해 수정된다는 기본 전제에 근거를 두고 있기 때문에 학습이론이라고도 불린다. 이러한 행동주의 이론은 인지, 감각, 의지, 본능과 같은 개념은 내성적이며, 관념적인 것들로서 과학적 연구의 대상이 될 수 없기 때문에 자극과 반응에 의해 학습 또는 수정되는 직접 관찰 가능한 인간행동이 연구의 초점이 된다고 보았다(Watson, 1919).

행동주의 이론은 상당 부분이 러시아 생리학자 Ivan P. Pavlov의 초기 연구에 근거를 두고 있다. 행동주의 이론에서는 유기체의 성장과 발달의 주요한 추진력은 유기체 내부에 있지 않으며 환경과 같은 외부에 있다고 주장하고 있다. 즉, 유기체는 능동적이기보다 '수동적'인 것으로 간주하고 있으며, 아동의 바람직하지 못한 행동을 학습된 행동이라고 보고 있다.

(1) Pavlov의 고전적 조건화

고전적 조건화는 Pavlov의 개 실험에서 찾을 수 있는데, 그는 개의 조건현상에 의한 타액분비의 양을 정확히 측정하는 장치를 고안해내어, 일정한 속도로 종(metronome)을 울리며, 그와 동시에 개의 입에 음식을 넣어주는 실험을 수십 차례 반복하였다. 이후 개는 메트로놈 소리만 들어도 타액을 흘리게 되었다. 음식을 개의 입에 넣으면(무조건 자극) 타액이 나온다(무조건 반사)는 것은 당연한 생리적 반응이나, 메트로놈 소리는 타액과는 하등의 관계가 없는 중립자극이다. 이와 같이 고전적 조건화는 중립자극이 1차적 유발자극과 결합될 때 중립자극에 대해서도 유기체가 특정 반응을 형성한다는 것이다. 즉, 행동을 유발하는 힘이 없는 중립자극에 반응유발능력을 불어넣어 조건자극으로 변화시키는 과정이 고전적 조건화이다. 고전적 조건화는 어떤 자극에 유기체가 자동적으로 또는 수동적으로 어떤 반응을 일으키게 만드는 속성 때문에 반응적 조건화라고도 불린다. 이러한 조건화에 의해 형성된 행동을 반응적 행동이라 한다. 반응적 행동의 예는 타액 분비, 눈물, 재채기 등이다.

고전적 조건형성의 원리를 인간에게 적용시켜 연구한 사람은 Watson이다. 그는 쥐에 대해서 아무런 공포도 느끼지 않던 유아에게 흰 쥐를 보여주면서 큰 소리를 내는 것을 수차례 반복하는 실험을 하였다. 이러한 경험을 수차례 하게 한 다음 큰 소리 없이 흰 쥐만 보여줘도 유아는 놀라서 운다는 결과를 발표했다. 이것은 중립자극이던 흰 쥐에 대해서 놀라는 반응(조건반응)이 결부됨으로써 조건형성이 된 것을 연구한 결과이다. Watson의 견해에 따르면, 아동은 성장함에 따라 많은 정서적 반응을 조건형성을 통하여 습득한다고 했다.

(2) Skinner의 조작적 조건형성

인간의 행동 중에는 반사반응으로 자동적으로 일어나거나 본인의 의지와는 관계없이 일어나는 행동도 있지만, 일상생활 중에는 행동 후에 어떤 일이 일어났는지의 결과에 의해서 영향을 받는 행동의 경우가 훨씬 많다. Skinner를 비롯한 일부 학습이론가들은 반사적 반응이 아닌 유기체 스스로가 조작하는 행동으로 이루어지는 조건형성을 연구했다. Skinner는 자신이 고안한 작은 상자에 흰 쥐를 넣어 쥐가 마음대로 활동하도록 했다. 상자의 한쪽 벽에 지렛대를 장치하여, 쥐가 만약 지렛대를 누르면 자동적으로 먹이가 나오게 하였다. 처음에 쥐는 이리저리 움직이다가 우연히 지렛대를 누르게 되었고, 그 결과 먹이를 먹게 되었다. 이러한 시행을 반복하면서 쥐는 지렛대를 누르는 횟수를 증가시켰다. 이 실험에서 볼 때 유기체는 스스로 어떤 반응을 하게 되어 그 반응이 긍정적 결과를 가져오면 그와 같은 반응을 반복하게 될 확률이 높아진다.

Skinner는 도구적 조건화 또는 조작적 조건화에 의해 습득된 행동을 조작적 행동이라 하였다. 그는 많은 실험을 통해 유아기부터 시작하여 인간의 행동은 강화자극에 의해 통제될 수 있다고 보았다. 즉, Skinner의 조작적 조건화는 동물에게만 적용되는 것이 아니라 인간에게도 적용된다고 보았다. 예를 들면, 아동이 자신의 문제를 의논하려 할 때 부모가 이를 경청하지 않으면, 앞으로 아동은 자신의 문제를 털어놓지 않을 것이다.

조작적 조건화의 기본 전제는 행동이 그 결과에 의해 통제된다는 점이다. 특정 행동에 뒤따르는 결과 중에서 행동 재현 가능성을 높여주는 것이 강화(reinforcement)이며, 가능성을 낮추는 것이 벌(punishment)이다. Skinner는 인간의 행동은 환경적 자극에 의해 동기화되며, 행동에 따르는 강화에 의해 전적으로 결정된다고 보았다. 그는 인간은 자신을 통제할 수 있는 힘이 없으며, 외적 강화 없이는 어떠한 행동의 학습이나 수정도 이루어질 수 없다고 보았다. 즉, 인간은 어떻게 행동하도록 강화되었는지에 따라 행동하며, 인간행동의 차이는 강화 역사의 차이로 보았다.

(3) Bandura의 사회학습이론

Bandura는 행동의 학습은 외적 강화 없이도 이루어진다고 보았는데, 즉 아동은 타인의 행동을 관찰함으로써 행동을 모방하게 되며, 대리적 강화를 통하여도 새로운 행동의 학습이 이루어진다고 주장했다. Bandura는 인간의 학습과정은 직접적 강화에 의한 경험을 통하여 학습되는 경우도 있지만, 타인의 행동을 관찰하고, 이를 모방함으로써 새로운 행동을 학습할 수 있음을 주장했다. 이러한 학습은 일상적인 사회적 학습에서 이루어지기 때문에 이를 사회학습이론이라고 한다.

사회학습이론은 기본적으로 강화에 토대를 두고 있으나, 아동 자신이 직접적 강화를 받지 않더라도, 다른 아동이 칭찬(보상)받거나, 벌을 받는 것을 관찰함으로써, 즉 간접적으로 강화된다고 주장하고 있다. 이를 관찰학습 또는 대리학습이라고 한다.

Bandura는 외적 보상이나 벌에 의해 행동이 학습된다는 급진적 행동주의자들과는 달리 인간은 개인의 감정, 사고, 행동을 통제할 수 있는 자기반응적 능력을 가지고 있다고 보았다. 따라서 개인의 행동은 자아강화(self reinforcement)와 외적 영향요인에 의해서 결정된다고 보았다. 이러한 자아강화는 각 개인이 수행 또는 성취의 기준을 설정하고 자신의 기대를 달성하거나 그 수준에 못 미치는 경우에 자신에게 보상 또는 벌을 내린다는 개념이다. Bandura는 자신의 내적 행동평가기준과 자아강화기제에 의해 자아효능감이 형성된다고 보았다. 자아효능감은 자신이 특정 행동을 성공적으로 수행할 수 있다는 신념이다. 인간은 자신의 자아효능감에 근거하여, 자신이 행동해야 할지 여부를 결정할 뿐만 아니라 얼마나 많이 준비할지, 어떤 과제들을 선택할지를 결정하기도 하며, 개인의 사고와 정서에도 영향을 미친다. 자아효능감이 낮은 사람은 종종 자신의 결함에 지나치게 주의 집중하고 당면 과제에는 충분한 주의를 기울이지 못함으로써 실패의 가능성이 높아진다.

Bandura의 사회학습이론은 부적응적 행동이 강화와 벌에 근거하고 있다는 전통적 행동주의적 관점을 인정하지만, 간접적 경험으로 인한 학습과 인지적 요인, 특히 자아강화와 자아효능감을 중시하였다는 것이 차이점이라고 볼 수 있다.

(4) 아동발달에 대한 시사점

아동행동발달에 대한 행동주의 이론의 관점은 아동의 행동은 환경적 자극에 의해서, 즉 직접적 강화와 처벌에 의해서 조성된다는 기본 전제에서 출발하여 아동의 행동은 직접적 강화뿐만 아니라 타인의 행동을 관찰함으로써도 조성된다고 보았다. 따라서 아동의 바람직한 행동의 조성을 위해서는 아동에게 직접적으로 칭찬하거나, 바람직한 행동모델이 되는 아동에게 칭찬함으로써 가능하다. 그러나 아동의 문제행동 수정을 위한 개입기법은 실험에 의해서 효과가 충분히 검증된 것이어야 할 것이다. 행동주의적 개입기법으로는 자기주장훈련, 토큰경제, 체계적 둔감화, 이완훈련, 혐오기법, 격리 등의 방법이 있다.

행동주의 이론은 아동의 행동은 환경적 자극에 의해서 조성된 것이기 때문에 환경조정을 통해서 충분히 수정 가능하다고 본다는 점에서 결정론적 관점의 한계를 뛰어넘었다고 볼 수 있다. 오늘날 행동주의 이론은 아동의 행동발달을 위한 다양한 실천현장에서 가장 많이 적용되고 있는 실천기술로 자리매김하고 있으며, 부모의 양육태도가 어떠해야 하는지, 아동을 둘러싼 환경조성이 어떠해야 하는지에 대한 시사점을 제시하고 있다.

5) 기타 이론

(1) 생태학적 이론

생태학 이론은 발달을 항상 변화하고 있는 사람과 항상 변화하고 있는 환경 간에 이루어지는 상호작용의 산물로 본다. 생태학 이론의 선구자인 Bronfenbrenner는 인간을 둘러싸고 있는 환경을 미시체계, 중간체계, 거시체계로 구분하고 이 각각의 체계는 서로 다른 체계와 상호작용하고, 인간과 상호작용하여 발달에 중요한 영향을 준다고 생각했다. 또한 Bronfenbrenner는 아동의 행동은 아동이 속해있는 환경 속에서만 설명이 가능한 것이며, 이러한 환경의 경험은 아동의 추후 발달에 영향을 미친다고 하였다.

그리고 아동이 속한 환경생태계를 미시체계, 중간체계, 외체계, 그리고 거시체계로 나누었는데, 미시체계는 아동에게 가장 인접되어 있는 체계로 성장하는 개인이 경험하는 활동양식, 역할 그리고 인간관계 및 특별한 물리적 환경으로 가정, 학교, 또래집단처럼 아동발달에 직접적으로 영향을 미치는 환경을 말하며, 아동이 성장함에 따라 변화한다고 하였다. 중간체계는 아동이 활동적으로 참여하는 미시체계 상호 간의 관계로 집, 학교, 이웃, 아동보호기관과 같은 미시체계 사이의 관계를 말한다. 외체계는 아동발달에 영향을 주지만 아동에게 직접적 역할을 제공하지 않는 장면으로 사회·경제적 변인과 같은 요인이 아동의 행동에 어떠한 영향을 미치는지를 파악하는 것이다. 마지막으로 거시체계는 중간체계와 외체계를 포괄하는 체계로서 각 문화권 특유의 가치, 태도, 신념, 이데올로기 등이 이에 속한다.

Bronfenbrenner는 이와 같이 아동은 내적 힘에 의한 충동도 아니고, 환경에 의해 자동적으로 통제되는 것이 아니며, 자신을 둘러싼 생태계의 발달과 함께 전인으로 성장·발달할 수 있다고 하였다.

아동발달에 대한 생태학적 관점은 아동의 발달을 능동적으로 발달하고 있는 유기체 아동과 확장된 개념의 환경체계가 상호작용한 결과로 본다. 따라서 아동은 자신을 둘러싼 생태계, 즉 미시체계, 중간체계, 외체계, 거시체계의 발달과 함께 전인으로 성장·발달할 수 있음을 의미한다. 결과적으로 생태학 이론에서 발달은 내적인 힘에 의한 충동도 아니며, 환경에 의해 자동적으로 통제되는 것도 아니다. 대신 아동은 환경의 생산자인 동시에 산물이며, 이는 발달에 관한 아동과 환경 간의 상호 의존적 영향을 나타내는 것이다.

따라서 기존의 아동 개체 또는 아동의 가정이 아동발달을 위해서 가장 중요한 것으로 간주된 관점에서 나아가 아동을 둘러싼 환경의 각 체계가 상호 의존적 관계를 중시해야 함을 의미한다. 즉, 이는 아동의 발달에 영향을 미치는 일들은 반드시 아동을 포함하는 것이 아니라, 아동의 부모나 아동에게 중요한 성인 및 아동복지 종사자의 신념, 부모의 직업 특성과 자녀양육방식, 학교, 지역환경 등 아동과 아동을 둘러싼 환경 간의 상호 의존적 관계에서 이루어짐을 의미한다. 그러므로 생태학 이론은 '환경 속의 인간(person in environment)'이라는 사회복지실천적 주요 기초관점을 제공한다.

(2) Gesell의 성숙이론

성숙이론이란 아동의 타고난 유전적 요인에 의해 인간의 성장과 발달이 결정된다고 보는 이론이다. 아동발달이론 중에서 가장 역사가 오래된 이론으로 미국의 대표적인 아동심리학자인 Gesell에 의해 체계적으로 정립되었다. Gesell은 아동양육에서 아동중심 접근법을 주장했다. 그에 의하면, 아동발달은 유전적으로 규정되어 있어서 성숙이라는 특별한 프로그램에 의해 이루어진다고 하였다. 그래서 그의 이론을 성숙이론이라 부른다. Gesell의 괄목할 만한 업적은 그의 동료들과 함께 아동의 운동신경 발달에 관한 규준을 제작한 것이다.

① 주요 개념과 발달의 원리

가. 성숙의 개념

인간의 생명은 작은 단세포가 자궁벽에 붙어 매우 빠른 분열과 증식을 함으로써 시작된다. 태내 발달은 주로 각 세포의 핵에 포함되어 있는 화학물실인 유전자에 의해 통제된다. 유전자는 유기체의 형태와 행동유형이 순서적으로 발달하도록 그 방향을 결정한다. 그는 발달과정의 방향을 통제하는 유전자의 기제를 성숙(maturation)이라고 하였다. 그가 정의한 성숙의 개념은 다음과 같다.

성숙이란 용어는 정신적 · 신체적 현상에 동등하게 응용되는 것이다. 성숙은 개체의 전 성장의 형태와 그 변화 정도를 결정하는 성장의 내적 요소에 해당한다. 비록 성장이 때로 성숙과 유사한 의미로 사용될지라도, 성숙은 외적 환경 및 내적 환경에 반응하는 유기체의 제반 발달적 분화를 포함한다는 의미에서 성장보다 훨씬 더 종합적 · 포괄적 개념이라 할 수 있다(Gesell, 1931 : 210). 즉, 성숙은 환경의 역할과는 구별되는데, 환경적 요인은 적절한 성장을 유지시키지만 구조와 행동유형을 순서적으로 발달시키는 데 직접적 역할을 하지는 못한다. 이러한 일은 성숙기제의 역할을 의미한다.

나. 발달의 기본 법칙

출생 후에도 발달의 방향은 성숙에 의해 특수한 순서로 진행된다. 머리가 먼저 발달하는 것처럼 출생 후 발달 초기에도 머리가 먼저 발달한다. 태내 발달과 출생 후 발달은 머리에서 발 쪽(cephalocaudal)으로 발달하여, 아기는 처음에 혀와 입술을 통제하고, 그 후 눈 운동을 통제하며 목, 어깨, 팔, 손, 손가락, 몸통, 다리, 발 등의 순서로 통제할 수 있게 된다. 서기 전에 앉고, 걷기 전에 서게 되는 능력은 유전자에 의해 중재되는 신경계의 성장과 함께 발달되는 것이다. Gesell은 이와 같은 성숙이 성장의 모든 면을 좌우한다고 믿었다.

물론 아동은 발달하는 속도에 있어서 차이가 난다. 모두가 같은 연령에 서고 걷는 것이 아니다. 그러나 모두가 같은 순서를 거쳐 발달한다. 더욱이 Gesell의 견해에 의하면, 성장속도에 있어서의 개인차도 주로 내적 유전기제에 의해 통제된다.

출생 후의 발달에 있어서 성숙은 외적 환경의 영향과는 명백히 구별된다. 특히 성숙은 교육이나 연습의 효과와는 대조된다. 어떤 기술이 성숙에 의해 좌우된다면, 그 기술을 성숙상의 스케줄보다 앞서 가르치려고 노력할 필요가 없다. 즉, 아동의 신경계가 충분히 성숙하게 되어 준비가 완료된 후에야 앉고 걷고 말하게 될 것이다. 어떤 시기에 이르면, 아동은 자신의 내적 충동에 의해서 과제를 쉽게 숙달하기 시작하므로, 그때까지 교육은 별 가치가 없다.

② 성장 패턴과 과정

가. 패턴연구(형태화, patterning)

Gesell은 성장을 연구할 때 형태화 과정(patterning process)에 의하여 행위가 체계화된다고 하였다. 출생 시 아기의 눈은 목표를 주목할 수 없어 두리번거리지만 얼마 지나지 않아 곧 시선을 고정시켜 대상을 잠시 동안 바라볼 수 있게 된다. 이는 눈을 움직이는 작은 근육과 뇌에 있는 신경 흥분 간에 형태화가 이루어지기 때문이다. 1개월 정도 되면 유아는 앞에서 움직이는 고리를 주목할 수 있으며, 다음에는 90도 정도를 눈으로 추적할 수 있게 된다. 눈은 움직이는 근육과 머리를 움직이는 보다 큰 근육 간에 새로운 조직화가 이루어진 결과이다. 유아의 눈과 손의 움직임은 계속 조직화되어 광범위하게 된다. 4개월 정도 경과되면, 딸랑이를 손으로 잡게 되며 눈으로 응시할 수 있는 손과 눈의 협응(hand-eye coordination)이 이루어진다. 눈과 손이 함께 작용하고 보다 효과적인 협응을 하게 되고 점차 조직화되면서 좀 더 분화되거나 섬세한 움직임을 가능하게 한다.

나. 성장원리

- **상호 교류(reciprocal interweaving) 원리** : 인간은 두 반구로 된 뇌, 두 눈, 두 손, 두 다리 등 양측으로 이루어져서 양측의 발달이 점차 효과적으로 체계화되어 가는데 이 과정을 '상호 교류'라고 한다. 예를 들면, 손의 사용발달은 처음에는 한 손을, 다음에는 양손을 함께 쓰는데 결국 어느 한 손이 더 우세하게 사용할 때까지 이런 과정이 계속된다. Gesell은 상호 교류 원리가 다른 행동에도 광범위하게 적용된다고 보았다. 즉, 기는 것, 걷는 것, 시간적 행동, 그림 그리기 같은 행동패턴이 여기에 포함된다.

- **기능 비대칭(functional asymmetry) 원리** : 기능 비대칭은 가장 높은 단계에서 인간은 정면이 아니라 측면에서 가장 효과적으로 기능한다는 원리이다. 즉, 한쪽 손, 한쪽 발, 한쪽 눈 등이 더 우세하게 기능하게 되는 것을 말한다. 유아의 기능 비대칭은 유아가 머리를 한쪽 방향으로 돌리고 눕기를 좋아한다는 것과 머리가 돌려진 방향으로 한 팔을 내밀고 다른 한 팔은 머리 뒤에 구부리는 자세에서 볼 수 있다.

- **자기규제(self-regulation) 원리** : 모든 성장에는 자기규제 원리가 있어서, 아동에게 너무 일찍 많은 것을 가르치려는 시도에 대해 아동이 저항할 때 작용한다. 즉, 너무 다양한 환경적 자극을 한꺼번에 많이 제공하면 아동은 이를 소화하지 못한다. 따라서 아동은 자신의 소화능력에 맞게 규제를 가한다. 유아기의 자기규제는 수유주기(feeding cycle), 수면주기(sleeping cycle), 깨어있는 상태의 주기(wakeness cycle) 등이다. 부모가 아기에게 스스로 놀거나 자고 싶을 때를 결정할 수 있도록 허용하면 유아는 점차 하루 수유량을 덜 요구하고 낮 동안 깨어있는 시간도 길어지며, 점차 안정된 패턴을 형성하여 시간이 경과함에 따라 균형적 음식량을 섭취하게 된다. 자기규제의 기제는 아동이 성장의 새로운 영역으로 급격히 들어오다가

도 마치 너무 급속하게 진행되지 못하도록 하는 어떤 것이 내부에 있는 것처럼 부분적으로 물러서서, 다시 앞으로 나아가기 전에 자신의 진행과정을 돌아보는 경향을 지니고 있다. 기고 걷는 과정에 들어와서 서너 번 정도는 그 이전의 단계로 되돌아가는 것, 2년 반 된 아동이 새로운 발달과 씨름하여 불균형 상태에 있는 것, 3세 아동은 좀 더 자기구성(self-composed)이 되어 있고, 4세 아동은 거리낌 없고, 시비를 좋아하며, 말다툼을 좋아하는 것 등 모든 발달은 이처럼 안정과 불안정의 시기를 주기적으로 거치면서 아동의 과도한 성장을 막아준다.

다. 개성(individuality)

Gesell은 정상적 아동은 모두가 동일한 순서를 거치지만 그 성장속도는 상이하며 성장속도는 기질이나 성격상의 차이와 관계가 있을 것이라고 보았다. 세 명의 가상적 아동을 통해 각기 다른 성장유형을 제시하여 다양한 개인적 성향에 따라 각 성장유형이 어떻게 나타나는지를 보여주었다. 느리게 자라는 아동 A는 일반적으로 느리고 조심성이 있으며, 기다릴 줄 알고 고른 기질을 지니며, 생의 문제에 대해 대개 현명하다. 빠르게 성장하는 아동 B는 반응이 빠르고, 쾌활하며, 어떤 일에 갑자기 접근하기도 하고 대개는 영리하다. 불규칙하게 성장하는 아동 C는 어떤 때에는 조심스럽고, 어떤 때에는 너무 느리거나, 자주 기분에 좌우되며, 기다릴 때에는 조바심이나 순간적으로 번쩍이는 총명함도 보인다(강봉규, 2000 : 320). 따라서 그는 개인의 자질과 성장유형은 아동이 속한 문화와 관련이 있으며, 바람직한 문화란 아동의 독특한 개성을 맞춰줄 수 있어야 한다고 주장하였다.

③ 아동발달에 대한 시사점

미국의 유명한 심리학자 Stanley Hall(1844~1924)은 Darwin의 진화론에 Rousseau의 자연주의 철학을 접목시켜서 성숙이론을 발전시켰다. 성숙이론에서는 아동의 발달이 환경이나 경험에 의해 이루어지는 것이 아니라 내적인 생물학적 시간표에 따라 이루어진다고 주장한다. 성숙이론은 Stanley Hall의 제자인 Gesell(1880~1961)에 의해 더욱 체계화되었다. Gesell은 아동의 신체행동을 관찰한 결과, 아동의 신경계가 충분히 성숙되어 준비가 완료된 후에야 앉고 걷기를 할 수 있음을 발견하였다. 즉, 아동에게는 어떤 행동을 할 수 있게 되는 준비도(readiness)를 결정짓는 내적 시간표가 있으며, 이 시간표에 따라 발달이 이루어진다고 주장하였다. 이와 같이 Gesell은 발달의 기본적 진행과정이 내적 성숙으로부터 나오는 것이라고 굳게 믿었으나, 그렇다고 해서 환경의 영향을 완전히 무시하지는 않았다. 그는 유기체에게 손상이 있을 때 볼 수 있는 바와 같이 환경조건은 정상적 성장을 위해서 필요하다고 지적한 바 있다.

오늘날 대부분의 심리학자들은 Gesell의 성숙이론이 지나치게 극단적이라고 비판하고 있다. 즉, 아동발달에서 성숙의 역할을 어느 정도는 인정하지만 환경이나 학습의 효과가 훨씬 더 크다고 대개의 심리학자들은 믿는 것이다. 그럼에도 불구하고 성숙이론은 아동을 통제하고 지시하고 서둘러 교육시키는 데 익숙해있는 오늘날의 수많은 성인에게 아동이 스스로 성장할 기회를 주면서 시간을 갖고 천천히 지켜볼 필요가 있음을 일깨워 주는 데 기여하고 있다(서봉연, 1983; 유효순, 1992; Schickedanz, Hansen, & Forsyth, 1990, 이숙재・이봉선, 2002 : 27 재인용).

성숙이론에 기초한 Gesell의 아동양육 원리를 정리해 보면 다음과 같다.

첫째, 모든 아동양육은 아동 내부의 성숙적 요구부터 시작되어야 한다.

둘째, 어떤 행동의 학습은 문화적 관습보다 아동 내부의 요구와 필요에 따라 시도되어야 한다.

셋째, 부모는 아동의 요구와 필요에 대한 예민한 판단력을 길러야 한다.

(3) Maslow의 인본주의 이론

Maslow는 인간의 욕구를 결핍욕(deficiency needs)과 성장욕(growth needs)[1)]으로 구분하고, 아주 잘 적응된 인간을 관찰하여 이론적 체계를 구성하였다. 즉, 잘 적응된 아

1) 결핍욕구(deficiency needs)는 인간의 체내에 어떤 결핍으로 인하여 생기는 욕구이다. 예를 들어, 사람이 얼마 동안 음식을 먹지 못했다면 사람의 체내에는 어떤 결핍이 생기게 된다. 성장욕구(growth needs)는 자신의 잠재력을 실현하려는 선천적 충동과 연관된 욕구이다. 즉, 경험을 넓힘으로써 삶을 풍요롭게 하고 삶의 기쁨을 증대시키고 싶은 것이다. 따라서 성장욕구는 결핍욕구가 어느 정도 만족된 후에 작용한다. Maslow는 결핍욕구와 마찬가지로 성장욕구도 본능적으로 타고난 욕구라고 보았으므로 인간이 심리적으로 건강하고 완전한 성장에 이르려면 성장욕구 또한 충족되어야 한다. 그렇지 못할 때 인간은 심리적으로 병들게 된다.

동은 무의식적 욕구에 따라 행동하고 성장·발달하는 것이 아니라, 그들 스스로 성장을 즐기고 새로운 것을 학습하고 능력을 키워나가며 발전한다고 본다. 따라서 인본주의 이론에서의 적응적 행동이란 자신이 당면한 현실적 문제를 방어하기보다는 실제 경험을 인지하고 현실 그대로의 자기를 지각하고 필요한 경쟁에서 이겨내는 것을 말한다(이현수, 1995). 또한 인간은 수동적 존재가 아니라 스스로 자기의 행동을 선택하고, 스스로를 형성할 수 있는 능동적이며, 창의적인 존재라고 보았다. Maslow 이론에 인본주의(humanism)라는 이름이 붙은 이유도 이와 같이 인간의 자율적이고 자발적인 의지를 강조한 데 있다.

Maslow(1954; 1968; 1971)는 인간은 개인적 발달을 위한 굉장한 잠재력을 지니고 있으며, 기본적으로 선하고 자아실현(self-actualization)을 위해 노력하는 존재라고 믿었다. 그는 사람들이 동기화되는 요인과 개인을 완전하게 기능하는 삶으로 이끌어가는 동기에 관심을 가졌으며, 완전하게 기능하는 사람만이 완전하게 자아를 실현하는 것으로 보았다. 자아실현 동기가 그 사람의 삶을 지배하기까지는 몇 개의 욕구단계를 거친다고 가정하였으며, 각 단계의 욕구에 의해 인간이 동기화되는 것으로 보았다. 인간의 욕구를 생리적, 안전, 소속감 및 사랑의 욕구와 자기존중, 인지적, 심미적, 자아실현의 욕구, 7단계로 분류하고, 이들 욕구의 계층성을 제기하면서 하위욕구의 최소한의 충족 없이는 상위욕구는 작동되지 않는 것으로 보았다. 즉, 기본적인 생리적 욕구로부터 점차 복잡한 욕구로의 욕구계층이 있으며, 각 계층에서 최소한의 충족이 있어야 다음의 욕구단계로 옮겨간다고 하였다. 이것은 생리, 안전, 그리고 사랑의 욕구를 충족시킨 아동은 자존의 욕구를 충족시키는 데 수월하다는 것이다. 그러나 세 개의 낮은 단계를 충족시키지 못한 아동은 네 번째 단계를 채움에 있어서 어려움을 겪을 것이다. 이러한 단계는 욕구위계설(hierarchy of need)로 알려져 있으며 ❙그림 3-1❙과 같이 피라미드 형태로 제시하여 설명하였다.

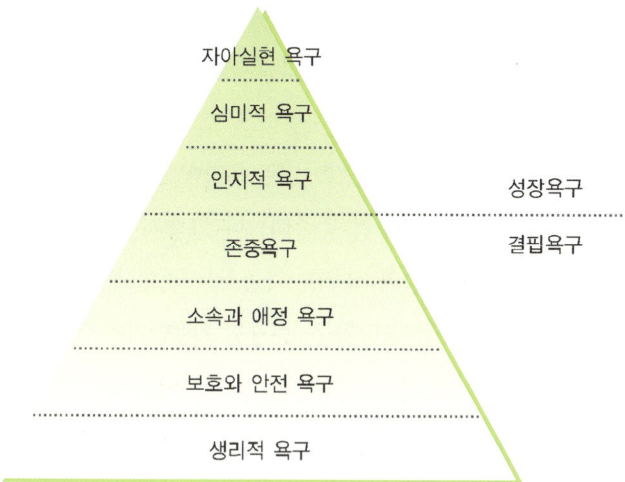

┃그림 3-1┃ Maslow의 욕구위계

① 욕구위계

가. 생리적 욕구

생리적 욕구(physiological needs)는 인간의 생명 유지에 대한 기본적 욕구로서 가장 중요한 위치를 차지한다. 이것은 신체 내 균형을 획득하기 위한 공기, 음식, 음료 등의 섭취에 대한 식욕, 갈증, 성욕, 휴식 등의 욕구로 이것이 충족되지 않을 때 인간의 정상적 행동은 균형을 잃게 된다. Maslow는 이 단계에서의 욕구가 한번 만족되면 그 욕구는 소멸되고 다시 다음 단계의 욕구가 일어난다고 하였다.

나. 보호와 안전 욕구

안전욕구(safety needs)는 인간의 기본적인 신체적 · 정신적 위험에 대한 공포나 기본적 생존욕구의 위협에서 벗어나려는 욕구이다. 이 욕구는 편안하고 안전하며, 질서있고, 위험이 없는 자기보존에 대한 욕구, 불안, 무질서로부터의 자유 추구의 욕구라 할 수 있다. 이 같은 안전을 바라는 욕구는 어느 누구에게나 존재한다.

다. 소속과 애정 욕구

생리적 욕구와 안전의 욕구가 어느 정도 충족되면 제3단계인 사회적 욕구가 일어난다. 인간은 사회적 존재로서 소속과 애정의 욕구(belongingness and love needs)를 가진다. 소속의 욕구는 다른 사람과 친하고, 사랑하고 소속되기를 바라는 것을 의미한다. 그리고 인간은 누구나 사랑하고 사랑받고 싶은 욕망이 있어서 서로 애정이나 호의를 나누며 살고 싶어 한다. 이러한 욕구가 충족되느냐 그렇지 못하느냐 하는 것은 그 개인의 사회적 성원으로서의 충실성의 좌우를 가늠하는 것이 된다. 결혼을 해서 가정을 이루는 것뿐만 아니라, 직장생활, 정당활동, 동창회 활동, 취미활동 등 여러 가지 모임에 참여하는 것은 바로 이러한 욕구 때문이다.

라. 존중욕구

존중욕구(esteem needs)는 한 개인이 소속에 대한 욕구가 만족되면, 소속된 집단의 구성원으로 만족하지 않고 자기의 행위나 인격을 타인으로부터 승인, 칭찬, 존경을 받고 싶어 하는 욕구를 말한다. 이러한 욕구가 만족되면 자신은 자신감, 명성, 힘이 있으며, 주위에 영향력을 갖고 있다고 느끼게 된다. 이러한 욕구가 만족되기 시작하면 인간 욕구의 최고 단계인 자아실현의 욕구가 생기게 된다.

마. 지적 욕구

지적 욕구(intellectual needs)는 정보와 학문에 접근하고 일하는 방법을 알며 사상이나 상징의 의미를 알고자 하는 욕구, 광범위한 이론 속에 표현된 관계, 체계, 과정 등에 관한 지식을 통합하고자 하는 욕구이다.

바. 심미적 욕구

심미적 욕구(aesthetic needs)란 인생의 질서와 균형, 미적 감각, 모든 것에 대한 사랑을 평가하고자 하는 욕구이다.

사. 자아실현 욕구

자아실현 욕구(self-actualization needs)는 그 개인의 전체적 · 인격적 욕구로서 인간 최상의 욕구이다. 이 욕구는 자기만족과 자신의 잠재력을 실현하는 것이다. 즉, 인간은 자신의 가능성, 잠재력을 최대한으로 실현함으로써 인생의 최대의 가치와 목적을 이루려는 것을 말한다. 자아실현을 한 사람들은 창의적 활동, 대인관계, 자연 및 예술 감상, 부모의 역할을 수행할 때 절정경험에 도달한다. 또 자신을 알리려고 노력하며, 안정보다는 과감히 용기를 갖고 정상에 올라가려고 노력한다.

인본주의 이론에서는 인간을 근본적으로 합리적이며 사회적이고 발전적이며 현실적 존재로 파악한다. 특히 인간은 자기실현을 추구하는 강한 동기와 욕구를 가지고 있으며, 바로 자신의 자유의지에 의해 자신의 삶을 통제할 수 있는 성장 가능성을 지닌 존재라고 보는 것이다.

② 아동발달에 대한 시사점

인본주의 이론이 가지는 한계점을 고려하여 아동발달과 양육에의 시사점은 다음과 같이 세 가지로 요약할 수 있다.

첫째, 아동은 모두 성장을 즐기고 스스로 새로운 경험을 찾을 수 있으므로 부모와 교사는 아동 스스로 자신의 것을 탐색하고 선택할 수 있도록 적절한 기회만 제공하면 된다.

둘째, 아동발달은 자신에게 내재된 고유한 결정요소를 갖기 때문에 부모나 교사가 아동 스스로 자신의 행동을 조장하고 통제해나갈 수 있도록 자유를 주어야 한다.

셋째, 성인이 아동의 성장 · 발달을 위해 할 수 있는 최선의 길은 아동의 생리적 욕구와 안전, 애정, 소속, 자존의 욕구 등을 잘 충족시켜 주는 일과 아동의 현명한 선택을 도와주는 것이다.

연습문제

1. 아동의 각 발달단계별, 영역별 특성은 어떠한가?
2. 아동복지실천에서 신체발달, 사회 · 정서 발달, 인지발달, 도덕성 발달로 나누어 실천할 때 얻는 의의는 무엇일까?
3. 아동복지실천에서 아동의 발달시기를 구체적으로 나누는 이유는 무엇일까?

연구문제

1. 아동의 각 발달영역별 특성을 비교해 보고 구체적으로 사례를 통해 적용해 보자.
2. 아동발달에 대한 이론적 관점을 비교하고 각 발달이론이 아동양육에 대해 주는 시사점은 무엇인지 생각해 보자.
3. 아동발달의 특성을 고려해 볼 때, 현재 과열되고 있는 조기교육 열풍 등이 아동발달에 미치는 영향은 무엇인지 생각해 보자.

제 4 장

아동복지 발달사

아동의 위치는 시대의 사회환경에 따라 달라진다. 어떤 사회에서는 아동의 탄생을 축복이라고 여기는가 하면, 아동의 출생을 저주스럽게 보아 아동이 생존조차 유지하기 힘든 시대도 있었다.

아동에 대한 사회적 관심과 이를 위한 개입은 오랜 역사를 가지고 있으며, 그 형태는 시대에 따라 다양하게 발전되어 왔다. 그러나 아동이 독립적 존재로 인정되고 사회적 이슈로서 인식된 것은 근대에 이르러서이다. 근대 이전의 사회에서 아동은 빈곤으로 인한 유기, 방임 등의 대상이었고 이것은 많은 사회에서 용인되는 사실이었다. 아동에 대한 인식과 복지대책은 각 시대의 지배적인 사회적 가치와 사상, 사회・경제적 환경 등과 밀접하게 관련되어 있어, 아동복지의 발달 과정을 고찰하기 위해서는 각 시대의 사회적 배경을 고려해야 할 것이다. 이 장에서는 아동복지의 발달 과정을 시대별로 고찰하고, 서구와 우리나라의 아동복지 변천 과정을 살펴보고자 한다.

1. 고대사회

고대사회는 가족이나 씨족에 의해 형성된 원시 공동사회로 아동에 대한 사회적 태도와 양육 형태는 매우 원시적이었다. 자연과 타 부족과의 절박한 생존을 위한 투쟁 속에서 의식주를 해결해야 했던 상황하에서 아동은 인간으로서의 존엄성과 가치로 인정받지 못하였고, 아동의 존재는 종족 보존을 위한 수단에 불과했다.

이 시대의 아동양육은 여성에 의한 본능적 양육으로 모계가 중심이었던 사회도 있었으나 유아를 살리고 죽이는 권한이 아버지의 손에 주어지는 경우도 있었다. 이러한 공동생활체 속에서 아동에게 더욱 불행한 일은 풍속이나 습관, 미신 등에 좌우되어 많은 아동이 희생되기도 했다는 것이다.

원시 공동사회에서는 부족이나 종족 등 집단의 안전이 무엇보다도 중요시되었기에 아동은 장차 생산이나 종족 보존에 기여할 수 있을지 여부가 생존의 중요한 판단기준이 되었다. 새로 태어난 유아는 긴 양육 기간이 필요하며 부모나 사회의 부담이 되므로 병약한 유아나 장애아들은 우선 배제될 수밖에 없었다.

Kadushin은 아마존 지역의 인디언은 아기가 태어나면 강물에 그 아이를 넣어 건강한 아이만을 끄집어내고 그렇지 않은 아이들은 그대로 내버려두는 생존 실험을 했다고 보고했다. 이러한 관습을 통하여 장애아의 살해를 당연시했음을 알 수 있다. 이처럼 영아 살해, 유기, 낙태, 아동 매매는 부족한 자원과 인구 간의 평형을 유지하기 위한 수단으로, 기근, 질병, 기타 재난에 대비하기 위한 수단으로, 먼저 출생한 아동을 키우기 위한 수단 등 여러 가지 이유에서 오랫동안 여러 지역에서 행해져 왔다.

고대 그리스 사회에서는 피임이나 이차적 유산이 실패했을 때 유아 살해(infanticide)가 자행되어 왔는데, 이 방법은 사회적으로 용납되었고 때에 따라서는 강제성을 띠기도 했다. 호주에서는 살아있는 아기를 사망한 어머니와 함께 매장하였으며, 캐나다 인디언 중에서도 이러한 방법으로 살아있는 아동이 매장당하였다. Aristoteles는 인구 조절을 위한 방법으로는 기아보다 낙태가 오히려 바람직하다고 했으며, Seneca와 Pliny는 유아 살해와 기아는 인구 조절을 위해 필요한 방법이라고 주장했다. 그리고 고대사회에서는 아동양육을 포기한 부모가 바구니에 아기를 담아서 강이나 광장에 내다버리면 자녀가 없는 사람이 데려와 키우는 포팅(potting)이라는 관습이 있었는데, 로마를 세운 Romulus와 Remus도 버려진 아이였다.

아동 매매도 유아 살해, 기아와 함께 성행하였는데, 유스티니아(Justinia) 법전에는 "가난한 아버지는 자식을 출생과 동시에 팔 권리를 가진다"는 조항을 명시함으로써 아동 매매가 합법화되었다. 이후 인간 생명을 중시하는 기독교 정신이 서구 사회의 기본 가치가 되면서 유아 살해, 기아, 매매, 낙태가 죄악시되었다. 기독교 정신의 영향을 받았던 Constantine 황제는 "아동을 살해할 수 없다"는 조항을 콘스탄틴 법전에 명시하였다.

그러나 영아 살해와 기아는 쉽게 사라지지 않았는데, 부모는 아이를 데리고 자다가 깔아 죽이고서는 우발적 사고라고 주장하는 등 아동의 생명은 여전히 경시되었다. 교황 Fisole은 아이와 한 침대에 자는 부모에게 벌금까지 부과했지만, 부모들은 아기를 강물에 던지거나 아사(餓死)시키는 방법까지 사용했다. 이러한 일들이 성행할 수 있었던 것은 당시 사람들이 아동에겐 영혼이 있다고 생각하지 않았으며, 아동은 어른들의 생활에 부담을 주는 성가신 존재로 여겨졌기 때문임을 알 수 있다.

이처럼 원시 고대사회에서 아동은 인격적 권리를 지닌 존재라기보다는 본능적 존재였으며, 그들의 존재는 종족 보존의 수단으로 간주되어 그 시대의 풍속이나 미신에 의해서 생명을 위협받는 대상이었으며, 건강한 아동의 가치만 인정되었다.

2. 중세사회

중세는 신분적 계층을 중시한 봉건사회로, 이 시대는 영주와 영민, 국왕과 신하의 주종관계가 엄격한 사회였다. 이 시대의 아동은 장원(莊園)을 위한 군사력, 경제력의 확보 수단에 불과했으며, 영주들은 자신들의 권력 유지를 위하여 농노를 통한 경제력을 쌓고 군사력 강화에 아동의 가치를 인정하였다.

이 시대의 아동은 공동체 안에서 상호부조적 양육이 이루어졌는데, 농촌의 경우 자식이 없는 농노나 빈 집에서 양육되어 지역사회의 노동력으로 활용되었으며, 공동체가 보살피지 못하는 장애아동 등은 교회나 수도원에서 양육되었다. 도시의 경우 아동은 5, 6세가 되면 도제가 되어 길드의 상호부조로 양육되었다. 이 시대의 아동복지는 종교적 동기에 의해 각 교구의 자선기관(사원숙박소, 구빈원 등)을 통하여 이루어졌다.

중세는 엄격한 신분계급사회였기 때문에 아동의 지위도 신분에 따라 달라, 신분이 높은 가정의 아동은 가계의 계승자로 존중되었으나, 신분이 낮은 가정의 아동은 무가치한 생명으로 취급되었다. 그러나 한편으로는 종교적 영향으로 인해 아동의 생명을 빼앗는 행위를 죄악시하여 금지하였으며, 가난하고 의지할 곳이 없는 아동을 보호하기 위한 시설보호가 시도되었다.

이 시대의 아동의 권리는 신분에 따라 일부 아동에게만 인정되었으며, 종교적 자선행위로서 아동보호사업이 실시되었고, 고아는 노동력으로, 장애아동은 수도원에서 보호되었다. 따라서 근대적 의미의 전문적 아동복지사업으로는 전개되지 못했다.

3. 근대사회

이 시기는 상공업의 발달 또는 산업혁명의 시작과 더불어 봉건제도가 점차 붕괴되면서 자본주의 제도가 탄생하였다. 자본주의 제도는 종래의 사회제도에 근본적인 변화를 가져오게 되었는데, 산업혁명으로 인한 자본가 계급과 노동자 계급의 출현과 함께 아동 및 기타 보호가 필요한 사회적 약자에 대한 보호 등이 중요한 사회문제로 등장하게 되었다.

영국은 16세기 초에 일어나기 시작한 산업혁명(industrial revolution)으로 인하여 농작물을 생산하는 농토가 양모를 생산할 수 있는 목장으로 전환됨에 따라, 수많은 농민들이 농토를 잃어버리고 도시에서 떠돌아다니는 노동자로 전락하게 되었다. 그리고 봉건제도의 몰락으로 인해 일자리를 구하기 위하여 정처 없이 방황하는 수많은 노동자들의 발생과 수도원의 해체로 인하여 교회로부터 구제를 받지 못하는 다수의 빈곤자들에 대한 빈곤문제가 더욱 심각하게 되었다. 1601년 엘리자베스 여왕은 엘리자베스 구빈법을 제정하였는데, 이 법률은 1598년에 제정되었던 법률을 수정한 것으로, 이후 300년 이상 영국과 미국의 구빈사업에 있어서 기본법이 되었다.

이 법률은 빈민을 세 가지 범주로 나누었는데 ① 노동 가능한 빈민(able-bodied poor), ② 노동 불가능한 빈민(impotent poor), ③ 요보호아동(dependent children)으로 구분하였다. 이 법에 의하면, 부모 또는 조부모의 보호를 받지 못하는 아동 중 남자는 24세까지, 여성은 21세까지 또는 결혼할 때까지 도제(apprentice)로 양육되었는데, 가사나 기타의 일을 할 수 있는 아동은 양육하고자 하는 시민에게 도제로 보내졌다.

1601년에 제정된 영국의 엘리자베스 구빈법(The Elizabeth Poor Law)은 성인뿐만 아니라 보호가 필요한 아동에 대한 국가적 개입을 규정하였다는 측면에서 아동복지제도의 시발점이라고 할 수 있다.

그러나 이 시기에는 빈민, 노인, 장애인과 분리된 아동에 대한 인식은 없었고, 대상 구분 없이 근로 능력 없는 자는 구빈원에 혼합 수용하였다. 또한 아동에 대한 보호 수준은 매우 낮았으며, 도제제도는 복지 차원이 아닌 노동력 부족 현상을 해소하기 위한 수단으로 이용되었다고 볼 수 있다.

근대사회에는 산업혁명으로 인한 아동의 노동 착취 문제도 나타났는데, 즉 자본가와 노동자 계층이 형성되어 자본가들은 임금이 싼 아동을 고용하여 노동력을 착취하는 등 아동의 생존권과 복지권을 박탈하는 결과를 초래하기도 했다.

아울러 산업혁명의 급속한 진전으로 산업화, 도시화로 인한 사회문제가 발생됨에 따라 아동에 대한 집단적 수용보호에 대한 비판이 제기되었다. 19세기 중반 이후 집단수용시설에서의 높은 사망률은 집단수용이 아동의 건강과 복지에 미치는 나쁜 영향으로 사회적으로 인식되기 시작했으며, 아동을 집단수용으로부터 보호하려는 운동이 민간단체 등에 의해 전개되었다(Dorothy, 1969).

산업혁명기에 Robert Owen(1771~1858)은 아동복지 발전에 많은 노력을 하였는데, 그 자신도 도제 출신이었다. Owen은 그 당시의 아동관, 즉 아동의 근면성을 가르치기 위해 아동 노동을 장려한 것과는 반대로 아동의 성격 형성에 있어서 아동을 둘러싼 생활환경이 매우 중요하다고 주장했다. 그는 성격형성학교(The Institution for Formation of Character)를 설립하고 아동보호를 위한 입법운동에 앞장섰다. Owen은 아동이 열악한 환경에서 성장했을 때 나쁜 습관이 형성된다고 보고 가정과 사회환경의 개선에 노력했는데, 성격형성학교는 좋은 습관을 형성하는 장소였다.

1870년 Thomas John Barnard(1845~1905)는 부랑아와 빈곤아동을 보호하는 시설인 버나드 홈(Barnard's Home)을 설립하였다. 이 시설에서는 혼합 수용, 분류 수용, 소숙사, 위탁모 등의 서비스를 실시하였다.

4. 현대사회

19세기 후반 이후 위탁가정보호와 전문 아동시설은 아동의 성장 및 발달의 역동성과 각 아동의 성격과 욕구, 독특성에 대한 인식이 진전함에 따라 이루어진 결과이다. 20세기에 접어들면서 아동권의 사상, 권리로서의 아동복지사상이 더욱 강조되었다.

빈곤으로 인한 영유아 사망률의 증대와 영양실조 등 아동의 보건 문제 등을 점차 사회구조적 산물로 인식하였으며, 이와 관련한 과학적 탐구도 이루어졌다. Freud, Erikson, Piaget, Kohlberg 등 심리학자들은 연구를 통해 아동기의 중요성을 강조하였다. 아동은 이제 더 이상 성인의 종속물도 어른의 축소판도 아닌 하나의 독립된 인격을 지닌 존재로서뿐만 아니라 무한한 잠재 능력을 지닌 가능성의 존재로 인정되고 있다. 성인의 부속물이 아닌 고유한 인격체, 독자적 존재, 가능성의 존재라는 현대의 아동관은 아동법의 제정이나 아동권리선언 등의 제창을 뒷받침하게 되었다.

Ellen Key는 "모든 아동은 생명, 보건, 적절한 주거, 교육, 노동으로부터의 자유, 건전한 여가활동, 필요한 경우 공공부조에 대한 권리까지도 보장해 주어야 한다"고 했다. John Dewey는 아동은 태양이며 그 주위를 많은 교육적 행위가 회전한다는 코페르니쿠스적 회전이라는 의미의 '아동중심주의'라는 용어를 정착시켰다.

20세기에 들어서면서 특수한 아동만이 아닌 일반아동을 대상으로 하며 국가적 책임하에 시행되는 정책이 탄생함으로써 아동복지에 있어 보편주의 실현과 책임 소재를 명확하게 되었다. 루스벨트 대통령이 소집한 제1회 백악관 회의는 1909년 '요구호아동의 보호'를 주제로 아동복지에 대한 정부의 책임을 처음으로 공식화하였다. 백악관 회의의 성과는 1912년 연방 아동국 설치로 더욱 구체화되었다. 제2회 백악관 회의는 1919년에 윌슨 대통령에 의해 '아동복지의 최저기준, 모자보건, 요보호아동의 보호'를 주제로 소집되었으며, 제3회는 1930년 '아동보건 및 보호'를 주제로 「아동헌장」을 채택했다.

영국, 미국 등의 아동복지는 제1차 세계대전 후 활발하게 진행되었으며, 1924년 국제연맹의 선언을 수정해 전면적으로 개정한 국제연합의 「아동권리선언」, 그리고 1989년의 「아동권리협약」 등으로 구체화되었다. UN인권위원회에서는 세계 아동의 해인 1979년 많은 협약에 흩어져 있는 아동을 위한 규정들을 포괄적인 규약으로 초안을 만들고 10년 동안 다듬어 1989년 11월 20일 UN총회에서 국제협약으로서 채택하였다. 비로소 1989년에 아동의 권리는 국제법으로 확정되었으며 이 협약을 비준한 나라는 60개국을 넘었는데, 우리나라도 1990년 9월 25일 이 협약에 서명하였고, 1991년 11월 20일 이 조약을 비준하였으며, 1991년 12월 20일 효력이 발생되었다. 국제협약에서는 아동의 권리를 54개 조항으로 규정하고 있는데, 이 선언은 아동의 출생권, 생존권, 발달권, 행복추구권, 교육권, 오락권, 법적 보장, 사회적 보장 등을 골자로 하고 있다.

1959년 「아동권리선언」 선포 이후, 1989년 아동권리에 관한 권리협약이 통과됨에 따라 아동은 자신이 필요로 하는 자원을 제공받고 위험으로부터 보호받고 안전을 확보할 수 있는 권리, 자신의 복지와 관련된 결정에 대해 알 권리와 참여할 권리 등이 보장되어야 함이 강조되고 있다. 이에 따라 각국에서는 아동의 욕구에 부합하는 전문적인 서비스가 개발되고 집단적 수용보호에서 일반 가정과 유사한 소규모의 생활과 보호, 나아가 지역사회보호로 전환되고 있다.

현대사회의 아동복지는 아동의 권리를 세계적으로 인정하였고 이를 법제도화하였다. 이러한 움직임은 아동복지사업의 발전을 가져왔는데, 아동복지사업은 크게 재가형태의 지지적 서비스, 부모의 역할을 보조해 주는 보조적 서비스, 부모의 역할을 대신해 주는 대리적 서비스 등으로 발전하였다.

5. 외국의 아동복지

1) 영 국

산업화 이전에 영국에서의 아동은 성인과 다른 존재로 인식되지 못하였다. 산업화 이전에 아동은 영주들에게 있어서 오직 장원제도를 유지하는 데 필요한 노동력과 군사력 차원에서의 존재였다.

영국의 아동복지가 제도적으로 확립된 것은 1948년 아동법의 제정부터라고 볼 수 있다. 영국은 이미 1601년 엘리자베스 구빈법의 제정으로 아동보호의 원칙이 세워졌다. 그러나 구빈법의 표면적 의미는 아동보호였으나, 그 이면에는 아동의 노동력을 확보하고자 하는 의미도 있었다. 산업혁명의 가속화로 인해 빈곤가정과 결손가정의 아동이 증가하게 되었고, 가정에서의 아동양육의 기능은 약화되었으며 아동방임은 날로 증가하였다. 이에 따라 일요학교(유아학교)가 설립되었는데, 이는 영국에서의 공교육의 기틀을 마련하는 계기가 되었다. 이후 1884년 런던에 아동학대예방협회가 설립되었고, 이어 1889년 아동학대방지법이 제정되었다.

1945년에는 가족수당법을 제정하여 경제적・사회적 지위에 관계없이 한 가정에 자녀가 둘 이상일 경우 16세 미만의 아동에 대해 수당을 지급하였다. 1974년에는 가족수당제도의 개선책으로 아동수당법을 제정하여 모든 아동을 대상으로 아동수당을 지급하였다.

1948년 아동법이 제정되어 양친이 없는 아동, 유기 아동, 부모와 떨어져 사는 아동, 아동부양 능력이 없는 부모의 자녀들은 지역사회와 공공단체가 부모의 역할을 담당해야 한다는 개념이 확립되었다. 그리고 1991년 영국 아동법(The Children Act)이 제정되었는데, 이 법에서는 부모의 이혼에 따른 아동의 보호, 요보호아동과 가정에 대한 지원 등을 명시하고 있다. 또한 이 법에서는 아동이 가정에서 분리될 경우, 지방정부는 아동보호시설이 아닌 위탁가정에서 아동을 보호해야 한다는 '아동의 권리에 관한 국제협약'의 원칙을 포함하고 있다. 따라서 요보호아동은 지방자치당국에 의해 우선적으로 위탁가정에 보호되고 있음을 알 수 있다.

영국은 사회보장제도에 의한 가족 강화를 기본 원리로 하여 아동을 정상적인 가정환경에 두어 보호하는 것을 최대 목표로 하고 이 목표를 관철하기 위하여 국가가 여러 가지 서비스를 지원하고 있다.

2) 미 국

미국의 사회복지제도와 아동복지는 영국의 영향을 많이 받았다. 미국의 아동복지체계가 전국적으로 확립된 것은 1935년 사회보장법의 제정부터이다.

미국의 아동복지도 초기에는 종교단체에 의해 시작되었으나 1850년대 이후 시설보호가 아동의 건전한 발달에 도움을 주지 못한다는 '정상화 이념'에 영향을 받으면서 가정에서의 보호를 모색하기 시작하였다.

1853년 뉴욕아동구호협회가 창설됨에 따라 빈곤가정 아동에 대한 가정위탁사업을 실시하였다. 이 협회는 뉴욕의 노숙아동과 요보호아동을 중서부 지역의 농가로 위탁하는 활동을 전개하였다. 그 결과 수천 명의 아동이 도시의 슬럼 지역에서 벗어났지만 서부로 보내진 아동이 적절한 양육 환경을 찾지 못했다는 비판도 받았다.

위탁가정운동은 초기에는 아동의 의식주와 자립의 기회를 제공해 줄 가정을 찾아 연결해 주는 과업에만 전념하였으며, 아동의 욕구에 따라 선별적으로 위탁가정을 선택하는 것이 아니라 위탁가정의 필요에 따라 위탁가정보호가 결정되는 경우가 많았다(장인협 · 오정수, 2001).

1895년 아동노동법이 제정되었는데, 이 법에서는 14세 이하의 아동에 대해 근로를 금지하고, 야간작업을 금지하고, 노동 시간을 제한하였으며, 학교에 출석하도록 하였다. 아동문제에 대한 인식이 전국적으로 확대된 것은 1909년 제1회 백악관 회의 이후이다. 백악관 회의는 부모역할과 가정생활의 중요성을 강조한 회의이며 아동복지 증진을 위한 정부의 책임을 강조함으로써 아동복지정책이 수립되고 서비스 프로그램이 발달하는 중요한 계기가 되었다(김성경 외, 2005).

백악관 회의 결과 아동문제를 전담하는 아동국이 만들어져 아동복지, 아동문제, 아동발달, 아동 노동, 비행 등 아동에 관한 다양한 연구를 실시하였다. 또한 빈곤아동에 대한 주 단위의 구제 방법으로는 1911년 미주리 주를 시작으로 1919년 39개 주에서 모성연금제가 제정되었다. 이 연금제의 목적은 한부모 혹은 적당한 보호자가 없거나 빈곤한 가정의 아동을 대상으로 이들이 가정에서 생활하도록 하기 위해 양육비를 지원해 주는 것이다.

모성연금제도는 모자연금법 및 기타 사회보호법에 영향을 미쳤고 1935년 사회보장법의 AFDC(자녀를 둔 가정에 대한 지원)에도 반영되었다. 이후 정부의 사회복지에 대한 투자와 미국 내 경제 상황에 따라 아동복지제도는 변화하여 왔으며 최근에는 모자가정에 대한 지원에서 시간제한을 두어 모의 취업을 의무화하는 TANF(Temporary Assistance for Needy Families) 등 모성보호제도가 변화하여 왔다(김성경 외, 2005).

이후 도시빈민층 자녀들을 위한 Head Start 프로그램과 저소득층을 위한 Food Stamp 프로그램과 같은 다양한 프로그램이 실시되기에 이르렀다. Food Stamp 프로그램의 실시로 유아교육의 기회를 확대하기 위한 노력이 본격화되었으며, 빈곤계층이나 소수민족의 영유아와 가족을 위한 종합서비스를 제공함으로써 유아의 학업성취도를 향상시키고 청소년 문제 발생률을 감소시키는 효과를 가져왔다.

따라서 미국은 보편적 아동복지제도의 확대보다는 아동학대와 같은 예외적 문제와 밀접하게 연관되어 진행되었는데, 1963년을 기점으로 미국의 50개 주에서 '아동학대신고법'이 통과됨에 따라 아동보호서비스제도의 확대와 위탁보호아동의 수가 증가하였다. 그러나 이러한 노력에도 불구하고 대다수의 위탁가정을 전전하는 위탁보호제도의 문제점이 드러나면서 미국 사회는 아동을 위한 영구적인 계획의 중요성을 인식하였으며, 1980년 '입양 원조와 아동복지법'의 제정과 1993년 '가족보존과 가족지원법'의 제정으로 이어져, 아동복지서비스의 초점이 아동의 보호에서 가족의 지원으로 전환되는 계기를 마련하였다. 최근에는 시민권운동에 자극받아 '아동권리'운동이 등장하였고, 이와 관련해 아동보호재단(Children' Defense Foundation)과 같은 아동관련 단체들이 결성되었다. 하지만 1996년에 제정된 '개인책임과 직업기회조정법'은 많은 한부모들이 직업을 가진 후 원조를 받을 때보다 더 어려운 상황에 처하게 되었다. 이처럼 현재 미국의 아동복지 현실은 낙관적이지 않은데, 그 이유로는 아동복지 분야에 대한 재정지원에서 찾아볼 수 있다.

3) 스웨덴

스웨덴은 11~12세기경부터 봉건제도가 성립되었으나 13세기에 들어 내란, 페스트, 농촌 인구의 감소, 왕과 귀족의 권력 증대에 따른 중세(重稅), 부역(賦役), 공유삼림(公有森林)의 지배 등으로 봉건제도가 무너지기 시작하였다.

체계적인 구빈제도가 성립하게 된 것은 구빈에 대한 국가의 책임을 입법화한 1853년의 구빈법이었다. 스웨덴의 구빈법은 그 발달 과정이나 형태 면에서 영국의 구빈법과 유사하며, 영국으로부터 많은 영향을 받았다. 이 법에서 원칙적인 구빈 대상은 15세 이하의 아동과 병자, 폐질자인 노동 무능력자로 규정하였다.

스웨덴은 산업화 및 공업화에 따른 사회구조의 변화, 노동 조건의 악화에 따른 노동자 문제, 여성과 연소 노동자의 증가, 도시 인구의 급증, 청소년의 비행 등이 사회문제화됨에 따라 1881년 노동금지법을 제정하여 아동을 저임금과 장시간 노동으로부터 보호하였다.

스웨덴의 경우 1930년대 이후부터 사회복지정책의 성립기라고 볼 수 있는데, 1930년 세계경제대공황을 전후하여 출산율이 급격히 저하됨에 따라 아동과 모성 및 학교급식에 대한 국가 지원이 실시되었다. 1938년 이후 산전·산후에 따른 모자보건 대책이 수립되고, 1955년부터 모든 임산부에게 출산수당이 지급되었다.

아동수당은 장애인과 연금 지급자의 자녀, 한부모 자녀에 한하여 지급되었으며, 부모가 이혼을 했을 경우 부모가 자신의 자녀양육비를 지급해야 하나 이를 지급하지 못할 때 국가가 이를 대신 지불해 주기도 한다. 스웨덴에서는 아동복지정책 예산이 가족정책 예산의 상당한 부분을 차지하는데 여기에는 임산부와 신생아에 대한 상담, 치료, 출산 전후의 휴양, 남편의 군복무 기간 중 지급되는 양육수당 등이 있다.

이 외에도 여성의 노동력을 효과적으로 이용하기 위해 여성과 아동에 관련된 서비스가 발달하였다. 즉, 출산 후에 신생아와 함께 지낼 수 있는 9개월 휴가제도와 생후 6개월부터 학교 입학 전 6세까지 부모가 일하는 동안에 아동을 맡길 수 있는 보육시설, 재학 중인 아동이 방과 후에 시간을 보낼 수 있는 여가 선용의 집, 자신의 집에서 아동을 돌봐주는 가정보육시설, 아동 간호사 제도 등이다.

한편 장애아동을 위한 교육적 조치는 1952년 장애아학교법(The School Act of Handicapped)의 규정에 따라 7세에서 16세의 모든 아동에게 교육권을 개방하였다. 기타 아동복지에 관한 사항이나 공공부조는 1960년에 개정된 아동복지법에 의하여 시행되고 있으며, 국가는 이러한 분야의 전문 인력을 육성하는 데 역점을 두고 있다.

스웨덴의 아동과 가족복지정책은 아동수당, 아동건강보호, 높은 수준의 유아교육 및 학교교육과 같은 일반적인 조치와 요보호아동 및 가정에 대한 경제적 지원, 보호와 같은 특별조치 등으로 되어 있다(이재완 외, 2006). 아동복지의 현안문제는 스웨덴으로 유입되는 난민아동이며, 난민들 가운데 50% 이상이 18세 미만의 아동들이다. 이들 아동들은 그들의 고국에서 폭력과 전쟁 등을 경험하였으며, 특별한 보호를 필요로 하는 아동들 가운데는 약물중독이나 범죄, 질병 또는 심각한 정서적 불안상태의 부모들에 의해 신체적·정서적·성적 학대를 받는 아동들이다. 장애아는 거의 일반가정에서 양육되고 있으며, 이들에게 필요한 장애아동 서비스 및 재정지원이 지원되고 있다(이배근, 2006). 이처럼 스웨덴의 아동과 가족복지정책은 보편적 수준의 복지를 지향하고 있다.

4) 일 본

아동복지를 포함하는 일본의 사회복지의 발달은 자선사업-사회사업-후생사업의 단계를 거치고 있다. 일본에서도 혈연공동체인 씨족사회가 성하던 시대에는 씨족 내의 상부상조 형태의 구제로 인해 외부로부터의 특별한 구제 수단을 필요로 하지 않았다.

그러나 명치유신으로 인해 봉건제도가 붕괴됨에 따라 정치, 경제, 사회에 걸쳐 광범위한 변혁을 가져왔다. 특히 경제 면에서는 자본주의가 급속히 발전하였으며 이로 인해 여러 가지 사회문제가 야기되었다. 특히 빈곤 계층에서는 어머니의 취업으로 인해 아동양육문제가 사회문제화되어 빈민구제와 아동보호의 필요성이 대두되었다.

초기에는 황실 내지는 불교사원에서 고아에 대한 구제에 관심을 가졌으나, 명치 4년(1871)에 정부는 기아양육미급여방(棄兒養育米給與方)을 정하고 아기를 3명 이상 낳은 빈곤 어머니에게 쌀을 지급하였다(강란혜 외, 2005). 이후 전국적 규모의 구제책이 필요하게 되어 1874년 공적 구빈법인 휼구규칙(恤救規則)이 제정되었다. 이 규칙은 친족 및 공동체에 의한 상호부조를 원칙으로 했으나, 공동체에 의한 상호부조가 어려운 경우 국가가 구제에 개입함을 명시한 것이었다. 구제 대상으로는 빈곤한 폐질자, 노약자, 중병자와 13세 미만의 고아로 한정했으며, 이 정책은 소화시대까지 50여 년간 지속되었다.

명치 후기에 들어서는 산업 발전으로 인한 조치로서 아동복지사업이 활발하였는데, 고아원이 설립된 것은 1887년 이시이주지(石井十次)에 의해서였고, 학제(學制)는 이에 앞서 1872년에 공포되었으나 취학률은 매우 낮았다. 1886년에 정부가 대용간이소학교제(代用簡易召學校制)를 인정하였고 전국에 빈곤아동을 위한 학교가 설립되었다.

또한 빈곤가정의 아동을 돌보기 위하여 선교사들에 의해 1900년에 후다바(人棄)유아원이 설립되었다. 이후 민간 독지가에 의해 보육소가 설립되었으며, 1918년 이후에는 공립보육소가 설립되었다. 한편 1929년 상호부조를 기초로 한 공적 구빈법으로서 구호법이 제정되었다. 동법에서 휼구규칙에서 불분명했던 구호 방법으로서 구호기관과 구호 내용에 관한 사항을 규정하였으며, 그 대상으로 임산부가 포함되었다.

일본은 제2차 세계대전에서 패망하자 생활전선으로 뛰어든 어머니들의 아기를 맡기 위하여 보육소의 수요는 급격하게 늘어났으나 당시 정부의 힘이 미치지 못했던 탓으로 보육사업은 민간에 의존하였다. 당시 입소 조건은 생활 빈곤자, 근로 여성 및 병중이거나 임신 중인 어머니의 자녀들, 혹은 어머니 없는 자녀들로 국한되었다.

보육소는 1947년 아동복지법에 의해 비로소 아동복지시설의 일종으로 변화되었으며, 정부는 1949년부터 보육소 운영비를 지급하였고, 이후 급속한 발전을 거쳐서 보육사업은 오늘날 일본 아동복지사업의 주를 이루게 되었다. 한편 정부는 요보호아동뿐만 아니라 일본의 모든 어린이들의 건전한 성장·발달을 위한 아동복지법을 1947년에 제정하였다. 아울러 1951년에 아동복지법의 제 원칙을 확인하며, 아동복지의 뚜렷한 상을 부각시킬 목적으로 아동권리 선언을 선포하였다.

장애아동을 위한 서비스로는 1947년 교육기본법 및 학교교육법에서 의무교육제도의 실시를 확립하였으며, 동법에 장애아동을 위한 특수교육을 의무화하였다. 이러한 원칙에 따라 1955년 양호학교 및 특수학급 정비촉진의원회가 발족되었고 이듬해 이에 관한 조치법이 제정되었다. 일본은 장애아동 교육제도에서 특히 정신박약아를 위한 조기교육에 중점을 두고 있다. 그리고 1951년에 제정된 일본의 어린이헌장은 아동복지의 구체적 이념을 확립하였다. 일본은 경제적 성장기에 진입한 1960년대 이후 아동복지에 관련된 조치들이 크게 향상되었으며, 일본의 고도 경제성장이 둔화되기 시작한 1973년 이후 총체적인 복지조치들이 난관에 부딪혔으나 아동복지 조치만은 점진적 향상을 거듭해왔다.

6. 우리나라의 아동복지

우리나라 아동복지의 변천은 조선시대 이전의 전통적 보호사업과 광복 전까지의 근대사회, 현대사회의 아동복지로 구분하여 살펴볼 수 있다. 각 시대는 정치·사회적 변동을 겪으면서 아동복지 이념, 서비스의 형태, 대상, 내용 등에 있어서 많은 변화를 가져왔다.

1) 전통사회의 아동보호

우리나라 전통사회에서 아동문제에 대한 개입은 고아와 기아 등을 대상으로 이루어졌다. 고아는 홀아비, 과부, 독거노인과 함께 네 부류의 빈궁한 백성(환과고독의 四窮)으로서 구제의 대상이었다. 국가는 고아에 대한 구제를 시행하였으며, 민간 차원에서도 고아가 노비나 양자로 수양될 수 있도록 장려하였다.

(1) 삼국시대

『삼국사기』에 의하면 신라 제3대 유리왕(28년) 때에 환과고독노병(鰥寡孤獨老病 : 홀아비, 홀어미, 고아, 아들 없는 이, 늙은이, 병든 이)을 요보호 대상자로 정해 무료 급식과 양육을 왕명으로 하였으며 백제 온조왕 33년(서기 15년), 고구려 태조왕 56년(서기 198년)에 아동을 포함하여 재해를 당한 사람들에게 관곡을 배급하였다고 기록되어 있다.

(2) 고려시대

고려시대에는 불교가 융성함에 따라 불교의 영향으로 자비 사상에 입각하여 사찰 위주의 위탁 형태의 보호가 이루어졌는데, 병란과 흉년으로 인한 기아, 고아, 빈곤아동 등을 사찰에서 수용, 양육하여 승려 또는 사역승(使役僧)으로 양성하는 일이 성행하였다. 민가에서도 이러한 아동을 양육한 후에 양자녀 또는 노비로 삼았다. 『고려사』에서 10세까지에 한하여 소고무양육자(小孤無養育者)를 관가에서 수양(收養)하다가 연한이 지난 후에는 거처를 정하여 준 예를 찾아볼 수 있다.

(3) 조선시대

조선시대에는 고아와 기아 및 빈곤아동에 대한 법령을 제정하였는데, 18대 현종 2년(1661년) 이후로는 한성부의 유기아에 대한 관부의 허가제에 의한 민가 수양이 실시되고 이들에 대해서는 옷 값도 관급하였다. 그리고 양육하여 10세에 이르면 양육한 사람으로 하여금 그 아이를 사역할 권리를 가지도록 하였다. 19대 숙종 22년(1696)에는 수양임시사목(收養臨時事目)이 제정되어 흉년에 일시보호를 실시하였다. 이후 22대 정조(1783)는 이러한 일련의 제도를 집대성한 「자휼전칙」을 제정하여 유기 및 부랑걸식 아동을 보호하였다.

자휼전칙(字恤典則)에 보면 서울과 지방에서 흉년이 들어 기근이 심한 때에 유기를 당하여 사방에 호소할 곳이 없는 불쌍한 아동, 특히 몸을 가리고 입에 풀칠하는 것을 자력으로 도저히 해결할 수 없는 아동과 사방을 떠돌면서 걸식을 하는 부랑아들을 관가에 유양(乳養) 또는 민가에 수양(收養)하도록 허용하였다.

수양임시사목이나 자휼전칙은 모두 유기 또는 부랑하는 아동의 생명을 보호하기 위하여 국가에서 수용보호하거나 또는 민가에서 수양하여 양자녀 또는 노비로 삼는 것을 허가하는 것을 근본 취지로 삼고 있는 것이다.

이처럼 전통사회에서의 아동은 가계 계승을 위한 수단이었으며, 국가는 고아와 기아 및 빈곤아동의 보호를 수양제도로 개입하였으며, 민간 차원에서도 이를 장려하였다.

2) 근대의 아동복지

근대의 아동복지사업은 조선조 말엽부터 일제강점기를 거쳐 광복 이전까지의 기간을 말한다. 근대적 아동복지사업으로서는 조선 말엽인 고종 25년(1883년)에 프랑스 신부에 의해 명동 천주교회 내에 최초의 고아원이 설립되었고, 갑오경장 이듬해인 고종 32년(1895년)에 인천 천주교회 부속 고아원이 설립되었다. 1905년에는 이필화에 의해 경성고아원이 세워지는 등 근대적 성격을 띤 아동복지사업이 시작되었다.

갑오경장 이후 외국의 종교단체들이 입국하여 육아 및 구호사업을 실시하였는데 우리나라의 근대적 육아사업은 1855년 프랑스 신부 메스트로에 의한 고아구제사업을 들 수 있다. 1880년에는 프랑스 신부 Jean Blanc가 한양에 양로원과 고아원을 처음으로 개설하였다.

한일병합 이후 1921년에는 총독부가 제생원(濟生院)이라는 수용시설을 설립하였고, 그해 총독부에 사회과(社會課)가 생겨서 각종 구호사업을 지휘, 감독하였다. 1930년대에 들어서면서부터 각 지방에 보육원을 비롯한 사회복지시설을 설립하기 시작하여

1939년에는 60개 시설이 전국적으로 설치되었다.

1944년 제정된 조선구호령에는 생활이 빈곤한 임산부와 13세 이하의 아동을 대상으로 가택구호(家宅救護)를 원칙으로 한다고 규정하고 있다. 가택구호가 불가능하거나 부적당하다고 인정되는 경우에는 개인 가정에 위탁하거나 구호시설에 수용할 수 있도록 조치하였다. 그러나 사실상 조선구호령의 제정은 명목적인 것에 불과하였으며, 아동복지라는 이름으로 주민 통제의 목적을 달성하고자 했다고 볼 수 있다.

3) 현대의 아동복지

현대의 아동복지사업은 광복 이후부터 현재까지의 기간을 말한다. 현대의 아동복지는 전통사회나 근대에 비해 아동의 복지권이 보장됨은 물론이고 아동복지에 대한 사회 및 국가의 책임이 보다 확고해짐으로써 비교적 조직적이고 체계적으로 실시되었다.

(1) 1945~1960년

1945년부터 1960년까지의 기간은 사회구호적 차원의 아동복지사업이 전개되었다. 광복 이후 한국전쟁으로 인한 수많은 전쟁고아, 기아 및 부랑아의 발생을 보호하기 위하여 국가 및 국내·외의 민간단체는 아동보호시설을 설립하여 응급구호를 실시하였다. 이러한 수용시설 중심의 아동·청소년 보호사업은 1950년대에 급속하게 증가하여 1960년도 당시 아동복지시설은 전국에 472개소로서 전체 사회복지시설 592개소의 약 80%에 달하였다. 이 시기에는 전쟁고아에 대한 국외입양사업이 아동복지의 주요 사업이었으며 이러한 아동복지사업은 1970년대까지 외국의 원조기관에 의해 추진되었다. 따라서 1960년 이전까지의 아동복지사업은 국가책임의 원칙이나 전문화된 서비스가 아닌 민간과 해외 원조에 의존하여 빈곤 계층의 아동을 대상으로 한 사회구호적 형태로 운영되었다. 1959년의 경우 아동복지시설의 운영 재원은 국고 보조 22.9%, 외원 41.5%, 자체 수입 21.5%, 기타 14.1%로 구성되어 있었다. 이러한 외원 중심의 아동복지시설의 운영은 1960년대까지 지속되었다. 광복 이후 아동복지 관련

법령의 공포는 다음과 같다. 미군정은 법령 112호로 아동노동법규를 공포하여 14세 미만의 아동 고용을 금지하였고 16세 미만 아동의 유해한 노동 금지, 18세 미만 아동의 유해 또는 위해한 노동을 금지하였다. 1947년 과도정부령 제14호에서도 「미성년자노동보호법」을 공포하고 12세 미만 아동의 노동 절대 금지와 18세 미만 아동의 위험한 직종의 노동을 금지하였다.

(2) 1961~1980년

1961년부터 1980년까지는 요보호아동을 대상으로 한 선별주의적 아동복지사업이었다. 생활보호법(1961)과 아동복리법(1961)의 제정으로 요보호아동에 대한 국가책임의 원칙이 법제화되어 아동복지사업이 실시되었다.

아동복지시설의 수와 수용 아동 인구는 1960년대에도 계속 증가하였고 1967년에는 568개 시설에 수용 아동 인구가 65,212명에 이르렀다. 재정적 측면은 1960년대까지 외원이 아동복지시설 운영 재원 구성의 50%를 넘었으며 1970년대부터 외원단체의 점진적인 철수에 따라 국가보조가 증가하기 시작하였다. 그리고 국외입양을 위해 고아입양특례법(1961)이 제정되었고 기아 또는 결손·결함가정의 아동 등 요보호아동의 시설보호를 억제하고 국내 건전 가정에 입양하여 건전하게 양육되도록 하는 입양특례법(1976)이 제정되었다.

(3) 1980년대

전체 아동을 위한 보편주의적인 아동복지사업은 1980년대부터 시작되었다. 1961년에 제정된 아동복리법이 1981년 아동복지법으로 개정됨으로써 보호 대상이 요보호아동으로부터 18세 미만의 전체 아동으로 확대되어 서비스의 전문화와 다양화를 지향하였다. 이와 함께 요보호아동 문제의 해결을 위한 노력으로 가정위탁 및 결연사업의 확대는 시설 수용 위주의 아동복지로부터 서비스의 다양화를 지향하게 되었다.

그리고 1979년 한국사회복지협의회가 서울에 '아동학대고발센터'를 개설하여 아동학대에 대한 사회적 관심을 촉구한 이후 1985년 서울시립아동상담소가 공립기관으로서는 처음으로 '아동권익보호신고소'를 개설하였다. 1989년에는 '한국아동학대예방협회'가 발족되어 전국 9개 시 · 도 지역사회복지관 내에 '아동학대신고센터'를 개설하여 아동학대에 대한 예방활동을 펼쳐 나갔다.

1989년에 정부는 아동복지법 시행령을 개정하여 새마을유아원을 아동복지시설인 탁아시설로 환원하였으며, 아울러 가정탁아제도도 마련하였다. 또한 관장부서도 내무부에서 보건사회부로 바뀌었다. 아동보육을 위한 탁아시설은 경제성장으로 인하여 기혼 여성의 노동력이 필요하게 됨에 따라 1968년 탁아소에서 어린이집으로 개칭되었으며, 그 결과 어린이집은 1977년에 603개소로 증가하였다. 그러나 양적 증가에 비하여 보육서비스 질에 대한 의문이 제기되면서 미인가 탁아시설 임시조치령은 폐기되었고, 이후 1982년 유아교육진흥법에 의해 어린이집은 새마을유아원으로 흡수되었고 관장부서도 보건사회부에서 내무부로 이관되었다.

그리고 1984년 3월 아동가장에 대한 관심을 유도하기 위해 '소년소녀가장'이라는 명칭으로 아동가장세대를 지원하였으며, 민간단체에 의한 후원자와의 결연사업 등이 실시되었다.

1990년의 아동복지시설의 운영비를 보면 정부지원 65.0%, 자체 수입 15.8%, 민간보조 12.0%, 기타 7.3%로 1950~1960년대의 외원 중심의 운영에서 국가 중심의 운영체제로 전환되고 있음을 알 수 있다.

(4) 1990년대

1991년 1월 영유아보육법의 제정으로 아동 탁아와 관련된 서비스는 아동복지법에서 분리되었다. 1990년대는 시설수용보호와 국외입양사업에 치중되어 있던 아동복지사업이 가정과 지역사회 중심의 보육서비스, 국내입양, 가정위탁, 재가복지서비스로 발전되어 가고 있다. 그리고 1990년대에는 시대적 요청에 의해 학교사회복지, 결식아동사업, 아동학대예방사업이 전개되었다.

1993년부터 지역사회복지관에서 학교부적응 학생 프로그램을 운영하기 시작하였고 1997년에는 민간사회복지재단에서 학교사회복지 프로그램을 지원하였다. 이후

1998년과 1999년에 경기도 교육청과 대구광역시 교육청이 각 지역 내의 사회복지관을 사회봉사명령을 받은 학생들의 특별교육이수기관으로 지정함으로써, 지역사회복지관들이 학교사회복지를 보다 적극적으로 시행하게 되었다. 1997년에는 일반 학교에서 공식적으로 학교사회복지사가 활동하게 되었고 연구학교 선정을 통해 시범사업을 전개하였다.

1997년 IMF 경제 위기로 인한 부모의 실직과 어려움으로 많은 가정이 해체되었고, 핵가족구조에서 아동이 시설에 맡겨지는 상황이 증가됨에 따라 국가는 실직가정에 대한 결식아동 지원과 학자금 지원 등의 경제적 원조를 제공하고 있으며, 빈곤아동의 방과 후 교실이 운영되었다.

1990년대는 우리나라가 경제선진국으로 도입을 갖춘 시기일 뿐만 아니라 아동복지의 측면에서는 1990년 국제연합에서 천명한 아동의 기본적인 권리를 충족시켜 주기 위한 '유엔아동권리협약'에 가입함으로써 우리나라 아동복지의 내용과 기준이 범세계적인 규약을 충족시키기 위한 준비를 갖추게 되었다. 또한 이 시기는 아동복지의 영역과 내용이 다양화·세분화된 시기이기도 하다.

(5) 2000년 이후

아동학대예방사업은 1990년에 들어와서야 사회적 관심을 갖게 되었고, 2000년 아동복지법의 개정으로 전국 규모의 아동보호서비스 체계가 구축되었다. 그리고 1998년 개정된 「성폭력범죄의 처벌 및 피해자 보호 등에 관한 법률」의 신고 의무화 규정에는 아동 성폭력의 피해를 최소화하려는 정부의 의지가 반영되었다.

그러나 2000년 한 해 발생한 아동에 대한 보호를 살펴보면, 시설보호가 57.5%, 위탁보호 18.2%, 입양 17.2%로 여전히 시설보호가 차지하는 비율이 매우 높다(보건복지부, 2001).

2000년 한국보건사회연구원이 실시한 아동복지시설 평가 결과에 따르면, 아동에 대한 정서적 치유와 성장, 자립과 관련된 프로그램이 많이 미흡한 것으로 나타났는데, 아동시설에서 제공되는 서비스의 질적인 변화가 요구되고 있다.

우리나라 아동복지사업의 시작은 민간과 해외 원조에 의존한 빈곤아동보호와 응급구호 수준이었으나, 1961년 생활보호법, 아동복리법 제정으로 요보호아동 문제에 대한 국가책임을 법제화하였고 1981년 아동복지법 제정으로 보편주의에 입각한 아동복지서비스의 전문화와 다양한 아동복지사업으로 변화되고 있다. 1990년대 이후 가정과 지역사회의 보육서비스, 국내입양, 가정위탁, 재가복지서비스의 중요성이 강조되었으며, 최근에는 아동학대, 문제가정의 증가에 따른 가정보호서비스, 장애아동서비스, 학교사회사업서비스, 새터민아동서비스, 다문화가정아동서비스 등이 새롭게 부각되고 있다.

2000년 국민기초생활 보장법에서 위탁가정의 범주를 친인척까지 확대함에 따라 소년·소녀가정을 단계적으로 축소하고 가정위탁을 활성화하였다. 2004년 유아교육진흥법이 폐지되고, 유아교육법이 제정·공포됨에 따라 우리나라의 모든 아동을 대상으로 하는 교육·보육복지서비스 실현의 바탕을 마련하였다. 2004년 아동복지법 개정을 통해 보건복지부, 법무부, 교육인적자원부 등 12개 부처장관, 아동단체장, 학계전문가 12명 등 총 25명으로 구성되는 아동정책위원회를 구성하였고 아동정책위원회 산하 아동정책실무위원회에 아동권리, 아동안전, 빈곤아동청소년 분과위원회를 운영하게 되었다.

2004년 보육정책 기능을 강화하고 선별적 보육에서 보편적 보육으로의 전환을 위해 가정과 아동보육 관련 업무가 보건복지부에서 여성부로 이관되었고, 2005년 여성부가 여성가족부로 개칭되었다가 2008년 보건복지부로 다시 이관되어 2012년 현재 보편적 아동복지 관점에서 보건복지부에서 주관하고 있다.

2007년 장애인 등에 대한 특수교육법을 제정하여 유치원 및 고등학교 과정 특수교육에 대한 의무교육의 법적 근거를 마련하였으며, 2010년부터 특수교육대상자에 대해서는 만 5세 이상의 유치원, 초등학교, 중학교, 고등학교 과정을 의무교육으로 정하였고, 2012년부터는 유치원 과정부터 만 17세 이하 고등학교 과정까지 총 15년을 특수교육의 의무교육 기간으로 확대했다. 이와 함께 만 5세 유아의 무상교육을 전면 실시하고 유치원과 어린이집 교육과정을 통합한 '누리과정'을 2012년부터 실시하였다.

이는 아동에 대한 교육·보육서비스 확대를 통해 보편적이며 제도적인 아동복지를 실현하려는 노력으로 볼 수 있다.

2000년에 개정된 아동복지법에서 학대아동에 관한 법적 조치가 강구되어 아동보호전문기관 설치와 처벌조항이 강화되었으며, 전국 규모의 아동보호서비스체계가 구축되었다. 2004년에는 민간 주도의 빈곤아동지원사업인 We Start 운동이 시작되었다. 2004년 영유아보육법의 전면 개정은 저출산·고령화 사회로의 진입에서 보육기능과 중요성에 대한 사회적 인식과 보육의 공적 책임을 반영한 결과라고 볼 수 있다. 이와 함께 보육서비스의 질적 향상 및 다양화를 목적으로 2012년 3월부터는 3·4세 누리과정이 시행되었다. 또한 외국인 근로자와 결혼이민자, 북한이주민의 이주가 증가하면서 이들 '다문화가정' 자녀의 아동복지서비스에 대한 사회적·국가적 관심이 높아지고 있다. 이와 함께 2013년에는 장애아동 양육과 교육 및 치료, 가족지원에 대한 장애아동 가족들의 열망이 반영된 장애아동복지지원법이 제정되었다. 이 법은 장애아동이 안정된 가정생활 속에서 건강하게 성장하고 사회에 활발하게 참여할 수 있도록 하며, 장애아동 가족의 부담을 줄이는 데 목적이 있다.

우리나라의 아동복지사업은 외국과 마찬가지로 민간책임에서 국가책임으로, 집단적 수용보호에서 소규모 보호로, 시설보호에서 재가보호로, 포괄적 서비스에서 분화된 다양한 서비스로, 비전문적 개입 수준에서 전문적 개입으로 발달하고 있다. 하지만 우리나라의 아동복지는 여전히 사후적이고 잔여적인 성격을 탈피하지 못하고 있어 보편적인 아동복지로의 변화가 요청되고 있다.

연습문제

1. 시대별 아동에 대한 위치와 아동복지의 발달은 어떠한가?
2. 외국의 아동복지 역사는 국가별로 어떤 특징이 있는가?
3. 한국의 아동복지 역사는 외국과 비교해 볼 때 어떤 특징이 있는가?

연구문제

1. 외국과 한국의 아동복지 역사의 발전 과정을 비교해 보자.
2. 선진국의 아동복지 발전이 우리나라에 주는 시사점은 무엇인지를 생각해 보자.
3. 현대의 아동복지는 앞으로 어떤 방향으로 변화되어야 하는지를 생각해 보자.

제 5 장

아동복지 정책과 행정

1. 아동복지정책

1) 아동복지정책의 개념과 특성

(1) 정책의 개념

아동복지정책을 논할 때 정책(policy)의 용어에 관해 먼저 명확히 할 필요가 있다. 정책이란 '정해진 계획(standing plan)'(Kahn, 1979) 혹은 '분명한 행동노선(explicit course of action)'(Gilbert & Terrell, 1998) 혹은 '특정한 목적을 이루기 위해 필요한 행동에 관한 원칙'(Titmus, 1979)이라 할 수 있다(김상균 외, 2001). 즉, 정책이란 정부 차원에서 각종 사업을 추진하기 위한 방침을 설정하는 것이며, 사회복지정책은 사회복지사업을 실시하기 위한 국가의 방침이다. 다시 말해, 사회복지 프로그램이나 제반 문제에 대한 의사결정에 활용되는 지침(guideline)이라 말할 수 있다.

그런데 이 사회복지정책은 사회정책이나 공공정책의 동의어로 사용되는 애매한 개념으로 파악된다. 사회복지정책은 그 집행에 있어 대체로 공금의 지출을 포함하고 있기 때문에 공공정책(public policy)과 동일시되는 경향이 있다(Gilbert & Specht, 1988). 그러나 공공정책은 단지 사회복지 영역에 국한되는 것이 아니라 국방, 우주공간 조사 및 수송 등과 같은 공금으로 지원되는 광범위한 범주의 서비스를 수반하고 있는 더 확대된 대상영역을 포괄하는 것으로 사용되고 있다. 즉, 사회정책은 인간관계나 사회생활의 질에 영향을 미치는 모든 행정을 내포하고 있는 것이다.

그러나 Marshall은 "사회복지정책이란 시민들에게 그들의 복지에 직접적인 영향을 줄 뿐 아니라 서비스나 수입을 제공해 주는 활동에 관한 정부의 시책이다"라고 정의하여 사회복지정책의 한계를 명확히 하고 있다. 또한 그는 "특별히 프로그램의 중심적 핵심으로는 사회보험, 공공부조, 보건, 복지서비스 및 주택 등을 포함하고 있고, 이 밖에 교육이나 비행 예방 등을 다루는 프로그램이 수반될 수 있다"고 지적했다(성영혜, 1997).

결국 행정부가 헌법과 법률에 의하여 부여된 직무를 수행하기 위하여 계획하고 집행하면서 평가해서 다시 계획에 반영해나가는 전반적 과정을 정책이라 할 수 있는데 정책은 형식적 의미와 내면적 의미를 함께 생각해 볼 수 있다.

정책의 정의가 이렇게 다양한 것은 정책의 형식적 의미가 가지는 여러 가지 요소 중에서 어디에 초점을 두고 그 본질적 의미를 도출하느냐에 관련이 있다. Thomas R. Dye와 James E. Anderson 등은 여러 가지 주장들 중에서 제도주의, 엘리트 이론, 집단이론, 합리주의, 점증주의, 체제이론 등을 중심으로 서술하고 있다(Dye, 1979; 한국청소년개발원, 2003).

(2) 아동복지정책의 개념과 특성

① 아동복지정책의 개념

아동복지정책은 '아동복지를 위한 행동 노선과 계획'이라 할 수 있으며, 아동복지를 위한 활동을 하는 데 필요한 원칙과 방향을 정하거나 계획하는 것이라고 할 수 있다. 그런데 이러한 아동복지정책은 사회적 보호가 필요한 아동에게 사회적 자원을 할당하는 선택의 메커니즘이므로 자원의 할당과 선택에는 아동보호에 관한 다양한 관점의 사회적 가치나 목표가 관련되어 있다.

Tropman(1984 : 232)이 제시한 사회복지정책 가치로는 개인 대 가족, 자기 의존 대 상호 의존, 세속적 성향 대 종교적 성향, 공평 대 적절, 권리와 쟁취, 사적 대 공적인 가치가 있다고 하였으며, 이 밖에 욕구, 자유, 평등, 효율 등의 정책가치가 있다(송근원 · 김태성, 1997).

아동복지정책에서 중요한 것은 이러한 정책에 영향을 주는 여러 가치들이 아동복지 분야에서는 어떻게 고려될 수 있는가 하는 점이다. 그것은 아동복지를 포함한 모든 사회복지 영역에서 추구하고자 하는 정책목표를 기본적으로 서비스의 대상자와 그 대상자를 둘러싼 환경과의 조정으로 보기 때문이다. 실제로 아동은 미성숙하므로 일정 기간 동안, 일정한 수준의 타인 보호를 절대적으로 필요로 한다. 그럼에도 불구하고 아동은 독립된 인간이므로 이러한 측면은 아동복지정책의 가치 선택과 적용에서 기본적인 고려사항이 되어야 할 것이다. 가령 가정에 대한 지지적 사회보장급여나 서비스를 제공하는 아동복지 프로그램은 출생가정과 부모의 권리를 강조하는 관점에서 나온 반면, 위탁가정 입양이나 시설보호 등 대체가정 프로그램은 가정의 유지보다는 아동의 보호가 우선이라는 관점에서 나온 것이다.

이와 같이 아동의 복지를 위하여 어떠한 양육 프로그램을 선택하는 것이 아동을 위한 사회복지정책의 과정이라면, 아동을 위한 사회복지정책이 아동보호의 가치나 목표의 관점과 어떻게 긴밀한 연관을 가지며, 이러한 가치와 목표, 정책, 프로그램의 선택과 결정이 어떻게 이루어지는지의 맥락을 이해해야 한다(아산사회복지사업재단, 1997).

우리나라 사회복지서비스정책의 기본 방향은 가족주의 가치관을 바탕으로 가족－이웃－지역사회－국가로 이어지는 복지공동체를 구축한다는 것이다(국민복지기획단, 1995 : 31). 그러나 가족과 국가를 잇는 이념상의 스펙트럼에서 가족의 역할을 강조하면 상대적으로 국가의 역할은 축소될 수밖에 없고, 그때 국가의 역할은 전체 아동이 아니라 사회적 취약계층 아동에게만 국한된다. 그러나 최근에는 국가의 역할이 점차 증대되고 있으며, 그 대상 또한 모든 아동을 대상으로 하는 보편적 서비스로 확대되고 있다. 그리고 현재 우리나라의 아동복지정책을 보면 아동과 청소년을 한 범주에서 통합정책을 펼치고 있으며, 구체적인 정책목표로는 아동·청소년의 다양한 활동 지원을 설정하고 있다. 이에 따라 보호아동·청소년을 위한 가정·사회보호 시스템 강화, 지역사회 저소득층 아동을 위한 지원체계 강화, 아동·청소년권리 모니터링, 아동학대 예방 등 아동의 권익 신장 등이 이행과제이다(보건복지가족부, 2008). 그러나 이러한 목표가 현실적으로 볼 때에는 잘 이루어지지 않고 있다. 즉, 아동가족 전체를 대상으로 하는 보편주의 원칙을 아동복지법을 통해서도 제시하고 있지만 실질적으로는 빈곤, 결식아동, 입양, 가정위탁, 소년소녀가정, 학대받는 아동 등 보호가 필요한 아동의 문제를 중심으로 사회적 보호의 필요가 발생한 개인을 대상으로 한 선별주의 원칙에 의한 보호를 주로 실시하고 있다.

이러한 보편적(universal)이냐, 잔여적(residual)이냐의 패러다임에 관하여 아동복지 분야의 최전선에서 일하는 사회복지사들은 때때로 혼란을 겪기도 한다. Lindsey(1994)나 Costin, Kargar, Stoze(1996)와 같은 이론가들과 연구자들은 아동복지에서 잔여적(residual) 접근방법은 가족과 아동에 대한 전반적인 복지의 변화에 그다지 긍정적이 아니라고 주장하고 있다. 그들은 사회복지사가 특정 아동의 개인적인 사례에만 집중하게 될 경우, 즉 모든 아동에 대한 복지보다 특정 아동을 보호하는 것에 집중함으로써 실제적으로 필요한 사회 전반적인 변화를 가져오는 데는 한계가 있다는 점을 지적하고 있다.

다시 말해, 잔여적 접근법과 보편적 접근법의 논쟁을 통해 또 다른 접근방법인 통합적 접근방법이 필요함을 인식할 필요가 있다. 아동복지 사회복지사가 잔여적 상황에 있을 때에는 보편적 변화와 접근 또한 고려해야 함을 간과하지 말아야 한다(Lindsey, 1994).

② 아동복지정책의 분석

정책형성에 관한 분석 틀을 아동복지정책의 형성과정에 적용하면, 아동복지정책의 형성이 이루어지는 다양한 맥락을 이해하게 되어 실천적 측면에서는 바람직한 아동복지정책 형성을 위한 구체적 방법과 전략에 관한 함의를 얻을 수 있다.

사회복지정책의 일반적인 정책목표에는 최저생활의 보장, 불평등의 감소, 사회적 적절성의 달성, 사회통합의 달성 등이 있는데, 이러한 정책목표는 아동복지정책 분석에서도 일반적인 목표로서 적용될 수 있다. 따라서 소득보장 프로그램은 가정의 유지, 최저생활의 보장, 불평등의 감소 등을 정책목표로 하고 있고, 대체가정 프로그램에서는 독립적인 생활의 보장, 안정적인 가정환경의 제공, 가족의 재결합, 후견자의 제공 등을 목표로 하고 있다.

정책내용을 분석하는 방법은 여러 가지가 있으나 1974년 Gilbert와 Specht의 분석 틀을 근거로 수정한 Gilbert와 Terrel(1998)이 제시하는 분석 틀에 의하면, 대상체계, 급여체계, 전달체계, 재정체계의 네 가지 틀에 의하여 이루어진다(장인협 · 오정수, 1993; 김상균 외, 2001).

가. 대상체계

대상체계(allocation)는 어떤 대상자에게 사회복지급여(benefits)를 할당할 것인가, 즉 수급자격을 결정하는 것으로서 아동복지정책의 적용대상은 아동복지의 급여나 서비스 대상을 결정하는 차원으로, 여기에는 보편주의와 선별주의가 대표적인 원칙이다. 대상의 자격을 결정하는 조건으로는 거주 여부나 기간, 시민권, 연령 등 인구학적 조건, 근로능력, 사회보험에의 기여 여부, 소득 · 자산 조사, 전문적 · 행정적 판단 등이 있다(송근원 · 김태성, 1995 : 281-296). 이러한 조건들은 사회통합, 소득재분배, 운영과 비용 효율성, 근로동기에 미치는 영향 등에 관한 각 국가마다의 가치관을 반영하여 서비스 수급자격대상이 결정된다. 영국의 아동수당(child benefit)은 6개월 이상의 거주 조건과 16세 미만의 아동이라는 인구학적 조건과 보편주의 원칙을 적용한 경우로서 사회적 연대와 사회통합의 가치를 강조한 정책이다. 한편 미국의 아동가족급여(AFDC)는 거주조건, 16세 미만이라는 아동의 인구학적 특성, 소득 · 자산 조사, 모성의 근로능력과 선별주의 원칙을 적용한 경우로서 비용 효율성과 근로동기에 미치는 영향을 강조한 정책이다. 그리고 가정위탁, 입양, 시설보호 등 대부분의 아동복지서비스는 인구학적 특징과 전문적 · 행정적 판단에 의하여 자격이 결정된다.

나. 급여체계

급여체계는 수급자격자에게 어떤 형태의 급여를 제공할 것인지를 결정하는 것으로 기회 제공, 정책결정 참여, 비물질적 사회서비스(social services) 제공, 물품 제공, 신용(credit) 제공, 물품교환권, 현금 제공 등이 있다. 이 중 현금급여를 선택하는 기준이 되는 가치는 경제적 효용의 극대화, 소비자 주권의 보장, 인간존엄성의 유지 등이며, 현물급여는 목표 효율성의 제고, 규모의 경제효과 활용 등이다.

아동복지를 실천하는 방법은 크게 소득보장과 서비스로 나누어지는데, 현금형태로 제공되는 소득보장 외에 대부분의 아동복지 프로그램은 서비스가 중심이 되어 있다. 서비스는 아동복지 전문가의 개입에 의하여 전문가와 클라이언트인 아동이나 가족과의 대면적 만남을 통하여 이루어지고, 이러한 서비스에는 자기결정의 원리, 인간의 존엄성과 독특성의 강조와 같은 사회사업의 가치가 강조된다.

다. 전달체계

전달체계는 급여를 효율적으로 전달하기 위하여 조직적 체계를 어떤 방법으로 설계할 것인지를 결정하는 것으로서 아동복지정책을 통하여 제공되는 재화나 서비스는 여러 영역에서 다양하기 때문에 전달체계 또한 다양하다. 전달체계의 형태로는 공공조직, 민간조직, 공공과 민간 조직의 혼합형태, 순수 민간조직이 있다.

- 공공조직은 모든 국민을 대상으로 공공재를 전달할 때 유용하고 사회적 적절성과 서비스의 통합성을 성취할 수 있다는 장점이 있지만, 가격과 질의 저하, 관료주의적 경직성, 접근의 어려움 등의 단점이 있다.
- 민간조직은 다양성, 선택의 자유, 창의성, 접근 용이성, 융통성의 장점이 있지만 서비스의 통합성과 지속성, 안정성 취약 등의 단점이 있다.
- 혼합형태 조직은 공공조직과 민간조직의 장점을 결합한 형태로서 이는 사회복지가 대체로 공공재로서의 성격을 지니고 있으므로 안정적인 서비스 공급을 위하여 공공조직의 역할이 필요하다는 점과 민간조직의 장점을 도입해야 할 필요성에 의하여 나타난 형태로서 최근 서구의 복지국가에서 복지의 혼합경제(the mixed economy of welfare) 논리와 함께 확대되고 있다.

라. 재정체계

재정체계는 급여나 서비스의 비용을 어떤 방법으로 조달한 것인지를 결정하는 차원으로서 아동복지를 실현함에 필요한 재원을 공공재정 혹은 민간재정 등 어떤 방법으로 충당할 것인지 결정해야 한다. 재정방식의 다양성은 그 사회의 가치관, 정책결정자의 입장, 사회의 이해관계집단에 따라 달라질 수 있다.

- 공공재정은 재정의 안정성과 지속성이 보장되는 장점이 있으나, 정부 부담의 확대에 따른 조세저항의 문제가 발생할 수 있으며, 그러한 경우 사회보장세로 할 것인지, 일반조세로 할 것인지를 결정하여야 한다.
- 민간재정은 어떤 집단이나 지역의 특수한 욕구에 대처하기가 용이하고 창의성

있는 서비스 개발을 촉진할 수 있으나 지속적이고 안정적인 재원이 확보되지 못하는 경우가 생길 수 있다. 민간재정으로 충당할 때에는 사용자 부담과 민간의 기부금 비중을 어떻게 할 것인지를 결정해야 한다.

아동복지에서 사회보장의 형태로 제공되는 아동수당이나 저소득 아동급여는 공공재정에 의하여 충당되는 반면, 가정위탁, 입양, 보육, 아동강제보호서비스 등은 순수 민간재정에 의하여 운영되는 경우도 있다. 아동복지서비스는 공공재로서의 특성 때문에 민간재정으로 운영하면서 공공재정의 지원을 받는 혼합형태인 경우가 많고, 또 비영리적 요인과 영리적 요인이 도입되어 혼합경제(mixed economy of welfare)의 경향도 나타나고 있다.

2) 아동복지정책의 이념

(1) 복지이념의 개념과 유형

복지이념이란 복지국가를 보는 시각으로서, 그 시각에 따라 다양한 복지모형으로 분류할 수 있는데, 이념의 동일성 및 상이성에서 파생되는 사회정책의 제 규범적 논리를 수 개의 단락으로 구분한 것을 말하며, 학자에 따라 다양하게 분류하고 있다.

George와 Wilding(1976)은 자유방임주의, 자유민주주의, 사회민주주의, 사회주의의 네 유형으로 복지이념을 분류하고 있다. 그리고 아동복지정책은 사회정책의 하위영역이므로 동일한 복지모형의 맥락에서 파악할 수 있다. 각 모형의 복지적 이념에서 자유방임주의 이념을 지향할수록 개인의 능력을 고려한 유료 서비스를 강조하고 사회주의 이념을 지향할수록 개인의 요구에 입각한 무료 서비스를 강조하게 된다(이소희·주정일, 2000).

① 자유방임주의

이 복지모형이 내세우는 근본 가치는 자유, 개인주의, 불평등으로서 상호 밀접한 관계를 갖는데 개인의 자유에 영향을 미칠지도 모르는 정부의 시책을 허용하지 않으며, 국가의 개입이나 강제에 의해 풍요로워지기보다는 차라리 가난하면서 자유로울 것을 주장한다. 또 인간의 지위와 소득은 그 자신의 능력과 세력에 영향을 받으므로 불평등은 정당화되며, 이러한 측면은 경제성장에 긍정적 작용을 한다고 본다. 즉, 경제적으로는 사유재산제도, 영리 추구, 자유경쟁의 원칙이 지배하며, 국민경제질서는 Smith의 이른바 '보이지 않는 손'에 의해서 자연스럽게 조화를 이루어나가므로 국가는 이러한 경제체계에 간섭하지 않는 것이 좋다는 입장을 취한다.

따라서 개인주의에 입각하여 경제성장과 부의 극대화에 최대의 가치를 부여하며, 소득, 교육, 의료서비스 및 시설보호의 형태는 생산제도에 의해 좌우되고 국가개입은 극히 최소한에 그치되 자산조사(means test)에 의한다. 그리고 정치적으로는 의회민주주의를 고수하나 국가는 치안질서를 유지하기 위해 Lassalle이 말하는 소위 야경국가의 기능에 머문다.

② 자유민주주의

이 복지모형이 내세우는 근본 가치는 자유, 개인주의, 경쟁적인 사기업의 강조, 자조로서의 자유방임주의와 비슷하지만 지적 실용주의에 의하여 다소 조건적이고 제한적이다. 즉, 자유란 정부의 독단적 권력으로부터의 자유를 의미함과 동시에 결핍, 불평등 및 사회악으로 인한 경제적 예속으로부터의 자유도 포함되지만 평등주의는 아니다.

이것은 자본주의가 자립규제적이지 못하고 낭비적이고 비효율적이며, 자원의 배분을 잘 못하여 스스로 불의와 빈곤을 해결하지 못하기 때문에 다소간의 정부개입의 유익성을 주장한다. 이러한 주장의 기초가 되는 것은 지적 실용주의, 즉 인간의 이성적 사고에 대한 신뢰에서 비롯된다.

그러나 근본적으로 자유시장제도의 신념 때문에 정부의 역할은 한계성을 가지고 있다고 본다. 즉, 정부 이외 누구도 행할 수 없는 기능에 관한 것으로 이때의 부조는 최저수준으로 제한된다. 왜냐하면 이 입장에서 사회정책의 원리는 국민들로부터 모든 책임을 제거하자는 것이 아니라 국민 자신과 가족이 최저생활을 영위할 수 있도록 그의 능력을 조장하고 있기 때문이다.

따라서 정부의 역할은 현저한 사회악의 해소, 사회 불평등의 완화, 사회복지 계획에서의 우선순위 결정, 민간기업의 조장에 있는 것으로, 이를 위해 민간복지, 사회보험, 국민최저수준의 사회복지사업의 실시를 주장한다. 정치적으로는 의회민주주의하의 사회개혁을 그 방법론으로 채택하고 있다.

③ 사회민주주의

이 복지모형이 내세우는 중심가치는 평등, 자유, 우애이며, 파생적 가치로 인도주의를 들 수 있다. 평등이란 사실상 모든 사회이론의 핵심이 되는 중요한 가치이다. 즉, 사회적 조화, 사회적 효율, 사회적 정의 및 개인이 자신의 잠재능력을 발휘하여 자아를 실현할 수 있는 기회가 보장된 사회를 의미한다. 따라서 불평등은 능력보다도 기회의 차이에서 발생한다고 본다.

사회민주주의의 관점은 자유민주주의에서처럼 자본주의가 자기규제적이지 못하고 빈곤을 해소시키지 못하며, 이로 인해 부의 불평등을 야기한다고 본다. 즉, 자유시장제도의 실패로부터 국가개입의 필요성을 찾는다. 따라서 국가는 부족한 생활상태에 놓여있는 자에 대한 사회적 원조를 중요시하며, 분배정책을 통해서 사회적 평등을 실시하여 복지국가를 이루려고 한다. 이러한 측면에서의 복지국가는 사회·경제적 기능을 가지고 있으며, 이에 의한 사회정책이 산업사회에 의해 파생된 욕구와 문제에 대한 대응책이라고 본다. 때문에 가족의 역할과 기능 변화에 적절히 대응하여 사회통합, 공동체 의식 및 이타주의를 유지시키는 것을 과제로 삼고 있다.

④ 사회주의

사회주의(마르크스주의)도 자유, 평등, 박애를 근본 가치로 하고 있지만 민주사회에서 사용되는 견해와는 다르다. 자유란 단순한 체제의 부재만을 의미하는 것이 아니라, 어떤 특권의 경우에도 존재할 수 없다고 본다. 따라서 정부가 경제적 측면에서 강력하고 능동적인 역할을 담당하게 되며, 이러한 차원에서 생산제도의 국유화는 정당화된다. 왜냐하면 자원의 배분이 성취도 기준이 아니라 요구도 기준에 입각해있기 때문에 이러한 요구에 대한 국가책임, 즉 무료 서비스를 강조하는 것이다(이소희, 2002).

(2) 아동복지정책 이념의 개념

아동복지의 궁극적 목표는 아동의 권리선언, 아동헌장 등에서 표출되고 있는 권리로서의 아동복지를 최대한도로 보장하여 실현시키는 것이며, 이에 따라 국가의 역할이 강조되고 있다. 그러나 각 국가가 처한 정치, 경제, 문화 및 사회적 여건이 다르므로 국가는 방침을 정하여 아동을 포함한 국민의 복지요구를 조절하게 되는데, 이는 아동의 복지권은 인정하되, 실제적 대책은 그 국가의 상황에 따라 선택적으로 조절하여 전개한다는 것이고, 이때 조절기준이 되는 것은 바로 복지이념 또는 사회정책의 원리가 된다.

아동복지의 이념은 일반적으로 자본주의 사회에 '휴머니즘' 운동의 일환으로 생성·발전되어 온 것으로 볼 수 있다. 즉, 19세기 자본주의의 발달과정에 있어 아동의 수난으로부터 아동의 생활을 수호하려는 노동, 교육 및 아동보호운동 가운데서 아동권리에 대한 이념이 생겨나기 시작하여 20세기에 그 이념이 확립되었다.

이와 같은 아동의 권리적 이념을 고양하고 아동복지 이념의 발전에 크게 영향을 미치면서, 아동복지의 규범으로서 정책적으로나 실천적으로 중시된 것은 1959년의 UN의 '아동권리선언'과 1909년 이후의 미국 '백악관 아동회의' 그리고 각국에 있어서의 '아동헌장' 등이라 할 수 있다(김익균·도미향 외, 2002). 아동복지선언은 그 전문에서 "인류는 아동에 대하여 최선의 것을 부여할 의무를 진다"고 전제하면서 동 선언 제1조에서 제10조까지 아동에 대한 차별의 금지, 법률에 의한 보호, 사회보장, 교육 및 의료를 받을 권리, 장애아의 권리, 방임, 학대, 착취로부터의 보호 등을 규정하고 있다.

그러나 이 선언은 매우 이상적이고 중요한 내용을 포함하고 있음에도 불구하고, 대부분의 사회복지 관련법들과 유사하게 그 자체로서는 법적 규제력이 결여되어 있어 아동권리의 실질적 실현, 보호에 결정적으로 기여할 수 없는 면이 있다. 이와 같은 점은 우리나라의 아동복지정책이 헌법 전문에 자유민주주의의 이념을 지향하고 있음을 밝히고 있으나, 현재까지 자유방임주의 관점에 더욱 가까워 아동수당과 같은 아동을 위한 사회보장체계가 없이 아동의 부양을 1차적으로 가족책임의 원칙하에 두고 있다는 점에서도 잘 나타나고 있다.

이러한 정책은 각 나라마다 그 나라의 사회·문화적 배경과 정치·경제적 이데올로기의 차이에 의해 다양하게 나타난다. 이러한 요소들을 배경으로 국가가 개입을 조절하는 기준을 복지이념이라 하며, 이것은 정책의 이념, 기능, 전략에 따라 다양한 정책모형을 구성해낸다.

아동복지 모형으로는 Kadushin이 지적한 모형을 기초로 나누어 볼 수 있다. Kadushin은 복지서비스의 모형을 지원적 서비스(supportive service), 보완적 서비스(supplementary service), 대리적 서비스(substitutes service)의 3'S로 나누고 있다.

① **지원적 서비스** : 가족과 부모-자녀의 관계가 손상·긴장 상태에 있을 때 이것을 감소시키기 위하여, 그들의 능력을 지원·강화시켜 주는 서비스를 말한다. 지역아동센터, 상담사업, 미혼부모를 위한 사업 등이 이에 속한다.

② **보완적 서비스** : 가정 내의 부모양육이 부적절한 경우, 이를 보조해 주는 서비스로 소득보완사업, 보육사업, 장애아동·비행아동복지사업, 학대 및 방임 아동의 보호사업이 있다.

③ **대리적 서비스** : 정상적 부모-자녀관계를 유지하기가 불가능한 경우 양육을 일시적 또는 영구적으로 대리·보호해 주는 서비스이다. 가정위탁사업, 입양사업, 보호사업 등이 있다.

3) 아동복지정책의 가치

(1) 가치의 개념

'가치(value)'라는 용어의 사전적 정의는 인간의 감정이나 요구나 관심의 대상이 되는 것 및 인간 정신의 목표가 되는 보편타당한 당위성을 말한다. 추상적이며, 함축적이어서 명료하게 이해하기가 어려운 용어이다. 그러나 일상적으로 사용하는 관점에서 접근하면 보다 이해하기가 용이할 것이다.

우리 사회에서 이 '가치'라는 용어는 "……할 가치가 있다"라는 식으로 흔히 사용되고 있다. 이러한 진술이 함축하거나, 시사하고 있는 바는 상당히 목적적이며, 더 깊게는 윤리와 도덕 및 필요(needs)라고 하는 용어들이 함축하는 의미까지 포함되어 있다. 따라서 가치는 '사람들이 중요하거나, 소중하게 생각하는 무엇'이라고 할 수 있다.

이러한 정의를 통해 가치는 두 가지로 구분할 수가 있다. 첫째는 개인적 신념(belief)이 강한 주관적 가치이며, 둘째는 사회적 욕구(social wants, desire)와 필요(needs)에 비중을 높이 둔 객관적 가치가 그것이다. 그리고 이러한 가치들이 사람들의 마음속에 내면화되어 행동화할 수 있는 가능성을 높게 가질 때, 소위 '가치관'이라는 집약적 용어로 표현한다. 그래서 우리 사회에서 가치관이라는 용어는 "그것은 그 사람의 가치관이다"라든지, "나의 가치관은 ……이다"라든지, "우리 사회는 전통적인 가치관이 무너지고, 서구의 가치관이 물밀듯이 들어와 가치관의 혼재를 경험하고 있다"라는 식으로 흔히 사용되고 있는 것이다.

개개인의 주관적 가치와 집단적인 사회적 가치 모두는 윤리성을 기본 바탕으로 하되, 개인과 조직 및 사회적 안정과 발전에 기여할 수 있는 헌신성을 지닐 필요가 있다. 그래야 진정으로 가치있다고 할 것이다. 물론 급격한 사회변화에 따라 가치의 패러다임(paradigm) 대전환이 필요한 부분도 당연히 있다.

이렇게 볼 때, 가치관은 개인과 집단 모두에게 사용됨과 동시에, 특히 집단을 대상으로 한 경우에는 이상적인 사회를 추구하기 위해 개인적인 주관적 가치들이 공익성을 지닌 하나의 통일된 가치로 통합되어 방향성을 지닐 것을 암암리에 요구하고 있다고 볼 수 있다. 바로 이념(ideology)으로 표기될 수 있는 것으로서 합목적성을 지향하는 사회적 기대가 그 밑바탕을 이루고 있는 것이라 할 수 있다(이소희, 2004).

(2) 아동복지와 가치의 관계

사실 어떠한 사회일지라도 그 사회의 구성원들은 그들의 안녕된 삶을 바라고 이는 바로 복지를 지향하고 있는 것이며, 이러한 맥락에서 우리는 복지이념(welfare ideology)이라는 용어를 사용하고 있다. 오늘날 사용되고 있는 복지란 용어는 여러 각도에서 파악되고 있으나, 기본적으로 사회구성원 모두의 안녕과 이에 대한 사회 모두의 책임이라는 대전제가 함축되어 있으며, 아동에게도 동일하게 적용된다. 이러한 아동복지는 대상범위와 주체 및 제공되는 서비스의 수준에 따라 넓게, 혹은 좁게 정의되고 있다. 중요한 것은 아동복지는 아동이 지니는 개체적·성적·생리적·사회적 및 역사적 특성을 유기적으로 고려한 가운데 개념화되고 있다.

복지는 다수의 안녕이라는 상태로 발전하기 위한 어떤 노력, 즉 실천적이고도 능동적인 행동을 모두 포함하는 용어라고 할 수 있다(현외성 외, 1998). 복지의 실천에서 어떠한 주체가 중심이 되고 있으며, 주로 어떠한 복지형태가 발달되고 있는가 하는 문제는 각 나라가 처하고 있는 사회·경제적 수준에 따라 다르다. 철학적 관점에서 복지는 인간의 잘 사는 상태(a life of well-being)를 가리키며, 이 잘 산다는 말 속에는 개인의 이익을 증진시킨다는 뜻이 가정되어 있다. 또한 이 이익의 개념은 자연적으로 '필요'의 의미와 관련된다(김정래, 1998). 따라서 한 개인이 하고 싶은 것(the desired)의 수단이 되는 '수단적 필요(instrumental need)'와는 다르며, 그렇기 때문에 복지의 개념에 있어 무엇보다 중요한 것은 '정언적 욕구'라고 할 수 있다. 그리고 이 정언적 필요는 다시 신체적·생리적 삶의 위협과 관련되는 '생존적 욕구(substantial need)'와 삶의 질과 연관되는 '보편적 욕구(universal need)'로 나눌 수 있는바, 전자의 예로는 공기, 물, 수면 등이 있으며, 후자의 예로는 자유권 행사와 기초교육 등을 들 수 있다.

이러한 철학적 개념이 복지에서 시사하는 바는 중요한데, 그것은 아동복지 분야를 포함한 사회복지실천에서의 우선적인 대상자 선정과 대책에서의 우선순위를 결정할 때 합리적인 관점을 제공해 주기 때문이다. 동시에 복지에서의 개인적 책임과 사회적 책임에 대한 인식을 정립하게 함으로써 진정한 인간의 자유에 대한 성찰을 제공해 주며, 동시에 공공의 선에 대한 인식수준을 높일 수 있도록 유도하기 때문이다.

아동복지 입장에서 볼 때, 복지의 철학적 개념은 앞서 언급한 바와 맥락을 같이하지만, 더욱 의미있는 것은 자신의 생존과 삶의 질을 위한 자구책의 강구에서 상당한 한계성을 지닌 아동에 대한 성인으로서의 도리를 재인식하게 해주는 것이라 하겠다. 그리고 욕구(needs)를 잘 이해하기 위해서 욕구와 유사한 개념인 '바라는 것(desire)'과의 차이를 개념적으로 구분할 필요가 있다(Goodin, 1988). 즉, 상대적인 긴급성의 측면에서 볼 때 욕구의 만족은 욕구의 해결이 사람들이 추구하는 바람직한 목표를 이루는 데 필요한 전제조건 혹은 수단이라는 측면에서 단순한 desire의 만족보다는 중요하다. 또한 욕구는 일반적으로 desire에 비해 '자발적 선택'의 여지가 적어 욕구를 '변경'하기가 쉽지 않다. 반면에 desire는 자발적 선택의 여지가 더 크다(이소희 외, 2004).

이와 같이 복지는 어원적·철학적 관점에서 개념화될 수 있지만, 현실적으로 보면 상당히 실천적인 개념이라고 할 수 있다. 일례로 우리는 "스웨덴 같은 나라는 복지제도가 잘 발달되어 있다"라는 말을 자주 듣는데, 이 경우의 복지는 관념 또는 이상으로서의 복지가 아니다. 실제로 상부상조하거나, 공공선과 사회적 책임이라는 복지관을 바탕으로 제공되어 누리는 '어떤 것'이라는 실체적 개념을 지니고 있다.

이러한 맥락에서 볼 때, 복지이념에는 아동복지를 지향하는 구체적 가치들이 내재되어 있으며, 궁극적으로 아동복지의 성취를 위한 행동 내지 실천과정에서 지침을 제공하는 역할을 하게 된다.

2. 아동복지 관련법

1) 아동복지 관련법의 체계

아동복지 관련법은 아동복지를 포함한 사회복지 일반에 관한 법률, 일반아동을 대상으로 전체 아동복지를 포괄하는 아동복지법, 청소년기본법 그리고 대상 아동의 특성과 욕구를 바탕으로 한 법률로 분류할 수 있으며, 다음 <표 5-1>에 제시하였다. 본 고에서는 다음에 제시된 아동복지 관련법 중에서 아동복지와 밀접한 관련이 있는 법을 선정하여 구체적으로 제시한다. 다음에 제시된 각각의 법은 시행령, 시행규칙 그리고 지방자치단체의 조례를 통해 실행되고 있다.

〈표 5-1〉 아동복지 관련법의 체계

<table>
<tr><th colspan="2">분 류</th><th>법 명</th></tr>
<tr><td colspan="2">사회복지 일반</td><td>헌법, 사회보장기본법, 사회복지사업법
국민연금법, 국민건강보험법</td></tr>
<tr><td colspan="2">아동복지 일반</td><td>아동복지법, 청소년기본법, 청소년복지지원법</td></tr>
<tr><td rowspan="8">아동복지
분야</td><td>아동 교육 및 보육</td><td>교육법, 유아교육법, 영유아보육법</td></tr>
<tr><td>아동 건강 및 영양</td><td>모자보건법, 지역보건법, 학교보건법, 학교급식법</td></tr>
<tr><td>저소득층 및
한부모가정 아동</td><td>국민기초생활 보장법, 의료급여법
한부모가족지원법
아동의 빈곤예방 및 지원 등에 관한 법률</td></tr>
<tr><td>장애아동</td><td>장애아동복지지원법</td></tr>
<tr><td>아동학대, 성폭력
및 실종</td><td>아동학대범죄의 처벌 등에 관한 특례법
실종아동 등의 보호 및 지원에 관한 법률
아동·청소년의 성보호에 관한 법률
가정폭력방지 및 피해자 보호 등에 관한 법률
성폭력 범죄의 처벌 및 피해자보호에 관한 법률
특정성폭력 범죄자에 대한 위치추적 전자장치 부착에 관한 법률</td></tr>
<tr><td>비행 및
범죄 관련 아동</td><td>소년법
보호소년 등의 처우에 관한 법
보호관찰 등에 관한 법</td></tr>
<tr><td>근로아동</td><td>근로기준법</td></tr>
<tr><td>입양아동</td><td>입양특례법</td></tr>
</table>

2) 사회복지 일반

(1) 헌법

아동복지와 관련된 내용은 우리나라 최고 법인 대한민국헌법(1988) 제2장 국민의 권리와 의무 중에서 제34조와 제36조에서 찾을 수 있을 수 있으며, 구체적인 내용은 다음과 같다.

대한민국헌법 제2장 국민의 권리와 의무
제34조 ① 모든 국민은 인간다운 생활을 할 권리를 가진다.
② 국가는 사회보장・사회복지의 증진에 노력할 의무를 진다.
③ 국가는 여자의 복지와 권익의 향상을 위하여 노력하여야 한다.
④ 국가는 노인과 청소년의 복지향상을 위한 정책을 실시할 의무를 진다.
⑤ 신체장애자 및 질병・노령 기타의 사유로 생활능력이 없는 국민은 법률이 정하는 바에 의하여 국가의 보호를 받는다.
⑥ 국가는 재해를 예방하고 그 위험으로부터 국민을 보호하기 위하여 노력하여야 한다.

제36조 ① 혼인과 가족생활은 개인의 존엄과 양성의 평등을 기초로 성립되고 유지되어야 하며, 국가는 이를 보장한다.
② 국가는 모성의 보호를 위하여 노력하여야 한다.
③ 모든 국민은 보건에 관하여 국가의 보호를 받는다.

(2) 사회보장기본법

대한민국헌법 제34조 제1항의 "모든 국민은 인간다운 생활을 권리를 지닌다"를 구체화시킨 법률이 사회보장기본법(2013)이라고 할 수 있다. 이 법에서 '사회보장'이란 출산, 양육, 실업, 노령, 장애, 질병, 빈곤 및 사망 등의 사회적 위험으로부터 모든 국민을 보호하고 국민 삶의 질을 향상시키는 데 필요한 소득・서비스를 보장하는 사회보험, 공공부조, 사회서비스를 말한다. 사회보장을 위한 사회보험, 공공부조, 사회서비스 중에서 사회서비스가 아동복지와 관련된다. 사회서비스는 국가・지방자치단체 및 민간부문의 도움이 필요한 모든 국민에게 복지, 보건의료, 교육, 고용, 주거, 문화, 환경 등의 분야에서 인간다운 생활을 보장하고 상담, 재활, 돌봄, 정보의 제공, 관련 시설의 이용, 역량 개발, 사회참여 지원 등을 통하여 국민의 삶의 질이 향상되도록 지원하는 제도를 말한다.

(3) 사회복지사업법

아동복지법은 아동을 대상으로 한 복지서비스에 대해 규정하고 있는데, 복지시설의 운영 또는 지원 등은 사회복지사업법(2013)의 규정을 따르고 있다. 사회복지사업법의 기본 이념은 사회복지를 필요로 하는 사람은 누구든지 자신의 의사에 따라 서비스를 신청하고 제공받을 수 있고, 사회복지법인 및 사회복지시설은 공공성을 확보하여야 하며, 사회복지를 필요로 하는 사람의 인권을 보장하여야 한다 등이다.

이 법에 따른 '사회복지사업'이란 아래에 제시된 법률에 따른 보호 · 선도(善導) 또는 복지에 관한 사업과 사회복지상담, 직업지원, 무료 숙박, 지역사회복지, 의료복지, 재가복지, 사회복지관 운영, 정신질환자 및 한센병력자의 사회복귀에 관한 사업 등 각종 복지사업과 이와 관련된 자원봉사활동 및 복지시설의 운영 또는 지원을 목적으로 하는 사업을 말한다.

사회복지사업법에서 제시하고 하는 법률은 「국민기초생활 보장법」, 「아동복지법」, 「노인복지법」, 「장애인복지법」, 「한부모가족지원법」, 「영유아보육법」, 「성매매방지 및 피해자보호 등에 관한 법률」, 「정신보건법」, 「성폭력방지 및 피해자보호 등에 관한 법률」, 「입양특례법」, 「일제하 일본군위안부 피해자에 대한 생활안정지원 및 기념사업 등에 관한 법률」, 「사회복지공동모금회법」, 「장애인 · 노인 · 임산부 등의 편의증진 보장에 관한 법률」, 「가정폭력방지 및 피해자보호 등에 관한 법률」, 「농어촌주민의 보건복지증진을 위한 특별법」, 「식품기부 활성화에 관한 법률」, 「의료급여법」, 「기초노령연금법」, 「긴급복지지원법」, 「다문화가족지원법」, 「장애인연금법」, 「장애인활동 지원에 관한 법률」, 「노숙인 등의 복지 및 자립지원에 관한 법률」, 「보호관찰 등에 관한 법률」, 「장애아동 복지지원법」 등이다.

3) 아동복지법

아동복지법은 아동복지 정책과 실천의 가장 핵심이 되는 법률이므로, 연혁과 현행법의 내용을 구체적으로 제시한다.

(1) 아동복지법의 역혁

사회적 보호가 필요한 아동을 위한 양육과 복지서비스 제공을 위해 1961년에 아동복리법이 제정되었고, 1981년에 모든 아동으로 대상을 확대하여 아동복지법으로 전면개정되었다. 이후 2000년에 학대아동의 보호와 지원, 2004년 아동정책조정위원회의 설립, 2006년 가정위탁지원센터의 설립, 2007년 성폭력예방교육 및 성폭력 피해아동에 대한 지원확대, 2008년 실종·유괴 예방교육 실시, 2012년 아동종합실태조사와 아동정책기본계획의 수립, 2013년 아동보호구역 영상정보처리기기 설치, 2014년 「아동학대범죄의 처벌 등에 관한 특례법」에 따른 개정 등으로 개정되어 왔다.

〈표 5-2〉 아동복지법의 연혁

연 도		제·개정 이유 및 내용
아동복리법 1962년		• 사회적 보호가 필요한 아동에 대한 양육과 복지서비스 제공을 위해 제정함
아동복지법	1981년	• 사회적 보호가 필요한 아동뿐만 아니라 일반아동을 포함한 전체 아동의 복지를 보장하도록 함
	2000년	• 학대아동에 대한 보호, 아동학대의 정의와 금지유형 규정, 아동학대 신고 의무화 • 아동안전에 대한 제도적 지원 • 아동복지지도원을 사회복지전담공무원으로 그 신분을 변경함
	2004년	• 아동정책조정위원회 설립 • 상습 아동학대 행위자에 대한 가중 처벌
	2006년	• 가정위탁지원센터의 설립 • 아동학대 신고의무자에 대한 아동학대 예방교육
	2007년	• 인종차별금지에 관한 시책 강구 • 아동복지시설, 어린이집, 유치원, 초·중·고등학교 성폭력예방교육, 성폭력 피해 아동에 대한 지원 확대 • 아동학대 신고의무자 범위 확대(학원, 구급대 대원 등)
	2008년	• 실종·유괴 예방교육 실시 • 아동보호구역에 폐쇄회로 텔레비전 등 안전 강화
	2012년	• 아동종합실태조사 시행과 아동정책기본계획을 수립·시행 • 아동학대의 예방과 방지를 위한 교육과 홍보 활성화
	2013년	• 아동안전을 위해 모든 아동보호구역에 영상정보처리기기 설치를 의무화함 • 아동학대 신고의무자의 신고의무 위반 시 부과하는 과태료를 현행 100만 원에서 300만 원으로 상향조정함
	2014년	• 「아동학대범죄의 처벌 등에 관한 특례법」에 따라 관련조문 정비 및 아동학대 관련 범죄전력자의 아동관련 기관 취업제한(10년)

(2) 현행 아동복지법의 주요 내용

현행 아동복지법(2014)은 총칙, 아동복지정책의 수립 및 시행, 아동에 대한 보호서비스 및 아동학대의 예방 및 방지, 아동에 대한 지원서비스, 아동복지전담기관 및 아동복지시설, 보칙 등으로 구성되어 있으며, 주요 내용을 살펴보면 다음과 같다.

① 총칙

먼저 총칙에서는 아동이 건강하게 출생하여 행복하고 안전하게 자랄 수 있도록 아동의 복지를 보장하는 것을 목적으로 한다고 제1장에 명시되어 있다. 총칙은 목적, 기본 이념, 정의, 국가와 지방자치단체의 책무, 보호자 등의 책무, 어린이날 및 어린이주간에 관한 내용으로 구성되어 있다.

두 번째로, 이 법의 기본 이념은 ㉠ 아동은 자신 또는 부모의 성별, 연령, 종교, 사회적 신분, 재산, 장애 유무, 출생지역, 인종 등에 따른 어떠한 종류의 차별도 받지 아니하고 자라나야 한다. ㉡ 아동은 완전하고 조화로운 인격발달을 위하여 안정된 가정환경에서 행복하게 자라나야 한다. ㉢ 아동에 관한 모든 활동에 있어서 아동의 이익이 최우선적으로 고려되어야 한다. ㉣ 아동은 아동의 권리보장과 복지증진을 위하여 이 법에 따른 보호와 지원을 받을 권리를 가진다 등이다.

세 번째로, 이 법에서 아동이란 18세 미만인 사람을 말하며, 아동복지란 아동이 행복한 삶을 누릴 수 있는 기본적인 여건을 조성하고 조화롭게 성장·발달할 수 있도록 하기 위한 경제적·사회적·정서적 지원을 말한다.

마지막으로, 총칙에서는 아동의 건전한 성장과 발달을 위한 국가와 지방자치단체, 보호자 등의 책무를 명시하고 있으며, 매년 5월 5일을 어린이날로 하며, 5월 1일부터 5월 7일까지를 어린이주간으로 명시하고 있다.

② 아동복지정책의 수립 및 시행

먼저 아동복지정책의 수립 및 시행 등에서는 보건복지부장관은 아동정책의 효율적인 추진을 위하여 5년마다 아동정책기본계획을 수립하도록 하고 있으며, 보건복지부장관, 관계 중앙행정기관의 장 및 시·도지사는 매년 기본계획에 따라 연도별 아동정책시행계획을 수립 · 시행하도록 명시하고 있다.

두 번째로 아동의 권리증진과 건강한 출생 및 성장을 위하여 종합적인 아동정책을 수립하고 관계부처(위원장 : 국무총리, 관계부처 : 기획재정부장관 · 교육부장관 · 법무부장관 · 안전행정부장관 · 문화체육관광부장관 · 산업통상자원부장관 · 보건복지부장관 · 고용노동부장관 · 여성가족부장관)의 의견을 조정하며, 그 정책의 이행을 감독하고 평가하기 위하여 국무총리 소속으로 아동정책조정위원회를 두어, 기본계획의 수립에 관한 사항, 아동의 권익 및 복지 증진을 위한 기본 방향에 관한 사항, 아동정책의 개선과 예산지원에 관한 사항, 아동관련 국제조약의 이행 및 평가 · 조정에 관한 사항, 아동정책에 관한 관련부처 간 협조에 관한 사항 등을 심의하도록 하고 있다.

세 번째로 기본계획과 시행계획을 위해 보건복지부장관은 5년마다 아동의 양육 및 생활환경, 언어 및 인지 발달, 정서적 · 신체적 건강, 아동안전, 아동학대 등 아동의 종합실태를 조사하여 그 결과를 공표하도록 하고 있다.

네 번째로 지방자치단체에서는 시 · 도지사, 시장 · 군수 · 구청장이 아동복지심의위원회를 구성하고, 아동보호 및 친권행사의 제한, 후견인 등의 내용을 심의하도록 명시하고 있으며, 아동복지에 관한 업무를 담당하기 위하여 아동복지전담공무원을 둘 수 있도록 하고 있다. 그리고 시 · 군 · 구에는 아동위원을 두어, 관할구역의 아동에 대하여 항상 그 생활상태 및 가정환경을 상세히 파악하고, 아동복지에 필요한 원조와 지도를 행하며 전담공무원 및 관계 행정기관과 협력하도록 하고 있다.

③ 아동에 대한 보호서비스 및 아동학대의 예방 및 방지

이 장은 보호서비스와 아동학대의 예방 및 방지 등으로 분류되어 있는데, 먼저 보호서비스에 대해서 살펴보겠다. 다만, 사회적 보호가 필요한 아동에 대한 보호조치, 퇴소조치, 금지행위 등을 명시하고 있는데, 자세한 내용은 제9장, 제10장, 제11장, 제12장을 참고하기 바란다. 보호서비스에서는 친권상실 선고에 관해 명시하고 있는데, ㉠ 시 · 도지사, 시장 · 군수 · 구청장 또는 검사는 아동의 친권자가 그 친권을 남용하거나 현저한 비행이나 아동학대, 그 밖에 친권을 행사할 수 없는 중대한 사유가 있는 것을 발견한 경우 아동의 복지를 위하여 필요하다고 인정할 때에는 법원에 친권행사의 제한 또는 친권상실의 선고를 청구하도록 하고 있다. ㉡ 아동복지전담기관의 장, 아동복지시설의 장 및 초·중등교육법에 따른 학교의 장은 위의 사유에 해당하는 경우 시·도지사, 시장·군수·구청장 또는 검사에게 법원에 친권행사의 제한 또는 친권상실의 선고를 청구하도록 요청할 수 있다. ㉢ 시·도지사, 시장·군수·구청장 또는 검사는 친권행사의 제한 또는 친권상실의 선고청구를 요청받은 경우에는 요청받은 날부터 30일 내에 청구 여부를 결정한 후 해당 요청기관에 청구 또는 미청구 요지 및 이유를 서면으로 알려야 한다. ㉣ 처리결과를 통보받은 아동복지전담기관의 장, 아동복지시설의 장 및 학교의 장은 그 처리결과에 대하여 이의가 있을 경우 통보받은 날부터 30일 내에 직접 법원에 친권행사의 제한 또는 친권상실의 선고를 청구할 수 있도록 명시하고 있다. 한편 시·도지사, 시장·군수·구청장, 아동복지전담기관의 장, 아동복지시설의 장 및 학교의 장은 친권자 또는 후견인이 없는 아동을 발견한 경우 그 복지를 위하여 필요하다고 인정할 때에는 법원에 후견인의 선임을 청구하도록 명시하고 있다.

두 번째로 아동학대의 예방 및 방지 부분에서는 국가와 지방자치단체가 아동학대의 예방과 방지 의무가 있음을 명시하고 있고, 매년 11월 19일을 아동학대예방의 날로 지정하고, 아동학대예방의 날부터 1주일을 아동학대예방주간으로 명시하고 있다. 그리고 아동학대 신고의무자에 대한 교육을 실시하고, 의료기관에서 피해아동 응급조치에 대한 거부를 금지하도록 하고 있으며, 아동학대정보시스템 운영, 피해아동 및 그 가족 등에 대한 지원, 아동학대행위자에 대한 상담·교육 등의 권고, 아동학대 관련범죄로 형 또는 치료감호를 선고받아 확정된 사람은 그 확정된 때부터 형 또는 치료감호의 전부 또는 일부의 집행이 종료되거나 집행을 받지 아니하기로 확정된 후 10년까지의 기간 동안 아동복지시설, 가정위탁지원센터, 보육시설 등 아동관련 시설 또는 기관을 운영하거나 아동관련 기관에 취업 또는 사실상 노무를 제공할 수 없도록 명시하고 있다.

④ 아동에 대한 지원서비스

이 장에서는 아동 안전 및 건강지원과 취약계층아동 통합서비스 지원으로 분류되어 있다. 먼저 아동 안전 및 건강지원에서는 아동복지 관련기관 및 교육기관 종사자에게 아동 안전에 대한 교육을 실시하도록 명시하고 있고, 아동보호구역에서 영상정보처리기기를 설치하도록 하고 있다. 그리고 국가와 지방자치단체는 실종 및 유괴 등 아동에 대한 범죄의 예방을 위하여 순찰활동 및 아동지도 업무 등을 수행하는 아동안전 보호인력을 배치 · 활용할 수 있도록 하고 있으며, 경찰청장은 유괴 등의 위험에 처한 아동을 보호하기 위하여 아동긴급보호소를 지정 · 운영할 수 있도록 명시하고 있다.

두 번째로 취약계층 아동 통합서비스 지원 및 자립지원 등에서는 국가와 지방자치단체는 아동의 건강한 성장과 발달을 도모하기 위하여 대통령령으로 정하는 바에 따라 아동의 성장 및 복지 여건이 취약한 가정을 선정하여 그 가정의 지원대상아동과 가족을 대상으로 보건, 복지, 보호, 교육, 치료 등을 종합적으로 지원하는 통합서비스를 실시하도록 하고 있다. 그리고 국가와 지방자치단체는 보호대상아동의 위탁보호 종료 또는 아동복지시설 퇴소 이후의 자립을 지원하기 위하여 서비스를 제공하고 있는데, 이 부분은 제12장에서 자세히 다루고 있으니 참고하기 바란다.

⑤ 아동복지전담기관 및 아동복지시설

이 장에서는 아동복지전담기관인 아동보호전문기관과 가정위탁지원센터 및 아동복지시설에 대해 명시하고 있는데, 이 부분은 제10~12장에서 자세히 다루고 있으니 참고하기 바란다.

4) 아동 특성 및 욕구에 따른 아동복지 관련법

(1) 국민기초생활 보장법

국민기초생활 보장법은 1991년 제정되었으며, 생활이 어려운 사람에게 필요한 급여를 실시하여 이들의 최저생활을 보장하고 자활을 돕는 것을 목적으로 한다. 수급권자의 범위는 부양의무자가 없거나, 부양의무자가 있어도 부양능력이 없거나 부양을 받을 수 없는 사람으로서 소득인정액이 최저생계비 이하인 사람으로 한다. 수급권자에게 제공되는 급여의 수준은 급여와 수급자의 소득인정액을 포함하여 최저생계비 이상이 되도록 하며, 수급의 종류는 생계급여, 주거급여, 의료급여, 교육급여, 해산급여, 장제급여, 자활급여 등이다. 아동복지서비스의 대상자 중에서 소득이 최저생계비 이하인 저소득층 가정의 아동, 가정위탁보호아동, 시설보호아동 등은 이 법에 따른 수급권자로 급여를 제공받고 있다.

(2) 영유아보육법

영유아보육법(2014)은 6세 미만의 취학 전 영유아의 심신을 보호하고 건전하게 교육하여 건강한 사회구성원으로 육성함과 아울러 보호자의 경제적·사회적 활동이 원활하게 이루어지도록 함으로써 영유아 및 가정의 복지 증진에 이바지함을 목적으로, 1991년에 제정되어 여러 차례 개정을 거쳤다.

현행 영유아보육법은 총칙, 어린이집의 설치, 보육교직원, 어린이집 운영, 건강, 영양 및 안전, 비용, 지도 및 감독, 보칙, 벌칙 등으로 구성되어 있는데, 주요 내용을 제시하면 다음과 같다. 먼저 총칙에서는 보육이념으로 영유아의 이익을 최우선적으로 고려하고, 영유아가 안전하고 쾌적한 환경에서 건강하게 성장할 수 있도록 하여야 하고, 자신이나 보호자의 성, 연령, 종교, 사회적 신분, 재산, 장애, 인종 및 출생지역 등에 따른 어떠한 종류의 차별도 받지 아니하고 보육되어야 하는 것을 제시하고 있다. 더불어 보육정책조정위원회, 보육정책위원회, 육아종합지원센터, 보육개발원 등에 대한 내용을 제시하고 있다. 두 번째, 어린이집의 설치에서는 국공립어린이집, 사회복지법인어린이집, 법인·단체 등 어린이집, 직장어린이집, 가정어린이집, 부모협동어린이집, 민간어린이집 등 다양한 유형의 어린이집 설치에 관한 내용을 규정하고 있다. 세 번째로, 보육교직원에서는 원장, 보육교사 등 보육교직원의 자격, 직무, 배치, 보수교육 등을 제시하고 있고, 네 번째로, 어린이집의 운영에서는 어린이집 운영위원회, 부모모니터링단, 보육대상아동, 보육과정, 평가인증 등에 관한 내용을 제시하고 있다. 다섯 번째로, 건강, 영양 및 안전에서는 건강관리 및 응급조치, 예방접종의 확인, 급식관리, 안전사업 등을 제시하고 있다.

(3) 장애아동복지지원법

장애아동복지지원법은 2011년에 제정되었으며, 제정이유는 다음과 같다. 지금까지 장애아동의 복지를 위한 사업들은 보육사업을 제외하고는 근본적으로 장애아동에 대한 보편적 복지가 아니라 저소득층 장애아동에 대한 선별적인 복지의 성격이 강하고, 복지정책도 주로 성인기 장애인들을 중심으로 수립되고 있었다. 이에 복지지원 전달체계나 연계협력 체계가 미비하여 분절된 복지서비스가 이루어지고 있어서 장애아동과 그 가족에 대한 종합적인 지원 대책이 필요하므로, 국가와 지방자치단체가 장애아동의 특별한 복지적 욕구에 적합한 지원을 통합적으로 제공함으로써 장애아동이 안정된 가정생활 속에서 건강하게 성장하고 사회에 활발하게 참여할 수 있도록 하며, 장애아동 가족의 부담을 줄이는 데 이바지하려는 것이다.

(4) 아동의 빈곤예방 및 지원 등에 관한 법률

이 법은 2011년에 부모의 가출·이혼·별거·질병 및 사망 등에 따른 가족해체로 경제적·사회적·문화적·정서적으로 빈곤상태에 있는 아동을 위하여 국가가 아동빈곤위원회를 설치하여 기본계획과 추진전략을 수립하며 통합적인 사회복지지원체계를 마련함으로써 모든 아동이 사회의 구성원으로 건강하게 자랄 수 있도록 법적·제도적 기반을 마련하려고 제정하였다.

주요 내용은 빈곤아동의 복지·교육·문화 등의 기본적인 욕구 등에 대한 실태조사를 하여 빈곤아동의 복지·교육·문화 지원 정책의 기본 방향 등이 포함된 기본계획을 5년마다 수립하도록 하고, 시행하도록 하는 것이다. 그리고 종합적인 빈곤아동 정책을 수립하고 관계기관 간의 연계·조정과 상호협력을 위하여 아동정책조정위원회의 분과위원회로 아동빈곤예방위원회를 두고, 지방자치단체에 지역아동빈곤예방위원회를 두도록 하는 것이다.

이상에서 살펴본 바와 같이 이 법은 저소득층 아동의 삶의 질을 보장하기 위해 제정되었지만, 현재 예산상의 문제로 아동복지행정 및 전달체계를 통해 실행되지 못하고 있다.

(5) 아동학대범죄의 처벌 등에 관한 특례법

아동학대로 인해 아동 사망사고가 빈번하게 발생하자, 2014년 1월에 「아동학대범죄의 처벌 등에 관한 특례법」이 제정되었다. 「아동학대범죄의 처벌 등에 관한 특례법」의 제정이유와 주요 내용은 다음과 같다(법제처, 2014).

먼저 제정이유는 아동의 양육은 가족구성원 차원의 과제일 뿐만 아니라 사회구성원 모두의 관심이 필요한 사안으로서, 아동에 대한 학대행위는 성장단계에 있는 아동의 정서 및 건강에 영구적인 상처를 남길 수 있으므로 그 대상이 성인인 경우보다 엄격한 처벌과 교화가 필요한바, 아동학대범죄에 대한 처벌을 강화하고 아동학대범죄가 발생한 경우 긴급한 조치 및 보호가 가능하도록 제도를 마련함으로써, 아동학대에 대한 강력한 대처와 예방을 통해 아동이 건강한 사회구성원으로 성장하도록 하려는 것이다.

(6) 실종아동 등의 보호 및 지원에 관한 법률

이 법은 2005년에 제정되었고, 제정이유는 매년 평균 3천여 명의 실종아동과 장애실종자가 발생하고, 실종아동 등의 귀가가 장기화되는 경우 가정의 해체 등 심각한 문제가 초래되므로 아동 등의 실종으로 인한 본인 및 그 가족의 신체적・정신적・경제적 고통을 제거하고, 가정해체에 따른 사회적・국가적 손실을 방지하기 위하여 아동 등의 실종 예방과 실종아동 등의 복귀 및 복귀 후 지원 등을 위하여 국가 차원에서 체계적이고 효율적인 실종아동 관련 시스템을 마련하려는 것이다.

(7) 입양특례법

1977년 입양특례법으로 제정되었다가, 1996년 입양촉진 및 절차에 관한 특례법으로 전면개정되었다가 2012년에 다시 입양특례법으로 전면개정되었다.

현행 입양특례법으로 전면개정하게 된 이유는 아동입양의 절차가 아동의 복리를 중심으로 이루어질 수 있도록 국가의 관리・감독을 강화하고, 최선의 아동 보호는 출신가정과 출신국가 내에서 양육되어야 한다는 것을 기본 패러다임으로 국가 입양 정책을 수립할 필요성 때문이다. 주요 내용은 국내외 입양 모두 법원의 허가를 받도록 하며, 친생부모에게 양육에 관한 충분한 상담 및 양육정보를 제공하는 등 부모의 직접 양육을 지원하고, 아동이 출생일부터 1주일이 지나고 나서 입양동의가 이루어지도록 하는 한편, 양자가 된 사람에게 자신에 대한 입양정보 접근권을 부여하고, 국내입양의 우선 추진 의무화 등이다.

5) 아동복지 관련법의 문제점과 개선과제

먼저 현행 아동복지 관련법은 모든 아동을 대상으로 하는 아동복지법과 대상 아동의 특성과 욕구에 따라 다양한 법률이 존재한다. 이것은 아동의 욕구와 특성에 따라 전달체계와 아동복지서비스가 전문적으로 제공되기 위해서 필요한 부분이지만, 서비스 간의 연계 및 통합에는 걸림돌이 되기도 하므로, 연계 및 통합을 활성화할 수 있는 내용을 아동복지법에 제시하는 것이 바람직하다고 사료된다.

두 번째로, 현재 아동복지법은 18세 미만을 대상으로 하는데, 사회통념적으로 취학 전 아동은 영유아, 초등학생은 아동, 중고등학생은 청소년으로 분류하고 있으므로, 아동복지법의 명칭을 영유아와 청소년을 포괄할 수 있는 명칭으로 변경하여야 할 것이다. 더불어 현재 가출 등 위기청소년, 학업중도탈락 청소년, 이주배경 청소년 등의 복지지원을 위해 제정된 청소년복지지원법과의 통합에 대해서도 고려하여야 할 것이다.

마지막으로, 아동복지 관련법의 실효성을 높이는 방법이 강구되어야 할 것이다. 예를 들자면, 아동복지법에 따라 심각한 아동학대사례의 경우 친권을 정지시킬 수 있으나, 실제로 친권을 정지시키는 사례는 매우 적으며, 아동학대 및 성폭력 가해자의 처벌도 강화되었으나, 실제 학대 사례의 판결에서는 큰 변화가 없는 것이 현실이다.

3. 아동복지행정

1) 아동복지행정의 개념 및 원칙

(1) 아동복지행정의 의미

아동복지행정은 아동복지사업 실천방법의 하나로서 아동복지서비스를 용이하게 하는 기능을 한다. 즉, 아동복지행정은 아동복지기관의 목표설정, 정책형성, 기획, 인사활동, 재정조달, 평가 등 직접적 서비스를 지원하는 실천방법이다.

이러한 아동복지행정은 국가책임으로 국가 또는 지방자치단체에 의한 아동복지기관의 기능, 아동복지서비스의 내용과 넓은 의미의 아동복지행정까지 포함하는 광의의 아동복지행정의 개념이 보급되고 있다. 즉, 공적·사적 아동복지사업에 있어서 아동복지서비스 제공 단체 및 조직, 기관의 합리적인 운영관리를 통하여 효과적인 사회적 기능의 촉진을 기하기 위한 방법이 되고 있다. 이 목표를 달성하기 위해서는 합리적 조직화 및 협력체제에 의한 분업화, 사회적 욕구의 파악, 새로운 서비스의 개발 등에 관한 기술이 요청되고 있다. 또한 아동복지행정은 아동을 그 대상으로 하기 때문에 아동의 권리와 아동에 대한 인간으로서의 존엄성을 보장해야 하는 것이 전제되어야 한다.

(2) 아동복지행정의 원칙

① 아동복지행정의 특징

아동에게 적절한 서비스를 제공하기 위해 정부부처나 지방자치단체 및 각종 아동단체와 관련기관들이 수행하고 있는 다양한 업무와 기능을 효과적이고 효율적으로 달성하는 데 고려되어야 할 요소들은 다음과 같다(홍봉선 외, 2001 재구성).

가. 전문성(specialization)

아동업무의 독특성은 관련 전문가에 의한 업무수행의 필요성을 강력하게 제기한다. 예를 들어, 관할지역하의 아동의 요구 진단과 그에 따라 제공되어야 할 서비스의 내용과 정도 및 서비스에 대한 평가, 자원봉사자들의 업무지도와 관리 등의 일은 전문성을 요하는 것으로 가능한 한 일정한 자격을 구비한 전문가에 의해 수행되어야 할 것이다.

나. 체계적 기능 분담(systematic function distribution)

아동관련 기관들과 공공기관은 그 기관이 속하는 전체 행정조직상의 위치에 따라 수행해야 하는 역할과 기능에서 뚜렷한 차이를 지니고 있다. 따라서 주무부서인 중앙부처와 중간조직의 성격을 갖는 광역자치단체와 최일선 기관이라 할 수 있는 기초자치단체에서의 기능과 역할, 서비스가 서로 조화를 이룰 수 있도록 조정하고 관리하여야 한다.

다. 책임성(accountability)

아동복지행정이 공공성을 갖고 개개의 아동에게 충분하고 효과적인 서비스가 제공되도록 하기 위해서는 그 행정체계를 조직, 구성하고 있는 모든 구성원들의 일정한 책임하에 해당 업무가 추진되어야 한다.

라. 통합조정(coordination)

자원의 낭비와 불평등한 배분을 방지하고 아동에게 더욱 효과적인 서비스를 제공하기 위해서는 다양한 서비스를 통합하여 조정할 수 있도록 상호 협조 · 조정하고 기획할 수 있는 행정체계를 구축하여야 한다.

마. 지역사회 참여(community participation)

아동의 문제와 요구는 공적인 서비스나 정보제공만으로 해결될 수 없다. 해당 지역사회 전체의 참여와 협조가 있어야 아동문제의 해소와 적절한 서비스의 제공효과도 기대할 수 있게 된다.

바. 조사 및 연구(survey and research)

아동에게 보다 적절하고 의미있는 정보와 서비스를 제공하기 위해서는 무엇보다도 지역사회 아동의 각종 기초 정보에 대한 조사와 연구가 절실하게 요청된다. 아동의 요구를 파악하여 적용하고 행정체계의 효율적인 운영과 관리를 위해서는 연구기능의 구축이 강조되어야 한다.

② 아동복지서비스 제공의 원칙

아동의 요구에 맞는 다양한 서비스를 제공함에 있어 고려되어야 할 원칙은 다음과 같다. 이 원칙들은 주로 서비스를 창출하거나 직접 아동을 대면하여 서비스를 제공하는 하위체계에서 지켜져야 할 것들이다.

가. 평등성(equality)

평등성의 원칙은 모든 아동은 자신이 필요로 하는 서비스와 정보를 제공받을 수 있어야 한다는 것이다. 즉, 아동의 권리와 책임에 근거하여 아동은 어떠한 장애도 받지 않고 평등하게 각종 서비스와 정보를 제공받을 수 있어야 한다.

나. 포괄성(comprehensiveness)

자라나는 아동의 요구는 다양하고 광범위한 수준에 걸쳐있다. 아동복지행정체계는 이러한 아동의 다양한 요구를 수렴할 수 있어야 한다. 또한 아동문제와 요구를 사전에 파악하여 제공하고 지도하는 예방적 서비스와 구체적인 문제나 상황에 대처하고 극복할 수 있도록 도와주고 지도하는 치료적 서비스가 균형을 이룰 수 있어야 한다.

다. 적절성(appropriateness)

아동에 대한 서비스의 양과 질의 정도는 다른 모든 서비스와 마찬가지로 그들의 요구와 필요, 성장속도에 따라 적절하게 배분·제공되어야 한다.

라. 지속성(continuity)

아동복지사업은 교육행위와 마찬가지로 단기간에 걸친 한정된 시행으로 그 효과를 기대하기 어려운 속성을 갖고 있다. 아동이 한 사회구성원으로서 성장해나갈 수 있도록 꾸준하게 각종 정보나 서비스가 제공되어야 하는 것이다.

2) 국제아동복지기구

(1) 아동복지 국제기구

아동복지 국제기구는 국제 간의 이해와 협력을 통하여 세계 모든 나라의 평화와 발전을 공동으로 구현하기 위해 설치된 기구이며, 아동복지 증진을 위한 여러 활동을 벌이고 있다.

① 아동복지와 관련된 국제기구의 의의

지구상에 존재하는 많은 나라들은 제각각 인종, 언어, 풍습, 종교, 정치제도 및 경제수준 등이 다르나, 어떤 나라의 국민이든 간에 모두 인간으로서의 존엄성을 가지며, 행복한 생활을 영위할 권리를 가지고 있다. 그러나 역사적으로 볼 때, 세계의 아동 가운데 인간으로서의 권리를 누리지 못하고 비참한 생활을 하는 경우가 많았으며, 지금도 일부 신생국가와 저개발국가에서는 이러한 일이 만연하고 있는 실정이다.

범국가적인 차원에서의 아동복지에 대한 관심은 특히 19세기에 들어서면서부터 고조되었다. 그것은 교통, 통신의 발달로 국가 간의 통상 및 문화 교류가 활발해지고 상호 협력관계가 촉진되었으며, 더구나 제1・2차 세계대전을 거치면서 세계 여러 나라의 아동과 국민은 심각한 어려움에 직면하였기 때문이다.

이로 인해 세계 각국에서는 자국의 안녕뿐만 아니라 세계 전체의 복지에 관심을 돌리게 되었다. 한 개인이나 나라의 불행은 결코 한 개인이나 나라의 책임만은 아닌, 사회와 세계 공동의 책임이라는 점을 인식하게 된 것이다. 그중에서도 아동은 필히 사회적 책임하에 보호・육성되어야 하며, 이것은 모든 나라에 적용되어야 한다는 데 인식을 같이한 것이다. 이러한 견해에 따라 1924년 아동의 권리에 관한 제네바 선언이 채택되었음은 역사적인 일이며, 좋은 일례이다.

한 나라의 장래가 그 나라의 아동에게 달려있다고 보듯이, 지구의 장래도 세계의 아동에게 달려있다고 볼 때, 국제기구에서의 아동복지사업은 국제 간의 이해와 협력을 바탕으로 하여 세계 모든 나라의 아동복지를 보장하고 증진시키는 데 그 의의가 있다. 국제기구에서의 아동복지사업은 인류는 곧 하나라는 확신감에서 비롯된 것이다.

② 국제기구의 아동복지사업

국제기구로서 가장 활발한 사업을 전개하는 곳은 국제연합의 산하기구들로서, 세계보건기구(WHO), 국제노동기구(ILO), 국제연합 교육・과학・문화기구(UNESCO), 국제

아동기금(UNICEF)과 이 외에 국제아동복지연합(IWCW) 등이 있다.

- **세계보건기구(WHO)** : 세계 모든 사람이 가능한 한 최고의 건강수준에 도달할 것을 목적으로 설립되었다. 아동복지와 관련된 사업으로는 모·부자보건의 향상을 위한 교육과 훈련을 실시하고, 각종 의료기기와 용품 등을 지원하고 있다. 구체적인 사업의 예로 모유 먹이기 캠페인, 낙태를 방지하기 위한 효과적인 피임의 실시 등이 있다. 우리나라에서는 방역사업, 보건교육과 보건요원의 훈련사업 등에 많은 도움을 받고 있다.
- **국제노동기구(ILO)** : 근로자의 완전고용과 생활수준의 향상을 위해 설립되었다. 아동복지 관련사업으로는 근로아동의 복지를 위한 제 협약을 설정하여 세계 여러 나라에 권고함과 동시에 그 준수를 촉구하는 일을 한다. 협약내용으로는 최저 고용연령, 연령별 근로시간, 고용금지 업종 등이 있다. 우리나라에서는 이 기구의 협약사항을 관계법에 반영하여 준수하도록 노력하고 있다.
- **국제연합 교육·과학·문화기구(UNESCO)** : 국제연합 교육, 과학, 문화의 보급 및 교류를 통해서 세계 여러 나라 사이의 이해를 돈독히 하고, 협력관계를 촉진함으로써 국제평화에 이바지하기 위해 설립되었다. 교육부문에서는 문맹 퇴치와 의무교육의 실시와 연장, 과학부문에서는 환경문제, 문화부문에서는 세계 문화유산의 보존사업에 역점을 두고 있다. 최근에는 이러한 활동에 시청각 매체를 개발·활용함으로써 효과를 거두고 있으며, 우리나라와도 활발한 교류사업을 벌이고 있다.
- **국제아동기금(UNICEF)** : 1946년 국제연합이 창설한 기구이다. 전쟁으로 어려움을 겪고 있는 지역이나 신생국가 및 저개발국가의 아동을 기아, 무지, 질병으로부터 보호하는 데 주력하고 있다. 주요 사업은 재해에 대한 긴급원조로서 식량 및 의료 지원과 신생 및 저개발국가를 대상으로 한 교육·직업훈련, 모자보건, 질병 퇴치 등 광범위하다. 우리나라에서도 지금까지 활발한 활동을 전개하고 있다. 최근에는 저소득층의 자녀를 대상으로 한 유아교육과 보육, 부모교육 및 학대아동을 방지하는 사업에도 지원을 하고 있다.

- **국제아동복지연합(IWCW)** : 1959년 국제연합에서 선포한 아동의 권리선언에 명시한 바를 실현하기 위해서 설립되었다. 주요 사업은 모자보건, 심신장애아동 재활, 사회부적응 아동의 보호와 교육 등이다.

3) 아동복지 전달체계

(1) 전달체계의 개념과 기능

아동복지서비스 전달체계는 수요자에게 각종 복지서비스에 대한 정보 제공과 교육 기능, 다른 서비스 기관과 협력하는 기능을 수행한다. 즉, 아동의 문제를 사정하고 이용 가능한 복지자원을 찾아 이용할 수 있도록 돕고, 경우에 따라 타 기관에의 위탁으로 필요한 서비스를 받도록 보장하며, 아동의 권리보장을 위한 대리, 대변자의 기능을 수행하여야 한다. 또한 아동에게 각종 서비스를 직접 제공하는 기능을 해야 하며, 지역사회 아동의 자원과 욕구를 파악하여 그 지역사회에 속한 아동의 문제를 해결하기 위한 계획과 조정, 통제 기능을 수행한다.

(2) 우리나라 아동복지 전달체계의 현황

우리나라 아동복지 전달체계는 공공기관과 민간기관으로 분류하여 살펴볼 수 있으며, 각 기관의 역할은 ❙그림 5-1❙과 같이 제시하였으며, 구체적인 내용은 다음과 같다.

① 아동정책조정위원회와 중앙정부

아동정책조정위원회는 아동복지법에 명시되어 있으며, 기획재정부장관 · 교육부장관 · 법무부장관 · 안전행정부장관 · 문화체육관광부장관 · 산업통상자원부장관 · 보건복지부장관 · 고용노동부장관 · 여성가족부장관 등으로 구성된다. 주요 업무는 기본계획의 수립에 관한 사항, 아동의 권익 및 복지 증진을 위한 기본 방향에 관한 사항, 아동정책의 개선과 예산지원에 관한 사항, 아동관련 국제조약의 이행 및 평가 · 조정에 관한 사항, 아동정책에 관한 관련 부처 간 협조에 관한 사항 등이다.

현행 아동복지정책은 보건복지부, 여성가족부, 교육부 등에서 주요 업무를 담당하고 있으며, 각 부서에서는 대상자별로 매년 업무안내 지침을 발행하여, 아동복지실천 현장의 행정업무를 지원하고 있다. 먼저 보건복지부에서는 영유아아동의 보육을 위한 보육사업, 장애아동, 저소득층아동, 아동학대, 가정위탁보호, 입양, 그룹홈, 시설보호 등을 다루고 있으며, 매년 보육사업안내와 아동분야사업안내를 발간하고 있다. 두 번째로, 여성가족부에서는 미혼모가정과 다문화가정에서 성장하고 있는 아동을 위한 복지서비스를 담당하고 있으며, 마지막으로, 교육부에서는 다문화가정 아동과 저소득층과 맞벌이가정 아동을 위한 돌봄교실, 방과 후 프로그램을 통한 일반아동을 위한 복지서비스를 제공하고 있다.

② 지방자치단체, 아동복지심의위원회 및 아동위원

지방자치단체는 중앙정부에서 수립된 아동복지정책이 지역의 아동복지기관을 통해 실행될 수 있도록 전달하고 지도·점검하는 역할을 담당하고 있다. 시·도지사 또는 시장·군수·구청장 등은 아동복지심의위원회를 지방자치단체의 조례로 정하여 설치·운영하도록 하고 있다. 주요 업무는 아동정책 시행계획 수립 및 시행에 관한 사항, 사회적 보호가 필요한 아동에 대한 보호조치에 관한 사항, 보호대상아동의 퇴소조치에 관한 사항, 친권행사의 제한이나 친권상실 선고 청구에 관한 사항, 사회적 보호가 필요한 아동의 후견인의 선임이나 변경 청구에 관한 사항, 지원대상아동의 선정과 그 지원에 관한 사항, 그 밖에 아동의 보호 및 지원서비스를 위하여 시·도지사 또는 시장·군수·구청장이 필요하다고 인정하는 사항 등이다.

그리고 아동복지법에서는 지방자치단체에서 조례를 정하여 시·군·구에 아동위원을 두도록 하고 있으며, 주요 업무는 관할 구역의 아동에 대하여 항상 그 생활상태 및 가정환경을 상세히 파악하고 아동복지에 필요한 원조와 지도를 행하며 전담공무원 및 관계 행정기관과 협력하는 것이다. 아동위원이 효과적으로 업무를 수행할 수 있도록 교육을 받도록 하고, 명예직이지만 필요한 경우에는 수당을 지급할 수 있도록 하고 있다.

③ 중앙아동복지기관 및 지역아동복지기관

다양한 특성과 욕구를 가지고 있는 아동에게 복지서비스를 제공하기 위하여, 다양한 아동복지기관을 중앙과 지역에 각 각 설치하여 운영하고 있다. 구체적으로 살펴보면 다음과 같다.

먼저 보육아동을 위해서는 중앙육아종합지원센터와 지역육아종합지원센터가 있으며, 실제로 보육서비스를 제공하는 어린이집이 있다. 두 번째로, 장애아동을 위해서는 장애아동복지지원법에 의하면 중앙장애아동지원센터가 있으며, 지역에 지역장애아동지원센터를 설치하도록 하고 있다. 세 번째로, 저소득층 아동을 위한 전달체계로는 중앙드림스타트, 지역드림스타트가 있다. 지역아동센터는 지역아동센터중앙지원단, 지역아동센터지역지원단이 있으며, 직접 아동복지서비스를 제공하는 지역아동센터가 있다. 네 번째로, 학대 및 방임 아동을 위해서는 중앙아동보호전문기관과 지역아동보호전문기관이 있다. 다섯 번째로는, 위탁아동을 위해서 중앙가정위탁지원센터와 지역가정위탁지원센터가 있다. 여섯 번째로는, 입양아동을 위해서 중앙입양원과 입양기관이 있다. 일곱 번째로는, 그룹홈에서 생활하는 아동을 위해 중앙에 한국아동청소년그룹홈협의회와 서울시아동청소년그룹홈지원센터가 있으며, 다양한 형태의 그룹홈이 있다. 마지막으로, 양육시설에서 생활하는 아동을 위해서는 중앙에 한국아동복지협회와 아동자립지원사업단이 있으며, 지역에 아동양육시설과 자립지원시설이 있다.

한편 여성가족부에서는 중앙건강가정지원센터와 지역건강가정지원센터, 미혼모시설에서 미혼모가정 아동에게 복지서비스를 제공하고 있으며, 다누리와 지역다문화가족지원센터에서 다문화가정 아동을 위한 복지서비스를 제공하고 있다. 교육부에서는 교육청 및 유치원, 초·중·고 학교를 통해서 다문화가정 아동을 위해 이중언어교실과 학습지원 프로그램을 제공하고 있으며, 저소득층 아동, 맞벌이가정 및 일반아동을 위한 돌봄교실과 방과 후 프로그램을 운영하고 있다.

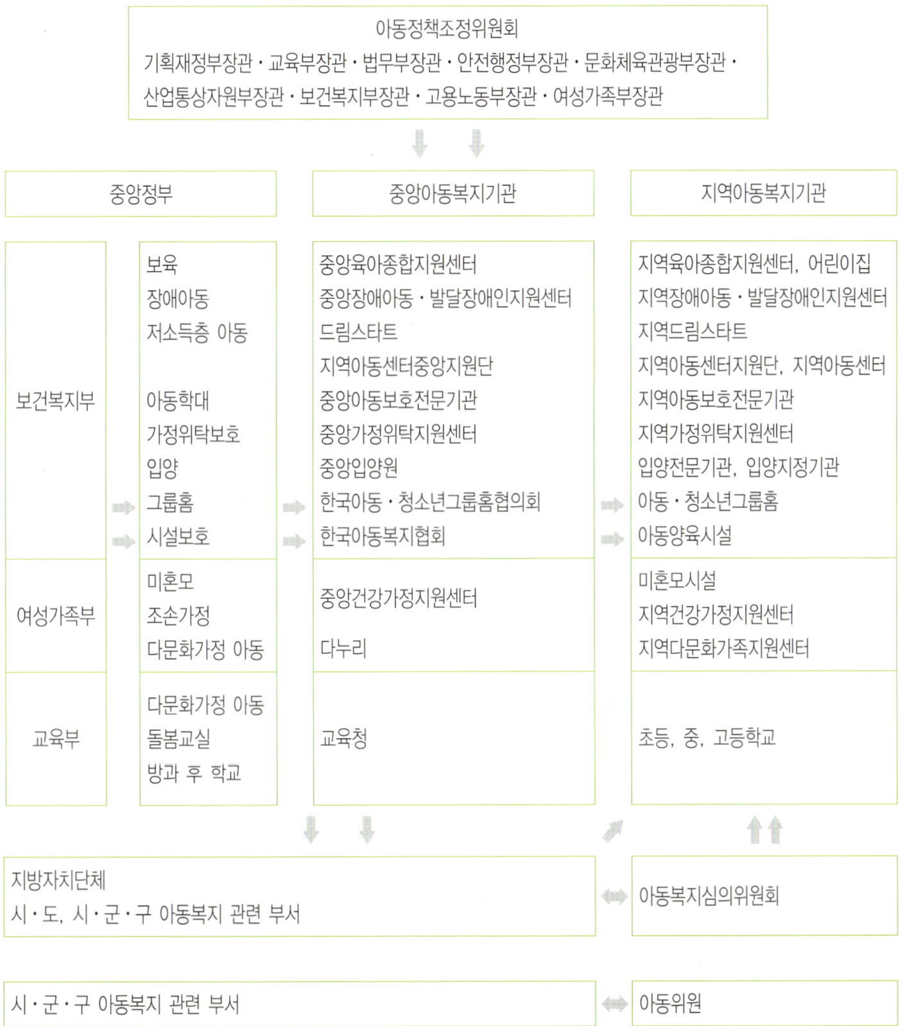

| 그림 5-1 | 아동복지 전달체계 현황

한편 2013년 아동복지사업안내에서 제시하고 있는 아동복지사업의 분야는 다음에 제시한 바와 같이 모두 14개 분야이다.

① 보호가 필요한 아동 보호

② 가정입양 지원

③ 가정위탁 보호

④ 소년소녀가정 지원

⑤ 공동생활가정(그룹홈) 운영

⑥ 아동급식

⑦ 아동복지시설 운영

⑧ 보호아동 자립지원

⑨ 디딤씨앗통장(CDA)

⑩ 드림스타트

⑪ 아동복지교사 운영

⑫ 지역아동센터 운영

⑬ 아동학대예방

⑭ 실종 아동·장애인 보호

4) 아동복지전문인력

아동복지현장에서는 사회복지사, 보육교사, 아동보호전문기관 상담원, 가정위탁지원센터 상담원, 입양기관 상담원, 보육사, 생활복지사, 아동복지교사 등 다양한 명칭의 전문가들이 활동하고 있다. 아동복지 현장에서 활성화되어 있지는 않지만 아동복지법에는 상담지도원, 직업훈련교사, 자립지원전담요원, 임상심리 상담원, 아동복지지도원 등의 명칭의 전문가도 명시되어 있다.

다음 <표 5-3>에 아동복지 분야에 따른 각 전문가의 명칭 및 자격증과 추가로 요구되는 자격내용을 제시하였는데, 먼저 아동복지현장 전문가에게 요구하는 국가자격증으로는 사회복지사, 교사, 보육교사 등이 가장 많으며, 청소년지도사, 건강가정사 등의 인접학문 분야의 국가자격증을 요구하는 경우도 있다.

두 번째로, 아동복지 관련 학회나 기관 등 민간단체에서 발급받은 자격증으로 활동하는 경우가 있는데, 학교사회복지사, 언어치료사, 심리치료사, 작업치료사 등이다.

마지막으로, 국가자격증이나 민간자격증 이외에 각 아동복지 분야에서 추가로 요구하는 교육이 있다. 아동보호전문기관, 가정위탁지원센터에서 활동하고 있는 상담원은 아동복지법에 명시된 100시간의 교육과정을 보건복지인력개발원에서 수료하여야 하며, 지역아동센터에서 활동하는 아동복지교사는 아동복지교사 중앙센터에서 제공하는 45시간의 교육을 수료하여야 한다. 다문화가정 아동 방문지도사의 경우도 120시간의 교원양성과정을 수료하도록 하고 있다(변미희 · 정혜선, 2011).

〈표 5-3〉 아동복지 분야의 현장 전문가 자격조건 현황

분 류	명 칭	자격증	추가 요구 자격
보 육	보육교사	보육교사 1, 2, 3급	
초등학교 재학아동	학교사회복지사	사회복지사 1, 2, 3급 학교사회복지사	-
저소득층 아동	생활복지사	사회복지사, 보육교사 교사(유아교육 포함)	-
	아동복지교사	사회복지사, 교사 보육교사, 청소년지도사 관련 학과 전공자 (교과, 예체능)	집체교육 15시간 온라인교육 30시간
장애아동	사회복지사 언어, 심리, 작업 치료사	사회복지사 언어, 심리, 작업치료사	-
한부모가정 아동	사회복지사 건강가정사	사회복지사 건강가정사	-
다문화가정 아동	방문지도사	대학 졸업자	한국어교원양성과정 (120시간 수료 후 자격취득시험 통과)
학대아동	상담원	사회복지사 1급	100시간 교육 이수
가정위탁아동	상담원	사회복지사 1급	100시간 교육 이수
입양아동	상담원	사회복지사	-
그룹홈 및 시설보호아동	보육사	사회복지사, 교사 보육교사	-

5) 아동복지행정의 문제 및 개선과제

첫 번째로, 현행 아동복지행정은 보건복지부, 여성가족부, 교육부 등 세 개 중앙부서에서 개별적으로 정책이 수립되고 전달되므로 아동복지서비스가 분리되어 단절되거나 중복되는 문제가 있으므로, 이 부분에 대한 조정이 필요하다. 구체적으로 먼저 서비스 분리단절의 문제로 입양을 원하는 미혼모는 여성가족부에서 담당하고, 입양대상아동은 보건복지부에서 담당하고 있는데, 사실 미혼모와 아동을 분리하여 서비스를 제공하는 것이 바람직하지 않다. 두 번째로, 중복의 문제를 살펴보면 먼지 대리양육가정과 조손가정을 들 수 있다. 위탁아동 중에서 조부모와 함께 생활하는 대리양육가정은 보건복지부와 가정위탁지원센터에서, 65세 이상의 조부모와 아동이 생활하는 조손가정은 여성가족부와 건강가정지원센터에서 서비스를 제공하고 있어서, 서비스 중복의 문제가 발생하고 있다. 그리고 저소득층 아동을 위한 방과 후 프로그램도 서비스 중복의 문제가 발생하고 있는데, 보건복지부와 지역아동센터를 통해 제공되는 방과 후 프로그램과 교육부와 초등학교에서 제공되는 돌봄교실도 같은 대상에게 서비스를 제공하고 있다. 마지막으로, 다문화가정 아동의 경우도 여성가족부와 다문화가족지원센터와 교육부의 각급 학교에서 언어 및 학습지원, 정서사회적응 프로그램을 등을 동시에 제공하고 있어서 서비스 중복문제가 발생하고 있다.

두 번째로, 아동은 가족의 상황 변화와 성장에 따라 필요한 아동복지서비스가 변화될 수 있으므로, 각각의 아동복지서비스가 서로 유기적으로 연계되거나 통합되어서 아동이 필요한 서비스를 적절하게 제공받아야 한다. 그런데 현재는 복지서비스가 필요한 시점의 아동의 욕구와 특성을 반영하여 한 아동복지기관에 의뢰되면 그 이후에는 다른 서비스를 제공받기가 매우 어렵도록 각 서비스 간의 연계 및 통합이 이루어지지 않고 있다. 다시 말해서 현재 아동복지 전달체계는 다양한 아동복지기관이 중앙과 지역에 센터를 설치 · 운영하고 있다. 결국 사회적 보호가 필요한 아동이 발생한 경우, 해당 아동이 처음 배치된 기관에서 성인이 될 때까지 성장하게 되는 시스템이다. 즉, 위탁보호기관에 의뢰되면 성인이 될 때까지 위탁보호에, 입양기관에 의뢰되면 입양으로, 그룹홈이나 시설보호에 의뢰되면 성인이 될 때까지 그룹홈이나 시설보호에서 성장해야 한다는 것이다. 아동의 특성과 욕구는 가족의 상황이나 아동이 성장하면서 변화될 수 있으므로, 친가족과 재결합 가능성이 높아서 위탁보호에 배치된 아동이 2~3년 후 재사정을 해서 친가정으로 복귀하거나, 친가정복귀가 어려우면 입양이나 그룹홈 등 영구배치를 고려하여야 하는데, 이러한 서비스 간 이동이 전무한 실정이다.

세 번째로, 지방자치단체에 사회적 보호가 필요한 아동을 위한 배치위원회를 설치할 필요가 있다. 현재 지방자치단체에서는 보호 아동이 발생하면 담당 공무원이 배치를 결정하게 되는 것이 일반적이다. 그러나 공무원은 순환보직으로 아동복지 관련 전문성이 미약하고, 1인이 책임지는 업무범위가 너무 포괄적이어서, 보호필요아동이 발생했을 때 충분한 고려 없이 배치가 결정되고 있다(남후희, 2009). 따라서 아동배치에 대한 원칙을 마련하고, 아동배치위원회를 설립하여 운영할 필요가 있고, 아동의 초기 배치뿐만 아니라 2~3년에 한 번씩 아동을 위한 재배치의 필요성 및 영구배치 계획을 수립할 필요가 있다. 이러한 배치위원회는 학계, 아동복지전문가, 아동보호전문기관, 가정위탁지원센터, 입양기관, 아동시설 등 현장전문가로 구성하여, 아동배치를 보다 신중하고, 객관적으로 결정할 필요가 있다. 더불어 배치위원회는 배치된 이후에도 배치가 적절하였는지 모니터링하고 재사정하는 역할도 담당하여야 한다. 그리고 배치결정의 전문화를 위한 '배치 도구'를 개발하는 것이다. 아동 및 양육자, 친가정에 대한 정보를 체계적이고 포괄적으로 수집하도록 도와줄 수 있는 사정도구나 수집된 정보를 통해 어떤 배치결정을 하는 것이 좋을지 기본적 방향을 제시해 줄 수 있는 배치결정도구(강현아, 2009)를 마련하여 활용하는 것이다.

마지막으로, 아동복지전문인력 양성을 체계화할 필요가 있겠다. 앞에서 살펴보았듯이 현재 아동복지현장에서는 다양한 명칭의 전문가들이 활동하고 있으며, 요구하는 자격증이나 교육과정도 다양하다. 따라서 아동복지현장에서 필요한 아동복지전문가 양성이 필요하며, 아동복지학과나 사회복지학과에서 관련 자격증 제도의 도입이나 교육과정의 개발이 절실히 요구된다. 정익중(2007)은 학부의 사회복지학과 교육과정에서는 아동복지서비스를 전문적이고 체계적으로 학습할 만한 환경이 되지 못하고 있으며, 아동복지론이나 청소년복지론 등 한두 과목만 수강하고 아동복지실천현장에 투입되기 쉽다고 하였다. 따라서 사례관리, 아동복지서비스, 아동발달, 아동상담, 발달심리, 이상심리, 아동과 가족, 아동과 지역사회, 아동학대, 가정폭력 등의 과목을 전공심화과정이나 대학원 과정에서 배울 수 있도록 하고 아동전문사회복지사 제도를 신설할 필요가 있다고 주장하였다(정익중, 2007). 결론적으로 현재 국가자격증인 사회복지사가 존재하므로 학교사회복지사처럼 아동복지사를 민간 차원에서 개발한 이후에 국가자격증으로 발전시키는 방안을 고려해 볼 수 있다. 구체적으로 이미 전국의 4년제 대학이나 2년제 대학에 아동복지학과가 존재하므로, 전국 아동복지학과 연합회와 아동관련 학회 등이 공동으로 교육과정을 개발하여 아동복지사 자격증을 취득할 수 있도록 하는 것이 필요하다.

연습문제

1. 아동복지법의 연혁과 향후 개선방향은 무엇인가?
2. 현행 아동복지행정의 문제 및 개선방향은 무엇인가?

연구문제

1. 현재 지향하고 있는 '아동복지서비스의 통합적 전달체계'를 이룰 수 있는 방법에 대해 생각해 보자.
2. 아동복지서비스를 제공하고 있는 지역사회 간 서비스 제공에 차이가 생기지 않도록 하는 방법에 대해 생각해 보자.
3. 외국의 아동복지기관을 조사하고, 우리나라 아동복지기관과 비교해 보자.

제 6 장

아동복지실천방법

사회복지실천의 목적은 개인과 환경 간의 상호작용을 증진시키는 데에 있다. 이를 아동복지실천에 적용해 보면, 아동복지실천은 아동의 삶의 질 향상을 위해 아동 개인과 사회 환경 간의 서로 유익한 상호작용을 촉진 또는 회복시키는 것으로 정의할 수 있다. 또한 아동복지실천은 아동의 기본적 생활과 삶의 질을 보장하기 위한 전문적이고, 체계적이며, 조직적인 모든 활동이라 정의할 수 있다(이소희, 2003 : 주정일 외, 2003).

기술적 실천의 기본 전제는 인간(client)이 경험하는 어려움은 개별 인간과 환경과의 상호작용에서 일어나지만, 다른 한편 역기능적 상호작용을 전문적 · 임상적 기술을 사용해서 기능적으로 변화시킬 수 있다는 것이다. 그러나 이러한 기술적 실천을 아동복지실친에 적용 시 사회복지실친과정의 보편성과 디불이 아동발달 딘계의 특수성, 문제의 특수성, 환경의 특수성 등이 고려되어야 한다.

1. 아동복지실천대상의 특성

아동은 성인의 축소판이 아니다. 아동은 독자적인 심리적 세계를 가지고 있으며, 계속적으로 성장 · 발달해 가는 존재이며, 행동언어로 의사소통을 하며, 놀이를 현실로 간주한다. 따라서 이와 같은 아동발달 특성상 사회복지실천현장에서 성인에게는 효과적인 면접 기술이라 할지라도 아동에게는 적절하지 않을 수 있기 때문에 아동에 대한 원조활동에서는 아동의 발달적 특성이 고려되어야 한다.

또한 우리나라 아동복지법상 아동은 일차적으로 부모와 가족으로부터 생존에 필요한 생리적 욕구를 충족하며, 정서적 인간관계를 경험하고, 적절한 환경에서 사회적 보호를 받으면서 신체, 심리 그리고 사회적으로 건전한 발달을 도모할 수 있는 대상자로 되어 있다. 그러나 가족의 문제, 사회환경의 부적절성 그리고 사회적 지원체계의 부족으로 인하여 많은 아동이 건전한 발달을 도모하지 못하고 문제나 미충족 욕구를 지니고 있다(김동배 외, 2004). 즉, 많은 부모는 아동의 원활한 기능을 가능케 하는 환경 조성에 실패하며 아동을 포함한 가족이 직면하는 문제, 문제의 특징, 지속 기간, 심각도에 있어서도 다양하다.

따라서 클라이언트로서의 아동은 가족생활 속에서 자연적으로 발생하는 위기, 부모의 양육 능력을 제한하는 상황, 신체발달이나 행동상의 문제, 국가 또는 사회의 제반 환경의 가족생활에의 불리 등 성인과는 다른 고유하고 독특한 특성과 욕구를 지녔다고 할 수 있다(Costin, Bell, & Downs, 1991 : 131-132).

이와 같이 클라이언트로서의 아동의 특성은 사회복지실천현장에서 치료자, 교사, 상담가, 중재자, 대변가 등 다양한 사회복지사의 역할을 요구한다(Maluccio, 1995).

2. 아동복지실천과정

사회복지실천과정은 학자들마다 단계를 조금씩 달리 구분하고 있으나 각 단계에서의 실천내용은 거의 유사하다. 여기에서는 Sheafor 등(1997)과 Horejsi와 Horejsi(1997)가 구분한 사회복지실천과정에 근거하여 접수면접과 관여, 자료수집과 사정, 계획과 계약, 개입과 점검, 평가와 종결로 나누어 살펴보고자 한다.

1) 접수면접과 관여

초기 접수면접은 사회복지사와 클라이언트와의 첫 대면접촉으로 관계의 양상을 결정하는 경향이 있다. 특히 첫인상이 형성되는 시기로 도움을 구하는 사람이 클라이언트가 될 것인지의 여부를 결정하는 시간이 된다. 아동의 경우, 비자발적 클라이언트로서 성인에 관한 것과 동일하지만, 아동의 연령과 발달상의 위치에 비추어 적용되어야 한다. 접수면접과 관여의 시기 동안 이 단계에서 사회복지사의 원조활동은 다음의 사항들을 포함한다.

첫째, 클라이언트의 문제나 욕구를 확인하는 것이다. 이 과정에서 사회복지사는 아동과 부모로부터 신뢰감을 얻는 것이 중요하다. 사회복지사는 클라이언트의 미지에 대한 두려움과 변화에 대한 저항에 특별히 민감해야 한다. 따라서 사회복지사는 아동의 문제와 상황에 대한 진실한 관심과 욕구와 현존 문제의 긴급함을 사정하고 위기 혹은 비상 상황에 주목해야 한다.

둘째, 아동의 문제와 욕구를 충족시킬 수 있는 서비스를 제공할 수 있는 전문가, 기관, 프로그램에 아동을 연결한다. 사회복지사는 아동의 욕구와 문제를 확인한 후 그에 필요한 서비스를 기관에서 제공해 줄 수 있는 경우, 부모와 서비스에 대한 잠정적 합의를 한다. 만일 아동의 욕구와 문제를 충족시킬 수 있는 서비스를 제공할 수 없을 때에는 타 기관에 의뢰한다. 타 기관에 대한 의뢰 시 의뢰를 고려하는 이유를 명확히 클라이언트에게 설명하고, 사회복지사가 의뢰하려는 문제가 클라이언트에게 높은 우선순위를 갖고 해결을 원하는 것인지에 대한 클라이언트의 동의를 구한다.

2) 자료수집과 사정

자료수집과 사정은 모든 개입과 문제해결 노력에서 주요한 요소가 된다. 자료수집은 정보를 수집하는 것이며, 사정은 자료를 해석하고 자료로부터 추론하는 지적인 활동을 말한다. 자료수집과 사정은 단계가 엄격히 분리되지 않으며, 사정은 자료에 기초하여 이루어진다. 두 활동은 모두 초기단계에 집중적으로 이루어지지만 원조과정 내내 지속된다.

(1) 자료수집

자료수집의 경우, 사회복지사는 정확하고 활용 가능한 자료를 수집해야 한다. 자료수집 방법으로 주로 직접 질문, 간접적 혹은 투사적 질문, 관찰, 자기관찰, 보관 기록의 활용을 이용할 수 있다. 아동의 발달과 문제행동, 아동의 가족 배경 및 사회적 상황에 대한 내용의 자료를 수집한다. 즉, 아동의 출생에서부터 발달단계별 아동의 발달력과 생활력[1]을 조사하고 현재의 발달 상태 및 기능 수행 정도를 조사한다. 또한 아동의 주요 환경인 가족 배경으로 가족구성원에 대한 정보, 가족의 역동성, 가족문화 등을 조사하고, 학교, 이웃, 기관 등과 같은 아동과 가족의 주변 사회적 지지망을 조사한다. 사정 방법은 사회복지사가 아동이나 부모 등을 통해 인터뷰, 놀이활동 등을 통해서, 또는 가족치료에서 사용하는 여러 기법 등을 통해 사정을 할 수 있다(Jordan & Franklin, 2003).

(2) 사정

사정활동의 경우, 사정은 클라이언트의 관심과 상황을 이해하고, 이로 인해 활동계획을 개발하기 위한 활동이다. 사정은 자료수집을 통해 사실과 정보를 조직화하여 분석하는 것으로 아동의 발달과 기능에 대한 사정, 아동과 가족 및 부모 간의 상호작용, 환경에 대한 사정을 한다.

아동의 발달과 기능에 대한 사정은 아동의 발달단계, 발달과업, 아동의 과업에 대한 대처 행동 등을 사정하는 것이다. 사회복지사는 아동의 발달상 문제는 무엇인지, 발달단계에 맞는 기능 수행을 하는지, 아동의 과업에 대한 특유한 대처기제 등을 사정한다. 아동의 발달과 기능에 대한 분석을 위해서 일반적으로 지능검사, 성격검사, 기초학습기능검사, 진로적성검사 등을 실시한다.

아동과 가족 및 부모 간의 상호작용에 대한 사정은 가족의 생활주기,[2] 가족의 역동성 및 가족 기능, 부모-자녀 간 상호작용 등을 사정한다.

1) 부록 참조.
2) 부록 참조.

환경에 대한 사정은 사회복지사가 아동의 욕구와 아동의 욕구를 충족시키기 위해 활용 가능한 자원(공식적, 비공식적) 사이의 적합성(혹은 적합성의 결핍)에 관한 사정이다. 이는 아동이 정기적으로 상호작용을 하는 개인 또는 집단의 아동에 대한 지지 및 영향, 아동 주변의 환경에서 아동에게 도움이 되는 자원은 무엇인가, 보다 바람직한 양육 환경을 제공하기 위하여 필요한 사항은 무엇인가 분석하는 것이다.

3) 계획과 계약

계획(plan)은 목표설정과 변화에 초점을 둔 개입행동과 사정 사이에 다리 역할을 하는 것이다. 계획과 목표설정은 사정을 통해 환경 속의 클라이언트를 이해하고 그가 가진 잠재적 자원과 강점을 어떻게 문제해결을 위해 접목시키는가를 구체적이고 명확하게 진술하는 과정이다(노 혁, 2013).

(1) 계획

계획(plan)은 목표설정과 변화에 초점을 둔 개입행동과 사정 사이에 다리 역할을 하는 것이다. 클라이언트와 사회복지사가 자료를 수집하고 클라이언트의 문제나 상황에 대한 초기 사정에 동의하게 되면, 구체적 개입의 우선순위를 결정하게 된다. 사정단계에서 파악된 아동과 가족의 상황, 욕구, 그리고 강점과 자원을 종합적으로 고려하여 계획을 세울 때에는 개입에서 역점을 두어야 할 문제나 관심사, 개입의 목표나 기대되는 결과, 개입 과정 동안 사회복지사와 클라이언트가 취할 행동, 시간 계획(개입의 시작과 종료) 등을 명시하게 된다.

(2) 계약

계약(contract)은 개입을 통한 변화노력 계획에 사회복지사와 클라이언트가 서로 동의하는 것을 말한다. 계약을 통해서 사회복지사와 클라이언트는 서로 간의 역할을 명확하게 하고 개입방법과 전략 및 기술에 대하여 합의한다. 계약의 내용에는 ① 구체적인 목표와 행동단계 진술, ② 개입방법과 기술, ③ 시간조건, ④ 사회복지사와 클라이언트의 역할 등이 포함된다(노 혁, 2013). 따라서 계약 단계에서는 문제에 관한 상호 이해를 통해 문제를 구체화하고, 목표를 설정하며, 효과적 접근 방법을 개발하며, 단계적 행동 방법을 구상하고, 평가 계획을 세우는 실천기술이 필요하다(김혜란 외, 2001).

4) 개입과 점검

(1) 개입

사회복지사는 아동과 그 가족체계의 독특한 특성과 욕구를 고려한 적절한 개입이 이루어져야 한다. 개입 기술은 전문가로서의 지식과 신념, 경험 등에 영향을 받으며, 이때 특정한 개입 방법을 선택하는 데 따르는 명확한 근거와 전문가적 판단이 중요하게 된다(Anthony, 1995 ; 천성문 외 공역, 2001).

① 개입의 방법

가. 직접적 서비스

클라이언트의 정서적 지지, 인지구조의 변화, 문제행동의 변화, 문제상황과 자원에 대한 통찰력 향상을 목적으로 하여 클라이언트를 대상으로 실시되는 서비스와 클라이언트의 사회적 기능에 중요한 의미를 지니는 사람들(부모, 교사 등)의 태도변화를 목적으로 하는 서비스 등이 포함된다. 이 서비스는 주로 면담기술에 기초한 개별상담이나 개별지도, 집단지도, 가족치료 등의 방법에 의해 제공된다(노 혁, 2013). 아동을 대상으로 한 개입방법에는 심리치료 모델, 행동수정 모델, 클라이언트 중심 모델 등이 있다. 놀이치료는 아동을 대상으로 한 개입 방법 중 많이 활용되기도 하는데, 사회복지사는 하나의 모델을 지속적으로 적용할 수도 있지만, 필요에 따라 다양한 모델을 절충적으로 활용하기도 한다.

나. 간접적 서비스

환경적 지원을 목적으로 한 활동으로서 클라이언트를 위해 사회자원이나 서비스를 직접 제공하거나 연결해 주는 활동, 클라이언트와 관련되 조직이나 기관의 조정, 제도나 프로그램의 변화 등이 이에 속한다. 이를 위해 행정, 사회계획, 정책, 평가의 방법이 활용된다. 개입방법에는 지역사회조직, 재정 및 인력관리, 정책분석, 프로그램 평가, 사회행동 등이 있다(노 혁, 2013).

(2) 점검

또한 사회복지사가 지속적으로 변화 과정에 대한 클라이언트의 반응을 관찰하고, 동의된 목표에 맞게 진행되는지를 점검하게 된다. 개입의 초기 단계에서 맺은 계약은 개입 활동이 진전되는 과정에서 아동 자신이나 주변 환경의 변화에 따라 달라질 수 있기 때문에, 진전 과정에 대한 끊임없는 점검이 이루어져야 한다.

5) 평가와 종결

(1) 평가

사회복지실천과정의 최종 단계는 종결이다. 종결은 클라이언트의 사회적 기능을 강화시키는 동시에 앞서 진행된 점검이 과학적이기 위해서는 개입 과정에 대한 평가가 필요하다. 종결에는 개입 활동 전반에 걸친 평가가 병행된다. 평가 내용은 개입 목표로 설정한 목표가 어느 정도 달성되었는지, 효율적인지, 서비스에 대한 만족도는 어떠한지, 개선·보완될 점은 무엇인지 여러 가지 측면이 고려된다.

(2) 종결

적절한 시점에서 회기를 종결하는 일은 상당한 기술과 계획, 민감성이 필요하다. 종결 시의 과제는 종결 시기의 설정과 종결에 대한 아동의 정서적 반응을 해결하는 것이다. 사회복지사는 종결에 대해 아동이 미리 준비할 수 있도록 하고, 아동이 종결에 대한 부정적 감정들을 해결하고 긍정적 감정들을 유지한 상태에서 이루어진다. 종결 시에 사회복지사는 지금까지 변화된 부분이 지속될 수 있도록 강화해 줄 필요가 있다. 필요한 경우에는 다른 기관에 아동 내담자를 의뢰하는 서비스를 제공하기도 한다(홍봉선 외, 2000).

3. 아동복지실천기술

실천기술론적 접근인 개별실천과 직접실천에서 사용하는 구체적 방법은 크게 교육, 상담, 치료 등으로 대별된다. 이러한 각각의 방법은 다시 대상, 시간, 장소, 기간, 주체, 비용, 이론 등에 따라 더 구체적으로 세분할 수 있다(이소희, 2003).

1) 교 육

먼저 아동에 대한 교육은 아동기의 발달 특성 및 아동의 문제행동에 대한 이해가 선행되어야 한다. 아동기의 발달 특성에 대한 이해는 아동의 성장과 발달을 돕는 다양한 지식과 자원을 제공하여 올바르게 성장할 수 있도록 한다.

아동이 발달과정에서 필요한 특정 사회기술, 생활기술 등과 관련된 지식과 정보를 제공하는 등 아동의 성장이 가능하도록 돕는 것은 모두 교육의 범주에 들어갈 수 있다. 아동을 위한 교육으로는 부모양육의 부재 등으로 대화기술, 학교 친구관계 형성기술, 준비물 챙기기 및 등교시간 맞춰 등교하기 등과 같이 일상생활기술 교육, 자신의 다양한 감정을 표현하고 인식하며, 그것을 타인과의 관계에서 건강하게 표현할 수 있도록 돕는 자기표현기술 교육 등이 있다(오정수 외, 2013).

참고 굿네이버스의 아동성폭력 예방교육

인천 개흥초등학교에서는 지난 8일 교육복지사업의 일환으로 굿네이버스와 함께하는 성폭력 예방교육을 본교 6학년 아동을 대상으로 실시했다.
성폭력 예방교육은 최근 사회적으로 문제되고 있는 성범죄에 대한 인식을 확인시키고 성폭력을 피하는 근본적인 방법 등을 제시하며, 아동권리에 대한 인식과 이해를 높여 아동이 권리의 주체자로서 자신의 권리와 타인의 권리를 이해하고, 권리친화적인 삶을 살아갈 수 있도록 돕는 데 있다.
6학년 아동들은 참여를 통한 아동권리교육 및 성학대 예방교육 '우리 모두 소중해요'라는 주제로 2시간에 걸쳐 진행됐다. 굿네이버스에서 나온 강사들의 설명을 주의 깊게 들으며 참여하는 아이들의 모습이 인상적이었다. 아동들은 다양한 사례와 영상을 통해 소중한 우리 몸(성교육), 성학대(유괴) 위험대처, 성학대(유괴) 사후대처, 인권의 소중함을 알며 다시 한 번 숙지하는 기회가 됐다.

출처 : 2013. 11. 10(일). 수도권일보. 인천. 윤명록 기자(yunm@sudokwon.com).

한편 아동복지실천현장에서의 교육대상은 아동뿐 아니라 아동의 부모가 포함된다. 이는 아동복지서비스의 유형을 부모역할 수행 정도를 기준으로 분류할 만큼 아동의 발달과 복지에 차지하는 부모의 영향이 크다는 것을 말해준다. 부모의 양육 태도와 양육 기술은 아동의 건강한 성장과 발달에 큰 영향을 미친다는 점에서 부모교육은 중요하다. 그로 인해 부모교육은 아동복지를 우선으로 한다는 점에서, 나아가 당사자인 부모와 가족의 안정과 번영 및 사회의 유지와 발전에 기여한다는 점에서 아동복지의 실천기술 활용 방법으로 고려할 수 있다. 부모교육과 관련된 프로그램은 PET(Parent Effective Training, 부모효율성 훈련), STEP(Systematic Training for Effective Parenting, 효율적인 부모역할수행), PIP(Parent Involvement Program, 부모참여 프로그램), APT(Active Parenting Today, 적극적 부모역할훈련) 등이 있다(김연진 외, 2007).

2) 상 담

(1) 개념

아동상담과 성인상담의 기본 원리는 같지만, 아동의 입장에서 아동상담을 정의한다면, '아동의 성장·발달에 지장을 주는 장애를 극복하도록 아동과 가족을 도와주고, 아동의 적응 및 문제해결 능력을 향상시켜 최적의 발달상태가 되도록 도와주는 전문적인 과정'이라 할 수 있다(하승민 외, 2008).

(2) 아동상담 목표

아동상담의 목표는 크게 두 가지로 대별할 수 있다. 첫째, 아동 스스로가 주위 환경에 보다 잘 대처해나갈 수 있도록 능력을 길러주는 것, 둘째, 아동으로 하여금 문제를 발생시키지 않도록 문제를 유발한 환경을 새롭게 조성하도록 하는 것이다.

또한 아동은 부모나 교사에게 크게 의존하고 있기 때문에 아동상담의 목표는 아동, 상담자 그리고 부모 혹은 중요한 주변 인물과 함께 정해야 한다. 또한 아동이 지닌 문제를 해결하고, 문제 발생을 예방하거나 치료하기 위해서 아동 당사자뿐 아니라 성인 가족이나 주변 사람 등의 인적 환경, 나아가 물리적 환경에도 세심한 주의를 기울여야 하며, 의도적 환경을 조성하는 것이 필요하다(이혜련, 1993).

(3) 아동상담사업 종류

상담의 대상에 따른 아동상담사업의 유형은 주로 ① 아동의 문제를 아동 개인 또는 관련 성인을 개별적으로 상담하여 해결하고자 하는 개별상담, ② 유사한 문제를 가진 아동 또는 성인의 집단을 형성하여 개입함으로써 해결하고자 하는 집단상담, ③ 아동의 문제가 부부문제와 연관되어 있다는 가정하에 부모를 대상으로 하는 부부상담, ④ 아동의 문제는 전체 가족과 연관되어 있다는 가정하에 가족 전체를 대상으로 하는 가족상담, ⑤ 아동의 문제는 지역사회의 문제와 연관되어 있다는 가정하에 지역사회의 개선을 꾀하고자 하는 지역사회조직 등으로 분류된다.

반면 상담의 기초가 되는 이론에 따라 구별되는 상담의 모델은 매우 다양하다. 대표적으로 정신분석, 행동수정, 현실요법, 인지치료적 상담, 합리적 상담 등을 들 수 있다. 이 외에 아동 및 청소년을 대상으로 활용될 수 있는 상담 방법에는 놀이치료, 사회심리극(psychosocio drama) 등이 포함된다(김현용 외, 2001).

3) 치 료

치료는 아동을 대상으로 한 직접실천에서 마지막 방어선으로 교육, 상담에 이어 실시되는 가장 강화된 사후적 방법이다.

(1) 개념

상담자들이 당면하는 하나의 문제는 상담과 심리치료 사이의 차이에 관한 문제이다. 많은 상담자들은 두 개의 용어를 동시에 쓰고 있는 경우가 많다. 그러나 이처럼 내담자 또는 아동문제의 심각성 정도에 따라 상담과 치료를 구분한다면, 상담에서는 주로 '정상에 가까운' 문제를 다루고, 심리치료에서는 '신경증적' 문제를 다룬다고 볼 수 있다(강봉규, 1999).

(2) 치료방법의 종류

의학 전문 용어로 쓰인 치료(therapy)는 19세기 말 Freud의 정신분석에서 도입되어 오늘날 그 적용 범위가 의학적 기준과 심리학적 기준으로 나누어진다. 그 밖에 치료의 대상에 따라 개인치료, 집단치료, 부부치료, 가족치료가 있고, 연령에 따라 성인치료와 청소년·아동치료로 구분되기도 한다. 따라서 아동을 대상으로 하는 심리치료 방법은 치료 모델에 따라 다양할 수 있다. 그러므로 아동이 지닌 문제와 아동을 둘러싼 환경적 특성을 고려한 적절한 치료 방법의 선택이 중요하다. 대표적으로 놀이치료, 치료놀이, 음악치료, 독서치료, 미술치료, 가족치료 등이 있다(표 6-1).

〈표 6-1〉 치료의 유형과 이론적 배경

구 분	놀이치료	치료놀이	음악치료	독서치료	미술치료	가족치료
대표적 치료자	Anna Freud Axline	Ann M. Jernberg	Gaston	Moses Zaccaria	Naumberg Kramer kwiatkowska	Ackerman Bowen Satir Minuchin Haley
치료 가치	· 치료적 관계 형성에 유용 · 치료자가 아동 이해 시에 진단적 도구가 됨 · 아동을 이완시키고, 불안과 방어적 자세를 감소시켜 치료효과 도움 · 사회적 기술 향상 기회 제공 · 안전한 환경에서 감정을 표현토록 도움	· 놀이를 통해 애착 형성의 기회를 제공 · 안전하고 신뢰로운 관계 경험	· 심미적 · 표현적 가치 · 또래 및 성인과의 상호작용을 통한 긍정적 인간관계 발달 · 새로운 학습 경험을 통한 자아실현 발달	· 문제를 해결하는 데 필요한 정보나 가르침 제공 · 개인적 흥미를 확인하고 반속 · 억압되어 있는 문제를 의식하도록 도움 · 보다 개인적이고 위협적인 화제 검토 시 생각과 방법 제공 · 자아인식과 타인과 관계된 자아인식 · 사회화 과정 도움 · 정서적 이완	· 미술은 아동의 정신과 감각을 사용하도록 함 · 치료자는 직접적으로 관찰하기 어려운 환자의 자기행동에 대한 인식을 알아볼 수 있음 · 아동이 사회적으로 수용되며 해롭지 않은 방식으로 감정을 해소할 수 있는 정화 기능이 있음 · 아동 스스로 주도하고 조절하는 활동이 됨	· 아동 개인이 나타내는 문제의 원인을 관계 양상에서 찾아 가족구성원의 상호작용 방식의 변화를 가져옴 · 가족관계의 변화를 통해 아동 개인의 문제해결을 가져옴
치료자에게 요구되는 기술	· 놀이도구를 통한 치료적 관계 · 반응법(수용하기, 반영 및 명료화 등)	· 치료자가 활동을 계획하고 세션을 주도 · 초기 모자관계의 내용으로 양육, 자극, 도전, 구조화 활용	· 기본적인 음악적 능력 · 음악에 대한 가치 존중 · 음악을 기능적인 목적에 사용함에 대한 이해	· 적절한 도서 선정 및 시기 · 책에서의 경험과 관련지어 아동과 치료자 사이 치료과정의 상호작용 · 상호작용을 자극하기 위한 상담자의 활동	· 미술매체의 선택 및 사용법과 지각하기 · 반응하기(지지, 자기노출, 해석 등)	· 단계지도, 능동적 개입, 분명한 커뮤니케이션의 교사 및 모델, 촉진자, 지시적, 변화 조성의 책임, 강점의 발견자, 지지자
치료 도구	놀잇감, 장난감	놀잇감이나 장난감이 필요 없음. 치료자 자신과 아동이 놀이의 주요 대상이 됨	음악활동(리듬밴드, 악기 연주, 창작, 작곡, 작사, 즉흥 악기 만들기, 녹음기 사용, 통합 등)	문학작품을 통해 아동이 자신의 자기방어를 최소로 줄이면서 자신을 표현할 수 있음	미술매체를 통한 미술활동으로 아동은 자신을 표현할 수 있고, 정서적으로 만족한 경험을 함	가족을 치료적 매개로 사용

출처 : 이재연 외 공역(1990), 김수정(2002) 재구성.

4. 통합사례관리

통합사례관리는 복합적 욕구를 가진 서비스 대상자에게 포괄적, 체계적, 지속적으로 지역사회 보호서비스를 제공하기 위한 사회복지실천 모델이라 할 수 있다(보건복지부, 2013).

아동복지 영역에서의 사례관리는 위기아동과 그 가족을 직접 찾아가 만나고 그들의 욕구에 맞추어 포괄적인 서비스를 계획하고, 지역 내 공식적 · 비공식적 자원을 동원, 연계 및 조정을 통해 적합한 서비스를 제공하면서 이를 지속적으로 점검해나가는 협력과정이라 할 수 있다.

2004년부터 민간주도의 We Start 운동의 전개로 We Start 센터가 시범사업의 형태로 진행되면서 빈곤아동과 그 가족을 위한 보건 · 복지 · 보육 및 교육 등의 통합적 서비스체계를 구축하게 되었다(김혜영, 2012). 이후 2006년 우리아이 희망네트워크를 비롯하여 민간 사회복지재단인 어린이 재단, 굿네이버스, 월드비전 등에서 각각 통합사례관리매뉴얼을 자체 개발하여 시범사업을 실시하고 있다. 2007년부터는 보건복지부의 희망스타트 운동이 출범되어 2008년 드림스타트 사업으로 확대 · 개편되면서 이전의 사후관리적 단일서비스에서 아동보호시스템으로서 통합사례관리서비스를 실시하고 있다(보건복지부, 2012). 본 절에서는 아동복지서비스 전달체계로서 사례관리전담기관의 역할을 수행하고 있는 드림스타트 통합사례관리에 대해 살펴본다.

1) 사례관리의 과정

드림스타트 통합사례관리의 전 과정은 다음의 ❙그림 6-1❙과 같이 이루어진다(보건복지부, 2013).

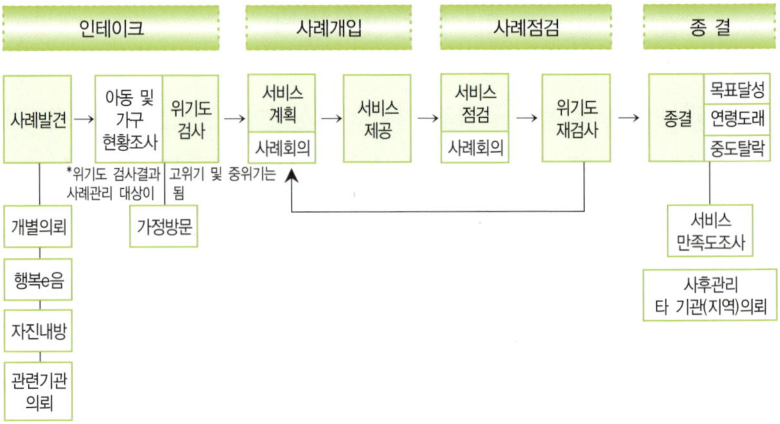

| 그림 6-1 | 드림스타트 통합사례관리 과정

출처 : 보건복지부(2013). 2013년도 드림스타트 사업안내.

(1) 인테이크

① 대상 아동

대상 아동은 "아동의 발달수준 및 양육환경 등을 고려하여 보건복지부 장관이 정하는 기준에 부합하는 가정"으로 기초수급 및 차상위계층 가정, 성폭행 피해아동, 한부모가정, 다문화가정, 조손가정 아동 등에 대한 우선지원을 원칙으로 한다.

② 접수

사례는 개별 의뢰, 행복e음, 내방, 읍 · 면 · 동, 지역아동센터, 학교 등 관련기관과 지역사회로부터의 의뢰 등을 통한 발굴을 하며, 가정 방문, 드림스타트 내방 등을 통한 초기 상담 및 서비스를 설계한다. 의뢰된 아동은 아동 및 가구 현황조사와 위기도 검사를 실시하며, 위기도 검사 결과 고위기 및 중위기 수준으로 나타난 아동은 사례관리대상자가 된다. 저위기 수준의 아동은 대상자 선정에서 제외되나 1년 후 위기도 재검사를 통해 아동 및 가족의 상황변화를 점검한다. 드림스타트의 위기사정도구는 빈곤가정 아동을 대상으로 개발된 도구로서 지역아동센터의 사례관리 대상 아동 선정에서도 공통적으로 활용되는 편이다. 접수의 마지막 단계에서는 사례관리 대상자로부터 '드림스타트 통합서비스 신청 및 동의서'에 개인정보와 관련된 사항을 확인받아야 한다.

참고 위기도 검사도구

- **연령별로 구분** : 발달수준을 고려하여 임산부용, 영아용, 유아용, 취학아동용 총 4종
- **영역별 지표 구분** : 가족구성 등 구조적 문제, 아동발달 영역별 수준 및 부모 양육태도를 고려하여 일반위기지표, 발달지표, 양육환경지표로 구분
  ① **일반위기지표** : 가족구조, 부모의 신체 및 정신장애 등 구조적 문제
  ② **발달지표** : 아동의 발달영역(신체・건강, 인지・언어, 정서・행동)별 발달수준
  ③ **양육환경지표** : 아동의 발달영역(신체・건강, 인지・언어, 정서・행동)에 영향을 미치는 부모의 양육행동

참고 사정도구

1차 사정항목(일반위기지표) : 1차 사정 후 집중지원 아동과 일반아동사례로 분류

1. 양육자에게 정신장애/ 신체장애/ 만성질환이 있다.
2. 가족구조상의 어려움이 있다.
3. 가정폭력(부부갈등, 배우자 학대, 아동학대)이 있다.
4. 가족 내 지속적 관리를 요하는 구성원이 있다.
5. 경제적 어려움이 해결될 가망이 보이지 않는다.
6. 거주지 주변환경이 열악하다.
7. 대상 아동에게 외상경험이 있다(해당하는 외상경험에 대해 구체적으로 기록).
8. 현재 수감 중이거나, 과거에 수감되었던 경험이 있는 가족이 있다.

심층사정 영역 : 아동발달지표

아동 발달 지표	신체 · 건강	1. 병원 등에서 진단받았거나 기관에 등록된 분명한 장애가 있다. 2. 지속적인 관리를 요하는 만성질환이 있다. 3. 출생 시 미숙아로 태어났다. 4. 신체발달이 연령에 비해 부진하다. 5. 건강상태에 문제가 있다. 6. 대소변 가리기에 문제가 있다. 7. 섭식에 문제가 있다.

아동 발달 지표	인지 · 언어	1. 일상생활 장면에서 의사소통이 잘 안 된다. 2. 읽기, 쓰기의 성취가 유난히 부진하다. 3. 산수의 성취가 유난히 부진하다. 4. 학업 전반에 걸쳐 대체로 성취가 부진하다. 5. 교사평가 1 : 인지 및 언어 발달의 지체가 의심된다. 6. 교사평가 2 : 인지 및 언어 발달의 수준은 어느 정도인가요?
	정서 · 행동	1. 다른 사람과의 상호작용이나 의사소통에 문제가 있고, 활동과 관심의 종류가 제한되어 있다. 2. 정서적으로 우울해하거나 불안해한다. 3. 주의집중을 하지 못하고 행동통제 및 충동조절에 어려움이 있다. 4. 극단적인 분노표현이나, 공격적·반항적 행농을 한다. 5. 다른 사람에게 해가 되는 행동을 하거나 사회적 규칙을 위반한다. 6. 눈을 깜박이거나 얼굴을 찡그리기, 몸을 움찔거리기, 킁킁거리기, 헛기침하기 등의 틱증상을 보인다. 7. 또래와 어울리지 못하고 따돌림당하는 등의 사회적 부적응 행동을 한다.

심층사정 영역 : 양육환경지표

양육 환경 지표	신체 · 건강	1. 안전사고 : 집안 내 환경 : 아이의 안전을 위협할 수 있는 환경요인에 대해 별로 신경쓰지 않는다. 2. 안전/ 치안 : 안전의 위기요소가 있는 생활범위에 아이를 방치한다. 3. 질병관리 : 필요한 의학적 처치를 제공하지 않는다. 4. 건강관리 : 건강관리가 제대로 이루어지고 있지 않다. 5. 영양 : 식사제공에 문제가 있다. 6. 위생 : 위생상태에 문제가 있다.
	인지 · 언어	1. 환경제공(집안 내) : 집안에 아이의 학습환경을 위해 신경 쓴 흔적이 거의 없다. 2. 경험제공 : 인지발달에 도움이 되는 활동이나 경험을 제공하지 못한다. 3. 언어자극/ 독서환경 : 언어학습에 필요한 환경을 제공하지 못한다. 4. 학습저해환경 : 인지발달에 유해할 수 있는 환경에서 방치한다. 5. 교육기관(유치원/ 학교)에서의 학업적응 : 또래 다수가 다니는 교육기관에서 수업을 받고 적응을 할 수 있도록 챙기지 않는다.
	정서 · 행동	1. 애정표현 : 애정표현이 적다. 2. 반응성 : 아이의 요구에 잘 반응을 보이지 않는다. 3. 한계설정(도덕/ 예의) : 옳지 않은 행동에 대해서 적절한 제한을 가하지 않는다. 4. 생활관리 : 규칙적인 생활을 하도록 지도하지 않는다. 5. 강압적 양육 : 아이와의 상호작용이 강압적이다. 6. 학대 가능성 : 학대 가능성이 있어 보인다.

출처 : 보건복지부(2013). 2013 드림스타트 사업안내; 보건복지부 위탁 지역아동센터중앙지원단(2009). 지역아동센터 사례관리 업무매뉴얼.

* 지역아동센터 사례관리 시에 드림스타트 사정도구를 사용함.

(2) 사례개입

① 첫 사례계획

이 단계에서는 대상자의 상황에 따른 욕구 및 목표를 설정하고, 목표 달성을 위한 활동과 서비스를 구체화한다. 인테이크 후 첫 번째 사례회의를 통해 배정된 담당자(가구사례관리자)는 인테이크에서 확인된 아동의 연령·분야별 욕구 및 개별 아동과 가구 특성을 고려하여 '아동별 사례개입 계획'을 수립한다. 사례관리계획서는 종합적인 사례 조정 및 서비스 관리내용을 논의할 수 있는 기초자료로서 그 내용에는 대상자의 욕구 및 문제영역, 서비스 목표, 서비스 계획내용, 서비스 담당자 등이 포함된다.

② 서비스 제공

서비스 제공은 아동 개인별 상황에 따라 서비스를 통합적으로 지원하기 위해 지역사회 내 다양한 자원과 연계하여 신체/건강, 인지/언어, 정서/행동 등 통합서비스를 제공한다. 위기도 검사 결과 고위기 및 중위기 대상자는 필수서비스의 중분류에 따른 서비스가 통합적으로 제공되어야 하며, 특정지표 고위기 및 중위기 대상자는 해당영역의 서비스를 우선적으로 제공한다. 이때 지역 내 서비스 기관 및 자원과의 연계를 통한 제공을 원칙으로 하며, 아동이 이미 서비스를 받고 있다면 수준과 내용을 확인하고 통합정보시스템에 입력한 후 지속적으로 점검 및 관리하고, 만일 지역 내 자원연계가 곤란할 경우 직접서비스 제공 비율을 높인다.

(3) 사례점검

① 사례점검 및 서비스 평가

사례점검 단계에서는 대상자에게 제공되고 있는 서비스의 적절성을 점검하고 사례개입에 따른 진행 상황을 평가한다. 서비스 담당자는 서비스 수행기관과 외부의뢰 기관의 서비스 실무자로부터 욕구/문제 영역별로 서비스 제공 상황을 보고받아 사례관리 점검일지를 기록한다. 사례점검 시, 중위험 아동은 3개월에 1회, 고위험 아동은 1개월에 1회씩 지속적인 가정방문을 통해 상태를 점검하고 필요시 수시 점검을 실시한다.

② 서비스 점검을 위한 조정 사례회의

대상 아동을 위한 서비스에 대한 점검을 위한 조정 사례회의는 서비스의 진행과정을 보고, 외부서비스 연계나 자원/프로그램 개발과 관련된 사항 등을 논의한다. 주 1회 정도의 정기적인 사례회의로 참석 대상은 드림스타트 팀장의 주재로 팀원(가구사례관리 담당자) 및 수행 기관의 실무자 등이 참석한다. 회의 내용은 신규 대상 아동에 대한 사례보고와 기존 대상 아동에 대한 사례보고가 주가 된다. 신규 대상 아동에 대한 사례보고는 인테이크 담당자의 가구 및 아동에 대한 주요 보고, 아동의 주요 욕구에 따른 서비스 담당자 배정 등이며, 기존 대상 아동에 대한 사례보고는 서비스 담당자의 진행상황에 대한 점검 내용 보고, 사례계획이나 서비스 조정에 관한 토의 등이 포함된다.

③ 위기도 재검사

사례 점검을 위한 위기도 재검사는 위기도 수준에 따라 서비스 개입 후 대상자의 변화 상황을 점검하는 것이다. 이 검사는 대상자에 대한 서비스 지속 여부를 판단하기 위한 평가 검사로 활용되며, 위기도 재검사는 주기적으로 실시한다. 위기도 재검사는 중위험 아동은 6개월에 1회, 고위험 아동은 3개월에 1회씩 지속적인 가정방문을 통해 상태를 점검하고 필요시 수시 점검을 실시한다.

(4) 종결 및 사후관리

① 종결

서비스가 종료되기 전 제공된 서비스와 활동이 클라이언트에게 바람직한 변화를 가져왔는가를 판단하여 서비스 조정회의(사례회의)를 거쳐 종결에 대한 합의가 도출되면 사후관리 계획을 수립하고 사례를 종결한다. 이때 종결사례회의 및 종결기록지에 사례 요약 및 아동과 가족 변화사항 등을 기술한다. 서비스 종결 사유로는 상급학교 진학(만 12세 연령 이상), 이사나 연락 두절, 아동 및 가족의 서비스 거부, 기타 서비스 조정회의 결과, 종결 합의된 사례, 재검사 결과 총 위기 및 세부지표 모두 저위기 수준으로 개선된 경우 등이다.

② 사후관리

서비스 담당자는 종결사유 기록 및 종결 평가를 실시하고, 이에 따라 개별 사례에 대한 적절한 사후관리 계획을 수립한다. 특히 이사의 경우, 신 거주지의 드림스타트와 연결되도록 사례관리내용을 통보하고, 드림스타트가 설치되어 있지 않은 지역은 시·군·구 아동부서에 통보한다. 사후관리를 위해 필요시 CYS-Net(Community Youth Safety-Net, 지역사회 위기청소년 사회안전망)과 연계 실시하며, 사후관리가 가능한 경우, 사후관리 일정과 내용을 포함하는 사후관리계획을 작성한다. 이때 지속적인 상담과 보호가 필요한 아동은 청소년(상담)지원센터 등으로 연계하여 사후관리를 지원한다.

연습문제

1. 클라이언트로서의 아동의 특성에 대해 알아보자.
2. 아동을 대상으로 한 개별실천기술과 직접실천기술에 대해 알아보자.
3. 아동을 대상으로 한 집단의 종류에 대해 알아보자.

연구문제

1. 현재 사회복지실천현장에서 아동을 대상으로 이루어지고 있는 개별·직접 실천기술 등에 대해 조사해 보자.
2. 사회복지실천현장을 직접 방문하여 아동을 대상으로 한 집단활동에 대해 관찰하고, 특성을 조사해 보자.
3. 구체적 사례를 통해 아동복지실천과정을 계획하고, 고려되어야 할 내용, 기술 등에 대해 연구해 보자.

2

아동복지실천분야

제7장 보육아동을 위한 아동복지실천

1. 보육의 개념과 의의

1) 보육의 개념과 그 변화

(1) 아동에 관한 보호와 교육서비스

보육서비스는 과거에는 탁아사업을 말했는데, 종전의 탁아사업은 아동이 그의 가정에서 정상적인 양육을 받기 어려운 경우에, 하루 중의 일정한 시간 동안만 타인에 의해 제공되는 보호(care)를 뜻하였다. 특히 이러한 보호는 하루 중에서 대부분 주간에 이루어졌기 때문에 'day care'라는 영어로 표기되었고, '맡긴다'는 의미가 강했기 때문에 '탁아'로 표기되었다.

그리고 이렇게 낮 동안 자신이 자녀를 양육하지 못하고 맡겨야만 하는 부모는 여러 가지 어려움에 처한 사람이며, 특히 경제적인 어려움으로 직장에 다녀야 하는 사람임이 전제되어 탁아는 저소득층의 자녀들이 이용하는 시설로 요보호아동을 위한 복지사업이라는 의미가 강하였다.

이와 같이 표기되는 어떤 용어는 지칭하는 대상이나 기능 중심의 사전적 의미에만 그치지 않고, 어떤 지향하는 바의 이념 및 실천적 철학 내지 자세까지 함축하고 있는, 총체적 개념의 표현이라 할 수 있다. 더구나 그 용어가 학문적으로는 물론 법적으로 근거를 가지고 사회적으로 통용되고 있다면 바로 그 용어 자체에서 기본적으로 전제되거나 함축된 개념을 파악할 수 있는 것이다.

전통적인 의미에서의 탁아사업이 개념적·실제적 관점에서 보육사업으로 변화하고 있으며, 역시 그 변화는 보육의 발달과정을 통한 용어에서 표출되고 있다. 즉, 1952년 후생시설 요강에서 "직장을 가진 부모의 자녀를 일시 또는 일정 기간 중 위탁보호하는 시설"이라는 정의하에 '탁아소'라는 명칭을 사용한 이래, 1961년 아동복리법, 1981년 개정된 아동복지법에 이르기까지 계속해서 '탁아시설'이라는 명칭을 사용해왔으며, 그 목적은 보호자가 근로 또는 질병 등으로 인하여 양육하여야 할 아동을 보호할 능력이 없을 경우에 보호자의 위탁을 받아 그 아동을 입소시켜 보호하기 위해서였다.

그러다가 1982년 12월 유아교육진흥법의 제정에 의해 잠시 동안 탁아시설이라는 법적·행정적 용어는 폐지되었다가 1989년 9월 아동복지법의 개정 때 다시 탁아시설로 부활되었다. 그리고 다시 1991년 1월 영유아보육법이 제정되면서 '보육시설'로 바뀌게 되었으며, 이 과정에서 나타난 개념적 변화의 의미는 다음과 같다(이소희, 1997 : 16).

① 법의 명칭에서 보육이란 용어를 사용함으로써 edu-care의 개념을 반영하고 있어 종전의 보호중심 탁아에서 보호와 교육을 함께 한 보육으로의 관점 변화를 의미한다.

② 법 적용대상 아동을 영아 및 유아로 정함으로써 중점 보육대상 및 그 확대를 나타내고 있다. 즉, 유아기 아동 중심에서 영아 및 학동기 아동으로의 변화를 의미한다.

③ 학동기 아동의 보육기회를 마련해 놓고 있다.

④ 직장보육, 가정보육, 통합보육 등의 다양한 형태의 보육을 지향하고 있다. 즉, 저소득 계층의 아동에서 계층을 초월한 가정의 아동으로, 또한 건강한 자녀는 물론 장애와 특별한 욕구를 가진 아동으로의 보육형태 변화가 그것이다.

⑤ 공휴일, 24시간 보육 등의 보육시간을 자율적으로 설정, 운영하게 하고 있다. 이는 주간 위주의 보호에서 오전, 오후, 24시간, 주간보육, 숙박 등의 다양한 시간의 보육으로의 변화를 의미한다. 이것은 바로 현재 보육사업의 전반적 경향과도 거의 일치하고 있다.

이상과 같이 보육에 대한 과거의 인식과 현재의 관점을 비교해 보면 <표 7-1>과 같다.

〈표 7-1〉 보육에 대한 인식의 변화

과거의 인식	오늘날의 인식
· 탁아는 사회적 서비스이다. · 탁아는 국가의 책임이다. · 탁아는 저소득층 가정을 대상으로 한다. · 탁아시설을 이용하는 사람은 수령인이거나 수혜자이다. · 탁아시설은 공공기금으로 이루어진다. · 탁아시설 허가제도는 아동을 위한 국가의 법적 규제장치이다. · 탁아 프로그램을 통해 빈곤가정에서 요구하는 모든 서비스를 전달한다. · 가족의 문제와 무능은 탁아시설을 이용하는 사람들의 주요 특징이다. · 탁아시설은 가정에 문제가 있을 때 요구되는 '필요악'이다. 탁아시설보다는 하루종일 일하지 않는 부모가 아동을 돌보는 것이 이상적이다. · 탁아시설은 학교나 사회적 서비스 체계 안에 있어야 한다.	· 대중사회의 공익사업이다. · 부모의 공적 · 사적 지원체계의 공동책임이다. · 필요로 하는 모든 계층의 가정을 대상으로 한다. · 소비자인 동시에 후원자이다. · 공공기금으로 이루어지는 서비스만은 아니다. · 부모들이 보다 나은 어린이집을 선택하는 데 도움을 주기 위해 만들어진 소비자 보호제도이다. · 저소득층의 요구뿐만 아니라 사회계층과 무관하게 모든 부모들의 요구에 서비스를 제공한다. · 기본적인 가정기능의 원활한 수행에 도움이 될 뿐만 아니라, 치료적 역할을 하기도 한다. · 부모의 취업 유무와 상관없이 아이들에게 유익하기 때문에 어린이집을 이용한다. · 모든 가정이 이용할 수 있는 어린이집 시스템은 국공립 · 민간 · 가정어린이집, 직장어린이집, 전일제, 시간연장형 등 다양한 종류의 어린이집과 가정에서 양육되는 보육형태를 포함한다.

출처 : 이성진 외(1990).

이러한 입장에서 볼 때 보육의 개념은 변화하고 있지만, 전통적인 탁아사업과 오늘날의 보육사업에 함축되어 있는 것은 두 가지이다.

하나는 하루 중의 일정 시간 동안 발생되는 '부모에 의한 양육상의 부적절함'에 대한 사회의 보충적 지원체계라는 점이다(주정일 · 이소희, 1993; Kadushin, 1984). 다시 말하면, '적절한 양육'을 기본 전제로 한 부모의 양육상의 능력을 '강화' 내지는 '지지'하는 차원은 아니라는 것이다. 물론 발달된 현대사회로 올수록 전반적으로 '부모의 부적절한 양육'의 정도는 낮아지고 있기는 하지만, 기본적 시각과 접근은 여전히 '부적절함'에 대한 보충인 것이다. 그렇다고 해서 이러한 보육이 부모의 양육상의 역할을 전적으로 대리하는 것도 아니며, 오히려 보육사업은 보육사업이 실시되도록 유도한 사회구조적 배경을 바탕으로 하되, 부모가 수행해야 할 양육의 역할 보충에 초점이 맞추어지기 마련인 것이다.

다른 하나는 보육사업을 통해서 아동의 전인적 발달을 돕고, 복지를 향상시킨다는 것이다. 여기서 최대한의 발달 보장이란 단순히 자녀를 보호하는 데 그치지 않고, 해당 아동이 지닌 발달적 특성과 처하고 있는 생활환경을 고려한, 넓은 의미에서의 교육적 활동을 포함한 교육보호(edu-care)의 개념을 바탕으로 한 것이다(이영석, 1994). 다시 말해, 인간의 성장·발달에 있어서 영유아기의 중요성에 대해 주목할 만한 연구들이 이루어짐으로써 아동의 보호·양육에 있어서 가족 외의 보충적 시설의 필요성이 더욱 강하게 인식되어 세계 각국에서는 영유아기 아동에 비상한 관심을 보여왔고 막대한 국가적 투자를 하고 있다.

그리하여 대부분 선진국가들의 보육정책 추진방향은 다음과 같다.

첫째, 욕구가 있는 모든 아동에게 서비스를 제공한다는 보편주의 원칙을 가지고 추진되거나 그 방향으로 나아가고 있다.

둘째, 교육기능이 강화되어 양질의 탁아와 교육을 제공하는 교육적 탁아체제의 방향으로 나아가고 있다.

셋째, 정부 재정지원이 증대되는 추세이며, 다양한 보육욕구가 수용될 수 있도록 보육서비스의 형태와 프로그램이 다양화되고 있는 추세이다.

영유아보육법 제1조에 의하면, '영유아의 심신을 보호하고 건전하게 교육하여 건강한 사회구성원으로 육성함과 아울러 보호자의 경제적·사회적 활동이 원활하게 이루어지도록 함으로써 영유아 및 가정의 복지 증진에 이바지함을 목적으로 한다'고 명시되어 있다(영유아보육법, 개정 2013).

영유아보육서비스는 아동의 보호와 양육 및 교육의 서비스가 통합된 개념이며, 따라서 하나의 복지서비스 체계로 발전시킬 필요성이 있다. 즉, 보육사업은 '아동과 부모를 지향하는 사회적 지원체계의 한 형태'라고 개념화할 수 있다. 이러한 측면에서 볼 때 보육서비스란 종래의 단순히 보호를 필요로 하는 영유아에게 제공하는 보호적인 차원을 벗어난 개념으로 모든 아동을 대상으로 아동이 지닌 발달 특성과 생활환경을 고려한 광범위한 아동복지 지향적인 보호교육사업이라 할 수 있다.

(2) 아동과 여성 취업활동에 관한 권리적 서비스

일반적으로 아동복지는 아동의 복지권 보장이라는 차원에서 전개되고 있으며, 아동의 복지권이란 아동이 한 독립된 인간으로서 최소한도의 기본적 생활을 영위할 뿐만 아니라, 인간다운 생활을 영위할 권리가 있는 존재로 파악되는 것을 말하며, 사회와 국가는 이러한 권리를 보장해 주어야 할 의무가 있다고 보고 있다.

역사적으로 볼 때, 19세기까지만 하여도 세계 각국은 아동복지를 일종의 자선사업으로 간주하는 경향이 짙었으나, 20세기에 들어서 아동을 독립된 인격체로 받아들이기 시작하였다. Ellen Key(1900)는 『아동의 세기』라는 저서에서 아동의 권리, 즉 아동은 튼튼하게 태어날 권리, 건전하게 키워질 권리, 정상적인 가정생활을 영위할 권리, 교육을 받을 권리, 정서적·도덕적 훈련을 받을 권리, 유희나 오락을 충분히 즐길 수 있는 권리를 잘 나타내었다.

국제적 차원에서 아동의 권리선언은 네 차례 선포되었고, 그 시초는 1924년 국제연맹에서 공포한 '아동의 권리에 대한 제네바 선언'이며, 그 다음은 1959년 국제연합에서 공포한 '아동권리선언'으로, 이 선언은 세계 각국에 아동의 생존과 발달에 관한 권리를 보장하려는 노력에 지대한 영향을 끼쳤다(이소희·주정일, 1998).

이러한 입장에서 볼 때, 현대사회의 산업화, 도시화에 따른 여성의 사회참여 증가 및 가족구조의 핵가족화로 급증하고 있는 보육수요는 아동의 복지권이라는 측면에서 국가가 능동적으로 대응할 필요성을 야기하고 있다. 예로부터 어린 자녀의 보호 양육은 가족이라는 테두리 안에서 그 가족의 책임하에 수행되어 왔다. 그러나 산업화로 인한 급격한 경제·사회적 변화는 노동시장으로의 인력 수급, 가족구조의 변화, 가치관의 변화, 여성의 지위 향상 등의 현상을 낳았고, 그에 따른 취업 기혼여성의 증가는 아동의 보호, 양육문제를 가족 외의 장으로 끌어내었으며, 드디어는 국가적 개입으로까지 발전하게 된 것이다. 즉, 영유아의 보육문제와 관련된 사회적 현상은 다음의 다섯 가지 측면에서 나타나고 있다.

첫째, 아동의 측면에서, 기혼여성의 노동시장 참여 증가로 아동이 가정에서 적절한 보호를 받지 못하는 경우가 많아진다.

둘째, 맞벌이가정, 특히 저소득층 자녀들이 가정에 방치된 채 화재 등 각종 사고로 인해 참사당하는 사건들을 발생시킨다.

셋째, 여성의 측면에서 많은 기혼여성들이 육아로 인해 노동시장 참여를 포기하는 경우가 많아진다.

넷째, 경제적 측면에서는 육아문제로 인해 기혼여성의 풍부한 노동력을 활용할 수 없게 된다.

다섯째, 사회적으로 육아는 개별 가정의 책임이 아닌 사회 공동의 책임이라는 의식이 확대되어 가고 있다.

이와 같은 제 측면의 문제 또는 현상과 관련하여 국가는 '아동의 적절한 보호를 받을 권리', 그리고 '여성의 평등한 노동시장 참여의 권리'를 보장하는 동시에 국가의 사회·경제정책에 발맞추기 위해 자녀양육문제에 대한 적극적 개입을 필요로 하는 것이다(백선희, 2001).

또한 인간의 성장·발달에서 영유아기의 중요성에 대해 주목할 만한 연구들이 이루어짐으로써 아동의 보호·양육에 있어 가족 외의 보충적 서비스의 필요성이 더욱 강하게 인식되어 세계 각국에서는 영유아기 아동에 비상한 관심을 보여왔고 막대한 국가적 투자를 쏟고 있다.

우리나라에서도 최근 저출산·인구의 고령화, 가족해체의 진행, 여성 경제활동참가율 증가 등 외형적 변수로 인해 복지환경이 급격히 변하고 있으며, 특히 합계출산율이 1983년 인구대치수준(2.1명)으로 떨어진 이래 계속 낮아져 2000년대에 세계 최저 수준으로 급감하여 2011년 1.23명을 기록하고 있다(보건복지부, 2012). 이러한 심각한 저출산 문제와 급속한 고령화 속도로 인한 인구구조 변화는 양질의 인적자원 부족, 조세사회복지 부담의 급증 및 잠재 경제성장률 하락 등으로 이어져 사회경제적 불안이 예견되고 있다. 이러한 추세는 선별적·임의적 정책으로 대표되던 기존의 복지 패러다임의 근본적 수정과 국민들의 복지수요 및 새로운 복지욕구의 증대를 가져왔다(도미향 외, 2011; 2012).

정부는 당면한 사회문제를 해결하기 위하여 2010년 하반기에 제2차 저출산고령사회 기본계획을 발표하였고, 2011년부터 5년간 시행하기로 하였다. 이에 따르면, 향후 5년간 시행하는 제2차 저출산대책은 현실을 감안하여 출산과 양육에 유리한 환경조성을 유지하되, 정책수요와 사회환경 변화를 적극적으로 반영하여 추진하는 것이다(도미향 외, 2011). 이것은 보육정책과도 무관하지 않아 보육과 육아지원을 위하여 막대한 예산을 지원하고 있으며, 그에 따른 가시적 성과가 바로 2013년부터 시행되고 있는 전면 무상보육제도라 할 것이다. 그리고 우리나라의 어린이집은 이러한 사회적 변화의 추세에 따라 막대한 국가지원금을 받는 존재가 되었으며, 어린이집은 나날이 증가하여 2013년에는 42,527개소로 늘어났다(보건복지부, 2013. 10. 31). 그리고 정부에서는 어린이집 보육의 질적 수준을 제고하고자 노력하고 있으며, 그 산물이 누리과정의 도입, 평가인증제도의 정착, 공공형 어린이집의 확대 등 다양한 정책의 추진으로 나타나고 있다(서문희 · 유혜미 · 이세원, 2010; 서문희 · 양미선 · 도미향 · 송신영, 2011).

2) 아동복지정책으로서의 보육의 의의

1990년대 초 영유아보육법의 제정 이래 보육사업은 그동안 보호와 교육이라는 두 측면에서 유아교육과 많은 분쟁을 가지면서 그 나름대로 고유의 영역을 구축하면서 지속적으로 괄목할 만한 성과를 이루어왔다. 지난 10년 동안 한국보육의 성과는 영유아의 보호와 교육의 국가적 책임에 대한 사회적 인식을 넓혀왔다는 점이 특히 주목할 만하다. 영유아보육의 국가책임에 대한 인식은 보육시설의 양적 측면에서 확대와 정부의 보육예산 증액의 기저가 되었다. 뿐만 아니라 보육시설 종사자와 부모, 전문학자들의 보육정책에 대한 다양한 의견들도 기본적으로 영유아보육의 사회적 책임에 대한 인식에 근거한 것이다.

그리고 최근에는 정부가 유아교육과 보육을 통합하는 '유보통합'을 2014년부터 단계적으로 추진하기로 했다. 유보통합추진위원회는 유아교육(교육부)과 보육(보건복지부)으로 이원화된 유보체계 통합을 위해 관계부처 차관 및 학부모, 언론 · 학계 · 공익단체 대표 등으로 구성되어 2014년부터는 정보공시(원비, 교사, 특별활동, 급식 등) 내용을 확대하고, 유치원 평가와 어린이집 평가인증 연계 등을 실시하고, 2015년부터는 본격적으로 통합을 추진하기로 하고 결제카드 통일과 시설기준(교실면적 · 교사당 아동비율 등) 정비 · 통합을 진행하고, 0~2세 유치원 취원 등을 허용하기로 했다. 이와 함께 2016년부터는 어린이집과 유치원 교사 간 처우 격차 해소를 단계적으로 지원하고, 관리부처(교육부-보건복지부, 교육청-지방자치단체) 및 재원을 통합함으로써 유보통합을 마무리하기로 했다(연합뉴스, 2013).

2. 보육정책의 발달 및 현황

1) 보육정책의 발달

보육정책의 발달을 살펴보는 것은 보육사업의 뿌리를 확인하고, 이에 따라 보육정책의 기본 방향을 어떻게 설정할 것인지를 결정하는 데 중요한 시사점이 될 수 있다. 전통적인 의미에서의 탁아사업은 개념적 · 실제적 관점에서 보육사업으로 변화하고 있으며, 그 변화는 보육의 발달과정을 통한 보육 용어와 개념의 변화에서 찾아볼 수 있다.

구체적으로 살펴보면, 1952년 후생시설요강에서 "직장을 가진 부모의 자녀를 일시 또는 일정 기간 위탁보호하는 시설"이라는 정의로 '탁아소'라는 명칭을 사용한 이래, 1961년 아동복리법, 1981년 개정된 아동복지법에 이르기까지 계속해서 '탁아시설'이라는 명칭을 사용해왔는데, 그 목적은 보호자가 근로 또는 질병 등으로 인하여 양육하여야 할 아동을 보호할 능력이 없을 경우에 보호자의 위탁을 받아 그 아동을 입소시켜 보호하기 위한 것이었다.

그 후 1982년 12월 유아교육진흥법의 제정에 의해 잠시 동안 탁아시설이라는 법적 · 행정적 용어는 폐지되었다가, 1989년 9월 아동복지법의 개정 때 다시 '탁아시설'로 부활되었다. 그리고 1980년대 말과 1990년대 초에 발생하였던 참변들이 폭발적인 관심을 가져오자, 1990년 영유아보육법의 제정, 1991년 동법 시행령이 제정되었고, 유아교육진흥법에 의거하여 설치·운영되어 온 새마을유아원에 대하여는 1990년 11월 관계부처인 내무부, 교육부, 보건사회부의 합의에 의하여 1993년까지 교육법에 의한 유치원이나 영유아보육법에 의한 보육시설로 전환토록 하였다.

이러한 역사적 관점에서 볼 때 한국의 보육제도는 단순히 1990년 영유아보육법 제정 이후에 정착되었다거나, 제도적 기틀을 확립하였다고 보는 것은 합리적이지 못하다. 앞서 언급했듯이 한국의 보육제도는 이미 1960년대의 아동복리법, 생활보호법, 1980년대의 아동복지법, 유아교육진흥법 등에서 근거를 가진 사업이다.

〈표 7-2〉 어린이집의 시기별 변천과정과 특징

구 분	탁아시설 시기 (1961~82)	새마을유아원 시기 (1982~90)	보육시설 시기 (1991~2011)	무상보육 시기 (2012~현재)
관계법령	아동복지법	유아교육진흥법	영유아보육법	영유아보육법
소관부처	보건사회부	내무부	보건복지부, 여성가족부 (2004~2007)	보건복지부
기관명	어린이집, 농번기 상설탁아소, 새마을 협동유아원	새마을유아원	어린이집	어린이집
용 어	탁아	유아교육	보육	보육
대상연령	0~6세 미만	4~6세 미만	0~6세 미만 (12세까지 가능)	0~6세 미만 (12세까지 가능)
기 능	복지적 보육기능	교육기능 강조	교육과 보호기능	교육과 보호기능
긍정적 측면	구빈적 차원에서 아동복지 차원으로 실시	시설의 양적 확충	탁아에서 보육으로 기능 확대	모든 아동에게 무상보육, 양육수당 지급, 보편적 보육 실시
부정적 측면	서울시내 변두리에 집중, 시설부족, 탁아서비스가 제 구실을 하지 못함	아동복지제도로서의 본래 기능 상실, 실적위주의 정책(탁아기능 약화)		지방자치단체의 예산부담 가중

출처 : 도미향 외(2013).

이와 같은 보육시설의 시기별 변천과정과 특징(표 7-2 참고)이 지니는 함의는 아동복지적 출발에서의 보육정책이라는 점이다. 다시 말해, 우리나라의 어린이집은 1950년대의 한국전쟁과 이에 따른 사회혼란, 빈곤 및 1960년대 들어서 산업화 과정에서 나타나는 가족결손과 해체 및 빈부의 격차 등으로 인한 사회적 취약계층의 부모들이 입에 '풀칠'을 하기 위해 자녀를 방치하거나, 유기하는 사례 등으로 영유아는 소위 고아원이라는 영아시설 및 보육시설에 수용됨으로써 시작되었다.

그러나 이미 상식이 되고 있는 시설병, 즉 시설에서 수용되어 자라는 아동에게 발생되기 쉬운 시설병은 장기적 차원에서 영유아의 건강하고 건전한 발달 및 복지를 저해한다는 연구보고를 바탕으로, 소위 입에 '풀칠'을 하기 위해 집을 비운 가정의 자녀를 안전하고, 건강하게 돌보아 준다는 측면에서 어린이집이 설립된 것이었다. 그리고 그 정신은 사회의 변화에 따라 보육대상층 및 시설과 종사자들의 확대로 이어지면서 지속되어 왔다. 이는 물론 역사가 증명해 주고 있다.

2) 보육정책의 현황

2013년 우리나라는 전면 무상보육의 시대가 열렸다. 이는 최근 우리나라의 저출산, 인구의 고령화, 가족해체의 진행, 여성 경제활동참가율 증가 등 외형적 변수로 인해 복지환경이 급격히 변하고 있으며, 특히 합계출산율이 1983년 인구대치수준(2.1명)으로 떨어진 이래 계속 낮아져 2000년대에 세계 최저수준으로 급감하여 2010년 1.22명을 기록한바(보건복지부, 2011), 그 대책의 일환으로 부모의 양육부담을 덜기 위한 정책이라 할 수 있다. 정부는 당면한 사회문제를 해결하기 위하여 2010년 하반기에 제2차 저출산고령사회 기본계획을 발표하였고, 2011년부터 5년간 시행한다. 이에 따르면, 향후 5년간 시행할 제2차 저출산대책은 현실을 감안하여 출산과 양육에 유리한 환경 조성을 유지하되, 정책수요와 사회환경 변화를 적극적으로 반영·추진하고 있다(도미향, 2011; 2012). 특히 2013년은 0~5세 전 계층 보육·양육 지원의 틀을 확립하고 '보편적 복지'의 새 장을 열었으며, 박근혜 새 정부의 국정비전인 '국민 행복, 희망의 새

시대'를 실현하기 위해서는 생애 첫 단계인 영유아를 잘 기를 수 있는 환경을 조성하는 것을 중요하게 다루면서 0~5세 보육·교육 완전 책임제, 믿고 맡길 수 있는 어린이집 인프라 강화, 부모 선택권이 보장된 맞춤형 보육서비스 제공을 주요 정책으로 부모와 아이가 모두 행복한 안심보육을 실현하겠다고 밝혔다(보건복지부, 2013).

이러한 추이를 볼 때 오늘날의 보육서비스는 더 이상 취업모나 저소득층 가정의 욕구를 충족시키기 위한 것만이 아닌 보편적인 복지서비스로 인식되고 있으며, 도구적인 측면보다는 아동의 기본적인 권리보장이라는 아동복지의 측면에서 인식되고 있다. 이와 같은 아동 권리는 가정이나 부모만의 힘으로는 보장될 수 없기 때문에 국가나 사회가 이를 책임져야 한다.

이처럼 여성들이 가정과 일을 병행할 수 있도록 출산율 제고방안의 하나로 보육정책의 강화가 중요하다. 저출산의 요인은 매우 다양하지만 무엇보다도 여성의 일·가정 양립수단으로 가장 우선적으로 채택된다(서문희, 2011)는 입장과 동일하다.

그리고 정부는 그동안 보육의 사회성, 공보육의 의미를 재정지원에 맞추어 왔다. 공급자가 누구이든 부모들의 이용에 불편이 없도록 비용을 지원하면 된다는 생각을 가지고 있다. 이처럼 유아교육·보육에 대한 투자는 맞춤형 복지, 저출산 대책, 미래대비 투자, 일자리 대책 등 다각적 효과를 가져오고 보편적 복지라는 측면에서 긍정적인 면이 있지만 그 정책의 파급효과 및 실효성에 대해서는 재고의 여지가 있다.

2012년부터 정부의 일부 영유아의 무상보육 조치에 따라, 각 지역에서는 보육예산에서의 재정부담을 초래하고, 어린이집의 부족, 맞벌이 부모가족의 어린이집 이용의 어려움, 보육교사의 수급문제, 어린이집 미이용아동의 양육수당의 적정성, 미이용영유아의 육아지원서비스 문제 등 여러 가지 문제점에 봉착해있다. 이러한 문제들을 해결하기 위해 선진국가들의 보육 및 육아정책을 살펴보는 것은 의미가 있을 것이다.

특히 복지국가의 대표로서 유럽국가들이 있다. 그리고 유럽사회에서도 여성의 경제활동 참여 증가, 고령화에 따른 인구의 위기, 여성의 자주권 및 양성평등에 대한 요구로 탈가족화 현상이 이루어져 국가, 시장, 시민사회 간에 보육에 대한 책임을 공유하고 있기에 이들의 정책을 살펴보는 것은 우리나라 보육 및 육아 지원정책의 방향성을 정립하는 데 시사점이 있을 것이다. 유럽국가 가운데서 북유럽국가는 사회민주주의 체제에서 보편주의 원칙과 사회권의 탈상품화가 신중산층에게까지 확대되어 있으며, 국가가 복지의 중심역할을 담당한다. 국가와 시장 혹은 노동자계층과 중산층이라는 이중성을 허용하지 않고, 최소한의 욕구의 평등성보다는 최고 수준의 평등성을 추구한다. 각종 육아관련 복지서비스는 신중산층의 욕구를 충족시킬 수 있는 수준까지 높이고 있다. 즉, 가족의 기능을 보완하는 정책이 아니라 가족의 역할을 적극적으로 공유하고 가족기능의 사회화에 국가가 앞장을 선다. 이러한 형태는 스웨덴, 노르웨이, 덴마크 등의 북구 유럽에서 볼 수 있다(도미향, 2013).

3) 3~5세 누리과정의 제정과 시행

2013년 3월부터 전국의 어린이집 및 유치원 만 3~5세반에서 누리과정이 본격적으로 도입되어 시행되고 있다(보건복지부, 2013).

(1) 3~4세 누리과정 정책 확대 도입

① 정부는 2012년 제3차 위기관리대책위원회의('12. 1. 18)에서 유아교육·보육에 대한 국가의 책임을 강화하기로 결정하고, 2012년 3월에 도입한 '5세 누리과정'에 이어 2013년에는 만 3~4세까지 누리과정을 확대한다는 '3~4세 누리과정 도입계획'을 발표하였다.

② '누리과정'은 현재 유치원과 어린이집으로 이원화되어 있는 교육·보육과정을 통합하여 유아기 단계에서 교육의 질을 제고하고, 생애 초기 출발점 평등을 보장하는 데 그 의의가 있으며, 특히 유아기부터 타인을 배려하고 존중하며 공감하는 역량을 기르기 위한 인성교육을 대폭 강화하고자 하였다.

③ '5세 누리과정'에 이어 2013년부터 만 3~4세까지 누리과정이 확대 도입됨에 따라, 우리나라 모든 만 3~5세 유아들에게 유아교육·보육과정이 통합된 '3~5세 누리과정'을 제공함으로써 취학 전 교육의 질을 제고하고, 생애 초기 출발점

평등을 보장할 수 있게 되었다.

(2) 3~5세 연령별 누리과정 제정의 특성

① 3~5세 누리과정에서는 총론의 구성체계와 내용을 강화함

3~5세 누리과정 총론에서는 구성방향, 목적, 영역별 총괄목표만 제시되었던 것에, 3~5세 연령별 누리과정 총론에는 구성방향, 목적, 영역별 총괄목표 외에 편성, 운영, 교수-학습방법 및 평가의 내용을 추가함으로써 국가수준의 공통과정의 구성체계와 형식을 갖추었음

② 5세 누리과정의 구성방향과 구성체계 유지

3~5세 연령별 누리과정의 영역과 내용을 구성함에 있어서 누리과정의 안정적인 현장 정착을 위하여 5세 누리과정의 구성방향과 구성체계를 그대로 유지함

- 신체운동 · 건강, 의사소통, 사회관계, 예술경험, 자연탐구의 5개 영역 구성과 내용범주는 5세와 동일함
- 전체적인 체계와 맥락을 고려하여 필요시 내용을 통합하거나 명칭을 수정하였으며, 만 5세와 만 3~4세 간의 차별성 및 난이도 수준 등을 고려하여 세부내용을 일부 조정함

③ 영역별 목표 제시 및 연령별 내용 구성

3~5세 연령별 누리과정은 5개 영역별로 만 3, 4, 5세를 동일한 목표로 제시하고, 내용은 유아의 발달수준을 고려하여 연령별로 구성함

- 단, 3~5세 유아의 발달 특성상 연령별로 구분하는 것이 적절하지 않거나, 3~5세 연령에서 공히 다루어야 할 내용에 대해서는 3~4세, 4~5세, 3~5세를 동일하게 제시한 경우도 있음

이는 초등학교 저학년 교육과정에서 학년군별 목표는 동일하게 설정하고, 성취기준은 학년별로 제시하고 있는 초등학교 학년군 교육과정의 성격과 형식을 취한 것임

④ 기본생활습관과 인성교육 지속 강조

5세 누리과정에 이어 3~5세 연령별 누리과정에서도 질서, 배려, 협력 등의 기본생활습관과 인성교육을 강조함

- 최근 국가 · 사회적으로 강조되고 있는 녹색성장교육, 인터넷 · 미디어 중독 예방교육 등에 관련된 내용을 추가로 반영함
- 다양한 가족유형과 문화, 국제화 등 다원화된 사회에서 미래 민주시민의 기초를 형성하도록 다른 사람과 화목하게 지내며 나와 다른 사람의 차이를 존중하는 내용을 강조함

⑤ 초등학교 교육과정 및 0~2세 표준보육과정과의 연계성 고려

3~5세 연령별 누리과정은 5세 누리과정과 동일하게 초등학교 교육과정과의 연계성을 지속적으로 강화하고, 보다 포괄적인 관점에서 아래 연령대인 0~2세 표준보육과정과의 연계를 고려하여 내용을 체계화함

(3) 3~5세 연령별 누리과정의 구성방향

① 구성방향

- 질서, 배려, 협력 등 기본생활습관과 바른 인성을 기르는 데 중점을 두어 구성
- 자율성과 창의성을 기르는 데 중점을 두고, 전인발달을 이루도록 구성
- 사람과 자연을 존중하고 우리 문화를 이해하는 데 중점을 두어 구성
- 만 3~5세아의 발달 특성을 고려하여 연령별로 구성
- 신체운동 · 건강, 의사소통, 사회관계, 예술경험, 자연탐구의 5개 영역을 중심으로 구성
- 초등학교 교육과정과 0~2세 표준보육과정의 연계성을 고려하여 구성

② 목적

누리과정은 만 3~5세 유아의 심신의 건강과 조화로운 발달을 도와 민주시민의 기초를 형성하는 것을 목적으로 하고 있다.

③ 목표

- 기본운동능력과 건강하고 안전한 생활습관을 기른다.
- 일상생활에 필요한 의사소통능력과 바른 언어사용습관을 기른다.
- 자신을 존중하고 다른 사람과 더불어 생활하는 능력과 태도를 기른다.
- 아름다움에 관심을 가지고 예술경험을 즐기며 창의적으로 표현하는 능력을 기른다.
- 호기심을 가지고 주변세계를 탐구하며, 일상생활에서 수학적·과학적 문제해결 능력을 기른다.

3. 영유아보육법과 보육정책의 관점

아동복지법 제1조(아동이 건강하게 출생하여 행복하고 안전하게 자라나도록 그 복지를 보장함을 목적으로 한다) 및 동법 제3조 제1호(아동이라 함은 18세 미만의 자를 말한다)에 근거한 영유아보육법은 아동복지법의 특별법으로서 존립하고 있다.

영유아보육법에 명시된 목적을 살펴보면, "이 법은 영유아의 심신을 보호하고 건전하게 교육하여 건강한 사회구성원으로 육성함과 아울러 보호자의 경제적·사회적 활동이 원활하게 이루어지도록 함으로써 영유아 및 가정의 복지 증진에 이바지함을 목적으로 한다"라고 되어 있다(영유아보육법, 2013). 또한 보건복지부에서 제시한 보육사업의 기본 개념도는 다음과 같다.

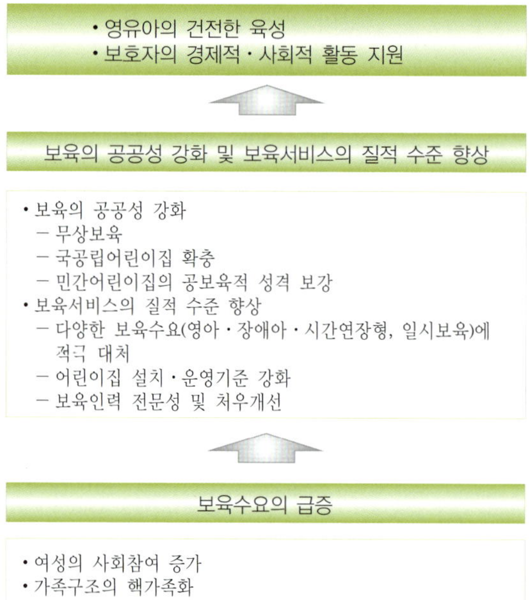

| 그림 7-1 | 보육사업의 기본 개념도

출처 : 보건복지부(2013). 2013년도 보육사업안내.

이 개념도에서 잘 나타나 있듯이 유치원의 목적이 유아를 교육하고 유아에게 알맞은 교육환경을 제공하여 심신의 조화로운 발달을 조장하는 것이라면, 영유아보육법은 보육수요의 급증이 어린이집의 확충 및 내실화를 가져왔고, 궁극적으로 이는 영유아의 보호와 건전한 교육을 통하여 건강한 사회구성원으로 육성함과 아울러 보호자의 경제적 · 사회적 활동을 원활하게 하는 것이 그 목적임을 분명히 제시하고 있는 것이다.

특히 우리나라의 보육사업은 처음 출발이 맞벌이 부부와 저소득층 자녀를 보육하는 성격의 기혼여성을 위한 복지정책과 저소득 자립을 유도하는 재분배적 사회정책에 무게중심을 두고 있다. 또한 영유아보육법 제정 이후에는 사회복지적 시각, 즉 아동의 기본권 보장이라는 측면에서 아동복지에 접근하는 경향이 부각되었다. 현대적 가족구조의 특성에서 파생되는 가족의 아동교육기능 약화 경향을 보완하고, 아동들이 집단경험 속에서 심신을 건강하게 그리고 기존 질서나 편견의 지배를 받지 않고 성장할 권리를 보장하자는 미래의 인력자원에 대한 사회적 투자의 개념이 이러한 논리의 배경을 이루고 있다(보건복지부, 2013).

이와 같은 보육정책에 대한 시각의 변화는 직접적으로 보육정책의 시행방향에 영향을 미치게 되어 요보호아동을 위한 잔여적 복지모델에서 일반아동을 위한 보편적 복지모델의 지향으로 보육대상의 확대를 초래하게 되었다. 이상의 개념을 세 가지의 보육정책관점으로 구분하면 다음과 같다(도미향 외, 2013).

1) 보편적 보육의 관점

이것은 보육의 목적이 궁극적으로는 아동복지의 실현에 있다는 아동복지적인 관점에 의한 것으로 보육은 아동이 신체적 · 정서적으로 건강하게 성장할 수 있는 환경을 보장해 주는 필수적인 서비스로 보는 것이다. 즉, 아동중심의 관점에서 볼 때 모든 아동은 자아의 개성을 발달시키고 자아실현을 위해 보호받고 교육을 받을 수 있는 기회를 누려야 한다. 이러한 측면에서 볼 때 아동은 보육의 기회를 공평하게 가져야 할 뿐만 아니라 각자의 개성에 따라 다양한 유형의 보육을 받아야 한다. 이러한 아동중심의 관점은 어린이집을 통한 사회양육이 가정양육보다 바람직하다고 하는 입장을 취하고 있다. 즉, 현대 자본주의 사회에서의 핵가족제도는 자녀양육의 환경으로서 적절하지 못하기 때문에 공동육아를 가능케 하는 보육사업이 모든 아동에게 제공되어야 한다는 것이다. 이러한 관점은 오늘날 보육을 파악하는 주요 관점이 되고 있다.

2) 대리적(보충적) 보육의 관점

이 관점은 여성의 사회참여로 인해 가정보육에 어려움을 겪게 되는 경우에 발생하는 사회양육으로 보육을 파악한다. 즉, 보육은 기혼여성의 취업률과 직접적인 상관관계를 갖는다. 취업동기와는 무관하게 기혼여성의 취업을 가능하게 하기 위해서는 공적인 영유아보육이 필요하다고 보는 것이다.

현실적으로 가족구성원이 어머니를 대신하여 양육을 보조할 수 있는 경우, 또는 대리 양육자를 확보할 수 있는 경제적 능력을 갖춘 일부 기혼여성의 경우를 제외하고는 취업을 포기하는 경우가 많다. 따라서 이러한 시각에서 보면 취업모나 취업을 원하는 기혼여성들의 욕구를 충족시키기 위해서는 보육사업의 제공이 선결조건이며, 보육사업은 기혼여성의 취업선택을 가능하게 하는 여성복지 증진을 위한 도구적인 성격을 지니게 된다.

3) 기본적 보육의 관점

이 관점은 보육사업을 계층 간 불평등을 해소하는 방안 중의 하나로 파악하고, 기혼여성의 취업은 주로 경제적인 요구에 의해서 이루어지고 있으며, 저학력·저소득계층에 집중되어 있다는 점에 초점을 두고 있다. 따라서 보육사업은 저소득층 아동의 보호를 위해 제공되어야 하는 것으로 인식한다.

이러한 보육은 가정보육이 어려울 때 제공되는 대리육아이고, 저소득층의 방치된 아동이나 저소득층 취업모의 아동에게 우선적 지원이 이루어지도록 하며, 국가가 재정적인 부담을 맡게 되는 것이다. 이러한 관점에서 보육을 파악하는 경우 보육사업은 구빈 차원의 선별적 특성을 갖게 되며, 중산층 이상의 보육은 전적으로 수요자 부담의 원칙에 의존하게 된다.

이상의 보편적·대리적·기본적 보육의 관점을 복지이념, 문제의식 및 정책목표, 보육모형과 대상아동으로 나누면 <표 7-3>과 같다.

〈표 7-3〉 보육정책에 대한 세 가지 관점

구 분	보편적 보육	대리적 보육	기본적 보육
복지이념	복지사회	후기 복지국가	자선과 교정
문제의식	아동의 기본권 문제	기혼여성 취업문제	계층 불평등 문제
정책목표	질적 보편주의	양적 보편주의	양적 선별주의
보육모형	공동육아	대리육아	대리육아
보육대상	모든 아동	취업모의 아동	저소득층 취업모의 아동

출처 : 도미향 외(2013).

이상의 세 가지 관점 중 우리가 표방하는 관점은 보편적 보육관점이지만 아직은 대리적 보육과 기본적 보육이 더 많은 비중을 차지하고 있는 실정이다. 즉, 빈곤가정, 한부모가정, 실직가정 등의 경우, 특히 대리적 보육과 기본적 보육의 욕구부터 충족되어야 할 필요가 있다.

현재 어린이집을 이용하고 있는 아동은 취업모의 자녀를 비롯하여 모든 아동이 대상이 되고 있으므로 보편적 보육의 관점에서 행해지고 있다고 할 수 있고, 이는 모든 아동을 위한 아동복지적 차원에서 볼 때 바람직한 방향이다. 그러나 요보호적·제한적·선별적인 보육대상에서 보편적인 대상을 중심으로 보육사업이 행해지는 것은 오늘날의 사회복지적 관점에서도 적절하나 기혼여성의 취업을 지원하는 입장에서 보육서비스를 볼 때는 기본적·대리적 보육의 관점에서의 지원이 우선적으로 요청되는 단계이다(도미향, 2012).

즉, 사회계층적 차원에서의 보육서비스라기보다는 자녀양육과 교육이 '취약한' 계층을 위한 제도권 내에서의 보충적 사업으로서의 보육이라는 점이다. 바로 이 '취약한 계층'은 가난하다는 것만이 아니라 영유아보육법에 규정되어 있는 바와 같이 '여러 가지 사정으로 자녀를 잘 양육하고 교육하기 어려울 때'를 말하는 것이며, 장애, 실직, 한부모, 맞벌이 부부 등의 다양한 가족형태의 자녀가 포함되는 것이다.

물론 이러한 특성 때문에 상당수가 가난하다는 것은 사실이다(이소희, 1998). 그렇기 때문에 사회학적인 맥락에서 특정 계층 중심의 편향된, 시혜적·낙인적 정책이 아니라, 소위 취약계층에 대한 사회통합적 관점의 사회적 지지사업인 것이며, 그렇기 때문에 바로 이 점이 왜 보육서비스가 '교육'의 차원에서'만' 고려될 수 없는, 즉 아동과 가족복지적 고려를 '핵심'으로 하는 사회복지정신에 입각한 아동 및 가족복지적 차원에서 고려해야 할 필요성을 여실히 입증해 주는 것이다.

4. 보육행정

1) 보육서비스 전달기관

(1) 보육관련 행정부서

중앙의 보육행정은 보건복지부 인구정책실의 보육정책국에서 실질적 업무를 수행하고 있고, 그 밑에 보육정책과, 보육사업기획과, 보육기반과로 업무를 나누어 수행하고 있으며 각 과의 업무는 다음과 같다(보건복지부, 2013).

부 서	업 무
보육정책과	- 보육 예결산 총괄, 국회, 간부회의 등 - 법인 및 단체 관리, 보육인 대회 관리 - 필요경비, 재무회계 관련업무 - 국정과제 관리, 보육통합정보시스템 운영·개선 - 어린이집 평가인증, 정보개발원 위탁사업 관리 - 보육정책 총괄, 제도개선, 3~5세 누리과정, 연구용역 총괄 - 영유아보육법, 공공형 어린이집, 보육통계, 보육전자바우처 운영
보육사업기획과	- 보육교직원 처우 개선, 보육교직원 자격관리 - 보육인력개발국 운영 관리 등, 양육수당, 보육료 지원 - 보육사업기획, 보육인력담당
보육기반과	- 어린이집 지도점검, 지방자치단체 지도점검 관리 - 어린이집 운영, 보조금 적정 집행 등 모니터링 - 불편신고센터 운영 관리 - 부모 모니터링단 운영 관리

출처 : 보건복지부(2014). http://www.mw.go.kr

(2) 보육정책위원회

보육에 관한 각종 정책·사업·보육지도 및 어린이집 평가인증사항 등을 심의하기 위하여 보건복지부에 중앙보육정책위원회를, 특별시·광역시·도·특별자치도 및 시·군·구에 지방보육정책위원회를 두고 있다. 위원회의 위원은 보육전문가, 어린이집의 원장 및 보육교사 대표, 보호자 대표 또는 공익을 대표하는 자, 관계 공무원 등으로 구성된다. 위원회 활동에 대해서는 법률로 명시해 책임과 역할을 분명히 하고 있다.

〈표 7-4〉 보육정책위원회의 기능

구 분	중앙보육정책위원회	지방보육정책위원회
내 용	1. 보육계획 및 연도별 시행계획 수립 2. 보육과정의 개발에 관한 사항 3. 어린이집 평가인증에 관한 사항 4. 보육관련 업무의 위탁 등 보육에 관하여 위원장이 회의에 부치는 사항	1. 보육계획 및 연도별 시행계획 수립 2. 공립어린이집의 설치 및 운영 위탁에 관한 사항[1)] 3. 교육훈련시설의 지정에 관한 사항 4. 보수교육의 실시 위탁에 관한 사항 5. 어린이집 이용자가 납부할 보육료 등에 관한 사항 6. 도서·벽지·농어촌지역 등의 어린이집 설치기준 및 보육교직원의 배치기준에 관한 사항 7. 보육에 관하여 위원장이 회의에 부치는 사항

출처 : 영유아보육법 및 시행령(2013).

(3) 한국어린이집연합회

한국어린이집연합회는 영유아보육법에 설치근거를 두고 설립된 단체로서 1992년에 설립되었으며, 보육사업의 원활한 추진과 어린이집의 균형적인 발전, 어린이집 간의 정보교류 및 상호협조 증진을 그 목적으로 한다. 주요 업무는 다음과 같다(한국어린이집연합회, 2013).

- 보육에 관한 조사연구, 자료수집 및 간행물 발간
- 보육사업에 관한 계몽 및 홍보, 보육사업에 관한 정책 건의
- 어린이집 보육교직원의 교육훈련 및 국제교류, 복리증진
- 어린이집 및 보육정보센터 운영 등

(4) 보육개발원

보육사업의 확대와 더불어 보육의 질적 보편주의의 과제를 안고 있는 현 시점에서 정부는 보육의 질적 확대와 인프라 구축을 위해 개정된 영유아보육법에 보육개발원의 설치근거를 마련하였으며 그 내용은 다음과 같다. ① 정책연구 및 정보제공, ② 보육과정 및 프로그램 개발, ③ 보육교직원 교육교재 개발 및 교육, ④ 어린이집 평가인증, ⑤ 보육교직원 자격검정 및 관리 등

1) 공립어린이집의 운영 위탁에 관한 사항 중 보건복지부령으로 정하는 바에 따라 지방보육정책심의위원회의 심의를 생략할 수 있는 사항은 제외한다.

(5) 육아종합지원센터[2)]

① 설치현황

육아종합지원센터는 전국단위의 중앙육아종합지원센터와 광역단위의 지방육아종합지원센터, 그리고 기초단위의 지방육아종합지원센터 세 가지 유형이 있으며, 2013년 현재 중앙육아종합지원센터 1개소를 비롯하여 시·도단위의 육아종합지원센터 17개소, 그리고 기초자치단체의 시·군·구 지방육아종합지원센터 47개소(전국 시·군·구 230개소 중 28.2%) 설치를 포함하여 모두 65개소가 설치되어 있다(2013년 6월 현재).

경기도는 도내 시·군·구 육아종합지원센터의 설치조례 제정을 위해 '08년 보육사업계획을 수립하였고, 그 이후 시·군·구 육아종합지원센터가 늘어 현재 31개 시 중 14개소(45.16%)이며, 서울시의 경우 영유아플라자사업을 실시하면서 서울시의 25개 구에 영유아플라자와 육아종합지원센터를 설치하였다. 그 밖에 인천 2개소와 기타 지역(포항, 진주, 창원, 천안)은 4개소뿐이다. 이상의 설치현황을 보면, 맞춤형 육아지원의 기능을 다하기 위해서는 서울, 경기를 제외한 나머지 지역에서도 육아종합지원센터를 설치하여 전국의 맞춤형 육아지원서비스를 제공하는 것이 필요하다(도미향, 2013b).

육아종합지원센터 사업은 크게 어린이집 지원, 육아지원 등으로 그 대상자를 중심으로 분류할 수도 있으며, 사업의 유형에 따라 정보사업, 상담사업, 교육사업 등으로 분류할 수도 있다. 관련법령이나 보건복지부의 보육전달체계로 행정지원시스템, 바우처지원시스템, 아이사랑보육포털, 어린이집 지원시스템, 보육통합정보시스템 등의 사업이 추가되고, 영유아플라자 운영 등을 하기도 한다. 이 중 대표적인 사업으로 정보사업, 상담사업, 조력사업, 취약보육지원사업, 육아지원사업, 기타사업으로 나눌 수 있다.

서울시에서는 2007년도부터 기존의 육아종합지원센터의 원 기능을 보완하여 영유아플라자로 개소하거나 신생센터로 육아종합지원센터와 영유아플라자가 함께 개소하였다. 영유아플라자는 육아종합지원센터 내의 육아지원사업 부분을 전담하는 곳으로 장난감 대여실, 체험학습실, 상담실, 놀이시설, 육아정보나눔실, 시간제 보육실, 독서

2) 도미향(2013b)에서 발췌한 내용임. 육아종합지원센터는 기존의 보육정보센터가 2013년 12월부터 명칭이 변경되었다.

공간 등의 육아지원 프로그램을 진행하고 있다. 한편 경기도에서도 육아지원을 위한 육아나눔터 사업을 추진하고 있으며, 여성가족부에서도 아이돌보미사업 등을 통해 육아지원사업을 실시하고 있다.

② 문제점

영유아보육법 제7조에 의하면, 지방자치단체장은 영유아의 보육에 대한 제반 정보의 제공과 상담을 위하여 육아종합지원센터를 설치·운영하여야 하고 육아종합지원센터에는 영유아보육을 위한 상담과 지도 업무를 담당하게 하기 위하여 보육지도원을 두어야 한다는 규정에 따라 육아종합지원센터를 설치하도록 하고 있다. 그러나 육아종합지원센터의 그동안의 역할로 인해 주로 어린이집 지원기능으로 인식하고, 대중에게 인지도가 낮다는 문제점이 있으며, 전국에 설치 수가 많지 않고, 설치확대가 쉽지 않은 것은 정부의 예산지원이 부족하기 때문이다.

③ 시·군·구 육아종합지원센터 기능 차별화

육아종합지원센터의 기능을 영유아보육법[3]상에 명시되어 있는 일시보육서비스를 제공하거나 보육에 관한 정보의 수집·세공 및 상담기능의 협의로 해석한다면, 우선적으로 보육대상자와 어린이집에 대해서 일시적 보육과 관련정보 제공 및 상담하는 것을 주 기능으로 볼 수 있다. 그러나 육아종합지원센터의 기능과 관련하여 단순한 정보제공 및 상담 기능을 수행하는 데에 그치지 않고 어린이집에 대한 지원 및 행정의 전달체계, 부모에 대한 육아지원 서비스로의 영역 확장에 대해서 많은 연구들이 제시하고 있다(한유미 외, 2006; 정미라, 2006; 권용은 외, 2008). 그리고 이주호(2007)는 '육아통합서비스체계 구축방안' 정책제안에서 '육아지원에 관한 특별법'을 제정하여 One-Stop 육아종합서비스체계를 확립하도록 관련센터들을 통합하여 육아지원센터를 구축할 것을 제안하고 있다(권용은 외, 2008).

3) 영유아보육법 제7~26조의2에 의거 시장·군수·구청장은 지방육아종합지원센터를 설치·운영하여야 한다(개정 2008. 2.29., 2010.1.18., 2013.6.4).

'육아지원'이란 용어가 공식적으로 사용된 것은 2004년 6월 11일 '고령화 및 미래 사회위원회'가 발표한 '육아지원 정책방안' 보고이다. 이것은 우리나라 영유아정책이 대부분 어린이집이나 유치원 등 가정 밖에서 돌보고 교육하는 정책, 특별한 도움을 필요로 하는 영유아복지정책, 그리고 임신 및 출산 전후를 위한 정책은 있고 보편적인 육아지원정책이 없었던 것에서 진일보한 것으로 광의의 육아지원 개념이다. 이러한 육아지원을 국가, 광역시·도, 시·군·구에서 정책으로 펼칠 때 허브로서의 기능이 육아종합지원센터에 요구되고 있다(서영숙, 2008). 그래서 영유아 부모와 영유아를 대상으로 가정의 양육기능을 강화시키기 위해 육아종합지원센터에서 이루어지고 있는 사업으로서, 장난감 및 도서 대여, 놀이실 운영, 아동발달 검사 및 양육상담, 가족참여활동 등으로 이루어진다. 이처럼 육아지원의 사회적 책임이 요구되는 현실에서 육아종합지원센터는 육아지원사업을 이미 활발하게 하고 있다. 이는 시·군·구 육아종합지원센터가 보육정책이나 행정이 감당하지 못하고 있는 육아지원서비스 수요에 대해 부응하고 있는 것으로서 향후 육아지원정책의 기반을 세우고, 전달하며, 실행하는 역할과 함께 영유아와 부모, 나아가 가족들이 자녀양육과정에서 건강과 행복을 증진할 수 있도록 직접적으로 지원하는 역할을 담당해야 함을 의미한다(이성옥, 2010). 이를 위해 시·군·구 육아종합지원센터가 육아지원을 위한 통합적 서비스의 허브기능을 담당할 수 있도록 적정한 예산과 각 지역의 접근성을 고려한 설치와 더불어 전문인력 확보와 안정적인 운영을 위한 제반 여건의 정비가 함께 이루어져야 할 것이다.

5. 어린이집 평가인증

어린이집은 영유아를 위한 전문적인 보육서비스를 제공함으로써 영유아의 건전한 육성과 보호자의 경제적·사회적 활동 지원을 통하여 가족복지를 증진시키는 것이다. 이러한 보육의 목적을 달성하기 위해 어린이집이 스스로 보육의 질적 발전을 위해 노력할 필요가 있으며, 이러한 과정에서 평가인증을 통해 기관의 자체 점검과 외부 전문가의 평가로 질 높은 보육서비스를 제공하는 어린이집으로 가까이 다가가게 된다.

1) 평가인증의 개념과 방향

(1) 평가인증의 개념과 목적

영유아에게 전문적인 보호와 수준 높은 보육서비스를 제공하기 위하여 평가인증지표를 기준으로 어린이집이 현재 수준을 점검하고 개선한 후 국가가 평가하여 인증을 부여하는 제도이다.

어린이집 평가인증제도의 목적은 영유아, 부모, 보육교직원, 정부의 입장으로 나누어 살펴볼 수 있다.

① **영유아** : 영유아에게 안전하고 질 높은 보육서비스를 받을 권리를 보장하며, 건강하게 성장할 수 있도록 환경을 조성한다.

② **부모** : 부모들에게 보육서비스의 질적 수준에 대한 정보를 제공하여 합리적인 어린이집 선택의 기준을 제공할 수 있다.

③ **보육교직원** : 어린이집의 자발적 노력으로 보육서비스의 질적 수준을 높이고자 준비하고 노력함으로써 보육교직원의 전문성이 증진된다.

④ **정부** : 보육정책 수립주체인 정부가 보육현장을 효율적으로 지원하고 관리하는 체계를 확립할 수 있다.

(2) 기본 방향과 사업 개요

보육평가인증의 기본 방향은 다음과 같다.

① 보육서비스에 대한 효과적인 질 관리 시스템을 마련하고, 부모들이 합리적으로 어린이집을 선택할 수 있도록 정보를 제공한다.

② 질 높은 보육서비스의 확보와 안정화를 위하여 2010년부터는 개정된 운영체계와 지표로 제2차 주기 평가인증을 시행한다.

평가인증제의 사업 개요는 다음과 같다(보건복지부, 2013).

① **대상 어린이집** : 영유아보육법에 따라 설치된 모든 종일제 어린이집(방과 후 전담 어린이집 제외)
② **인증지표** : 어린이집 규모 및 유형별 3종
③ **인증과정** : 3단계(신청, 평가, 심의)
④ **수행기관** : 한국보육진흥원(평가인증국)

2) 평가인증의 지표

평가인증지표는 '40인 이상 어린이집 평가인증지표' 6개 영역 70항목과 '39인 이하 어린이집 평가인증지표' 5개 영역 55항목, 그리고 '장애아 전담 어린이집 평가인증지표' 6개 영역 75항목으로 평가인증국에서 제시한 평가인증지표의 내용을 중점으로 살펴보면 다음과 같다(보건복지부, 2013b).

(1) 보육환경

보육환경은 영유아의 성장과 발달에 많은 영향을 미친다. 어린 시기일수록 환경의 영향이 크고 영유아가 어린이집에서 장시간 생활하고 있으므로, 어린이집의 환경은 매우 중요하다. 보육환경이란 물리적·인적·시간적 환경을 모두 포함하지만 이 영역에서는 물리적 환경에 초점을 두고 있다. 그리고 물리적 환경은 영유아들의 일상생활 공간과 놀이공간, 영유아의 경험에 포함되는 모든 어린이집과 설비로서의 물리적 환경을 말한다.

영유아를 위한 어린이집의 실내외 환경은 가정과 같이 편안하고 쾌적하며, 영유아의 일상생활이나 놀이를 적극 격려하도록 계획되고 구성되어야 한다. 즉, 영유아의 흥미나 연령, 발달수준에 적합한 활동자료를 다양하게 마련해 주고, 영유아의 수에 맞추어 충분하게 제공해 주어야 한다.

각 영역에서 놀이를 하는 영유아 수의 1.5배 내외 정도의 활동자료(놀잇감)를 갖추어 놓는 것이 바람직하다. 보육인력의 전문성과 합리적인 근무환경은 보육교사가 자신의 업무에 최선을 다할 수 있도록 뒷받침해 주는 중요한 바탕이 되므로 보육교사를 지원하는 어린이집과 참고자료 등을 마련하여야 한다.

(2) 운영관리

어린이집의 운영관리는 어린이집의 보육철학이 반영되며 원장의 역할이 큰 비중을 차지한다. 무엇보다 영유아를 집단으로 보육하기 위해 바람직한 운영관리체계를 갖추고 보육인력의 전문성을 신장시키기 위한 노력이 필요하다. 따라서 이 영역에서의 평가는 기관의 운영관리 측면과 보육인력의 전문성 증진에 초점을 둔다. 한편 평가인증 제2차 시기에는 가족 및 지역사회와의 협력이 운영관리에 편입되었다. 어린이집과 가정의 보육방식에 연속성이 있을 때, 영유아는 안정감을 느끼고 부모는 기관과 보육교사를 더욱 신뢰하게 된다. 가정과 어린이집은 영유아의 양육과 교육에서의 공통점과 차이점을 이해하고 상호 존중함으로써 영유아가 안정적으로 생활할 수 있도록 해주어야 한다. 어린이집에서는 어린이집을 개방하고, 부모와 영유아의 생활에 대한 의견을 상호 교환할 수 있어야 하며, 부모 간 교류, 부모교육 및 참여의 기회를 제공할 수 있어야 한다.

이 영역에서는 어린이집의 체계적인 기관 운영 및 보육인력 관리, 가족과 지역사회와의 협력에 관한 내용에 초점을 두고, 어린이집의 운영방침, 교직원의 근로계약, 신입원아 부모를 위한 오리엔테이션, 어린이집에서의 부모참여 등을 평가한다.

(3) 보육과정

표준보육과정은 영유아가 경험할 보육내용을 '기본생활', '신체활동', '사회관계', '의사소통', '자연탐구', '예술경험'의 여섯 가지 영역으로 연령집단별, 수준별로 세분화하여 다양한 보육내용을 균형있고 계열성 있게 경험하되 개별적인 차이를 고려해야 함을 명시하고 있다. 따라서 어린이집에서는 이러한 표준보육과정 내용을 참고로 보육과정을 운영하는 것이 바람직하다. 그리고 보육과정은 영유아 발달에 적합한 경험 및 학습을 촉진할 수 있는 다양한 활동으로 계획되고 통합적으로 운영되어야 한다. 영유아기는 발달이 급속히 이루어지므로 개인 간 발달차가 크고, 개별 영유아 내에서도 발달영역 간의 차이가 날 수 있다. 따라서 보육과정은 영유아의 흥미와 개인차를 최대한 반영함으로써 이들의 개별적 욕구가 충족될 수 있도록 계획해야 한다. 특히 영아의 경우 집중시간이 짧으므로 대집단 활동보다는 소집단 또는 개별 활동으로 진행하는 것이 바람직하다. 유아들이 스스로 보육활동을 선택하여 자유롭게 참여할 수 있도록 배려하여 융통성 있게 운영하여야 한다.

이 영역에서는 보육활동 계획과 구성, 보육활동 운영에 초점을 두고, 보육계획안의 수립, 균형과 진행 통합적 운영, 보육과정 평가 그리고 각 영역별 보육활동 운영 등을 평가한다.

(4) 상호작용과 교수법

이 영역은 기존 지표와 가장 많이 달라진 부분이라 할 수 있다. 어린이집의 교사는 영유아의 일상적 양육과 상호작용을 통해 영유아의 개별적 차이를 이해하게 되며, 영유아에게 발달적으로 적합한 경험을 제공할 수 있다. 이러한 경험은 부모들에게 교사에 대한 신뢰를 갖게 하며, 영유아가 교사 또는 다른 또래들과 긍정적인 관계를 형성하고 대인관계기술을 습득하는 데 기초를 이룬다. 이 영역에서의 평가는 보육교사와 영유아 간의 관계 형성에 기초가 되는 일상적 양육에서의 개별화, 교사의 수용적이고 반응적인 태도, 그리고 긍정적인 방법을 사용하여 지도하는지에 초점을 둔다.

이 영역에서는 일상적 양육, 교사의 상호작용, 교수법에 초점을 두고 영유아의 식사, 간식, 낮잠 및 화장실 사용 시 교사의 상호작용, 영유아를 존중하는 태도 및 영유아의 요구나 질문에 대한 반응, 다툼이나 문제상황에서 교사의 개입, 보육활동에서 교수법의 효과적인 사용과 영유아의 호기심 장려 등을 평가한다.

(5) 건강 · 영양

영유아에게 청결하고 위생적인 환경을 마련해 주고 양질의 식사와 간식을 제공하는 것은 영유아의 건강을 유지하기 위해 매우 중요하다. 어린이집 실내공간의 위생과 청결은 어릴 때부터 위생적인 생활습관을 기르는 데도 큰 역할을 할 수 있다. 보육교사는 집단생활에서 예상되는 전염성 질환에 대한 예방대책을 마련하고, 몸이 아픈 영유아에게 적절한 조치를 취해주어야 한다. 그리고 어린이집에서는 양질의 식품으로 다양하게 조리된 식단을 계획하여 제공함으로써 영유아의 성장을 도와야 한다.

이 영역에서는 청결과 위생, 질병관리, 급식과 간식에 초점을 두고 어린이집 내의 각 공간의 청결과 위생, 영유아의 위생적 생활습관 지도, 몸이 아프거나 다친 영유아에 대한 적절한 대책 수립 여부, 영유아와 교직원의 건강관리, 그리고 영유아의 식사와 간식의 적절성 등을 평가한다.

(6) 안전

어린이집에 영유아를 보내는 부모나 보호자가 가장 우선적으로 바라는 것은 영유아가 안전하게 보호되는 것이다. 사고나 위험으로부터 영유아를 보호할 수 있는 안전한 보육환경은 영유아로 하여금 보육활동에 마음 놓고 참여하도록 하여 건강한 신체와 심리적 안정감을 발달시킬 수 있도록 도와준다. 원장과 보육교사는 어린이집에서 생활하는 영유아의 안전을 책임지고 있다. 따라서 영유아의 안전을 위해 필요한 어린이집의 설치는 물론, 관련설비의 사용수칙을 잘 알고 있어야 한다. 어린이집의 안전관리수칙은 문서로 관리하도록 한다.

이 영역의 평가에서는 실내외 시설의 안전과 영유아의 안전보호에 초점을 두고 보육실, 실내 및 실외 시설의 안전관리, 위험한 물건의 보관 등이 바람직하게 이루어지는지, 영유아가 안전하게 보호되어 인계되고 비상시 적절하게 대처할 수 있는지 등을 평가한다.

6. 보육정책의 방향과 과제

1) 우리나라 보육정책의 방향

우리나라 보육정책의 경우 1991년 영유아보육법 제정 이래로 보육은 괄목할 만한 성장을 거듭하여 왔고, 특히 2011년에는 보육의 또 다른 역사적 전기를 마련한 해라 할 수 있다. 즉, 그동안 숙원사업이라 할 수 있는 만 5세아 무상보육과 더불어 0~2세이 무상보육의 2012년 시행, 2013년 전 연령의 무상보육 실현 정책은 건전한 미래세대 육성 및 사회통합을 위하여 보편적 복지의 실현이라는 측면에서도 그 의미는 지대하다.

보육정책 등 저출산 대책의 성과는 경제적인 요인뿐 아니라 체감도 제고 등 사회적인 인식변화가 수반되어야 나타날 수 있다. 보건복지부는 금년 0~5세 보육·양육 전 계층 지원을 시작으로 지원체계를 보다 내실화하여 국가의 책임을 강화하고, 믿고 맡길 수 있는 인프라 확충, 맞춤형 보육서비스 제공을 통해 국민의 정책체감도를 높여 나갈 계획이라고 한다. 이러한 일련의 무상보육정책에 관한 바람직한 방향을 제시하면 다음과 같은 점을 고려할 필요가 있다(도미향, 2012; 2013a).

첫째, 영아무상보육의 실효성이다. 영유아의 발달단계를 볼 때 어린이집에 영유아를 보내는 가장 적절한 시기는 28개월 이상으로 본다. 또한 영국, 독일처럼 모성주의 원칙으로 하고 있는 우리나라의 입장에서 볼 때에도 설득력은 다소 떨어진다. 영국에서 2008년 2세아 무상보육정책을 발표하자 부모들은 이에 반대하며 부모들이 직접 아이를 키울 수 있도록 부모를 지원해 달라고 하였다. 영아의 여러 발달 특징과 환경 등 모든 여건에 비추어 볼 때 영아를 기관중심의 보육이 담당하는 것이 타당하다고 보기 어렵기 때문이다. 36개월 미만 영아의 경우 부모가 직접 돌보도록 한편으로 지원하면서 불가피한 부분에 대해서는 부모의 요구에 맞는 보육정책을 마련해야 하는 것이 이상적이라면, 어린이집과 육아종합지원센터 등에서는 부모가 가정에서 양육하는 영아에 대해서 보다 직접적이고 다각적으로 부모와 영아를 지원하는 방안이 마련되어야 할 것이다. 즉, 부모와 영유아를 직접 지원하는 육아지원사업이 더욱 확대되고 다각화되어야 할 것이다.

둘째, 정부의 급작스러운 발표에 보육료 지원 확대에 따른 재정비용 마련은 「보조금 관리에 관한 법률」 시행령, 지방재정법 시행령(제33조 제1항)에 의해 지방자치단체가 지방비 예산확보의 어려움을 감당해야 하는 상황에 이르게 되었다. 지방자치단체의 엄청난 부담뿐만 아니라 이를 감당하지 못하는 지방자치단체에 따라서는 결국 어린이집과 보육교직원의 처우에 영향을 미치게 될 것이다. 또한 보육료 지원대상자 확대로 보육서비스 질 관리의 어려움이 예상된다. 이미 각 지방자치단체들은 부모에게 지원해 주는 지원액이 너무 많아 수백억 원에 달하는 보육예산에서 교사처우와 시설지원, 보육전달체계인 육아종합지원센터 등의 또 다른 형태의 보육전달체계에 대한 지원은 거의 불가능한 실정이기 때문이다.

셋째, 현장에서는 보육교사 수급이 어려워 곤혹을 겪고 있다. 물론 지방자치단체마다 그 여건은 조금씩 다르겠지만 대부분의 지역은 다 그러하다. 보육교사의 자격을 취득하고 교사로서 활동하지 않는 이유는 교사의 처우가 열악하기 때문이다. 정부에서는 막대한 예산을 보육에 투자해오고, 앞으로도 할 계획이지만 보육의 질은 여전히 담보할 수 없고, 믿고 맡길 곳이 없다고 곧잘 말하는 것에 심히 답답할 지경이다. 물론 그 해법은 보육교사의 질이 높아져야 할 것이고, 그러기 위해서는 보육교사의 근무시간과 근무여건에 상응하는 만큼의 처우가 따라야 할 것이다.

현재 어린이집 미이용아동의 어린이집 이용을 늘리기 위한 인허가를 확대해 주는 것보다 우선되어야 할 과제는 그 아동을 보육할 교사를 확보하는 것이다. 보육교사의 아동학대사건 등이 심심찮게 보도되는 시점에서 현장의 교사들은 어떤 상황에 놓여 있으며, 각 대학에서 배출되는 수많은 보육교사와 자격소지자들이 현장을 기피하는 이유는 무엇인지 가장 먼저 관심을 기울여야 할 때이다.

넷째, 보육의 질과 공공성을 높이기 위한 다변화가 필요하다. 국공립어린이집 확충 및 공공 일시보육서비스 제공, 시간연장형 등의 다양한 맞춤형 서비스의 제공이 필요하다. 또한 일정한 지도·감독기준 적용과 더불어 어린이집에 대한 총괄적 지원체계가 구축되어야 한다. 특히 질 높은 보육은 외형적·물리적 조건 충족요구나 평가인증

조력 수준을 넘어서 어린이집이 제대로 된 보육내용을 실시할 수 있도록 도와야 한다. 즉, 어린이집들이 보육철학, 보육목표 등을 공유하고 표준보육과정, 누리과정에 맞추어 보육할 수 있도록 구체적 내용에 대한 전문적 교육의 지속적 전개가 가능하도록 일관된 전달체계를 구축할 필요가 있다.

다섯째, 시·도나 시·군·구에 보육서비스의 질적 수준 제고를 위한 어린이집 장학, 멘토 등 지원을 위한 전문인력을 상시 배치하는 방안을 검토하여야 하고, 그 한 가지 대안은 지원체계로 육아종합지원센터의 역할과 전문인력 배치를 강화하는 방안도 필요하다. 아울러 영유아보육법에도 보육서비스의 질적 수준 제고를 위한 보육내용이나 프로그램 지원을 제도화하여 전문인력 배치 및 재정지원 근거를 마련할 필요가 있다.

2) 보육정책의 과제

보육의 질을 향상시키고, 공보육을 위한 앞으로의 보육정책의 과제는 다음과 같다(도미향, 2013a).

첫째, 다양한 보육서비스와 아동양육수당의 선택권이 필요하다. 핀란드의 경우 가족정책의 목표는 아동의 안전한 성장환경과 부모가 자녀를 잘 양육할 수 있는 물질적·정신적 자원을 제공하는 것이다. 즉, 아동수당제 도입을 통해 아동을 양육하는 데 드는 비용을 지원하고, 아동이 있는 가족과 없는 가족 간의 소득분배 효과를 얻고자 하는 것이다(도미향, 2011). 이러한 점은 현재 우리나라에서 어린이집 미이용아동에게 양육수당을 주고, 어린이집에 다닐 때 무상보육을 해주는 방식과 동일하지만 대부분 취업여성인 핀란드에서는 집에서 육아휴가를 사용하며, 아이를 키우면서 가정양육수당을 받는다는 점에서는 우리와는 조금 다르다.

그리고 프랑스의 경우는 한때 유럽 최저 출산율을 기록하였으나, 출산율 회복을 위하여 다양한 양육지원정책을 수립하였으며, 그 성과가 크게 나타났다. 그 방법은 가족수당이 정책의 소득에 관계없이 지급하는 보편적 수당과 소득수준에 따라 차등지급하는 소득연계형, 그리고 다자녀가구를 대상으로 하는 추가급여로 나누어져 있으며, 주요 지원대상은 0~6세 미만의 영유아를 대상으로 한 지원 또한 가정파견보육과 어린이집이용보육 등의 옵션이 주어진다. 따라서 이용자에게 이용권 등을 제공하여 서비스를 제공하는 기관을 스스로 선택하도록 하면서 아동수당제도의 보완을 통해 어린이집을 이용하지 않는 가정에게도 불리하다는 생각이 들지 않는 정책을 실시하고 있다. 이러한 점을 볼 때 우리나라에서도 다양한 양육수당과 어린이집 이용선택권이 필요하다.

둘째, 영아들을 위한 다양한 지원과 서비스의 개발이 필요하다. 유럽이사회(European Council)는 여성들의 노동시장 참여를 유도하기 위해 2010년까지 3세 미만 영아의 30%에게 보육서비스를 공급할 것을 제시하고 있는데, 우리나라의 영아 취원율(51.95%, 2010년 기준, 보건복지부)은 이보다 훨씬 상회하고 있어 국제적인 권고사항을 넘지 않는 수준을 유지하는 것이 필요하다. 현재 종일제로 일관하고 있는 보육서비스에서 탈피하여 시간제보육 혹은 일시보육서비스를 제공하고, 전업주부 자녀의 경우 국공립어린이집 등을 통한 양질의 일시보육서비스로서 종일제 서비스의 가수요를 방지할 필요가 있다. 그리고 가정에 있는 아동의 경우 어린이집 미이용수당이 20만 원 정도 주어진다. 그럼 0세아의 보육료가 75만 원이라고 본다면 부모의 입장에서는 어린이집을 이용하는 것이 정부로부터 더 많은 혜택을 받게 된다는 논리가 작용된다. 결국 굳이 어린이집을 이용하지 않아도 되는 영아까지도 어린이집을 이용하도록 내몰아 정작 맞벌이가정의 어린이집을 이용해야 하는 영아가 갈 곳이 없어지게 되는 현상을 초래한다. 또한 부모양육책임의 회피, 부모에게 양육되어야 할 아동권리에 위배될 수도 있다.

셋째, 우리나라에서 여성이 경제활동을 하기에는 노동시장환경이 아직 열악하다는 사실을 감안하여 남성이 혼자서 경제활동을 하는 홑벌이의 경우 자녀양육에 대한 경제적 부담이 크므로 이에 대한 양육을 지원한다는 목적하에 지원이 이루어져야 한다. 즉, 기존의 각종 현금지원정책을 강화할 필요가 있다. 각종 선별적 자녀양육 관련수당의 지원액수를 현실화하고, 부모 현금지원이 매우 제한되어 있으므로 소득공제 적용

보육·교육서비스 범위를 넓히는 등 간접 현금지원을 확대한다. 장기적으로 보육서비스와 그 대체개념인 양육수당으로 구성된 지원체계를 아동수당과 보육서비스의 병행체계로 재편하는 방안도 검토대상이다.

연습문제

1. 탁아사업의 보육사업으로의 변화가 함축하는 의미에는 무엇이 있을까?
2. 보육사업이 왜 '보충적 서비스'인지 설명하는 사례에는 무엇이 있을까?
3. 아동복지정책으로서 보육이 갖는 의의는 무엇일까?
4. 보육사업을 '교육' 차원에서만 고려할 수 없는 이유는 무엇인가?

연구문제

1. 연도별 보육사업의 안내를 보고 연도별 국가에서 내세운 보육사업의 기본 개념도를 비교해 보고, 향후 보육사업의 방향을 생각해 보자.
2. 보육전담 공무원을 행정기관에 배치 시 그들이 해야 할 역할에 관해 생각해 보자.
3. 아동복지에 입각한 포괄적 보육사업의 활성화 방안에 관해서 생각해 보자.

제 8 장

장애아동을 위한 아동복지실천

장애아동을 정의하기 위해서는 장애에 대한 개념 정의부터 이루어져야 하는데, 장애의 개념은 시대에 따라 변화하고, 국가마다 사회문화적 · 정치적 · 경제적 상황에 따라 다르게 정의되고 있어 이를 정의하기는 쉽지 않다. 한 나라의 장애인의 범주는 그 나라 국민의 장애에 대한 인식과 그 나라의 장애인복지를 가늠하는 척도가 될 수 있다. 이 장에서는 장애아동이 겪고 있는 현실적 상황을 파악하고 이를 지원할 수 있는 대책에 대해 논의하고자 한다.

1. 장애아동의 개념

1) 장애의 개념

장애의 개념은 나라와 시대와 사회적 환경에 따라 변화하고, 한 국가의 사회문화적 · 정치적 · 경제적 상황에 따라 다르므로 보편적 정의를 내리기가 쉽지 않을 뿐만 아니라, 학문 분야에 따라 다르며, 이론과 임상에서도 차이가 있다. 1975년 UN의 장애인 권리선언은 "장애인이라 함은 선천적이든 후천적이든 신체적 · 정신적 능력의 불완전으로 인하여 일상의 개인적 또는 사회적 생활에서 필요한 것을 확보하는 데 자기 스스로 완전히 혹은 부분적으로 확보할 수 없는 사람을 의미한다"고 정의하였다. 또한 1979년 UN총회에서는 "장애는 개인과 그 환경 간의 관계로 파악되어야 한다"고 함으로써 장애의 정의에 기능상의 장애뿐 아니라 사회적 불리(handicap)도 포함되어야 함을 명시하고 있다.

1980년 세계보건기구의 국제장애분류(ICIDH : International Classification of Impairments, Disabilities, and Handicaps)에 의하면, 장애의 개념을 심신의 손상(impairments), 능력장애(disability), 사회적 불리(handicap)의 세 가지 차원으로 보고 있다. 손상은 능력장애와 사회적 불리에 영향을 주며, 능력장애는 개인적 차원에서 일상생활의 활동에 나타나며, 사회적 불리는 사회적 차원, 즉 다른 사람과의 관계에서 비롯되는 것으로 장애인이 경험하는 불이익, 편견, 차별 등을 의미한다.

손상(impairments)은 신체구조학적 · 해부학적 기능 및 심리적 구조나 기능의 일부가 상실된 상태를 말하는 것으로 미국의학협회의 정의에 의하면 손상은 전문가적 결정으로 증후나 증상, 검사 소견 또는 심리적 검사에 입각해서 평가된 해부학적 또는 기능적 이상이나 의미있는 행동상의 변화를 말한다. 손상의 개념에서 볼 때 시각, 청각, 언어, 지체, 지적장애, 정서장애 등 외부로 현저하게 나타나는 비정상적 특성을 가진 자를 말한다.

능력장애(disabilities)는 "손상으로부터 야기된 것으로서 정상적인 것으로 간주되는 범위 내에서 또는 그러한 방식으로서 활동을 수행하는 능력의 제약 또는 결여"를 뜻한다. 즉, 능력장애는 정신적 · 신체적 손상의 결과만이 아닌 그 상태에 대한 그 개인의 적응의 결과로서 개인적 차원에서 일상적 활동 영역에 나타나는 이차적 장애를 의미한다. 능력장애는 행동상의 장애, 의사소통장애, 개인생활보호(care)장애, 운동장애, 숙련장애, 신체자세(disposition)장애, 상황적(situational) 장애 등을 의미한다.

사회적 불리(handicap)는 사회적 차원에서의 장애 개념으로 손상이나 능력장애로부터 야기되는 것으로서, 개인의 손상이나 기능 제약으로 인해 사회생활에 대한 참여에 제한을 받거나 지장을 초래하는 것을 의미하는 것으로서 장애인과 그를 둘러싼 주변 환경과의 관계에서 발생되는 문제를 말한다. 사회적 불리에는 신체적 자립 불리, 이동성 불리, 직업상 불리, 사회통합 불리 등이 포함된다.

WHO는 1997년 새로운 장애분류표(ICIDH-2)에서 1980년의 세 가지 장애 개념인 손상, 능력장애, 사회적 불리가 내재하고 있는 장애에 대한 부정적 의미, 즉 장애가 개인적 손상에서 출발하여 고정된 개념의 능력장애나 사회적 불리로 고착된다는 잘

못된 의미를 바꾸기 위해 중립적 의미의 장애 개념으로 개정하였는데, 장애 개념을 손상(impairment), 활동(activity), 참여(participation)로 정의하면서 이것은 상호관련성을 가지며, 개인의 질환과 정서 상태인 보건 상태(health condition)와 사회환경적 요인이 복합적으로 상호작용하여 나타나는 결과라고 설명했다. 여기서 환경적 요인은 사회적 태도, 건축 장벽의 특징, 법체계들을 의미하며, 개인적 요인은 성, 나이, 보건 상태, 삶의 형식, 습관, 양육 태도, 성격, 사회적 배경, 교육 정도, 과거와 현재의 경험, 심리적 특성을 의미한다. 2001년 5월 WHO는 1997년 제안된 ICIDH-2의 장애 개념이 장애 개념으로 통용될 수 있도록 승인하였으며, 이 개념의 특징은 장애에 대한 개념을 개인적 요인과 사회적 요인을 동시에 고려한 것이라고 볼 수 있다.

지금까지 각국에서 널리 사용한 장애에 대한 정의는 일반적으로 의학적 모델(medical model) 또는 개인적 비극 모델(personal tragedy model)이었다. 그러나 최근에는 이러한 의학적 모델에 반대되는 사회적 모델(social model)이 등장하였다. 이 모델은 장애를 보다 근본적 관점에서 바라보는 것으로서 사회구조가 장애인을 거의 배려하지 않았기 때문에 장애인들이 사회 주류에서 배제되고 있다는 점을 인정하고 있다. 즉, 의학적 모델은 장애의 주안점을 치료를 통한 개인의 변화에 두고 있고, 사회적 모델은 장애를 유발하는 사회적 환경들을 개선해야 된다는 데 두고 있다.

우리나라에서의 장애에 대한 정의는 장애인복지법, 장애인 등에 대한 특수교육법, 장애인고용 및 직업재활법에서 규정하고 있는데, 장애인고용 및 직업재활법의 장애에 대한 정의는 장애인복지법을 그대로 적용하고 있으므로 장애인복지법과 장애인 등에 대한 특수교육법의 정의를 살펴보면 다음과 같다.

1981년 제정된 「심신장애자복지법」은 1989년 「장애인복지법」으로 전문개정, 1999년 2월 전문개정되었다. 1999년 2월 31일 시행령과 시행규칙의 개정으로 장애 범주가 확대되었고 장애에 대한 개념이 재개념화되었다. 개정된 장애인복지법 제2조에서는 장애인의 정의를 "장애인은 신체적·정신적 결함으로 인하여 장기간에 걸쳐 일상생활 또는 사회생활에 상당한 제약을 받는 자로서 대통령령이 정하는 장애의 종류 및 기준에 해당하는 자"로 규정하면서 장애 종류를 신체적 장애와 정신적 장애로 구분하여 정의하고 있다. 특수교육진흥법은 1977년 제정되어 1994년 개정되었으며, 2007년 '특수교육지원법'으로 2008년 '장애인 등에 대한 특수교육법'으로 개정되었다. 이 법률에서의 장애아동은 특수교육이 필요한 장애인으로 진단, 평가된 사람으로 시각장애, 청각장애, 지적장애, 지체장애, 정서장애(자폐 포함), 언어장애, 학습장애, 기타 교육부령이 정하는 장애를 가진 사람으로 정의하고 있다. 우리나라의 경우는 일반적으로 장애 개념을 정의할 때 장애인복지법상의 장애인을 장애 개념으로 본다.

2) 장애아동의 개념

장애의 정의와 마찬가지로 아동을 정의하는 것도 쉽지 않은데, 왜냐하면 아동과 청소년의 구분 또한 시대에 따라 다를 뿐만 아니라 국가마다 차이가 있기 때문이다. 예를 들면, 19세기 이전에는 아동은 어른의 작은 존재로만 보았지 아동에 대한 개념이 거의 없었다. 아동의 개념은 아동기에 대한 연구가 시작된 이후에 비로소 변화되어 왔는데, 우리나라에서는 아동복지법의 규정에 따라 만 18세 미만인 자를 아동으로 정의하고 있다.

앞서 장애 개념에서도 언급한 바와 같이 실질적인 복지는 현행법에 근거하므로 법의 정의를 따르는 것이 가장 무난하지만, 이 경우에도 어떠한 법 규정을 적용할 것인가 하는 것이 문제가 되고 있다. 장애아동의 복지와 밀접한 관련이 있는 장애인복지법, 장애인 등에 대한 특수교육법, 아동복지법 등을 고려할 때 장애아동이란 중·고등학교 이하에 재학하고 있는 아동, 즉 18세 미만으로 장애인복지법에서 규정한 장애를 가진 사람이라고 정의할 수 있다.

2. 장애아동의 유형과 특수교육대상 아동

1) 장애아동의 유형

장애인 중에 장애아동, 더욱 넓은 의미에서 특수 아동은 충분한 잠재 능력을 실현하기 위해서 특수교육이나 이와 관련된 서비스를 받아야 하는 아동을 말한다. 장애아동이란 영유아기에 발견되는 장애를 가진 아동을 말한다. 장애인 등에 대한 특수교육법상의 장애아동 분류에 따르면 장애아동의 유형은 시각장애아동, 청각장애아동, 지적장애아동, 지체부자유 아동, 정서장애아동, 언어장애아동, 학습장애아동 등으로 나뉜다. 장애인복지법에 근거한 장애의 범주 및 종류는 2000년도에 장애인복지법 시행령과 시행규칙이 전면개정되어 대폭 확대되면서 장애를 크게 신체적 장애와 정신적 장애로 구분하였으며, 장애인복지법상 장애분류는 <표 8-1>과 같다.

〈표 8-1〉 장애 분류

대분류	중분류	소분류	세분류
신체적 장애	외부 신체 기능 장애	지체장애	절단장애, 관절장애, 지체기능장애, 변형 등의 장애
		뇌병변장애	중추신경의 손상으로 인한 복합적인 장애
		시각장애	시력장애, 시야결손장애
		청각장애	청력장애, 평형기능장애
		언어장애	음성 기능 또는 언어 기능의 영속적인 현저한 장애
		안면변형장애	안면부의 변형으로 인한 장애가 지속되며, 이로 인하여 사회생활활동이 현저하게 제한
	내부 기관 장애	신장장애	투석치료 중이거나 신장을 이식받은 경우
		심장장애	일상생활에 현저히 제한되는 심장 기능 이상
		호흡기장애	폐나 기관지 등 호흡기관 기능의 장애로 일상생활 및 사회생활활동 제한
		간장애	간의 기능에 장애가 지속되며, 이로 인하여 기본적인 일상생활 및 사회생활활동이 제한

신체적 장애	내부 기관 장애	장루장애	배변 기능 또는 배뇨 기능의 장애로 인하여 장루 또는 요루를 시술하여 일상생활을 하는 데 있어 상당한 제약을 받는 경우
		간질장애	간질로 인한 기능 및 능력장애가 지속되며, 이로 인하여 일상생활 및 사회생활활동이 제한
정신적 장애		지적장애	지능지수가 70 이하인 경우
		정신장애	정신분열, 분열형 정동장애, 양극성 정동장애, 반복성 우울장애
		자폐성장애	소아자폐 등 자폐성 장애

장애아동은 각자가 지니는 장애의 종류와 정도, 그리고 이로 인해 비롯되는 문제 등에 따라 정부 및 지역사회에서 제공되는 서비스를 받을 수 있다. 따라서 장애아동이 복지서비스를 이용하기 위해서는 장애기준에 의한 진단을 받아야 한다.

(1) 신체적 장애아동

① 지체장애아동

지체장애는 사람의 몸 중의 골격, 근육, 신경 중 그 어느 하나의 일부나 전체에 질병이나 외상 등으로 그 기능에 장애가 있을 때 대체로 운동장애(또는 감각장애를 동반하기도 함)의 상태로 그 증상이 나타나게 되는데 이를 지체장애라고 한다. 그러나 골절이나 근육의 파열상 등으로 어느 기간 동안 지체운동이 부자유한 상태일 때에는 지체장애라고 보지 않으며, 그 장애가 영구적으로 남아있을 경우에 지체장애라고 한다.

② 뇌병변장애아동

뇌병변장애란 중추신경의 손상 때문에 나타나는 복합적인 장애로 뇌성마비, 외상성 뇌손상, 뇌졸중 등 뇌의 기질적 병변에 기인하여 보행 또는 일상생활동작 등에 제한을 받는 장애를 말한다. 뇌성마비의 주 증상은 근육의 마비이다. 그러나 대부분의 경우 감각장애, 언어장애, 청각장애, 이상행동 등 여러 장애를 동반하고 있다. 뇌성마비는 간질발작을 일으키는 경우도 있으며 약 70% 정도에서 지능이 떨어져 학습은 물론 사회적응에도 많은 어려움을 겪게 된다. 외상성 뇌손상은 후천적, 비퇴행적이며 정상적인 건강 및 발달환경에서 갑작스럽게 발생된다는 점에서 다른 형태의 뇌손상과는 다르며, 일반적으로 정의할 때 퇴행성이나 선천성이 아닌 외부의 물리적 힘에 의한 손상의 결과로서 신체, 인지, 사회·심리 등의 다양한 기능에 장기적인 장애를 야기하는 뇌에 대한 후천적인 손상을 의미한다. 뇌졸중은 뇌혈관 장애로 갑자기 몸의 반대측 절반에 마비가 온 것을 말한다.

③ 시각장애아동

시각장애란 눈의 기능에 문제가 있는 경우를 총칭하여 말하는데, 장애의 기준은 시력 또는 시야의 이상 유무 및 그 정도에 둔다. 그리고 시력의 저하는 안경으로 보완되므로 장애 유무를 판정하기 위한 시력은 안경 착용 후 측정한 교정시력으로 한다. 일반적으로 시각장애는 시력이 제로인 맹(盲)과 시력이 저하되어 책에 실려있는 보통 크기의 글자를 읽을 수 없는 약시로 구분된다.

④ 청각장애아동

청각장애는 귀에서부터 뇌에 이르기까지 청각 전달에 관여하는 기관 중 어느 부분에 이상이 생겨 소리를 듣지 못하거나 들은 소리의 뜻을 정확하게 이해하지 못하는 경우를 총칭하여 말하는데, 일상생활에서 청각을 사용할 수 없는 상태인 농(聾)과 주로 큰 소리로 해야만 들리는 난청으로 구분된다.

⑤ 언어장애아동

언어장애란 선천적·후천적 원인으로 인해 의사소통 과정에 문제가 생겨 언어 습득 및 발달에 지장을 초래한 경우를 말한다. 의사전달이 잘 이루어지려면 다른 사람의 말 소리를 들을 수 있는 청각과 그 뜻을 이해하고 자신을 뜻을 가질 수 있는 지능 그리고 뜻을 표현할 수 있는 음성 및 조음기관에 이상이 없어야 하는데, 뜻을 표현할 수 있는 음성 및 조음기관에 이상이 있는 자를 언어장애인이라고 한다. 장애인복지법 시행령에서는 언어장애인의 기준을 음성 기능 또는 언어 기능에 영속적인 현저한 장애가 있는 사람으로 제시하고 있다.

⑥ 안면변형장애아동

안면변형장애는 선천성 기형, 질환 및 사고 등으로 인한 안면 부위의 변형(색깔, 모양, 혹 등)으로 사회생활활동에 현저한 제한을 받는 장애를 의미한다.

⑦ 신장장애아동

신장장애는 신장의 기능부전으로 인하여 혈액투석이나 복막투석을 지속적으로 받아야 하거나, 신장의 기능에 영속적 장애가 있어 일상생활활동에 현저한 제한을 받는 장애를 말하는데, 장애인복지법 시행령에서는 1개월 이상 혈액투석 또는 복막투석을 받고 있는 사람과 신장을 이식받은 사람으로 규정하고 있다.

⑧ 심장장애아동

심장장애는 심장의 기능부전으로 인하여 일상생활 정도의 활동에도 호흡 곤란 등의 장애가 있어 일상생활활동에 현저한 제한을 받는 장애를 말하는데, 장애 판정 직전 1년간 동일 심장질환에 대하여 지속적으로 치료를 받았으나 호전의 기미가 없을 정도로 장애가 고착되었을 때에 판정한다.

⑨ 호흡기장애아동

호흡기장애는 폐나 기관지 등 호흡기관의 기능에 장애가 있어 일상생활이나 사회생활활동이 현저하게 제한되어 항상 개호가 필요하거나, 수면, 휴식 등 제한된 시간을 제외하고 항상 개호가 필요한 장애 또는 수시로 개호가 필요한 장애를 말한다.

⑩ 간장애아동

간장애는 간 기능의 장애로 인하여 일상생활 및 사회생활활동이 극도로 제한되어 항상 개호가 필요하거나, 현저하게 제한되어 수면, 휴식 등 제한된 시간을 제외하고 항상 개호가 필요한 경우, 또는 수시로 개호가 필요한 경우, 만성 간 질환으로 간이식을 받은 경우를 말한다.

⑪ 장루장애아동

직장이나 대장, 소장 등의 질병으로 인해 대변 배설에 어려움이 있을 때 복벽을 통해 체외로 대변을 배설시키기 위해 만든 구멍을 장루라고 한다. 이와 같은 결장루, 회장루, 요루 기능에 장애가 있어 일상생활이나 사회생활활동에 현저한 제한을 받는 사람을 장루장애인이라고 한다.

⑫ 간질장애아동

간질(epilepsy)은 인간 뇌를 구성하고 있는 신경세포 중 일부가 다양한 원인에 의해 기능 이상을 일으켜 짧은 시간 동안 정상적으로 발생하는 전기보다 과도한 전기를 발생시킴으로써 발작을 일으키는 신경계의 만성질환이다. 간질장애인은 간질로 인한 기능 및 능력장애가 지속되며, 이로 인하여 기본적인 일상생활 및 사회생활활동이 현저하게 제한되어 수면, 휴식 시간 등 제한된 시간을 제외하고 항상 개호가 필요하거나, 수시로 또는 가끔씩 개호가 필요한 사람을 말한다.

(2) 정신적 장애아동

① 지적장애아동

우리나라 장애인복지법에서는 지적장애인이란 정신발달이 항구적으로 지체되어 지적 능력의 발달이 불충분하거나 불완전하고 자신의 일 처리와 사회생활에의 적응이 현저히 곤란한 사람으로 규정하고 있다. 세계보건기구(WHO)는 지적장애를 일반적으로 지적 능력 발달이 불충분하다든지 불완전한 상태를 의미한다고 정의하고 있다. 미국정신의학회에서는 지능지수 기준으로 경도(mild : IQ 50~75), 중(中)도(moderate : IQ 25~50), 중(重)도(severe : IQ 0~25)로 구분하고 있다. 이 기준에서 경도는 교육 가능자(educability), 중(中)도는 훈련 가능자(trainability), 그리고 중(重)도는 전적인 요보호자(total dependency)로 규정하고 있다.

우리나라의 장애인복지법 시행규칙에서는 지적장애인을 1급부터 3급까지 구분하고 있는데, 그 내용에 근거하여 살펴보면 다음과 같다.

- 1급 : 지능지수 34 이하의 아동으로 일상생활과 사회생활의 적응이 현저히 곤란하여 일생 동안 타인의 보호가 필요한 경우
- 2급 : 지능지수 35 이상 49 이하의 아동으로 일상생활의 단순한 행동을 훈련시킬 수 있고 어느 정도의 감독과 도움을 받으면 복잡하지 않고 특수 기술을 요하지 않는 직업을 가질 수 있는 경우
- 3급 : 지능지수 50 이상 70 이하의 아동으로 교육을 통한 사회적 · 직업적 재활이 가능한 경우

② 정신장애아동

정신장애인이란 정신병(기질적 정신병 포함), 인격장애, 기타 비정신병적 정신장애를 가진 자로 의학적 진단분류에 따라 정신과 전문의에 의해 진단명을 부여받은 자를 말한다. 우리나라 장애인복지법 시행령에 의하면, 정신장애인이란 지속적인 정신분열병, 분열형 정동장애(情動障碍), 양극성 정동장애 및 반복성 우울장애에 의한 기능 및 능력 장애로 인하여 일상생활 혹은 사회생활을 영위하기 위한 기능 수행에 현저한 제한을 받아 도움이 필요한 사람이라고 규정하고 있다.

③ 자폐성 장애아동

장애인복지법에서는 자폐성 장애를 소아기 자폐증, 비전형적 자폐증에 따른 언어 · 신체표현 · 자기조절 · 사회적응 기능 및 능력의 장애로 인하여 일상생활이나 사회생활에 상당한 제약을 받아 다른 사람의 도움이 필요한 사람으로 정의하고 있다.

자폐성 장애는 발달장애로 불리고 있는데, 발달장애에 관한 정의는 1976년 미국발달장애지원 및 권리장전법(Developmental Disabilities Assistance and Bill of Rights Act : PL 94-103)에서 처음으로 언급되었다. 동법은 발달장애를 "18세 이전에 발생하는 지적장애, 뇌성마비, 간질 또는 자폐증에 기인한 지속적이고 본질적인 장애"라고 정의하고 있다. 우리나라에서 이러한 발달장애라는 용어의 사용은 1990년대 초반으로 추정되고 있다. 그러나 1999년 2월 8일 장애인복지법의 전문을 개정, 장애범주를 확대하고 장애개념을 재개념화하면서 발달장애라는 장애명을 공식으로 사용하였으며, 발달장

애의 개념을 자폐증으로 정의하여 사용하고 있다. 자폐증은 1943년 케너(Kanner)에 의해 처음 보고되었으며 유아자폐증이라 명명하였다. 자폐증은 1만 명당 4~7명의 빈도로 우리나라에 약 4만 명이며 남·여의 비율은 3~4:1로 남자가 많은 것이 특징이다. 케너의 자폐아 증상 열 가지는 다음과 같다.

① 대인관계를 형성하지 못한다. ② 언어습득이 지연된다. ③ 언어 발달상 대화할 수 없는 언어를 사용한다. ④ 반향어, 즉 다른 사람의 말을 되풀이하는 경향이 있다. ⑤ 대명사를 반전(反轉)하여 사용한다. ⑥ 틀에 박힌 놀이를 반복한다. ⑦ 동일성 유지에 대한 강박적 욕구가 있다. ⑧ 상상력의 결여를 보인다. ⑨ 기계적 암기력이 좋다. ⑩ 외견상 정상적 신체 발달을 보인다.

2) 특수교육 대상 아동

특수교육 대상 아동은 시각장애, 청각장애, 언어장애, 지적장애, 지체장애, 뇌성마비, 자폐증장애, 정서 및 행동장애, 학습장애아동 등으로 그 특성을 살펴보면 다음과 같다.

(1) 시각장애아동

시각장애는 아동의 신체발달에 간접적인 영향을 미치며, 시각적 자극의 제한, 모방학습의 제한, 환경적 요인 등이 발달의 중요 요인이 되고 있다(Warren, 1994). 대체로 앉거나 서기와 같은 정적 운동 기능은 일반 아동과 비슷하게 발달하지만, 기거나 걷기와 같은 동적 운동은 정상적인 발달에 비해 느린 편이다. 인지적 특성에서는 경험 부족으로 인해 인지발달에 어려움이 따르나 학업 성취 부분에서는 비장애아동과 비교해 볼 때 격차가 크지 않다. 이는 통합교육의 영향과 학습매체의 발달 때문으로 볼 수 있다.

선천성 맹아들은 시각적 자극이 제한되어 언어발달이 지연되며, 뜻을 모르고 사용하는 단어가 많다.

(2) 청각장애아동

청력 손실 정도, 청력 손실 시기, 지능, 가정과 지역사회의 특성, 교육적 경험에 따라 특성은 다르게 나타난다. 청각장애아동이 겪는 가장 큰 어려움은 의사소통인데, 언어 표현 능력이 생기기 이전에 청력 손실이 발생한 경우는 구어 기술을 습득하는 데 어려움이 많다. 청각장애아동의 말하기 능력은 같은 또래의 아동에 비해 많이 뒤떨어진다. 청각장애아동은 말의 조음적 문제뿐만 아니라, 어휘와 문장 구조의 습득에도 어려움을 겪는다. 인간의 지적 성숙은 언어발달과 연관성이 높으므로 청각장애아는 인지 능력에 장애가 발생할 수 있다. 언어 능력의 결핍으로 인하여 농아동의 인지 능력 발달이 비장애아동에 비해 평균 2~5년의 지체를 보이는 경우도 있다.

(3) 언어장애아동

언어장애아동은 조음장애, 유창성 장애, 음성장애 등으로 인하여 의사소통이 곤란하고 학습에 어려움이 있는 아동이다. 조음장애는 구강에서 말소리를 만드는 데 잘못이 생겨서 발음이 제대로 되지 않고 발음이 부정확한 상태를 말한다. 유창성 장애는 소리의 조절(발성), 말의 리듬이나 속도 조절에 문제가 있는 경우를 말하는데, 가장 대표적인 것으로 말더듬이 있다. 음성장애는 공명장애 및 발성장애의 두 가지로 나누어진다. 공명장애는 과대 비성과 이상 비성의 증상을 나타내며, 발생장애는 목쉰 소리 등의 특징을 나타낸다. 언어장애는 언어가 또래 아동보다 늦는 언어발달지체, 교통사고 등으로 인한 뇌손상이나 신경계에 이상이 생겨 발생하는 실어증이나 구어 실행증, 지능이 낮은 결과로 인해 발생하는 언어지체 등도 포함된다.

(4) 지적장애아동

지적장애아동의 발생 원인은 생물학적(기질적) 원인과 환경적 원인으로 분류된다. 생물학적 원인으로는 21번 염색체가 세 개로 인한 다운증후군이 있다. 다운증후군(Down's syndrome)은 전체 지적장애의 5~6%에 달하는 것으로 추정되고 있다. 이 외에 신생아의 영양결핍, 뇌막염, 뇌염, 출산 시 두뇌 외상, 조산으로 인한 신생아의 무게가 2.5kg 이하일 경우, 혹은 산모의 알코올중독, 풍진이나 매독, 에이즈 등으로 인한 원인 등의 여러 가지 요인이 지적장애를 발생시킬 수 있다. 환경적 원인들로는 사회·경제적으로 불리한 입장에 있는 환경의 아동의 경우 부모의 보살핌이 부족한 환경으로 인하여 경도 지적장애아동으로 자라나는 경우도 있다.

지적장애아동은 고등학교를 졸업할 시기에도 초등학생 정도의 학습 능력을 가질 뿐만 아니라 대인관계가 원만치 못하고 여러 상황에서 대처 능력이 떨어지며, 언어에 지체가 있어 사회적응상 많은 문제가 발생된다.

(5) 지체장애아동

지체장애아동의 신체적 발달은 개인차가 심하다. 지체장애아동은 장애로 인한 동작의 제한, 자세의 이상 등으로 인한 심리적 갈등을 겪을 수 있다. 지체장애아동이 겪는 어려움은 자신의 신체적 장애로 인한 활동의 제약으로 인한 일상생활의 어려움과 사회·정서적 부적응보다는 자신의 장애를 있는 그대로 받아들이려 하지 않기 때문에 발생되는 심리적 문제이다. 이 외에도 자신의 장애로 인한 부정적 자아개념과 과보호로 인한 의존성 등이 나타난다

(6) 뇌성마비아동

뇌성마비아동 중에는 지적인 결함을 보이는 학생이 있으나(약 70%), 보통 이상의 우수한 지적 능력을 보이는 아동도 있다. 뇌성마비 아동은 의사소통의 장애를 가지고 있는데, 이러한 의사소통 장애는 경도 조음장애부터 발성기관의 장애까지 그 정도가 다양하며, 뇌성마비의 유형에 따라 특성이 다르게 나타난다. 뇌성마비의 발생은 출산과 밀접한 관계를 가지고 있는데, 정상 분만아에서보다는 조산이나 미숙아에게 그 발생률이 높다. 또한 출산 시 난산으로 인한 산소 결핍, 임신 초기(대개 3개월 이내)에 산모가 풍진을 앓았거나 약물에 중독되었거나, 산모와 태아의 혈액형이 맞지 않을 때(아버지 RH^{+}와 어머니 RH^{-}의 부조화)에도 발생된다.

(7) 자폐증 아동

자폐증은 언어 및 비언어적 의사소통과 사회적 상호작용에 심각한 문제를 겪는 장애로 일반적으로 3세 이전에 나타난다. 자폐증은 환경 및 일상의 변화를 거부하며, 몸을 앞으로 계속 흔들거나 깡충깡충 뛰는 등 독특한 감각 반응이 있으며, 반복적 행동 특징이 있다. 자폐증은 1만 명당 4~7명의 빈도로 발생되며, 남녀 비율은 3~4 : 1로 남자가 많다. 자폐증의 주된 원인은 복합적으로 작용되기 때문에 정확한 원인을 알 수 없지만 대체로 정신·사회학적 원인과 유전적 원인, 출산 시 뇌손상이나 신경전달물질 이상 등의 생물학적 요인이 주된 원인으로 추측되고 있다.

(8) 정서 및 행동장애아동

정서 및 행동장애를 일으키는 원인은 크게 생물학적 요인, 심리사회적 요인 또는 가족 요인과 학교 요인 등을 들 수 있다. 가족 요인은 부모의 일관성 없는 양육 태도와 거부적 양육 태도, 아동에 대한 부모의 너무 높거나 낮은 기대 등이며, 학교 요인은 아동의 개별성에 대한 교사의 무관심 등이다. 대부분의 정서 및 행동장애아동은 읽기와 쓰기, 셈하기 등에 많은 문제를 나타내며, 어떤 경우에는 기본적인 기초생활기능에서도 문제가 발생한다. 정서 및 행동장애아동이 학교 상황에서 보편적으로 나타내는 행동은 과잉행동, 산만성, 충동성이다.

(9) 학습장애아동

학습장애아동은 지능이 정상임에도 불구하고 학습이 부진한 정도를 넘어서 성적이 현저하게 낮은 아동이다. 이들은 읽기와 쓰기, 셈하기 등에 현저한 장애가 있는데, 우리나라 장애인 등에 대한 특수교육법에서는 특수교육 대상자의 진단, 평가 심사 및 선정 기준에서 학습장애를 지닌 특수교육 대상자를 셈하기, 말하기, 읽기, 쓰기 등 특정한 분야에서 장애를 지닌 자로 규정하고 있다. 학습장애의 원인으로는 생물학적 요인, 환경적 요인을 들 수 있다. 생물학적 요인은 신경학적 요인이나 중추신경계의 기능장애이며, 환경적 요인은 어린 시기에 열악한 환경 조건으로 인한 학습 기회의 부족 등이다.

3) 기타 아동기에 발생되는 장애

아동복지실천현장에서 주로 접하게 되는 장애인 주의력결핍 및 과잉행동장애, 반항성 장애, 분리불안장애, 틱장애의 특징을 살펴보면 다음과 같다.

(1) 주의력결핍 및 과잉행동장애(ADHD : Attention Deficit Hyperactivity Disorder)

발달적으로 주의력이 부적절하고 충동적이며 과잉행동을 보이는 특징이 있는데, 많은 경우 증상이 발생된 후 몇 년이 지나서야 진단된다. 만 4세 이전에 발생되는 것으로 보고되었지만 행동상의 문제들이 뚜렷하게 나타나는 것이 학교 입학과 함께인 경우가 대부분이다(유효순 · 지명제, 1993). 주의력결핍 및 과잉행동장애의 원인은 유전적 소인이 높다. 쌍생아 연구에서 유전적 요인이 약 50%로 나타났다. 출생 전후 요인 5%, 20세 미만의 임산부 8.5%, 임신 중 모성의 건강 불량 13%, 과숙아 16%의 보고가 있으며, 기질 및 발달적 요인으로는 까다로운 기질을 가진 영아의 70%가 후에 행동문제를 나타낸다고 보고되고 있다. 심리사회적 요인으로는 부적절한 양육에 의한 각성수준 유지의 장애나 조기 경험의 중요성, 사회경제적 여건의 중요성이 논의되고 있다. 이 장애의 임상증상은 심하게 움직이고 부산스럽게 뛰는 과다활동(hyperactivity), 집중력이 짧고 쉽게 싫증을 잘 내는 주의 산만함(inattention), 참을성이 적고 감정변화가 많은 충동적 행동(implusivity)의 세 가지가 주된 특징이다(대한신경정신의학회 편, 2000).

치료는 교육적, 인지행동적, 약물치료가 상호보완적으로 필요하다. 행동치료는 부모가 프로그램에 함께 참여하고 자녀에게 지속적 규칙, 구조화된 스케줄과 환경을 제공할 수 있을 때 성공적이다. 청소년기가 시작되면서 과잉행동은 점차 줄어드는 경향을 보이나 태만과 충동은 성인기까지 지속된다. 더욱이 청소년기 동안 과잉행동아동의 비행과 행동장애는 일반 아동보다 훨씬 높게 나타난다. 과잉행동아동이 성인기에 이르면 사회기술 부족, 사회적 고립, 낮은 자존감, 반사회적 행동을 나타낸다. 과잉행동아동이 행동장애 진단을 받았을 경우, IQ가 낮을 경우, 부모가 심각한 정신장애일 경우 아동의 예후는 아주 나쁘다(National Social Work Examination, 1994). 아동기의 행동장애가 성인기의 반사회적 인격장애로 이행하는 것은 약 1/3 정도이며, 지능이 낮거나 또래관계가 적어 사회적응기술이 부족하거나 발병연령이 낮거나 형제, 부모, 배우자의 지지가 없을 때 예후는 더욱 좋지 않다(대한신경정신의학회 편, 2000).

(2) 반항성 장애(oppositional defiant disorder)

반항성 장애는 뚜렷하게 반항적 · 불복종적 · 도발적인 행동을 보이지만, 규칙을 어기거나 타인의 권리를 침해하는 반사회적 행동이나 공격적 행동이 두드러지지 않는 특징을 갖고 있다. 빈도는 2~20%까지 보고되고 있으며 여자에 비해 남자에게 2~3배 더 많이 나타난다. 임상양상으로는 타인의 권리에 대해 중대한 침해가 없으면서 따지고 말 안 듣는 행동이 특징적이다. 뻔뻔하고, 부정적이고, 도발적인 특징이 있다. 원인으로는 유전적 · 신경학적 · 기질적 요인도 관여되지만 심리사회적 기전이 중요한 것으로 알려져 있다. 치료는 긍정적 강화, 효과적으로 지시하기, 격리(time out), 토큰요법(token economy)과 같은 행동수정 기법을 가르치는 부모상담이 중요하다(대한신경정신의학회 편, 2000).

(3) 분리불안장애(separation anxiety disorder)

분리불안장애는 아동이 부모, 양육자, 혹은 애착대상자로부터 분리되는 것에 대한 극도의 불안을 보일 때 진단된다. 8세 이전에 증상을 보여야만 진단 내릴 수 있으며, 최소 2주간 증상이 지속되어야 하고, 이러한 증상은 아동의 발달연령(developmental age)에서 일어날 수 있는 증세보다 훨씬 심각하다. 불안증세는 애착대상에게 좋지 않은 일이 일어날 것이라는 지속적이며 비현실적인 걱정, 혼자 있는 것에 대한 지속적 회피, 분리에 대한 반복적 악몽, 애착대상자로부터 분리되었을 때 발생하는 고통의 증세 혹은 분리가 예견될 때 나타나는 신체적 고통을 포함한다. 분리불안장애는 종종 등교에 대한 극심한 불안과 복통, 두통, 메스꺼움 등과 같은 신체적 증상을 동반하는 학교공포증(school phobia)과 유사한 증세를 보일 수 있다. 5~7세에 나타나는 학교공포증은 분리불안에 의해 일어날 가능성이 높으며, 청소년기에 나타나는 학교공포는 우울증이나 다른 심각한 장애의 초기 증상일 가능성이 높다.

분리불안장애는 가족 간에 지나치게 밀착되고, 아이에 대한 과잉보호경향을 보이며, 아동의 성격은 매우 의존적이며, 부모이 사랑을 지나치게 갈구하는 특성을 보인다. 주위사람의 죽음, 아이 또는 부모의 질병치료, 동생 출생, 심한 부부싸움, 이사, 전학 등 생활환경의 변화가 원인이 될 수 있다. 임상양상은 자신 혹은 애착대상에게 불행한 일이 발생되어 다시는 볼 수 없지도 모른다는 걱정에 휩싸여 있다. 분리불안장애의 치료는 가족치료와 개별 심리치료를 병행하며, 자기주장훈련, 탈감각, 홍수법 등 행동기법을 주로 사용한다(대한신경정신의학회 편, 2000).

(4) 틱장애(tic disorder)

틱이란 어떤 근육군이 뚜렷한 목적 없이 갑자기 연속적으로 빠르게 일정치는 않으나 동일하게 반복적으로 움직이거나 목소리를 내는 것이다. 흔히 볼 수 있는 증상으로는 눈 깜빡거리기, 코·귀 움직이기, 혓바닥을 내밀거나 입술을 무는 것, 손을 올렸다 내렸다 하는 것, 안면의 가벼운 경련, 얼굴 찡그림, 목을 젖히거나 구부는 행동 등이다. 발병의 최저연령은 4세이며, 보통 8~12세 사이에 가장 많이 발병한다. 6세 이하의 경우는 많지 않으나 초등학교 저학년에 가장 많이 발병한다. 대부분 일시적이지만 만성화되는 경우도 있다. 정서적으로 흥분되면 좀 더 강력하고 빈번하게 일어난다. 발병률은 남자와 여자의 비율이 3:1이고 전체 인구의 1% 정도 나타난다. 틱장애의 원인을 정신분석학자들은 리비도의 고착이라고 가정하고 상처받은 사건의 결과라고 주장했다. 틱은 성격구조가 성기기에 고착되어 개인에게 발생한 성적 공격충동의 치환 상태라고 보았다. 반면에 학습이론가들은 학습된 습관이라고 주장했다. 그러나 최근의 연구는 틱은 아동기의 신경화학작용의 장애가 원인이며, 중추신경계의 신경화학체계의 부조화가 틱을 일으키는 가장 중요한 원인이라고 한다. 치료방법으로는 습관교정 같은 행동기법이 효과적이다(대한신경정신의학회 편, 2000).

3. 장애아동의 문제

1) 가족갈등

장애아동의 문제는 아동 개인만의 문제로 국한되는 것이 아니라 다양한 문제가 발생되면서 가족 전체의 심리적 안정과 결속의 위험 요소로 작용할 수 있다(정영숙, 2003). 장애아동의 부모는 비장애아동의 부모에 비하여 높은 스트레스를 받고 있고, 양육에 대한 부담감을 가지고 있다. 대부분의 장애아동 부모는 양육으로 인한 심리적·신체적·경제적 부담과 함께 장애아동의 미래에 대한 불안을 느끼고 있다. 특히 장애아동의 주 양육자인 어머니는 자녀를 돌보는 데 많은 시간을 소비하고 있으며 신체적으로 만성적인 과로 상태에 있게 된다. 외부와의 관계에 있어서도 접촉을 피하는 경향이 있으며, 가족 외출 등에 제약을 받고 있다. 경제적 측면에서도 장애아동 양육으로 인한 특별한 지출이 필요한 경우가 많다. 그리고 장애아동의 치료와 교육 및 재활을 위한 장애아동에 대한 관심 집중은 가족갈등을 유발하기도 한다.

2) 비장애아동의 문제

장애아를 형제자매로 둔 아동이 여러 가지 어려움을 겪고 있음을 많은 연구들을 통해서 알 수 있다. 이들 비장애아동은 부모의 장애아동에 대한 관심 집중으로 인해 부모로부터 소외감을 느끼기도 하며, 장애아동에 대한 과도한 책임감을 부여받기도 하고, 부모의 장애 자녀에 대한 실망감을 보상해 주기 위해 과도한 성취 욕구에 시달릴 수 있다. 또한 비장애아동은 부모의 인생 후반기에 장애를 가진 형제자매를 돌보아야 한다는 책임감을 가질 수 있고, 그러한 책임감으로 인해 배우자 선택에 두려움을 겪기도 한다. 뿐만 아니라 '과잉동일시' 현상으로 인해 비장애아동의 발달이 지체되는 경우가 발생하기도 하며, 장애에 대한 '전염성'에 대한 우려 혹은 자신이 장애아를 출산할지도 모른다는 미래에 대한 염려를 가지기도 한다. 그러나 반드시 장애아 형제자매로 인한 부정적인 영향만이 존재하는 것은 아니다. 몇몇 연구들은 장애아동의 형제자매들이 더욱 뛰어난 통찰력을 가지고 있으며, 타인의 어려움에 관용적이고, 삶에 대한 목적이 보다 분명하고 더 성숙한 경향이 있다고 보고하고 있다.

3) 경제적 문제

장애아동을 양육하는 가정은 기본적인 양육비용 외에도 추가 비용이 많이 들기 때문에 경제적 부담이 가중된다. 장애아동 가족은 장애아동과 관련하여 상당한 정도의 추가 지출 부담을 안고 있음에도 불구하고 이 모든 부담이 전적으로 개별 가족에게 전가되어 장애아동이 적절한 치료와 교육을 받지 못하고 방치되어 있는 경우가 적지 않은 것으로 파악되고 있다. 이는 결국 장애 정도를 심화시키고 재활의 가능성과 기회를 축소시킴으로써 사회적으로도 커다란 손실을 초래하게 되는 문제라는 점에서 시급한 해결이 요구되고 있다(오혜경b, 2001).

장애아동 가정은 양육에 있어서 경제적 부담이 매우 큰 것으로 나타나고 있지만 장애아동을 양육하는 가정의 추가 비용 보전에 있어서 기초생활보호대상자 및 차상위계층 이하의 장애아동 가정으로 지원대상을 소득기준으로 제한하고 있을 뿐만 아니라 지원수준도 장애로 인한 추가 소요 비용에 미치지 못한 실정이다. 그리고 장애아동을 둔 가정의 부모는 비장애아동 가정의 부모에 비해 맞벌이를 통한 경제적 자립의 기회가 적은데, 왜냐하면 가족구성원 중 누군가가 장애아동 양육에 전념해야 하기 때문이다. 따라서 장애아동을 양육하는 가정은 소득 대비 지출이 높은 이유로 경제적으로 어려움을 겪게 됨을 알 수 있다.

4) 교육문제

장애아동에 대한 특수교육은 초등학교 및 중학교 과정은 의무교육이며, 유치원 및 고등학교 과정의 교육은 무상교육으로 제공된다. 이처럼 학령기 장애아동은 적절한 교육을 받을 수 있도록 장애인 등에 대한 특수교육법에 규정되어 있음에도 불구하고 실제로 장애아동이 학교로부터 받는 서비스는 제한적이다. 왜냐하면 지역에 따라 특수학교와 특수학급이 불균형하기 때문이다.

미국의 예를 보면, 대부분의 장애인은 비장애인보다 낮은 수준의 교육을 받고 사회로 진출하며, 기술교육에 있어서도 비장애인에 비하여 저급한 수준의 기술과 자격증을 가지고 학교를 떠나기 때문에 취직률이나 고용 지위의 수준도 낮은 것으로 보고되고 있다(U.S. Department of Education, 1995; Harris, 1989).

이러한 낮은 교육 수준은 향후 사회·경제적 지위에 많은 영향을 주기 때문에 교육문제는 또 다른 문제를 발생시키는 요인으로 작용될 수 있다.

4. 장애아동을 위한 복지서비스 현황

1) 소득보장서비스

장애아동을 위한 대표적인 소득보장서비스로는 장애아동을 보호·양육하는 보호자를 경제적으로 지원하기 위한 장애아동수당이 있다. 장애아동수당은 장애인의 경제적 생활수준을 고려한, 장애로 인한 추가 비용 보전에 대한 부분으로, 지급 대상으로는 국민기초생활 보장법에 의한 수급자와 차상위 계층의 18세 미만 아동들의 보호자이다.

2) 의료서비스

의료서비스는 장애인의 잔존 능력을 최대한 증진시켜 사회에 복귀시키는 데 목적을 달성하기 위한 의료재활에 목표를 두고 있다. 의료재활의 방법에는 약물 투여 및 수술 등의 치료와 물리치료, 작업치료, 언어치료 등이 있다.

장애인 의료비에 대한 지원은 의료급여법에 의한 2종 의료급여 대상자인 장애인에 대해 1차 진료기관 진료 시 본인 부담금 1천 원 중 750원을 지원하고, 2, 3차 의료급여기관 및 국·공립결핵병원 진료 시 의료급여수가 적용 본인 부담 진료비 전액을 지원하고 있다.

또한 정형외과용 구두나 욕창 방지용 매트 등 장애인 재활보조기구를 무료로 제공하고 있다. 보장구와 관련해서는 건강보험급여를 실시하여 건강보험 대상자는 적용대상 품목의 기준액 범위 내에서 구입비용의 80%를 공단에서 부담하고, 의료급여 수급권자는 전부(1종) 또는 80%(2종)를 공단에서 부담하도록 하고 있다. 그리고 2002년부터 저소득 청각장애아동에게 인공달팽이 수술을 지원하도록 하고 있으며, 선천적 장애발생 예방을 위한 사업으로 임산부 및 영유아에 대한 검진 및 건강관리사업 등의 모자보건사업을 강화하고 있다.

3) 시설서비스

장애인복지법에 규정된 장애인복지시설은 장애인 생활시설, 장애인 지역사회 재활시설, 장애인 직업재활시설, 장애인 유료복지시설로 구분된다.

이를 구체적으로 살펴보면, 장애인 생활시설은 장애 유형별 생활시설, 중증 장애인 요양시설, 장애 영유아 생활시설을 포함한다. 장애인 지역사회 재활시설에는 장애인 복지관, 장애인 의료재활시설, 장애인 주간보호시설, 장애인 단기보호시설, 장애인 공동생활가정, 장애인 체육시설, 장애인 수련시설, 장애인 심부름센터, 수화통역센터, 점자도서관, 점서 및 녹음서 출판시설 등이 포함된다. 장애인 직업재활시설에는 장애인 작업활동시설, 장애인 보호작업시설, 장애인 근로작업시설, 장애인 직업훈련시설, 장애인 생산품 판매시설 등이 속한다.

장애인 생활시설은 무연고자나 국민기초생활보장 수급자의 경우에만 입소하는 것이 가능하므로 대부분의 생활시설보호를 희망하는 장애인들이 이용할 기회가 제한되어 있어 2005년 정부는 유료복지시설의 설치에 주안점을 두었으나 유료복지시설 확대보다는 무료복지시설에서 유료대상자가 입소되어 생활하는 것이 일반적인 현상이다.

이 외에도 장애아동의 사회적응 및 자립을 위하여 장애아동 재가복지봉사센터, 장애인 주간 및 단기보호시설, 장애인 공동생활가정 등의 이용시설들이 증가하고 있는 추세이다.

4) 교육서비스

1970년대에 들어서 Wolfensberger에 의해 확고하게 정립된 정상화(normalization) 이론은 가능한 한 많은 삶의 영역에서 가치 이하로 평가된 개인이나 집단이 가치있는 삶에 통합될 기회를 가져야 한다는 것을 강조했다. 정상화 이론에 의하면 장애인만 따로 격리되어 있는 곳에서는 이 집단의 성원들은 보통 상호 간에 부정적이고, 부적절하며, 사회적으로 가치 이하로 평가된 행동 모델을 제공하게 되며, 그리하여 격리된 사람들은 일탈로 지각될 가능성이 증가된다고 보고 있다. 이러한 이론이 받아들여짐에 따라 우리나라도 장애아동과 일반 아동을 통합시켜 교육하려는 움직임이 나타나기 시작했다. 통합교육의 의미는 1977년에 제정된 특수교육진흥법에서 살펴볼 수 있다.

특수교육진흥법은 1977년 제정 이후 장애인의 교육을 권리로서 접근하는 사고가 2000년 초부터 발생하면서 장애인 당사자 및 장애아동 부모, 전문가 집단의 요구에 의해 2008년 '장애인 등에 대한 특수교육법'으로 개정되었다. '장애인 등에 대한 특수교육법'에서는 일반학교에서의 '특수학급' 설치의 의무화와 '특수교육보조원'의 배치와 '특수교사'의 배치 기준을 보다 명확히 하였으며, 장애인 교육에 있어서 조기교육과 평생교육 등 생애주기별 교육지원을 명시하였다. 뿐만 아니라 장애학생이 대학교에 입학하였을 때 학교는 편의시설 등을 정비하여 교육 환경적인 차별을 하지 않도록 장애학생의 권리를 의무화하였다.

특수교육 대상자의 초등학교 및 중학교 과정의 교육은 의무교육이며, 유치원 및 고등학교 과정의 교육은 무상교육으로 제공되고 있다. 교육비 지원 서비스로 정부는 가구주가 1~3급 등록 장애인인 저소득 가구의 중·고등학생 자녀와 저소득 가구의 1~3급 장애인인 중·고등학생의 교육비를 지원하고 있다. 장애유아 교육은 그동안 특수학교 유치부나 유치원 특수학급 등의 특수교육기관에 취원한 장애유아에 한해 학비를 전액 지원하여 무상교육을 실시해왔으나, 2004년부터는 장애유아가 일반 사립유치원에 취원하는 경우에도 지원하고 있다. 그리고 2012년부터 만 3세부터 만 17세 특수교육대상자는 의무적으로 교육을 받을 수 있게 되었다. 아울러 장애유아교육에 대한 국가의 책무성을 강화하여 특수교육대상자 유치원과정의 교육이 의무교육

연한에 포함되었다.

이와 함께 장애아동에게는 개별화 교육(IEP)이 제공되고 있다. 개별화 교육이란, 개인의 독특한 교육적 요구를 최대한 수용하는 교수형태로 교육 프로그램 구성의 중심가치는 학습의 개인차를 최대한 인정하고 개인의 교육적 요구에 효율적으로 대치하는 것으로 통합교육을 중시한다. 개별화 교육에서는 장애 유형 및 장애 특성에 적합한 교육목표 · 교육방법 · 교육내용 · 특수교육 관련서비스 등이 포함된 계획을 수립하여 실시하는 교육을 말한다.

5) 장애아동 가족지원서비스

장애아동 가족지원서비스 형태로 정부는 재가 장애아동을 양육하는 가정의 '돌봄' 부담 경감을 위하여 주간보호서비스, 단기보호서비스를 제공하고 있으나, 이를 이용하는 가정이 소수에 불과한 이유로 장애아동의 양육부담에 따른 가족갈등 등을 해소하기 위하여 재가복지서비스 형태인 돌보미 파견사업을 시행하고 있다. 돌보미 파견사업의 서비스 대상으로는 만 18세 미만의 1~2급의 중증 장애아동과 생계와 주거를 같이하는 도시근로자가구 월평균소득의 100% 이하 가정이다.

6) 장애아동 발달지원서비스

장애아동복지지원법에 의하면 장애아동의 건전한 성장 · 발달을 위한 발달재활서비스뿐만 아니라 의료, 보육, 문화예술 등에 대한 공적 서비스체계를 구축하고 장애아동의 특별한 복지욕구에 적합한 자원을 통합적으로 제공하도록 명시하고 있다. 장애아동발달지원서비스는 장애아동이 안정된 가정생활 속에서 건강하게 성장하고 사회에 활발하게 참여할 수 있도록 장애아동발달재활서비스와 언어발달지원서비스로 구분되어 <표 8-2>에서 보는 바와 같이 제공된다. 서비스 제공방식은 재가방문형과 기관방문형으로 구분되며, 소득수준에 따라 바우처 지원액 및 본인부담금을 차등화하는 방식으로 제공된다.

〈표 8-2〉 장애아동 발달지원서비스

서비스구분	대 상	기 준	서비스 내용
발달재활서비스	만 18세 미만 장애아동 (뇌병변, 지적, 자폐성, 청각, 언어, 시각장애아동)	전국가구 월평균 소득 150% 이하	• 언어, 청능, 미술음악, 행동놀이, 감각 운동 및 발달재활서비스 • 장애조기발견 및 발달진단서비스, 중재를 위한 부모상담서비스
언어발달지원 서비스	만 18세 미만 비장애아동 (양쪽 부모가 시각, 청각, 지적, 자폐성, 뇌병변 장애인)	전국가구 월평균 소득 100% 이하	• 언어발달서비스 및 심리상담서비스 • 언어치료, 청능치료 등 언어재활서비스 및 독서지도, 놀이지도, 수학지도 등

7) 장애인 활동보조서비스

신체적 · 정신적 이유로 일상생활과 사회활동이 어려운 장애인에게 장애인의 자립생활과 사회참여 증진을 목적으로 만 6세 이상~만 65세 미만의 등록장애인 1급을 대상으로 소득기준과 관계없이 지원하는 사업이다. 서비스내용은 신변처리지원, 가사지원, 일상생활지원, 커뮤니케이션 보조, 이동보조 등이며, 본인부담금은 소득수준 및 지원에 따라 다르다.

5. 장애아동을 위한 복지정책 및 복지실천 방향

장애아동이 인간으로서의 존엄성과 가치로 인정되고, 스스로 사회에 참여하고 통합된 삶을 영위하기 위해서는 장애아동의 문제를 장애를 가진 아동 자신뿐만 아니라 가족 전체의 문제로 보고 접근해야 할 것이다. 그리고 장애아동을 중심으로 한 제반 문제에 전문적으로 접근하는 여러 전문가들의 개입과 함께 모든 활동에 대한 제도적 지원을 해야 할 책임을 지고 있는 국가의 개입이 더욱 강조되어야 할 것이다.

1) 장애예방대책

일반적으로 장애가 발생하기 이전에 장애를 예방하는 것이 사후 대책보다 사회적 비용을 줄일 수 있다. 그러나 현재 우리나라의 장애인복지정책은 장애가 발생한 이후 치료 중심의 사후 처리적 정책에 중점을 두고 있어 장애예방사업이 상대적으로 미흡한 실정이다. 따라서 장애예방사업을 강화하고 활성화하기 위한 노력이 요구된다.

이를 위해서는 첫째, 선천적 장애나 출생 시 장애예방을 위한 모자보건사업을 강화해나가야 할 것이다. 둘째, 출산 후의 장애예방사업으로서 신생아에 대한 선천성 대사이상 검사를 무상으로 실시하여 이상 유무를 조기에 발견하여 치료하도록 해야 할 것이다. 셋째, 장애 출현의 원인 95%가 후천적 원인임을 볼 때, 이를 예방하기 위한 각종 지원 체계를 구축해나가야 할 것이다. 특히 교통사고로 인한 후천적 장애를 예방하기 위해서는 교통안전에 대한 홍보와 교통사고 줄이기 캠페인을 지속적으로 전개해야 할 것이다.

이를 위해서는 현재 정부 각 부처에 서로 연계 없이 중복되어 추진되고 있는 장애예방사업을, 보건복지가족부에 장애예방 전담기구를 설립해 부처 간 업무를 조정하고 장애발생 예방 종합대책을 마련하는 것이 필요하다.

2) 소득보장

장애아동이 있는 가정은 직업 활동의 제약과 함께 지속적 추가 비용 지출로 인해 경제적 어려움을 겪고 있다. 실제 전체 장애인 가구 중 국민기초생활보장 수급자 가구가 비장애인 가구의 수급자 비율에 비해 5배 이상 높게 나타나고 있다. 그러나 현행의 장애아동 가정에 대한 소득보장사업은 매우 제한적이다. 장애아동이 의료적 서비스를 받지 못하는 가장 큰 이유도 경제적 문제에서 기인된 것임을 볼 때, 소득보장을 강화해나가야 할 것이다. 따라서 장애아동수당을 장애로 인한 추가 비용을 감당할 수 있는 정도로 상향 조정하고 수당을 보편적 서비스로서 국민기초생활보장 수급자뿐만 아니라 모든 장애아동에게 확대해야 할 것이다. 이와 함께 장애아동이 특수학교를 졸업한 후 사회에 통합되고 스스로 자립생활을 유지할 수 있도록 고용서비스에 대한 질적인 변화가 요구된다.

3) 의료보장

의료적 대책은 모자보건 등의 예방대책과 산업재해나 일반 사고 예방뿐만 아니라 조기 치료를 포함하여 의료비 지원에 이르는 대책까지 포함하고 있다. 장애인의 의료재활은 주로 병원을 중심으로 조기 재활에 맞추어져 있지만 전국적인 분포가 불균등하여 시설 및 전문 인력의 지역적 편중이 심한 상태이다. 그리고 현재 전문화된 장애아동 의료재활기관이 존재하고 있지 않아 아동의 성장·발달을 감안한 의료재활서비스가 거의 이루어지지 못하고 있는 실정이다. 따라서 장애아동을 치료할 수 있는 의료시설을 전국적으로 확대 설치하고, 지역사회 내에서 다양한 재활 프로그램을 마련하여 연속적인 보건의료재활 시스템이 이루어질 수 있도록 관련 지원 체계를 구축, 강화해나가야 할 것이다. 특히 각 시·도에 국립재활원과 같은 수준의 권역별 재활병원 및 센터가 건립되어야 한다. 그리고 과도한 의료비 부담을 덜어주기 위해서는 요양 및 간병에 따른 비용을 보전해 주어야 하며, 의료기관 접근성을 확보할 수 있도록 이동 및 교통 지원에 대한 방안이 마련되어야 한다.

4) 교육보장

장애인은 장애로 인해 고용시장에서의 기회를 박탈당하고 있으며, 또한 교육기회의 제한으로 인한 낮은 교육 수준은 취업을 더욱 어렵게 만드는 요인이 되고 있다. 장애로 인하여 교육받을 기회가 제한되지 않도록 하기 위해서는 장애 특성에 적합한 교육을 확대시켜 나가야 한다. 즉, 개별화 교육의 질적 향상과 특수학교의 확대를 통하여 취학률을 높여 나가야 한다. 경증 장애아동에게는 비장애아동과 동일한 교육환경에서 학교교육을 받을 수 있는 통합교육의 기회가 확대되어야 한다.

그리고 통합교육을 받고 있는 장애아동이 장애로 인해 교육을 받기에 불편함이 없는 교육환경을 제공하여 양질의 교육을 실시함은 물론 그들의 사회참여를 적극적으로 유도해나가야 할 것이다.

유·초·중등학교 특수교육 대상 학생의 학습권을 보장하기 위해 모든 교원들이 특수교육에 대한 소양과 책무성을 가지도록 특수교육 관련 과목 개설 및 통합교육에 대한 연수교육제도를 실시해야 할 것이다. 아울러 통합교육 현장에서 특수교육대상자의 교육권 보장을 위한 교육과정 조정, 학습보조기기 지원, 보조인력 등에 지원이 확충되어야 할 것이다. 그리고 현행의 특수교육지원센터 운영의 내실화를 위하여 전담인력의 증원이 필요하다.

5) 가족지원대책

우리나라에서는 장애아동 부모의 양육에 따른 어려움을 가족의 책임으로 여겨 오고 있다. 그러나 장애아동의 양육에서부터 치료, 교육 등 장기간 부과되는 압박은 특히 장애아동 어머니에게 있어서 정신적, 신체적, 경제적으로 큰 부담으로 작용한다. 이로 인하여 장애아동 가족은 부부갈등, 부모-자녀 갈등, 형제자매 갈등 등으로 인한 어려움을 겪고 있을 뿐만 아니라 장애아동 부모들은 자신들의 사후에 장애자녀의 거취에 대한 걱정을 하고 있다. 따라서 장애아동을 위한 복지서비스를 제공하는 데 있어 가족 기능 강화 서비스에 중점을 두고 특히 장애아동 양육에 따른 부담감을 경감시킬 수 있는 장애아동 가족지원서비스를 개발해나가야 할 것이다.

6) 사회적 인식 개선

장애인에 대한 사회적 편견은 우리 사회 곳곳에 존재하고 있다. 대부분의 장애아동들이 외출을 하고 있으나 이들이 외부환경, 특히 사회적인 편견으로 인해 어려움을 겪고 있는데, 특히 취학과 학교생활, 결혼, 취업, 직장생활 등에서 많은 사회적 차별을 경험하게 된다. 따라서 장애아동에 대한 사회적 인식 개선과 변화를 위한 노력들이 절실히 필요하다. 이를 위해서는 사회교육과 인식 개선을 위한 다양한 프로그램들이 개발되고 실천되어야 할 것이다. 아울러 비장애아동과 장애아동이 함께 활동할 수 있는 프로그램을 개발, 활성화시켜 장애인에 대한 편견과 인식 개선이 이루어질 수 있도록 해야 할 것이다. 그리고 인식 개선을 효율적으로 추진하기 위해서는 보건복지부, 교육부, 문화체육관광부, 미래창조과학부, 고용노동부, 여성가족부 등 관련 부처 간의 긴밀한 협조를 바탕으로 이루어져야 할 것이다.

7) 재활서비스 개선

장애아동의 복지를 실현할 수 있는 재활서비스는 장애를 제거 혹은 경감시킴으로써 잔존 기능을 회복시키고 사회통합을 위한 의료적·직업적·교육적·사회적·심리적 서비스의 종합적 접근이다. 따라서 재활서비스 제공에 있어서는 여러 분야의 전문가들이 참여하게 되며, 이들은 상호 보완적으로 서비스에 개입해야 함으로써 장애인 재활 분야의 질적 향상을 위해서는 전문가 양성에 대한 국가적 지원이 있어야 할 것이다. 최근 장애인 당사자주의에 입각한 자립생활지원서비스의 확대로 장애인복지서비스의 변화가 요구되고 있는데, 특히 장애아동이 부모 사후에 독립적 삶을 영위할 수 있는 사회적 여건을 조성해야 할 것이다.

이상과 같은 장애아동에 대한 지원이 보다 실효성 있기 위해서 정부는 장애아동 복지정책 수립에 있어서 장애아동이 건전한 사회구성원으로서 성장할 수 있도록 사회통합적 측면과 정상화 원리를 실현할 수 있는 수준으로 그 목표를 설정해야 할 것이다.

연습문제

1. 장애의 개념과 장애 유형은 어떻게 구분되는가?
2. 장애아동의 특성과 그 원인은 어떠한가?
3. 현재 우리나라에서 제공되는 장애아동을 위한 복지서비스는 어떠한가?
4. 장애아동이 겪고 있는 현실적 문제는 어떠한가?
5. 장애아동을 위한 장애아동복지실천은 어떠한 방향으로 접근되어야 하는가?

연구문제

1. 장애아동을 위한 대책은 어떠한 방향으로 수립되어야 하는지를 알아보자.
2. 우리나라의 장애 범주가 장애인복지 선진국에 비해 협의적이다. 현행법상 장애 범주로 인해 발생되는 실제 장애아동이 겪을 수 있는 어려움은 무엇인지 생각해 보자.
3. 장애아동의 형제자매인 비장애아동이 겪고 있는 문제와 이들을 위한 대책은 무엇인지를 논의해 보자.
4. 장애인 당사자주의에 입각한 장애아동을 위한 복지대책은 어떻게 수립되어야 하는지를 알아보자.

제 9 장 빈곤아동을 위한 아동복지실천

일반적으로 빈곤은 생물학적 생존을 위한 최소한의 물질적 자원이 결핍된 상태라고 정의되고 있으나, 빈곤의 개념은 학자들에 따라 다른 관점으로 다양하게 정의되고 있다. 산업사회 이후 급변하는 사회적 환경에 따라 빈곤아동은 다양한 형태로 발생되고 있으며, 이들이 겪는 문제도 경제적 궁핍을 넘어선 문제로 심화되어 가고 있다. 우리나라의 경우도 IMF 경제 위기적 상황으로 인하여 빈곤아동이 증가하고 있다. 빈곤은 물질적 빈곤으로 출발하지만, 그 결과는 매우 광범위하게 나타나고 있다.

빈곤이 아동발달과 적응에 미치는 영향은 발육부진과 같은 신체발달의 문제부터 인지발달의 문제, 학교적응의 문제, 정서문제, 행동문제 등을 포함하여 매우 광범위한 것으로 밝혀지고 있다(Chung, 2004). 특히 만성적 빈곤(chronic poverty)은 아동의 사회부적응 등과 밀접한 관련이 있으며 성인기의 사회부적응에 영향을 미친다(Eamon, 2001). 이 장에서는 빈곤아동이 겪고 있는 현실적 문제와 빈곤아동을 위한 복지적 개입방법에 대해 논의하고자 한다.

1. 빈곤아동의 개념

1) 빈곤의 개념

일반적으로 빈곤이란 기본적 욕구 충족을 위해 재화와 서비스를 사용할 수 있는 능력이 부족하거나 결여되어 있는 상태라 볼 수 있다. 따라서 빈곤은 경제적 측면에서의 결핍이나 부족뿐만 아니라 사회문화적 차원에서의 결핍이나 부족, 박탈이나 불평등까지 매우 다양하게 정의내릴 수 있다.

(1) 절대적 빈곤

전통적으로 빈곤은 주로 '소득이 결핍된 상태'를 의미하였다. 즉, 절대적 빈곤은 개인 및 가족이 생존에 필요한 의식주를 해결하지 못하는 상태를 말한다. 여기서의 초점은 생존의 수준(subsistence level)이지 불평등의 정도가 아니다. 따라서 절대적 빈곤은 그 수준을 확인할 수 있는 과학적 기준을 설정해야 하는데 그것이 바로 빈곤선(poverty line)이다. 빈곤선이란 개인이나 가구의 소득 또는 지출이 최저생활을 하는 데 필요한 생계비에 미달하는 정도를 나타내는 것으로 소득이 빈곤선 이하일 때 절대적 빈곤 상태라 한다. 절대적 빈곤은 주로 기본적 욕구 방법과 음식비 비율 방법으로 계측되고 있다(김태성 · 손병돈, 2002 : 18-23).

첫째, 기본적 욕구 방법은 음식, 주거, 의복 등의 욕구를 해결하는 데 드는 비용에 따른 수준을 결정하는 방법으로 객관적으로 빈곤을 측정하려는 시도이다. 이 방법은 필수품을 모두 고려하였다는 점에서 전물량 방식으로 불린다. 이 방법은 Rowntree가 1899년 요크(York) 시 조사에서 이용한 빈곤 개념으로 "총수입이 육체적 효율성의 유지에만 필요한 최저수준을 획득하기에도 불충분한 가구를 제1차적 빈곤"으로 정의한 데서 찾을 수 있다. 우리나라의 경우 최저생계비 계측에 있어서 바로 이러한 기본적 욕구 방법에 따라 빈곤대책(국민기초생활보장)을 위한 대상자 선정과 급여의 수준을 결정하고 있다. 즉, 우리나라 최저생계비는 어떤 품목들이 필수적이며 그 품목들을 얼마만큼 사용하는지를 구축하는 기초 생필품 목록 및 사용량을 결정하고 그것들을 구매하는 데 드는 비용을 계산함으로써 추계된다.

둘째, 음식비 비율 방법은 음식비가 소득에서 차지하는 일정한 비율(예를 들면, 1/3)이 빈곤선이 된다. 이 방법에 따르면 높은 비율의 음식비를 사용하는 가구는 빈곤가구가 된다. 이 방법을 엥겔방식이라고도 하는데, 이는 모든 필수품이 아닌 최저 식료품비만으로 구성하였다는 점에서 반물량 방식이라고 불린다. 이 방식은 최저 식료품비에 엥겔(Engel)계수의 역수를 곱한 금액을 최저생계비로 간주하는 방식으로, 각 생필품에 대한 최저 지출비를 모두 더하는 방법보다 간편한 것이 장점이다.

절대적 빈곤선의 전물량 방식의 경우 어떤 품목이 필수품이며, 얼마만큼 사용해야 하는가 하는 기초 생필품 목록 및 사용량(market basket)을 구성하는 데 어려움이 있으며, 반물량 방식의 경우도 어떤 계층의 엥겔(Engel)계수를 적용하느냐에 따라 다른 최저생계비가 산출된다는 한계점이 있다.

(2) 상대적 빈곤

상대적 빈곤이란 사회의 평균 또는 일정 생활수준과 비교해 볼 때 상대적으로 적게 가지고 있는 상태를 말한다. 상대적 빈곤을 측정하는 방법은 평균소득(mean income)이나 중위소득(median income)의 일정 수준 이하를 빈곤으로 정의하거나 전체 소득분포상에서 일정 수준 이하를 빈곤으로 정의하는 것이다(이두호 외, 1991). 평균소득을 사용하는 경우, 예를 들어 평균소득의 80%를 빈곤선으로 정하고 그 이하의 소득수준에 해당하는 사람들은 빈민으로 정의할 수 있다. 가계의 평균소득이 50% 이하일 때에는 빈곤층보다 낮은 극빈층이 된다. 중위소득을 사용할 때에는 중간 소득(중간 위치의 소득)의 50%를 빈곤선으로 보고 그 수준에 미달하는 소득수준에 해당하는 사람들은 빈민이 된다. 전체 소득분포상의 일정 수준 이하를 사용하는 경우에는 가계소득을 저소득에서 고소득까지 순서별로 분포시키고 그 가운데 일정 비율(하위 10%, 또는 하위 20%)을 정한 후, 비율 이하의 소득자를 빈민으로 간주한다. 이 방법은 소득분배의 불평등 정도를 분석하는 경우에 활용하고 있다(양정하 외, 2002).

이와 같은 문제로 소득과 지출수준을 이용한 상대적 계측 방식이 일반적으로 사용되고 있는데, 상대적 빈곤 측정의 가장 극단적인 형태는 빈곤을 소득분포의 하위 끝으로 정의하는 것이다. 이 방법에 의한 빈곤선은 한 사회의 소득분포상의 가장 낮은 일정 비율, 예컨대 하위 10% 혹은 하위 20%로 정하여 이 비율 이하의 사람들을 빈곤한 것으로 간주하는 것으로, 이러한 관점에서 보면 빈곤은 불평등이 지속되는 한 계속 존재한다.[1] 이 방법은 인구의 고정된 비율이 항상 가난하다고 간주하는 통계학적 의미에서 빈곤을 영속화한다는 비판을 제기한다.

1) 흔히 이 방법을 순수 상대적 빈곤(purely relative poverty)이라고 부른다.

빈곤의 개념으로는 절대적 빈곤보다는 상대적 빈곤 개념이 주로 사용되고 있으며, 기본적 욕구가 충족되더라도 일부 집단이 다른 집단에 비해 자원, 기회, 그리고 현물을 부족하게 소유한 경우를 의미한다.

상대적 빈곤은 국가와 국제기구에 따라 다르게 측정되고 있다. OECD에서는 중위소득의 40% 이하로 측정하며, 세계은행은 선진국의 경우 평균가구소득의 50% 이하, 개발도상국의 경우 평균가구소득의 1/3 이하를 기준으로 삼는다. 우리나라에서는 평균가구소득의 하위 20%, 또는 가구평균지출의 60% 정도를 상대적 빈곤선으로 규정하는데, 차상위계층을 포함할 때에는 평균가구소득의 50%를 규정하고 있다(이현주, 2000).

(3) 주관적 빈곤

주관적 빈곤은 객관적 기준 없이 주관적 판단에 의해 정의되는 빈곤이다. 따라서 주관적 빈곤은 객관적으로 일치되게 정의하기는 어렵다. 주관적 빈곤을 측정하는 방법에는 사회조사에 의한 방법과 라이덴(Leyden) 방식이 있다.

첫째, 사회조사에 의한 방법은 한 세대가 지역사회에서 살아가는 데 필요한 최소한의 비용이 얼마인지를 사람들에게 설문조사를 실시하여 응답한 금액을 평균하여 산출한 금액을 빈곤선으로 결정한다. 따라서 그와 같은 빈곤선 이하의 사람들은 빈민이 된다. 이 방법은 사회구성원들이 일반적으로 간주하는 빈곤선이 무엇인지를 알아낼 수 있다는 장점이 있다.

둘째, Leyden 방식으로 네덜란드 Leyden 대학의 학자들이 개발한 방법이다. 이 방식은 사람들에게 자신들의 사회·경제적 상황을 고려하여 살아가는 데 필요한 최소 소득이 얼마인지를 묻고 이를 바탕으로 응답한 최소 소득과 그들의 실제 소득을 비교하여 최소 소득과 실제 소득이 일치하는 점을 빈곤선으로 결정한다. 이것은 일반적으로 개인들의 실제 소득이 높아지면 그들이 주관적으로 판단한 최소 소득도 높아진다는 점을 바탕으로 한다.

2) 빈곤아동의 개념

빈곤아동은 빈곤이란 개념과 아동이라는 개념의 합성어로서 빈곤한 가정의 만 18세 미만의 아동으로 정의할 수 있다. 아동이 있는 가구의 가구주는 대부분 경제활동에 참여하고 있는 세대이기 때문에 가구주의 근로소득은 아동빈곤에 큰 영향을 미친다고 할 수 있다(류연규 · 최현수, 2003 : 138).

절대적 빈곤의 개념에 따라 정의하면, 빈곤아동은 빈곤선 이하 또는 최저생계비 이하의 소득을 가진 가정의 아동으로 우리나라에서는 국민기초생활보장제도 수급 가정의 아동이다. 여기에는 소년소녀가정의 아동 및 빈곤한 모 · 부자가정의 아동이 대부분 속한다. 그리고 상대적 빈곤의 개념에 따라 정의하면, 빈곤아동은 우리나라 평균가구소득의 하위 20% 이하에 포함되는 가정의 아동을 의미한다. 차상위계층의 아동까지 빈곤아동으로 볼 때에는 평균가구소득의 하위 50% 이하에 포함되는 가정의 아동을 의미한다(김성경 외, 2005).

2. 빈곤아동의 문제

1) 신체발달문제

빈곤아동과 일반 아동을 비교해 볼 때 가장 큰 차이가 있는 점은 신체적 건강으로 빈곤아동은 출생 시부터 신체적 건강에서 부정적 결과를 보이고 있으며 발달 과정에서도 낮은 성취를 보이고 있다(김성경 외, 2005). Brooks-Gunn과 Duncan의 연구(1997)에 따르면, 빈곤아동은 일반 아동에 비해 유아사망률이 1.7배 높고, 미숙아 출생률이 1.7배 높으며 병원 입원율이 2배 높은 것으로 나타나고 있다.

최선희(2003)는 우리나라 초등학교 4~6학년의 빈곤아동과 비빈곤아동의 신체발달을 비교한 결과 빈곤아동의 평균 키가 비빈곤아동의 평균 키보다 1cm 이상 작으며, 체중도 1kg 이상 차이가 있어 전체적으로 빈곤아동이 비빈곤아동에 비해 발육 상태가 안 좋은 것으로 보고하였다. 이처럼 빈곤아동이 비빈곤아동에 비해 신체건강과 발육상태가 좋지 않은 것은 많은 연구결과를 통해 나타나고 있다. 그리고 영아기의 부실한 영양공급과 아동기 결식문제에서 비롯한 영양불균형은 성인기의 골다공증, 위암, 뇌졸중, 당뇨 등의 문제를 일으킬 수 있으며, 특히 철분 결핍성 빈혈 등이 발생될 수 있다(허남순, 2005).

2) 정서 및 행동문제

빈곤은 아동의 자신감과 절망감, 우울, 행동문제, 또래 갈등, 아동학대와 방임 등에 영향을 주며(McLoyd & Wilson, 1992), 약물 사용, 비행, 폭력, 범죄 등과 같은 부정적 발달과도 높은 상관관계를 가지고 있다(Loeber, 1990).

미국의 조사에서는 빈곤아동은 비빈곤아동에 비해 정서 및 행동문제의 발생률이 1.3배 높은 것으로 나타났다. 그리고 청소년 임신이 3.1배 높은 것으로 밝혀졌다(Duncan & Brooks-Gunn, 2000).

최선희의 연구(2003)에서도 충동성과 우울감에서 빈곤아동이 비빈곤아동보다 높으며, 비행에 있어서도 모두 유의미하게 빈곤아동의 비행 경험률이 높은 것으로 나타났다. 특히 가출을 하거나 무단 조퇴를 하는 도피비행에 있어 빈곤아동은 비빈곤아동에 비해 3배 정도 높은 발생률을 보이고 있음을 보고하였다. 이처럼 빈곤은 아동들의 정서 및 행동에 많은 영향을 미치게 되며, 이러한 환경에 장기간 노출된 아동은 학교생활부적응 등으로 인해 성인이 되어서도 사회생활의 어려움 등의 부정적인 결과를 낳게 된다. 그리고 초록우산 어린이재단 아동복지연구소(2012)의 연구결과에 의하면 빈곤계층의 아동이 비빈곤계층 아동보다 부모로부터 학대를 더 심하게 받는 것으로 나타났는데, 이러한 학대경험은 아동의 정서 및 행동발달 등에 부정적 영향을 미치는 요인으로 볼 수 있다.

3) 학업수행문제

빈곤아동은 학교환경에서 상대적으로 더 높은 디스트레스를 경험하고 학교로부터의 지지가 낮다고 인식하는 것으로 나타났다(Eamon, 2001).

미국의 조사에서는 학년 유급 및 학교 중퇴 문제에 있어 빈곤아동이 비빈곤아동에 비해 2배가량 높으며, 학습장애 비율도 1.4배 높은 것으로 나타났다(Duncan & Brooks-Gunn, 2000). 구인회의 연구(2003)에 따르면, 빈곤은 청소년의 학력 성취에 부정적 영향을 미치는 중요한 요인으로 나타났다. 오승환의 연구(2000)에서도 소년소녀가정 아동의 학업 성적은 일반 가정의 아동에 비해 낮은 것으로 나타났으며, 최선희의 연구(2003)에서도 빈곤아동이 비빈곤아동에 비해 학업 적응 점수가 낮은 것으로 나타났다. 이처럼 빈곤아동은 비빈곤아동에 비해 학업 수행에 있어서 보다 많은 어려움에 처해 있음을 알 수 있다.

4) 가족문제

빈곤아동의 가족문제에 있어서는 상반된 연구 결과들이 보고되고 있는데, 일부 연구에서는 빈곤아동은 비빈곤아동에 비해 상대적으로 가족문제를 더 많이 경험하는 것으로 보고되었다. 그러나 일부 연구들은 빈곤이 가정문제를 유발시키지 않으며 부모-자녀 관계의 질에 따라 가정문제가 유발된다고 보고하고 있다. 한편 빈곤아동은 상대적으로 가정에서 아동학대와 방임을 6.8배 이상 더 경험하고 폭력 피해도 2.2배 이상 더 높은 것으로 보고되었는데(Duncan & Brooks-Gunn, 2000), 최선희의 연구(2003)에 의하면 부모-자녀관계를 주 부양자와의 신뢰관계, 의사소통, 훈육 및 감독, 양육활동 등으로 나누어 볼 때 모든 영역에서 빈곤아동은 비빈곤아동에 비해 낮으며, 특히 빈곤아동의 경우 부모의 양육 환경이 열악한 것으로 나타났다. 특히 빈곤가정의 부모들은 밤늦게까지 일을 하므로 자녀들과 함께 보낼 시간이 없거나 자녀들과 접촉할 기회가 많지 않아 아동을 지도 감독하는 데 어려움을 겪는 경우가 많은 것으로 나타나(한국여성복지연구회, 2005), 가족갈등이 유발될 가능성이 높음을 알 수 있다.

3. 빈곤아동을 위한 복지서비스 현황

1) 정부지원

(1) 소년소녀가정 지원사업

소년소녀가정(youth family) 지원사업은 1984년 '소년소녀가장세대 보호대책'으로 실시되었다. 그러나 소년소녀가장이라는 표현은 아동으로 하여금 가장이라는 굴레를 씌워 책임을 맡긴다는 것으로 아동복지의 가치에 위배된다는 차원에서 2000년 9월 '소년소녀가정 지원사업'으로 변경되었으며, 이 사업의 목적은 실질적으로 가정을 이끌어 가는 소년소녀가정의 아동에 대하여 생활보장을 실시함으로써 자립 능력 배양 및 건전한 사회인으로 성장하도록 지원하는 데 있다.

소년소녀가정은 국민기초생활 보장법에 의한 수급권자(가구) 중 18세 미만의 아동이 실질적으로 가정을 이끌어 가고 있는 세대를 말한다. 그리고 15세 미만의 아동으로만 세대를 구성할 경우 소년소녀가정 지정이 제한되며 가정위탁이나 시설 입소 서비스를 제공되고 있다. 그 외 아동이 만 18세 이상이나 중·고등학교에 재학 중인 경우에는 졸업 시까지 지원된다. 소년소녀가정제도가 도입된 1985년 이후 1995년을 정점으로 하여 세대 수 및 세대원 수가 감소되고 있는데, 이는 15세 미만의 아동으로만 세대를 구성할 경우 소년소녀가정 지정을 제한하고 가정위탁이나 시설 입소를 우선으로 하고 있기 때문이다.

소년소녀가정에 대해 지원되는 정부지원을 살펴보면 다음과 같다.

첫째, 국민기초생활 보장법에 의한 생계급여 및 교육급여, 의료급여로 의료급여법에 의해 1종 보호 대상자로 선정되어 의료비 지원이 이루어지고 있다. 이 외에도 부가급여로 대학입학금, 자립정착금 미진학생 학원수강비, 직업훈련비 등이 지원되고 있다.

둘째, 공공의 정서적 후원으로 이웃에 거주하는 아동위원, 종교인, 지역 여성 지도자, 공무원 등을 후견인으로 지정하여 이들 고충이나 애로 사항에 대한 상담 및 후원금 사용에 대한 지도를 하고 있다. 그리고 민간기관인 초록우산 어린이재단에게 결연사업을 위탁하여 실시하고 있는데, 정부는 초록우산 어린이재단의 운영 및 결연사업 활성화를 위한 경비를 지원하고 있다.

(2) 한부모가족 지원사업

모・부자가정 지원사업은 1989년 「모자복지법」이 제정됨에 따라 모자복지사업으로 시작되었다. 이후 정부는 저소득 부자가정의 경우도 모자가정 못지않은 어려움이 발생되는 현실을 인정하여 이들의 자립생활을 지원하기 위하여 「모자복지법」에 의해 모자가정과 동일한 기준으로 부자가정을 지원하여 왔다. 2002년 「모자복지법」은 「모・부자복지법」으로 개정되었으며, 2002년 개정 전 모자복지법일 때에는 여성복지적인 색채가 더 강했지만 남성이 세대주인 부자가정에 대해서도 지원하도록 하기 위해서 2002년 모・부자복지법으로 변경되었고, 보호대상자 자녀가 취학 중인 때에는 22세 미만까지 지원을 확대하였다. 그리고 65세의 고령자들과 손자녀로 구성되어 있는 조손가족도 이 법에 따라 보호하기 위하여 2007년 「한부모가족지원법」으로 개정하였다.

저소득 한부모가족 지원사업의 대상은 세대주인 모 또는 부와 그들에 의해 양육되는 18세 미만의 자녀(취학 시 22세 미만)로 이루어진 가정(세대)으로서 선정 기준은 「한부모가족지원법」에 따른다. 저소득 한부모가정에게 지원되는 정부 지원 내용은 국민기초생활 보장법과 한부모가족지원법에 의해 생계급여 및 교육급여, 자녀 학비 및 아동양육비, 복지 자금 대여, 영구임대주택 입주지원, 모・부자복지 상담서비스, 모・부자보호자립시설 및 공동생활가정, 모자일시보호시설 입소 지원, 미혼모시설 및 양육하는 미혼모를 위한 중간의 집 입소지원 등이다.

(3) 아동급식지원사업

결식아동은 신체적 문제뿐만 아니라 심리・정서적 문제 등을 경험하고 있음이 여러 연구에서 보고되었다. 아동급식지원사업은 아동이 가정빈곤, 가족해체, 가정위탁, 소년소녀가정, 부모(보호자)의 실직, 질병, 가출 및 직업적 특성, 아동학대, 방임, 유기,

부양 기피 및 거부, 그 밖에 여러 가지 사유로 인한 가정 사정으로 제대로 보살핌을 받지 못해 끼니를 거르거나 먹는다 해도 필요한 영양을 충분히 공급받지 못하는 경우에 아동의 건강한 성장을 위하여 식사를 제공하거나 식사를 할 수 있도록 관련 식품 등을 지원하는 사업이다.

아동급식지원사업의 목적은 빈곤아동 또는 기능결손가정의 아동으로 결식하거나 결식할 우려가 있는 아동에게 식사를 제공함으로써 아동의 건전육성을 도모하는 데 있다. 이 사업은 2000년에 시작한 사업으로, 처음에는 석식 사업만 실시하다가 2001년부터 조식도 추가로 지원하고 2004년부터는 방학, 토요일, 공휴일에도 제공하고 있으며, 취학아동 중식 지원도 실시하고 있다.

급식사업의 대상은 경제적 빈곤 또는 가족 기능 결손 등으로 인하여 결식하는 아동 또는 결식 우려가 높은 미취학 및 취학아동이다. 지원 연령은 18세 미만의 취학 및 미취학 아동(아동복지법 제2조)이며, 다만, 18세 이상인 경우에도 고등학교에 재학 중인 아동은 포함된다. 결식아동을 발견한 사람이나 결식이 필요한 아동이나 부모가 국번 없이 1366-1377에 신고하면 현장 확인 후 급식지원을 받을 수 있도록 지원체계가 마련되어 있다.

(4) 드림스타트(Dream Start)

미국의 'Head Start', 캐나다의 'Fair Start', 영국의 'Sure Start' 등 외국의 빈곤층 아동 지원 프로그램에는 'start'라는 용어가 사용되는데, 빈곤층 아동에게 교육, 복지적 측면에서 공정하고 확실한 출발선(start)을 마련해 주어 성인이 될 때 가난에서 벗어날 수 있게 하는 것이 기본 정신으로, 가난의 대물림을 예방하는 프로그램이다. 우리나라는 민간 차원에서 2004년 5월 우리 사회 모두(we)가 빈곤층 아동의 출발(start)을 도와주자는 시민운동형태로 We Start가 먼저 시작되었고 2007년에 비로소 정부에서 공공 차원으로 빈곤의 대물림을 끊어주겠다는 취지로 Dream Start 사업을 실시하게 되었다.

드림스타트 사업은 소득양극화에 따른 정보격차 및 학습격차 심화로 빈곤의 세습화와 저소득층의 사회적 배제현상이 가중됨에 따라, 지역사회 보건복지협력 파트너십 구축·활용을 통해 빈곤아동의 문제를 조기진단·치료하여 빈곤의 대물림을 방지하고자 실시하는 사전·예방적 차원의 아동복지사업이다. 서비스 대상으로는 기초생활수급 가정 및 차상위계층, 한부모 가정 등 저소득 가정의 아동(0세~12세까지) 및 가족, 임산부이다. 주요 사업으로는 보건, 복지, 보호, 교육, 치료 등을 종합적으로 지원하고 건강증진, 기초학습, 사회성·정서 발달, 부모의 양육지도, 그 밖에 아동의 성장과 발달을 도모하기 위하여 필요한 서비스를 제공한다. 드림스타트 사업은 2007년 전국 16개 시·군·구에서 시범적으로 실시되었으며, 2013년 현재 211개소가 운영되고 있으며, 서비스 지원내용은 다음과 같다.

- 아동의 양육환경 및 발달 상태 사정 결과에 따른 사례관리를 통해 건강·기초학습·사회성 함양·부모교육·가족지지 등 맞춤형 통합서비스 제공
- (서비스 내용) 건강검진 및 건강관리, 기초학습 지원, 사회정서 증진 서비스, 부모양육지원 등 아동발달 영역별 맞춤형 통합서비스

〈표 9-1〉 드림스타트 지원내용

서비스 영역	서비스 내용
신체/ 건강 서비스	• 건강검진 및 예방(신체 및 건강검진, 예방접종, 치과검진 및 관련교육, 건강교육, 클리닉, 응급처치 및 영양 관련 교육 등) • 건강관리(질병관련 치료지원 등)
인지/ 언어 서비스	• 기초학습(기초학력검사, 기초학력배양, 독서지도, 경제교육 등) • 학습지원(교구재활용학습, 공부방, 도서관운영, 보충학습, 예체능, 학습지 지원 등)
정서/ 행동 서비스	• 사회정서(사회성 발달, 정서발달, 아동권리교육, 아동학대 예방, 성폭력 예방, 다문화 관련교육, 소방 및 안전교육, 진로지도 등) • 심리행동(심리상담 및 치료, 인터넷중독 상담 및 치료) • 보호(돌봄기관 연계, 야간 보호 및 교육 등) • 문화체험(체험학습, 영화 및 공연관람, 캠프 등)

부모 및 가족, 임산부 서비스	• 부모교육(상담 및 교육, 자녀발달, 양육, 자조모임 등) • 부모지원(취업지원, 자활상담, 가계경제상담 등) • 양육지원(다문화가정지원, 취미, 여가, 안전 및 건강지원 등) • 산전산후관리 등

(5) 디딤씨앗통장(CDA)

'아동발달지원계좌사업'은 '디딤씨앗통장'으로 불리고 있는데, 이러한 명칭은 저소득층 아동의 사회자립을 지원하기 위해 실시 중인 아동발달지원계좌사업(CDA : Children Development Accounts)을 국민들이 쉽게 이해할 수 있도록 하기 위한 브랜드로, '아동의 희망과 꿈을 실현하는 데 디딤돌이 되는 종잣돈(Seed Money)'이라는 의미를 담고 있다.

2007년부터 시작된 CDA사업은 시설보호 · 가정위탁 · 소년소녀가정 · 공동생활가정 · 장애인생활시설 아동, 가정복귀 아동 등 사회적으로 보호가 필요한 아동들이 후원자 등의 도움으로 저축을 하면 정부가 매월 같은 금액만큼을 저축해 주는(1 : 1 매칭펀드) 저소득아동 자산형성지원사업으로 2011년 국민기초수급가정아동에 대한 지원을 확대하였다. 이 사업의 목적은 아동에 대한 사회투자로 빈곤의 대물림을 방지하기 위한 목적으로 저소득계층의 아동의 학자금, 취업, 창업, 주거마련에 소요되는 초기비용을 마련하는 데 있다.

2) 민간지원

빈곤아동 대상 민간지원은 초록우산 어린이재단 결연사업과 지역사회 종합복지관 서비스, 지역아동센터(공부방)사업이 있으며, 2004년부터 빈곤아동을 위한 시민운동인 'We Start' 운동이 전개되고 있다.

(1) 초록우산 어린이재단 결연사업

결연사업은 시설보호아동, 가정위탁아동, 소년소녀가정 아동, 모 · 부자세대 아동 등 불우한 아동과 지역사회 이웃과의 결연으로 물질적 · 정신적 지원을 통해 아동의 건전한 성장을 도모하는 목적으로 실시되는 사업이다. 결연사업은 1976년 「불우아동 건전육성대책」이 수립된 이후 1977년 정부 주도로 사회인사와 시설보호아동과의 결연사업이 실시되었으나, 1981년부터 민간사업으로 전환됨에 따라 1986년 사회복지법인 한국복지재단에 위탁하여 실시하게 되었다.

한국복지재단은 1986년부터 보건복지가족부로부터 소년소녀가정 결연사업, 저소득 모자가정 결연사업을 위탁받아, 전국 시·도 지부를 통해 전국 빈곤아동에게 결연서비스를 실시하고 있다.

(2) 지역아동센터사업

지역아동센터는 아동복지법 개정에 따라 기존에 민간에서 운영되어 오던 공부방의 명칭이 변경된 것으로, 빈곤아동에게 방과 후 학습지원 및 정서지원서비스를 제공하는 사업이다. 지역아동센터는 1984년 서울 지역의 민간기관에서 처음으로 시작하였고 대도시를 중심으로 전국적으로 확산되어 2012년 6월 4,003개로 약 4.5배 증가하였다.

아동복지법 제52조에 의하면 지역아동센터는 지역사회아동의 보호·교육·건전한 놀이와 오락의 제공, 보호자와 지역사회 연계 등 아동의 건전육성을 위하여 종합적인 복지서비스를 제공하는 것을 목적으로 하고 있다. 이러한 목적을 달성하기 위한 지역아동센터의 주요 기능은 다음과 같다.

- 취약계층 아동 지역사회보호개념 실현 : 지역사회 내에서 아동의 권리보장과 안전한 보호·급식지원으로 결식예방
- 교육적 기능 : 아동의 학습능력 제고, 학교부적응 해소, 일상생활지도, 학교생활 유지 및 적응력 강화
- 정서적 지원 : 아동의 심리·정서적 안정 및 건강한 신체발달 기능 강화
- 문화서비스 제공 : 문화적으로 소외되어 있는 아동에 대하여 문화체험 및 다양한 문화경험의 장 제공
- 지역사회연계 : 지역사회 자원발굴 및 지원강화, 지역사회 내 아동문제에 대한 사전 예방적 기능 및 사후 연계

지역아동센터 보호서비스 기본 프로그램은 크게 이론과 프로그램, 기술로 구분하여 구성할 수 있다. 프로그램은 아동안전, 아동건강, 일상생활 프로그램을 포함하고, 이러한 프로그램을 운영하는 데 적용되는 기술은 아동을 만나는 기술, 아동관찰, 면담기술, 가족지원기술 등이 있다.

〈표 9-2〉 지역아동센터 보호서비스 기본 프로그램 표준안

내 용		세부 내용
이 론		생태체계이론, 강점관점, 야간보호교사 가치와 원칙, 지역아동센터의 이해, 이용아동·가족의 이해, 아동발달의 이해, 아동학대의 개념 및 유형, 야간보호의 필요성
프로그램	아동안전	안전한 공간 만들기, 센터 내·외부의 안전 확보, 비상연결체계 구축, 귀가지도
	아동건강	건강상태 파악하고 돌보기, 건강한 먹거리 제공(식사 및 간식), 식사예절 지도
	일상생활	청결지도, 놀이를 통한 긍정적 또래관계 및 실무자 관계 가지기, 사회적 기술, 자연스러운 대화를 통한 의사소통, 일기쓰기, 하루정리 및 내일을 위한 준비(알림장, 숙제, 준비물 확인 등)
기 술	아동을 만나는 기술	아동이 참여하고 함께하는 규칙만들기, 아동이 잘하는 것 격려해 주기, 아동의 이야기를 잘 들어주기 등
	아동관찰, 면담기술	아동개별카드, 아동성장기록, 교사회의
	가족지원기술	가족과 함께 야간보호협력 약속하기, 유지하기

출처 : 한국청소년정책연구소(2010). 취약가정·시설아동·청소년자원을 위한 종단연구.

(3) We Start 운동

We Start 운동은 2004년 5월에 사회 모두(we)가 나서 빈곤층 아동의 출발(start)을 도와줌으로써 가난의 대물림을 끊어주자는 빈곤아동 시민운동으로 시작되었다. 그리고 we는 복지(welfare)와 교육(education)의 영문 머리글자로 이 두 부문이 운동의 핵심영역이란 의미가 포함되어 있다. We Start 운동본부는 2004년 5월에 발족하여 2004년 11월 경기도 We Start 성남목련마을 개소를 시작으로 출발하여 2014년 현재 전국

4개 시도에 13개 마을과 글로벌 아동센터(수원, 강진) 2개 마을, 해외마을(캄보디아, 베트남) 2개가 운영되고 있다. We Start 주요 사업은 We Start 마을만들기, 다문화 아동 역량 강화, 해외마을만들기, 파랑새봉사단 운영, 청소년 배움놀이, 마을형 사회적 기업 등이다. We Start 운동은 Children Start, Community Start, Family Start의 사업영역으로 구분된다.

① Children Start

맞춤형 서비스를 통한 복지 · 교육 · 건강의 균등한 기회를 지원함으로써 모든 아동들이 그들의 꿈을 키워가며 행복한 삶을 영위할 수 있도록 아동과 청소년의 인권과 권리를 보장한다.

② Community Start

지역 주민이 주체가 되어 더불어 살아가는 지역사회 공동체를 만들기 위하여, 지역사회의 네트워크를 구축하고, 주민 참여를 촉진하기 위한 다양한 지역사회 조직활동을 지원한다.

③ Family Start

아동과 가족이 자신의 삶을 스스로 개척하고, 지역사회의 책임감 있는 성원으로 성장할 수 있도록, 아동과 가족 스스로의 강점을 발견하고 이를 키워나갈 수 있는 다양한 역량강화 활동을 지원한다.

4. 빈곤아동을 위한 복지정책 및 복지실천 방향

1) 교육급여의 현실화와 서비스 전문성 확보

빈곤아동의 교육급여를 현실적 수준으로 지원해야 할 것이며, 빈곤이 대물림되지 않도록 방과 후 프로그램의 질적 수준 향상이 이루어져야 할 것이다. 뿐만 아니라 지역아동센터에서 제공되는 서비스가 효과적인 서비스로 제공되기 위해서는 교육, 복지, 보건이 연계된 통합 서비스로 변화되어야 할 것이며, 이를 제공하는 종사자의 전문성 확보가 이루어져야 할 것이다.

2) 기본생활보장을 위한 경제적 지원 확대

소년소녀가정 아동, 모・부자가정 아동, 국민기초생활보장사업 수급가정의 아동에게 지원하는 생계급여의 보장수준을 아동의 건강하고 문화적 양육을 보장할 수 있는 수준으로 지원해야 할 것이다. 그리고 빈곤가정의 아동을 위한 아동수당제도가 도입되어야 하며 아동수당의 수준은 아동의 기본 생활이 보장되는 수준으로 확대되어야 한다.

3) 신체적 · 정서적 건강관리 강화

빈곤아동은 일반 아동에 비해 건강 상태가 좋지 않고 발달 정도가 부진하며 정서 및 행동문제에서 일반 아동에 비해 우울 및 충동성, 행동문제 등을 더 많이 경험하고 있어 건강한 성장을 보장하기 위한 지원이 보다 더 필요하다. 따라서 빈곤아동에 대한 체계적 건강관리를 강화하여 빈곤아동의 성장 및 발달 수준을 일반 아동의 수준으로 끌어올려야 할 것이다. 이를 위해서는 지역사회 연계를 통한 서비스가 제공되어야 하며, 특히 빈곤아동의 정서적 발달을 위한 상담 및 치료 서비스가 제공되어야 할 것이다.

연습문제

1. 빈곤을 정의하는 데 있어 각 개념의 차이와 특성을 알아보고 우리나라의 현재 빈곤은 어떠한 개념으로 접근하는 것이 가장 설명력 있는가?
2. 빈곤아동에 대한 개념과 빈곤아동의 현황은 어떠한가?
3. 우리나라 빈곤아동의 현황을 어떻게 구분할 수 있는가? 이들이 빈곤으로 인해 겪고 있는 현실적인 문제는 어떠한가?
4. 빈곤아동이 겪고 있는 현실적인 문제 해결을 위한 실천은 어떠한 방향으로 접근되어야 하는가?

연구문제

1. 상대적 빈곤이 보다 사회문제화될 것으로 보인다. 이와 관련해서 빈곤아동을 위한 대책에 대해 생각해 보자.
2. 빈곤아동의 발생 원인과 예방 대책에 대해서 논의해 보자.
3. 빈곤아동의 유형에 따라 복지대책도 달라질 수 있다. 빈곤아동의 유형과 유형에 따른 복지대책에 대해 토론해 보자.

제 10 장 학대아동을 위한 아동복지실천

1. 아동학대의 개념과 유형

1) 아동학대의 개념

1961년 미국에서 신체적 학대에 국한되어 아동학대라는 용어가 최초로 사용되었으며, 아동학대의 개념은 시대와 사회에 따라 다양하게 정의되어 왔다. 일반적으로 아동학대의 개념은 학대의 범위를 어떻게 잡느냐에 따라 협의의 정의와 광의의 정의로 나눈다. 먼저 협의의 의미로 정의할 때는 주로 아동학대의 대표적 유형이라고 할 수 있는 신체적 학대로 제한하는 경우로, "아동에게 관찰 가능한 상해를 입힌 행위"를 의미하거나(NCCAN, 1978), "우발적 사고에 의한 것이 아니라 부모나 아동보호자의 행위나 태만의 결과로 인해 아동에게 신체적 상해를 입힌 행위"를 의미한다(Kempe, 1962).

아동학대에 관한 광의의 정의는 아동에게 가해진 실제적인 해 이외의 잠재적인 해까지 포함하고 있다. 1999년 3월 제네바에서 열린 아동학대예방에 관한 회의에서 세계보건기구는 아동학대를 "아동의 양육에 책임을 지고 있거나 신뢰관계에 있거나 권위를 가진 사람에 의한 모든 형태의 신체적 · 정서적으로 가혹한 처사, 성학대, 방임 또는 보호의 태만 및 상업적이거나 다른 형태의 착취로서 그 결과 아동의 건강, 생존, 발달 및 존엄성에 해를 끼치거나 그러한 가능성을 초래하는 것"으로 정의하고 있다. 즉, 아동발달의 전 영역에 관련된다고 보는 광의의 아동학대는 주 양육자 및 주위의 모든 환경이 아동의 적절한 발달이나 복지의 보장을 저해할 가능성이 있거나, 현재 저해하고 있는 모든 발달영역상의 손상을 말한다.

현행 아동복지법 제3조에 따르면, '아동학대란 보호자를 포함한 성인이 아동의 건강 또는 복지를 해치거나 정상적 발달을 저해할 수 있는 신체적 · 정신적 · 성적 폭력이나 가혹행위를 하는 것과 아동의 보호자가 아동을 유기하거나 방임하는 것을 말한다'고 규정하여 적극적 가해행위뿐만 아니라 소극적 의미의 방임행위까지 아동학대의 정의에 명확히 포함하고 있다.

2) 아동학대의 유형

(1) 신체적 학대

신체적 학대는 보호자를 포함한 성인이 아동에게 우발적인 사고가 아닌 상황에서 신체적 손상을 입히거나 또는 신체손상을 입도록 한 모든 행위를 말하며, 생후 36개월 이하의 영아에게 가해진 체벌은 어떠한 상황에서도 심각한 신체학대라고 할 수 있다.

신체적인 학대행위는 멍, 화상, 찢김, 골절, 장기파열, 기능손상의 원인이 되는 행위를 말하며, 구체적으로 물건을 던지는 행위, 떠밀고 움켜잡는 행위, 뺨을 때리는 행위, 물건을 사용하여 때리는 행위, 발로 차거나 물어뜯고 주먹으로 치는 행위, 총·칼 등의 흉기, 화학물질 혹은 약물 등을 사용하여 신체에 상해를 입히는 행위, 반복적으로 꼬집는 행위, 전기충격, 물에 빠뜨리는 행위, 뾰족한 도구(바늘, 포크, 이쑤시개 등)를 이용하여 찌르는 행위, 할퀴는 행위, 몸을 거꾸로 매다는 행위, 36개월 이하의 영아에게 가해진 체벌 등을 포함한다.

(2) 정서적 학대

정서학대란 보호자를 포함한 성인이 아동에게 행하는 언어적 모욕, 정서적 위협, 감금이나 억제, 기타 가학적인 행위를 말하며 언어적·정신적·심리적 학대라고도 한다. 정서학대는 눈에 두드러지게 보이는 것도 아니고 당장 그 결과가 심각하게 나타나지 않기 때문에 그냥 지나칠 수도 있다는 점에서 더욱 유의하여야 한다.

정서적 학대의 구체적인 행위는 원망적·거부적·적대적 또는 경멸적인 언어폭력, 잠을 재우지 않는 것, 벌거벗겨 내쫓는 행위, 삭발을 시키거나 강제적으로 머리를 자르는 행위, 형제나 친구 등과 비교하는 행위·차별·편애, 가족 내에서 왕따시키는 행위, 아동이 가정폭력을 목격하도록 하는 행위(아동이 보는 앞에서 자주 부부싸움을 하거나 배우자를 폭행하는 행위 등), 아동을 시설 등에 버리겠다고 반복적으로 위협하거나, 짐을 싸서 내보내는 행위, 미성년자 출입금지업소에 지속적으로 아동을 데리고 다니는 행위, 돈을 벌어 오라고 위협하거나, 아동의 나이에 적절하지 않은 과도한 일을 시키는 행위, 보호자의 종교행위 강요, 다른 아동을 학대하도록 강요하는 행위 등이다.

(3) 성학대

성학대란 보호자를 포함한 성인이 자신의 성적 충족을 목적으로 18세 미만의 아동과 함께 하는 모든 성적 행위를 말한다. 가족 내 성학대는 가족 및 친인척 사이에서 발생하는 형태를 말하며, 가족 외부의 성학대는 아동과 안면이 있는 사람 혹은 낯선 사람에게서 발생되는 형태를 말한다. 일반적으로 강간은 두려움이나 강압적인 힘으로 성적 행위를 하는 것을 의미한다. 아동 성학대 역시 두려움이나 힘을 이용하지만 다른 방법도 사용한다. 놀이를 통해 착각하게 하거나 아동을 사랑하는 사람들로부터 심리적으로 고립되도록 조정하고, 성인의 권위로 강요하며, 움직일 수 없도록 물리적인 억압을 하며, 위협이나 공포를 조성한다.

성적 학대의 구체적인 행위는 성적 유희, 성기 및 자위행위 장면의 노출, 포르노비디오를 아동에게 보여주거나 포르노물을 판매하는 행위, 관음증 등의 행위, 성기삽입, 성적 접촉(성인이 아동에게 자신의 성기나 신체를 만지도록 하거나 아동의 성기를 만지는 행위, 아동의 옷을 강제로 벗기거나 키스를 하는 행위, 디지털섹스, 구강성교, 항문성교, 애무 등), 강간 등과 같은 접촉행위, 아동매춘이나 매매 등의 행위, 보호자의 부부관계 및 자위행위 목격 등으로 아동이 부적절하게 성에 노출되는 것, 성매매 업소에 아동을 데리고 가는 행위 등이다.

(4) 방임

방임은 아동이 위험한 환경에 처하거나 충분한 영양을 공급받지 못해 발육부진이 되는 경우가 많으며, 나이 어린 아동에게는 치명적인 결과(장애)를 가져오거나 사망에까지 이르게 한다. 또한 발달상황에 놓여있는 아동에게 다양한 측면에서 잠재되어 있는 파생적인 문제들이 발견될 수 있다. 예를 들면, 청결하지 않은 외모에서 오는 집단 따돌림, 사회문제행동의 피해자 혹은 가해자가 되기도 한다.

구체적인 방임의 유형을 살펴보면, 먼저 물리적 방임은 기본적인 의식주를 제공하지 않는 행위, 상해와 위험으로부터 아동을 보호하지 않는 행위, 불결한 환경이나 위험한 상태에 아동을 방치하는 행위, 아동의 출생신고를 하지 않는 행위, 보호자가 아동들을 가정 내에 두고 가출한 경우, 보호자가 아동을 병원에 입원시키고 사라진 경우, 보호자가 아동을 시설 근처에 두고 사라진 경우, 보호자가 친족에게 연락하지 않고 무작정 아동을 친족집 근처에 두고 사라진 경우 등이다.

교육적 방임은 보호자가 아동을 학교(의무교육)에 보내지 않거나 아동의 무단결석을 허용하는 행위, 학교 준비물을 챙겨주지 않는 행위, 특별한 교육적 욕구를 소홀히 하는 행위 등이다. 현행 교육기본법에 따르면, 의무교육은 6년의 초등교육 및 3년의 중등교육을 의미하며, 초·중등교육법 시행령에 따르면, 무단결석이란 정당한 사유 없이 계속하여 7일 이상 결석을 하는 경우를 말한다.

의료적 방임은 아동에게 필요한 의료적 처치를 하지 않는 행위, 예방접종이 필요한 아동에게 예방접종을 실시하지 않는 행위, 장애아동에 대한 치료적 개입을 거부하는 경우 등이다(중앙아동보호전문기관, 2013b).

2. 아동학대의 원인

아동학대의 원인에 관한 이론은 정신병리학적 모델, 발달론적 모델, 사회적 모델(sociological model), 사회적 상호작용 모델(social-interactional model), 생태학적 관점(ecological perspective) 등이 있다. 먼저 정신병리학적 모델은 가해자의 정신병리에 초점을 두며, 발달론적 모델은 아동이 가지는 특성이 학대 및 방임을 유발한다는 관점이고, 사회적 모델은 아동과 가족을 둘러싼 사회적 요인이 가해자로 하여금 아동학대를 유발한다고 강조하고, 사회적 상호작용 모델은 잘못된 자녀양육방법이 자녀에게 주는 영향에 초점을 두고 부모-자녀의 상호작용과정 속에서 발생하는 학대를 이해하려고 한다.

이상에서 살펴본 네 가지 이론은 학대의 다양한 원인과 그 원인 간의 복합적 상호작용을 반영하지 못하는 한계가 있어서, 아동학대의 원인으로 생태학적 관점이 중요시되고 있다. 왜냐하면 생태학적 관점(ecological perspective)은 아동의 제 특성, 아동을 둘러싼 가족환경, 가족이 처해있는 사회환경, 더 나아가 한 사회가 지닌 문화, 제도, 정치적 요소까지 광범위하게 통합하여 아동학대의 발생원인으로 규명하고 있기 때문이다. 즉, 아동을 시초로 하여 개인, 가족, 사회, 문화, 제도, 정치에 이르기까지 복잡다단한 요소들이 생태적으로 연계되어 아동학대가 유발된다고 보는 것이다(Belsky, 1993).

〈표 10-1〉 아동학대 원인이론

이 론	특 징	
정신병리적 모델	가해자 특성 · 자기표현적 분노 · 좌절통제력 부족 · 완고성 · 감정이입상의 결함 · 신체상의 건강문제	 · 우울증 · 낮은 사존감 · 분노통제상의 문제 · 약물남용, 의존성 · 신체적 과반응
발달론적 관점	자녀의 특성 · 기질 · 미숙아 · 장기 투병 아동 · 입양아동 · 부모가 원치 않는 성별	 · 원하지 않는 출생 · 장애 및 발달지체 · 미혼모 아동 · 자녀 수가 많은 가정의 아동
부모-자녀관계 이론	자녀의 특성 · 자녀의 어려운 행동 · 신체적 · 정신적 장애 부모의 특성 · 자녀에 대한 부정적 편견과 견해 · 자녀 관리능력의 결함	 · 어린 나이 · 자녀양육에 관한 부족한 문제해결 · 부모역할을 스트레스로 간주함

가정환경과 관련된 이론	가정의 특성 · 현재 가정 내의 아동학대 행위 · 부부간의 불화	 · 세대 간 아동학대 행위 · 가족 간의 긍정적 상호작용 부족
상황 및 사회적 조건에 관한 이론	상황적 조건 · 낮은 사회·경제적 지위 · 정부의 경제적 보조 · 실직 및 시간제 직업 · 사회적 고립 사회적 조건 · 사회에서의 전반적 폭력 허용 · 사회와 가정에서 권력의 차이	 · 독신부모가구 · 저소득 불안정 직업유형 · 사회적 스트레스 · 사회에서 신체적 처벌 허용

출처 : Batnett, Miller-Perrin & Perrin(1997). 아동학대이론 재구성.

한편 중앙아동보호기관(2013b)에서는 아동학대의 원인을 아동요인, 부모요인, 가정 및 사회 요인으로 분류하여 <표 10-2>와 같이 제시하면서, 가정적·사회적 요인은 가족관계 및 구조의 문제, 사회 전반의 분위기 등이 포함되며, 이 요인은 복합적으로 상호작용하여 발생하게 된다고 하였다.

더불어 아동요인이 학대의 유발요인인지, 학대로 인한 결과인지는 확실하지 않다고 명시하고 있다. 다만, <표 10-2>에 제시한 특성을 보이는 아동들은 부모나 양육자의 신체적·심리적 부담감을 가중시키고 부모들이 쉽게 지치게 된다고 하였다. 또한 부모와의 애착형성이 어려운 경우가 많아 신체적·심리적으로 지친 상태에서 아동에게 지속적인 관심과 애정을 주는 것이 어려울 뿐만 아니라 장애아나 기형아에 대한 사회적 편견은 부모에게 큰 스트레스로 작용하여 아동을 학대할 가능성이 높아지게 된다고 보고하였다.

국내 아동학대에 관한 실태조사인 전국 아동학대 현황보고서(2013c)에 따르면, 국내 학대행위자의 주요 특성은 양육태도 및 방법 부족 30.4%, 사회·경제적 스트레스 및 고립요인 23.3%, 부부 및 가족 갈등 10.1% 순으로 나타났다. 피해아동의 특성은 반항, 충동, 공격성과 같은 적응·행동 특성이 35.9%로 가장 두드러지게 나타났으며, 불안, 주의 산만, 애착문제 등과 같은 정서·정신건강 특성이 34.3%, 발달지연, 위생

문제와 같은 발달 · 신체건강 특성이 12.4%, 장애 3.0%로 나타났다(보건복지부 · 중앙아동보호전문기관, 2013a).

〈표 10-2〉 아동학대 원인

<table>
<tr><th>분 류</th><th>특 성</th></tr>
<tr><td>아동요인</td><td>미숙아, 기형아
만성 혹은 급성질환아
신체적 · 정신적 · 기질적으로 특이하거나 장애를 가진 아동
운동 및 언어 등 발달이 늦은 아동
심하게 보채거나 밤에 잘 자지 않는 아동
문제행동을 보이는 아동
음식을 먹거나 잠을 자는 데 어려움을 나타내는 아동
사회적 반응의 결핍, 고집스러운 울음과 외모
수유의 어려움
분리불안의 결함
자신감 결여, 지나친 경계, 무반응, 겁이 많음
적대적 행위, 충동적 특성, 폭력적 행동, 고집이 셈
대인관계에 둔감하고 매력이 없음, 운동조절 결함</td></tr>
<tr><td>부모요인</td><td>부모의 미성숙
아동양육에 대한 지식 부족
지나친 기대
잦은 가정의 위기
정서적 욕구불만
사회적 고립
어릴 적 학대받은 경험(자녀를 학대하는 부모들 중 30~60%는 아동기에 학대받은 경험이 있음)
부모의 그릇된 아동관 및 양육관
부모의 낮은 자아존중감, 낮은 감성, 의기소침
부모의 분노, 좌절 혹은 성적 욕구와 같은 충동과 감정조절의 무능력
원치 않는 아동
부모의 불안, 우울증, 기타 정신질환</td></tr>
<tr><td>가정 및 사회 요인</td><td>가족관계의 문제
가족구조의 문제
사회적 고립 및 사회적 지지체계가 결여
신체적인 체벌에 대해 허용적인 문화
아동을 존중하지 않는 문화, 자녀에 대한 소유의식
폭력에 대한 가치와 규범</td></tr>
</table>

3. 아동학대의 문제

신체적·정서적·성적으로 학대받거나 또는 방임된 아동은 낮은 자아존중감, 인지발달 지연, 신체발달 저하 및 성장장애, 정서적 불안, 또래 및 사회적 관계 형성의 어려움 등 전반적인 성장·발달에 어려움을 가지며, 학대유형별로 피학대 아동의 구체적인 문제 및 어려움은 다음과 같다(중앙아동보호전문기관, 2013b).

먼저 신체적 학대를 경험한 아동은 어른과의 접촉 회피, 다른 아동이 울 때 공포를 나타냄, 공격적이거나 위축된 극단적 행동, 부모에 대한 두려움, 집에 가는 것을 두려워함, 위험에 대한 지속적인 경계 등의 특성이 있다.

두 번째로, 정서적 학대를 경험한 아동은 특정 물건을 계속 빨고있거나 물어뜯음, 행동장애(반사회적·파괴적 행동장애), 신경성 기질 장애(놀이장애), 정신신경성 반응(히스테리, 강박, 공포), 언어장애, 극단행동, 과잉행동, 자살시도, 실수에 대한 과잉반응, 부모와의 접촉에 대한 두려움 등의 문제나 어려움을 호소한다.

세 번째로, 성적으로 학대받은 아동은 성과 관련하여 나이에 맞지 않는 성적 행동, 해박하고 조숙한 성지식, 명백하게 성적인 묘사를 한 그림들, 타인과의 성적인 상호관계, 동물이나 장난감을 대상으로 하는 성적인 상호관계 등의 특성이 있다. 그리고 비(非) 성적인 문제로 위축, 환상, 퇴행행동, 자기파괴적 또는 위험을 무릅쓴 모험적인 행동, 충동성, 산만함 및 주의집중장애, 혼자 남아있기를 거부 또는 외톨이, 특정 유형의 사람들 또는 성에 대한 두려움, 방화·동물에게 잔혹함, 비행, 가출, 약물 및 알코올 남용, 자기파괴적 행동(자살시도), 범죄행위, 우울, 불안, 사회관계의 단절, 수면장애, 유뇨증·유분증, 섭식장애(폭식증·거식증), 야뇨증, 외상 후 스트레스 장애, 저조한 학업수행 등이 있다.

마지막으로, 방임된 아동은 계절에 맞지 않는 부적절한 옷차림, 음식을 구걸하거나 훔침, 비행 또는 도벽, 학교에 일찍 등교하고 집에 늦게 귀가함, 지속적인 피로 또는 불안정감 호소, 수업 중 조는 태도, 잦은 결석 등의 문제나 어려움이 있다.

4. 학대아동을 위한 복지서비스 현황

1) 아동학대 현황

(1) 아동보호전문기관 신고 및 초기개입 현황

국내 최초로 아동학대 연간 현황조사가 발표된 2001년 아동학대 신고사례는 4,133사례이고, 학대의심사례가 2,606건이었는데, 10년 후인 2010년 아동학대 신고사례는 9,478건이고, 학대의심사례는 7,083건으로 신고사례 수와 학대의심사례 수 모두 약 2~3배 증가하였다. 2011년과 2012년 아동학대신고 건수는 각각 10,146건, 10,973건으로 연간 10,000건 이상이며, 신고 건수 중에 응급아동학대 의심사례는 각각 958건, 1,368건, 학대의심사례는 각각 7,367건, 7,611건으로 나타나, 연간 약 9,000건 정도의 아동학대사례가 발생하고 있다.

그리고 2001년부터 2012년까지 아동학대로 인해 매년 사망아동이 발생하였으며, 2001년에는 7명, 2005년 16명, 2010년 1명, 2012년 5명 등 매년 사망사건이 발생하고 있다.

한편 아동학대 신고자는 신고의무자와 비신고의무자로 분류되는데, 신고의무자 신고율은 30~40%, 비신고의무자 신고율은 60~70%로 나타났다. 2012년의 경우 사회복지전담공무원, 교원, 아동복지시설 종사자 등의 순으로 신고비율이 높았으며, 비신고의무자 신고율은 사회복지 관련 종사자, 부모, 이웃, 친구, 친인척 순으로 나타났다.

(2) 아동학대 유형별 현황

2001년부터 2012년까지 발생한 전체 아동학대 현황을 아동학대 유형별로 분석하면, 학대유형별로 연간 발생 건수 및 비율은 약간씩 차이가 있지만, 발생 건수 및 비율의 순위는 일정하게 나타났다. 구체적으로 중복학대와 방임이 각각 35% 이상으로 가장 높게 나타났고, 정서학대와 신체학대가 10% 내외로 나타났고, 성학대 5% 내외, 유기 2% 내외로 나타났다.

(3) 재신고 아동학대 현황

2001년부터 2012년까지 발생한 전체 아동학대 현황조사에서 재학대 신고율은 매년 전체 아동학대사례 중에서 15% 내외로 발생하고 있으며, 2012년의 재학대 신고사례는 14.3%였다. 일회적으로 발생한 학대라도 아동에게 미치는 신체 및 심리·정서적인 영향은 매우 심각한데, 학대가 반복적으로 발생할 경우 피해아동은 더욱 위험한 상황에 처하기 때문에 사례 종료 시 아동보호전문기관뿐만 아니라 지역 내 유관기관과의 연계를 통해 고위험군에 대한 지속적인 모니터링을 통해 재학대를 예방하는 것이 필요하다(보건복지부·중앙아동보호전문기관, 2013a).

한편 아동학대 재신고 발생률은 한부모나 계부모가정, 아동의 수가 많은 대가족, 아동의 나이가 어릴수록, 초기사례가 방임으로 신고된 가족일수록 높아진다(배화옥, 2004).

(4) 피해아동 및 학대행위자의 특성

2001년부터 2012년까지 발생한 전체 아동학대 현황조사 결과 피해아동 및 가해의 특성은 조사연도에 따라 약간의 차이는 있지만, 일정한 경향성을 보이는 것으로 나타났다.

먼저 피해아동의 성별 특성을 살펴보면, 성학대를 제외하고는 성별에 따라 차이는 나타나지 않았고, 성학대의 경우는 전체 발생 건수 중에서 여아가 90% 이상을 차지하는 것으로 나타났다.

두 번째로, 피해아동의 연령별 특성을 살펴보면, 만 13~15세와 만 10~12세가 각각 20% 이상으로 높게 나타났고, 만 7~9세가 15~20%로 나타났다. 다만, 성학대의 경우는 만 13~15세에 피해아동이 40% 내외로 높게 분포하고, 만 10~12세가 20% 이상 분포하고 있는 것으로 나타났다.

세 번째로, 학대가 발생한 가족의 가족형태는 친부모가족 30~40%, 친부모가족 외 형태 50% 내외이다. 가정위탁의 경우 0.1%에서 0.6%이었으며, 입양가정형태도 이와 유사한 0.2%에서 0.6%로 나타났고, 시설보호의 경우는 가정위탁과 입양가정에 비해 많았으며 0.4%에서 4.6%의 분포를 나타냈다. 아동학대 발생률이 가장 높은 가족형태는 부자가정으로 평균 27.6%로 집계되었고, 모자가정은 약 14.5%이며, 재혼가정의 경우 6.7%에서 11.3%의 수준이었으며, 친인척에 의해 보호되었던 아동은 4.4%에서 8.9%로 나타났다.

네 번째로, 전체 피해아동 중 국민기초생활보장수급권 대상 아동은 30% 내외이고, 비수급권자 대상은 70% 내외로 나타났다.

다섯 번째로, 학대가해자의 특성을 살펴보면, 성별은 남성이 여성보다 약 1.5배 많은 것으로 나타났고, 학대행위자의 연령은 만 40~49세가 40% 내외, 만 30~39세가 30% 내외로 나타나 주로 30~40대에 분포되어 있음을 알 수 있다. 학대행위자는 친부 50% 내외, 친모 30% 내외로 친부모가 가장 많았고, 친인척과 보육시설, 아동복지시설 종사자가 각각 5% 내외로 나타났다.

마지막으로, 아동학대 발생장소는 가정 내가 80~90%로 가장 높게 나타났고, 10~20%는 복지시설, 집 근처 또는 거리, 놀이방, 어린이집, 유치원, 학교, 학원 등 교육기관 등에서 발생하는 것으로 나타났다.

(5) 피해아동 조치결과

피해아동의 조치결과를 살펴보면, 원가정 보호가 60~70%로 가장 높게 나타났고, 격리보호가 30% 내외로 나타났다. 격리보호의 세부유형은 연도에 따라 약간씩 차이가 있으며, 2012년의 경우 격리보호의 세부유형 중에서는 장기보호 11.7%, 친족보호 8.3%, 일시보호 8.3%, 연고자에 의한 보호 0.9%, 병원입원 0.6%, 가정위탁 0.5% 순으로 나타났다.

2) 아동학대 관련기관의 현황

(1) 아동보호전문기관의 현황

아동복지법 제45조에 의하여 국가와 지방자치단체는 아동보호전문기관을 설치하도록 하고 있고, 현재 중앙아동보호전문기관 1개소, 시 · 도 아동보호전문기관 19개소, 시 · 군 · 구 아동보호전문기관 27개소 등 총 47개 아동보호전문기관이 설치 · 운영되고 있다. 2012년에 1개 아동보호전문기관이 담당하는 아동 수는 평균 212,849명으로 나타났다.

중앙과 지방의 아동보호전문기관과 의료, 교육, 법률, 행정, 사법기관 등이 직간접적으로 아동학대서비스를 제공하는데, 이들 기관의 구체적인 역할은 <표 10-3>에 제시하였다.

〈표 10-3〉 아동학대서비스 관련기관 및 역할

관련기관	역 할
중앙아동보호 전문기관	· 지역아동보호전문기관 업무 지원 · 아동학대예방 관련 연구 및 프로그램 개발 · 아동학대예방사업 관련 매뉴얼 및 보고서 발간 · 아동학대예방사업 정책 건의 · 아동학대예방 관련 홍보 및 교육 실시 · 아동보호전문상담원 직무교육 프로그램 개발 및 실시 · 아동보호전문기관 상담원의 신변안전 보호를 위한 교육 실시 · 아동보호전문기관 전산시스템 구축 · 운영 · 지역아동보호전문기관 사례 배치 및 조정 · 아동학대 관련 통계 관리 및 분석 · 관련기관 협력체계 구축 및 관리 · 아동학대 해외사례 개입 및 관련기관과의 국제협력 · 친권행사 제한 또는 친권행사 상실 청구 요청 - 아동복지전담기관의 장, 아동복지시설의 장, 학교의 장은 친권자가 친권을 행사할 수 없는 중대한 사유를 발견한 경우 지방자치단체의 장 또는 검사에게 학대행위자인 친권자에 대한 친권행사의 제한 또는 친권상실 청구를 요청 - 아동복지전담기관의 장, 아동복지시설의 장, 학교의 장은 지방자치단체의 장 또는 검사의 처리결과에 이의가 있을 경우 처리결과를 통보받은 날부터 30일 내 직접 청구 가능 · 후견인이 아동학대 등 현저한 비행을 저지른 경우 법원에 후견인 변경 신청

행정기관	〈보건복지부〉 · 아동학대예방 업무와 관련한 정책 수립 · 아동학대예방 업무와 관련한 법·제도 마련 및 개선 · 아동보호전문기관의 인력 및 자격 관리 · 중앙아동보호전문기관 운영 지원 · 관계 중앙행정기관과의 협력체계 구축 및 연계·지원 · 아동학대가 발생한 아동복지시설 및 교육훈련시설에 대한 개선, 사업의 정지, 위탁취소, 시설장 교체 및 시설 폐쇄 지방자치단체 의뢰 · 아동학대예방 홍보영상 제작, 배포, 송출 · '아동학대예방의 날(11월 19일)' 및 아동학대예방주간 행사 및 홍보 실시 · 신고의무자 대상 아동학대 신고절차와 방법 등 설명서 작성 및 배포 · 아동보호전문기관의 업무실적에 대하여 3년마다 성과평가 실시 〈시·도〉 · 아동보호전문기관의 설치 및 운영 지원 · 아동보호전문기관 설치신청에 대한 검토 및 지정 · 아동보호전문기관 업무지도와 감독 · 72시간(아동복지법 제27조 제3항) 이상의 격리보호가 필요하여 보호조치를 의뢰받은 피해아동에 대한 행정적인 조치 등 · 아동보호전문기관에서 피해아동에 대한 응급조치(72시간)를 실시한 후 사유가 발생하여 연장(48시간)이 필요할 경우 행정적인 조치 실시(아동복지법 제27조 제3항) · 아동보호전문기관과 협조하여 신고의무자에 대한 아동학대예방 및 신고의무 관련교육을 1시간 이상 실시 · 아동보호전문기관에 접수된 신고사례에 대한 현장조사 시 동행 협조 · 사회복지시설 등에서의 아동학대예방을 위한 지도·감독 · 사회복지시설에서 아동학대 발생 시 아동보호전문기관의 현장 조사 및 개입이 원활히 진행될 수 있도록 협조 · 아동학대가 발생한 아동복지시설 및 교육훈련시설에 대한 개선, 사업의 정지, 위탁취소, 시설장 교체 및 시설폐쇄 · 법원에 아동학대행위자인 친권자에 대한 친권행사의 제한 또는 친권상실 청구 · 후견인이 아동학대 등 현저한 비행을 저지른 경우 법원에 후견인 변경 신청 · '아동학대예방의 날(11월 19일)' 및 아동학대예방주간 행사 및 홍보 실시

관련기관	역 할
지방아동보호 전문기관	· 아동학대 신고접수 및 현장조사 수행 · 피해아동의 응급보호 및 상담 · 치료 등의 서비스 제공 · 학대행위자 · 가족에 대한 상담 · 교육 등의 서비스 제공 · 피해아동 가정의 사후관리 · 아동학대사례판정위원회 설치 · 운영 및 자체사례회의 운영 - 시 · 군 · 구 아동보호전문기관은 시 · 도 아동보호전문기관의 아동학대사례판정위원회 활용 가능 · 아동학대사례의 전산시스템 입력 및 보존 · 아동학대예방 교육 및 홍보 실시 · 지역사회자원 개발 및 관련기관 협력체계 구축 · 시장 · 군수 · 구청장에게 피해아동의 기초생활보장급여 또는 의료급여 등 필요한 보호 및 양육조치 의뢰 · 피해아동 보호를 위한 전담 치료보호시설(공동생활가정, 일시보호시설) 운영 · 친권행사 제한 또는 친권행사 상실 청구요청 - 아동복지전담기관의 장, 아동복지시설의 장, 학교의 장은 친권자가 친권을 행사할 수 없는 중대한 사유를 발견한 경우 지방자치단체의 장 또는 검사에게 학대행위자인 친권자에 대한 친권행사의 제한 또는 친권상실 청구를 요청 - 아동복지전담기관의 장, 아동복지시설의 장, 학교의 장은 지방자치단체의 장 또는 검사의 처리결과에 이의가 있을 경우 처리결과를 통보받은 날부터 30일 내 직접 청구 가능 · 후견인이 아동학대 등 현저한 비행을 저지른 경우 법원에 후견인 변경 신청
의료기관	· 의료행위 시 학대가 의심되는 아동에 대해 아동보호전문기관에 신고 · 의료기관 내에 소아과, 소아정신과, 외과, 내과, 산부인과, 의료사회사업가 등으로 구성된 학대피해아동 보호팀을 구성 · 운영 · 아동학대 판정을 위한 의학적 진단, 소견 · 증언 진술 및 피해아동을 위한 의료서비스 제공
교육기관	· 아동학대사례 조기 발견 및 아동보호전문기관 또는 수사기관에 아동학대 신고 · 교직원에 대한 아동학대 신고의무자 교육 실시 · 아동보호전문기관 상담원이 학교를 방문하여 현장조사(아동상담)를 실시할 경우 아동의 안전을 위하여 반드시 협조 · 피해아동과 부모에 대한 치료적 개입 및 협조 · 피해아동의 학교생활, 가족력 등 관련자료 제공 · 피해아동에 대한 학교사회사업 서비스 제공 · 아동, 부모 및 교사 대상의 아동학대예방 홍보 및 아동의 권리와 학대예방 등에 관한 교육 실시(교육을 실시하지 않은 경우 300만 원 이하의 과태료 부과)

교육기관	· 부모로부터 분리된 피해아동의 보호를 위한 협력 지원 - 피해아동의 입학, 전학 등의 신속한 조치와 편의도모 - 학대행위자로부터 아동보호를 위한 아동관련 정보 비밀유지
법률기관	· '아동의 최선의 이익 우선 원칙'에 따른 사법적 소송 진행 · 피해아동의 법률적 보호 및 학대행위자에 대한 보호처분 등에 대해 아동보호전문기관과의 긴밀한 협조 · 학대행위자의 처벌 및 보호처분을 포함한 판정, 친권의 상실 또는 친권의 일시정지 선고, 후견인의 지정, 부모로부터 아동의 격리, 학대행위자에 대한 구상권 청구 등
사법경찰	· 아동보호전문기관과 아동학대사례개입을 위한 협력체계 구축 · 112에 신고된 아동학대사례를 아동보호전문기관에 의뢰 · 아동보호전문기관에 접수된 신고사례에 대해 현장조사 시 동행 협조 - 수사과정에서 학대행위자의 위협으로부터 피해아동 및 아동보호전문기관 상담원 신변안전 확보 · 아동학대행위자의 형사재판을 요하는 사례에 대한 전담형사 배치 · 응급조치를 요하는 아동학대사례를 일시보호시설 또는 의료기관에 조치 의뢰 · 아동보호전문기관으로부터 의뢰받은 사례에 대한 현장조사 및 조사 이후 현장조사서 사본 송부(관할 아동보호전문기관) 등

출처 : 보건복지부(2013). 2013년도 아동분야 사업안내.

(2) 아동보호전문기관의 종사자

아동보호전문기관의 종사자, 즉 기관장 및 상담원은 아동복지법 시행령 제52조의 규정에 의한 자격이 있는 자로 임용해야 하는데, 상담원은 아동복지법 시행령에 의한 교육을 반드시 배치되기 전에 이수하여야 한다. <표 10-4>에 아동보호전문기관의 장, 상담원, 임상심리치료 전문인력 등의 자격기준을 제시하였고, <표 10-5>에 아동보호전문기관 상담원의 교육과정을 제시하였다. 현행 아동복지법에 따르면, 아동보호전문기관에는 긴급전화의 운영과 기관의 장 1명, 임상심리치료 전문인력 1명 및 상담원 6명 이상을 두어야 한다.

〈표 10-4〉 아동보호전문기관 시설장과 상담원의 자격기준

종사자	자격기준
시설장	아동보호전문기관의 장은 다음 각 목의 어느 하나의 자격을 갖춘 사람으로 한다. 가. 사회복지사업법에 따른 사회복지사 2급 이상의 자격 취득 후 아동과 관련된 사회복지업무에 3년 이상 종사한 경력이 있는 사람 나. 학대아동보호사업과 관련된 기관에서 3년 이상 근무한 경력이 있는 사람 다. 7급 이상 공무원으로서 국가나 지방자치단체에서 사회복지사업에 관한 행정업무에 5년 이상 종사한 경력이 있는 사람 라. 의료법에 따른 의사·한의사 또는 치과의사 면허 취득 후 3년 이상의 진료경력이 있는 사람 마. 정신보건법에 따른 정신보건전문요원 자격 취득 후 사회복지업무에 5년 이상 종사한 경력이 있는 사람 바. 영유아보육법에 따른 보육교사 1급 자격 취득 후 아동과 관련된 사회복지업무에 5년 이상 종사한 경력이 있는 사람 사. 유치원, 초등학교 또는 중등학교 교사 자격증 취득 후 사회복지사업에 5년 이상 종사한 경력이 있는 사람 아. 직업훈련교사, 간호사, 영양사 자격 취득 후 사회복지사업에 5년 이상 종사한 경력이 있는 사람
상담원	아동보호전문기관의 상담원은 다음 각 목의 어느 하나에 해당하는 사람으로서 대학 또는 보건복지부장관이 인정하는 비영리법인에서 개설·운영하는 〔별표 15〕의 교육과정을 수료한 사람으로 한다. 다만, 대학에서 교과목의 일부를 이수한 경우에는 해당 이수과목에 대한 교육을 면제할 수 있다. 가. 사회복지사업법에 따른 사회복지사 1급 자격이 있는 사람 나. 대학 또는 이와 같은 수준 이상의 학력이 있다고 교육부장관이 인정하는 학교에서 심리학과(복지심리학과를 포함한다) 또는 보건복지부령으로 정하는 아동복지 또는 사회복지 관련교과목을 이수하고 졸업한 사람

출처 : 아동복지법 시행령(2013).

〈표 10-5〉 아동보호전문기관 상담원 교육과정

단 계	교육과목(시간)	이수시간(총 100시간)
기본교육	1. 아동복지의 기본 가치 이해(4) 2. 아동복지법의 이해(4) 3. 아동학대 원인 및 영향(8) 4. 아동보호체계에 대한 이해(8) 5. 가족보존서비스의 이론과 실제(8)	32시간
	1. 초기조사와 사례계획(8) 2. 위기개입(6) 3. 아동 분리와 배치(6) 4. 학대유형별 개입방법(12)	32시간
	1. 아동학대와 방임에 대한 생태학적 관점(8) 2. 통합적 접근방법(8)	16시간
전문교육	1. 아동학대와 관련된 특수한 문제와 개입방법(8) 2. 학대유형별 상담사례 실습(12)	20시간

출처 : 아동복지법 시행령(2013).

(3) 아동학대 신고의무자

아동복지법 제25조에 의한 아농학대 신고의무자는 직무상 아동학대를 알게 된 때에는 즉시 아동보호전문기관 또는 수사기관에 신고하여야 하며, 그 직무상 아동학대를 알게 되었음에도 신고하지 아니한 신고의무자에게는 300만 원 이하의 과태료가 부과된다.

현행 아동복지법에서 제시하고 있는 신고의무교육의 내용은 아동학대 예방 및 신고의무에 관한 법령, 아동학대 발견 시 신고요령, 피해아동 보호절차 등이며, 관계 중앙행정기관의 장은 신고의무자의 자격취득과정이나 보수교육과정에 아동학대 예방 및 신고의무와 관련된 교육을 1시간 이상 포함시키도록 하고 있다.

신고의무자는 아동복지 전담공무원, 사회복지 전담공무원과 가정위탁지원센터, 아동복지시설, 가정폭력 관련 상담소, 가정폭력피해자 보호시설, 건강가족지원센터, 다문화가족지원센터, 사회복지시설, 성매매피해상담소, 폭력피해자보호시설, 장애인복지시설, 정신보건센터, 청소년 시설 및 단체, 청소년보호센터 및 청소년재활센터, 한부모가족복지시설, 어린이집 등의 장과 종사자, 의료인, 의료기관의 장, 의료기사, 응급구조사, 구급대의 대원, 초・중・고등학교의 교직원, 강사, 전문상담교사, 학원 및 교습소의 운영자・강사・직원 등이다.

3) 학대아동을 위한 복지서비스 현황

(1) 피학대아동을 위한 복지서비스

학대아동을 위한 복지서비스로는 먼저 피해아동의 신체적・심리적 손상 정도를 판단하기 위해, MRI, CT 등의 정밀진단검사와 심리검사를 실시하며, 검사결과를 통해 피해아동의 인성, 지능, 행동 등에 있어 학대후유증 정도를 진단하고, 이에 필요한 전문적인 치료서비스 계획을 수립한다. 심리검사의 종류는 다음과 같다.

* 객관화 검사 : KEDI-WISC(아동지능검사), K-PIC(한국아동인성검사), MMPI(다면적 인성검사), K-CBCL(아동문제행동검사), MBTI・MMTIC(아동성격유형검사) 등
* 투사 검사 : Rorschach Test(아동인성검사 : 로샤검사), HTP(집・나무・사람검사), KFD(동적가족화), SCT(문장완성검사), CAT(아동주제통각검사) 등

두 번째로 피해아동에게 제공되는 서비스는 상담서비스, 의료서비스, 심리치료서비스, 가족기능강화서비스, 일시보호서비스, 고소・고발지원 서비스 등이 지원된다. 2012년의 경우 피해아동에게 제공된 서비스는 상담서비스 41.7%, 일시보호서비스 33.8%, 심리치료서비스 8.4%, 가족기능강화서비스 6.8%, 의료서비스 2.4%, 고소・고발지원서비스 0.3% 순으로 제공되었다.

(2) 학대행위자에 대한 복지서비스

학대행위자에 대한 복지서비스는 상담서비스, 의료서비스, 심리치료서비스, 가족기능강화서비스(가정지원서비스, 사회복지서비스기관 연결, 공적 지원 연결) 등이며, 2012년의 경우 개별상담 66.8%, 기관상담 10.7%, 집단상담 0.7%, 주변인 상담 0.5% 순으로 상담서비스가 가장 높게 나타났다. 상담서비스 이외에 의료서비스는 12.5%, 심리치료서비스 5.7%, 가족기능강화서비스 1.9%로 나타났다.

(3) 아동학대 사례관리 흐름도

아동보호전문기관에 아동학대사례가 신고되면, 응급아동학대 의심사례는 12시간 이내, 아동학대 의심사례 72시간 이내로 현장조사를 진행하여야 하며, 2012년의 경우 각 사례당 평균 1.9회의 현장조사를 실시한 것으로 집계되었다(보건복지부·중앙아동보호전문기관, 2013). 현장조사 후 응급조치가 필요하다면, 응급의료조치 및 긴급격리조치를 실시한 후, 잠재위험사례, 학대사례, 일반사례 등으로 사례 판정 후 사례유형에 따라 서비스를 제공하게 되는데, 【그림 10-1】에 구체적 아동학대 사례관리 흐름도를 제시하였다(보건복지부, 2013).

현행 아동복지법에 따르면, 행정기관은 아동보호전문기관이 신분조회 등을 요청 시 정당한 사유가 없는 한 이에 응하여야 하며, 공무원증 규칙(행정안전부령 제24호)의 규격 및 서식을 준용하여 아동보호전문기관 직원의 신분증을 발급 및 교부해야 한다.

아동보호전문기관의 직원은 아동학대가 행하여지고 있는 것으로 신고된 현장 또는 관련장소에 출입하여 아동 또는 관계인에 대하여 조사를 하거나 질문할 수 있다. 그리고 현장에 출동한 아동보호전문기관의 직원이 업무를 수행할 때에 폭행·협박이나 현장조사 거부 등 그 업무수행을 방해하는 행위를 하여서는 안 되며, 이를 위반한 자는 1년 이하의 징역 또는 500만 원 이하의 벌금에 처하게 된다.

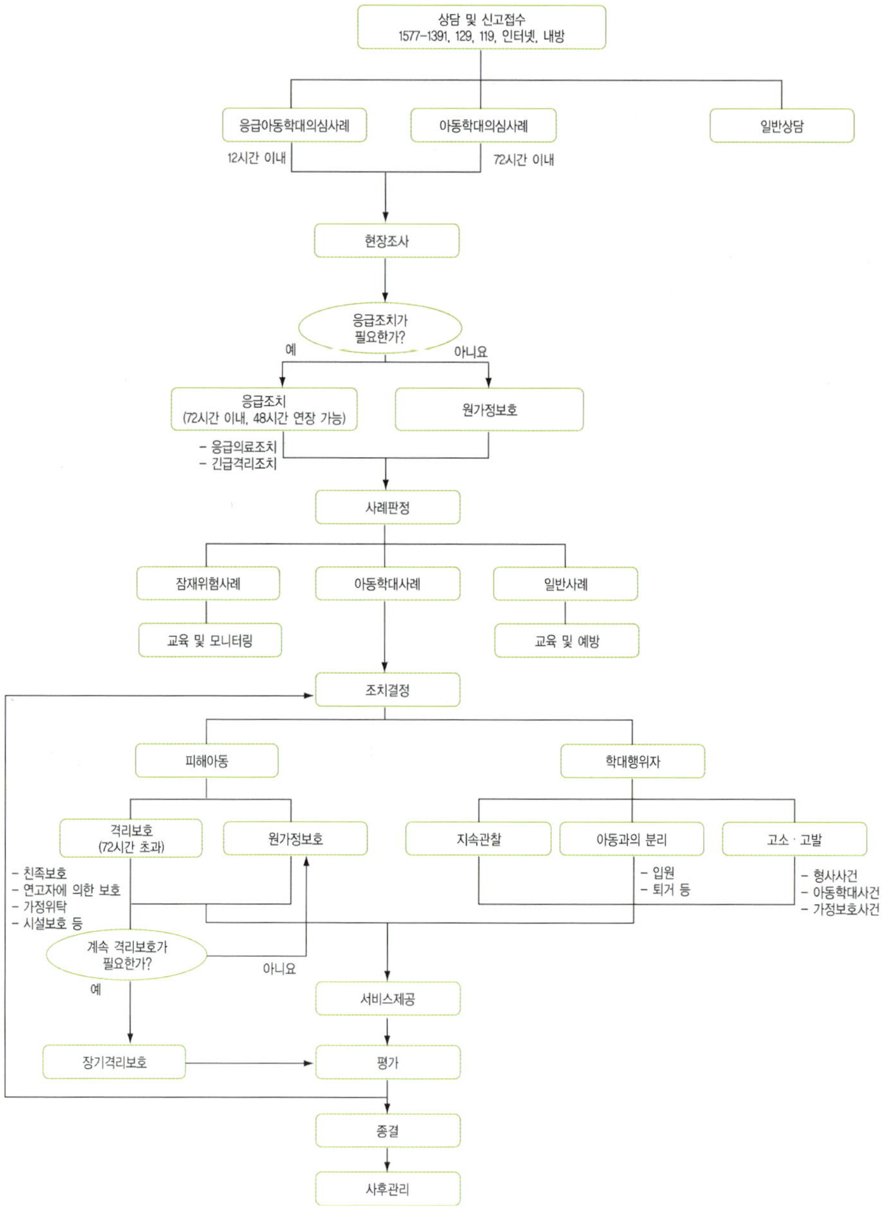

| 그림 10-1 | 아동학대사례 업무진행도

5. 학대아동을 위한 복지정책 및 복지실천 방향

1) 피해아동의 보호조치 결정을 위한 사법체계 마련

현행 아동복지법에서는 아동을 친권자인 학대행위자로부터 격리하여 보호할 필요가 있는 경우 지방자치단체장에게 아동의 보호를 위해 대리양육, 가정위탁, 시설입소 등을 의뢰하고 있으나, 지방자치단체장이 아무런 보호조치를 취하지 않는 경우 피해아동을 친권자인 아동학대행위자에게 그대로 돌려보낼 수밖에 없는 등의 한계점이 존재하고 있다. 아동학대로 인해 아동을 보호자로부터 격리하는 것은 광의적으로는 친권의 일시적인 제한과 관련된 제재라 할 수 있다. 이런 맥락에서 미국, 호주 등 해외 선진국의 경우와 같이 아동격리를 비롯한 강제적인 친권개입과 피해아동 보호조치를 행정처분이 아닌 아동학대를 전담으로 하는 법원판결을 통해 진행하는 것이 효과적인 것으로 사료된다. 또한 미국 법원에서는 아동보호전문기관이 제시하는 보호조치를 결정하기 위해 판사가 365일 동안 24시간 대기하고 있다. 우리나라는 이와 반대로 아동학대에 관한 사법적 대응체계가 매우 취약하다(보건복지부 · 중앙아동보호전문기관, 2012). 따라서 최근 도입된 가정법원에서 입양을 판결하는 입양제도와 유사하게 가정법원 내에서 아동학대를 전문적으로 전담하는 사법적 시스템 마련을 고려해 볼 필요가 있겠다.

2) 아동권리 및 아동학대 인식 개선을 위한 교육 및 홍보사업 활성화

아동학대 발생 후 개입하는 것도 필요하지만, 아동의 발달에 치명적 손상을 입히는 학대가 발생하지 않도록 아동학대예방사업을 활성화하는 것도 중요하다. 아동학대는 기본적으로 아동의 존엄성과 권리존중에 대한 인식 부족에서 기인된 것이며, 이러한 인식을 개선하기 위해서는 학령기 및 성인이 되어서도 지속적으로 교육하고 훈련을 해야 한다. 현재 지역아동보호전문기관을 통해 제공되고 있는 아동학대예방 프로그램으로는 6~7세 아동에게 자신의 보호받을 권리를 알려주어 아동학대를 예방하고자 하는 아동 힘 키우기 서비스(CES : Child Empowering Service), 초등학교 아동의 아동학대 예방을 위한 프로그램으로 초등학생을 위한 자기보호 훈련, 부모를 위한 자녀양육기법 훈련, 교사를 위한 신고의무자 교육으로 구성된 참여활동 프로그램(PAPCM : Participatory Activity for the Prevention of Child Maltreatment), 아동학대 근절을 위한 거리 캠페인인 Child Abuse Zero Campaign 등이 있다.

향후 중·고생 및 청년을 대상으로 사전에 예비부모교육을 실시할 수 있는 시스템을 마련할 필요가 있고, 현재 학교마다 산발적으로 이루어지는 부모교육을 체계화시켜서 바람직한 자녀양육기법, 분노조절 훈련, 의사소통기술 훈련 등을 집중 교육하는 방안도 추진할 필요가 있다(보건복지부·중앙아동보호전문기관, 2012).

이러한 아동, 학부모, 교사 등을 대상으로 한 교육사업 이외에 일반 시민을 대상으로 아동학대에 대한 정보제공사업, 아동학대 캠페인, 공익광고 등 인식변화행사 등을 통해서 아동학대에 대한 인식을 개선할 필요가 있다. 현행 아동복지법에 아동의 건강한 성장을 도모하고, 범국민적으로 아동학대의 예방과 방지에 관한 관심을 높이기 위하여 매년 11월 19일을 아동학대예방의 날로 지정하고, 아동학대예방의 날부터 1주일을 아동학대예방주간으로 명시하고 있는데, 이 기간뿐만 아니라 지속적으로 아동학대 예방사업이 실시되어야 한다.

3) 아동학대 조기발견 및 개입을 위한 체계구축

피학대 아동의 조기발견을 통해 초기에 개입할 수 있다면, 학대가 아동의 삶에 미치는 다차원의 부정적 영향을 완화할 수 있다. 더불어 청소년 범죄예방 등을 통해 사회적 비용을 절감하는 경제적 효과까지 거둘 수 있는데, 실제로 미국 미시건 주의 아동학대예방 프로그램에 대한 편익비용분석 결과, 19대 1의 높은 비율로 나타났다(안재진, 2013).

아동학대의 조기발견을 위해서는 영아, 장애아동, 한부모가정, 빈곤가정 등 아동학대 피해 고위험 아동에 대한 서비스가 선행되어야 한다. 먼저 2011년의 경우 학대에 의한 사망아동사례 13건 중 10건이 영유아를 대상으로 발생되었는데, 영유아는 스스로 보호하고 의사를 표현할 수 없기에 아동학대에 매우 취약하며, 학대피해가 외부로 노출될 가능성이 상대적으로 적기 때문에 치명적 위험에 처할 가능성이 크다고 할 수 있다. 두 번째로, 2011년에 장애아동을 대상으로 학대 현황을 분석한 결과, 장애피해아동 보호율이 전체 피해아동 보호율보다 약 4.8배 높은 2.59‰로 나타나 장애아동 사례에 대한 적극적인 개입이 요구된다(보건복지부 · 중앙아동보호전문기관, 2012). 마지막으로, 우리나라 전체 학대피해아동의 44.0%가 한부모가정에서 발생하는 것으로 나타났으며, 기초생활수급가정의 아동이 31.0%로 나타나고 있는데, 이는 전체 가족 중 한부모가족이 차지하는 비율(7.8%)과 2011년 기준 전체 기초생활수급가정의 비율(2.9%)을 감안할 때 매우 높은 수준이다. 이와 같은 고위험 아동에 대해서는 미국 전역에서 널리 시행될 뿐 아니라 잉글랜드, 스코틀랜드, 독일, 네덜란드, 호주 등지에까지 확산되고 있는, Nurse-Family Partnership(NFP) 프로그램을 도입할 필요가 있다. NFP 프로그램은 어린 저소득층 초산부들을 아동이 생후 2년이 될 때까지 간호사가 정기적으로 방문하는 것이다(안재진, 2013). 결국 아동학대를 조기에 발견하고, 초기 개입을 위해서는 고위험 아동에 대한 가정방문서비스 체계의 구축이 필요하다.

4) 통합적인 아동보호 및 사례관리의 질적 수준 제고

먼저 아동학대는 아동의 성장과 발달에 치명적 손상을 입힐 수 있으므로 피학대아동의 학대유형, 학대 정도 등을 고려하여 상담 및 치료, 가정방문, 가사지원서비스, 경제적 지원, 지역자원 연계 프로그램 등 다양한 아동복지서비스가 개발되고 제공되어야 한다.

두 번째로, 학대아동에 대한 사례관리 서비스의 질적 제고를 위해서는 학대유형, 학대 정도 등 피해아동의 특성에 맞는 개입 프로그램을 개발하여야 하며, 상담원을 대폭 증원하여 1인당 담당 사례 수를 줄일 필요가 있다. 2012년의 경우 아동보호전문기관 상담원 1인당 평균 신고접수 건수는 33.7건, 현장조사 횟수는 52.1회로 파악되었다.

마지막으로, 통합적인 아동보호 및 사례관리 제도의 도입을 통해 사례관리망이 유기적으로 구축되어야 한다(안재진, 2013). 영국과 미국에서는 스타트사업을 통해 아동과 가족에게 통합적인 지원을 제공하고 있고, 공적 영역과 민간기관 간의 역할구분이 비교적 명확히 이루어지고 있는 한편, 아동학대 예방 및 보호를 위하여 관련조직 간의 네트워크의 필요성이 강조되고 있다(김미숙 외, 2011). 우리나라의 경우에도 전체 아동복지서비스 내에서 아동에 대한 사례관리 및 가족에 대한 통합지원서비스가 이루어져야 하며, 공공과 민간의 역할구분을 명확히 하여, 공공(드림스타트)이 아동사례관리의 중심축으로 기능하고, 민간은 공공과의 협약을 통해 실제 서비스 제공 및 사례관리를 담당하도록 해야 할 것이다. 특히 현재 파편화되어 있는 지역자원들이 연계되어 문제상황에 대한 통합적인 서비스로 지원·관리될 때, 아동·청소년들이 위기에서 벗어날 수 있을 것이다(정익중, 2009).

5) 학대행위자 보호처분제도 도입 및 복지서비스 제공

먼저 학대행위자의 재학대 방지를 위해서는 단순한 형사처분을 통한 처벌보다는 행위자의 성행을 교정·치료하여 근본적으로 학대재발을 예방하는 방법이 선행되어야 할 것이다. 이를 위해서는 법적 구속력이 있는 상담수강 명령, 치료위탁, 사회봉사와 같은 보호처분제도 마련이 필요하다. 일본의 「아동학대 방지 등에 관한 법률」 제11조에 따르면, 아동 학대행위자에 대해 지도할 의무가 있음을 명시해놓고 있으며, 행위자가 이를 따르지 않았을 경우 아동에 대한 일시보호 및 시설입소 조치, 친권행사 제한 청구 등의 조치를 취하도록 되어 있다. 우리나라도 학대행위자에 대한 보호처분제도 마련과 아울러 불이행 시 처벌조항 등을 함께 명시함으로써 실효성 있는 재학대 예방정책을 마련해야 할 것이다(보건복지부·중앙아동보호전문기관, 2012).

두 번째로, 이러한 보호처분과 더불어 학대유형, 학대 정도 등과 학대행위자 부모의 특성에 맞는 학대행위자 개입 프로그램, 예를 들자면 가족치료, 생활기술 훈련, 경제적 지원, 스트레스 관리, 가정방문 프로그램 등의 개발을 통해 다양한 서비스가 제공되어, 아동학대의 재발을 방지하도록 해야 할 것이다.

연습문제

1. 아동학대의 원인은 무엇인가?
2. 아동학대의 유형 및 증상은 어떠한가?

연구문제

1. 선진국의 아동보호시스템이 우리나라 아동보호시스템에 주는 시사점에 관해 생각해 보자.
2. 학대유형에 따른 차별화된 부모교육, 상담, 치료서비스의 내용에 관해 살펴보자.

제11장 가정위탁아동을 위한 아동복지실천

1. 가정위탁보호의 개념과 유형

1) 가정위탁보호의 개념

가정위탁보호는 친부모의 양육역할을 일정 기간 동안 대리함으로써 아동의 복지를 보장하는 것이며, 일정 기간 동안 양육하기가 어려운 상황이 해소되면 아동을 친부모와 친가정으로 복귀토록 하는 아동복지실천활동이다. 미국아동복지연맹(CWLA)에서 출판된『가정위탁보호서비스』교본에 의하면, 가정위탁보호란 "아동이 자신의 가정에서 양육될 수 없을 때, 입양이 바람직하지도 않고, 불가능할 경우 다른 가정에서 일정한 계획된 기간 동안 보호와 양육을 받는 대리보호"라고 하였다.

현행 아동복지법(2013)에 따르면, '가정위탁'이란 보호대상아동의 보호를 위하여 성범죄, 가정폭력, 아동학대, 정신질환 등의 전력이 없고, 보건복지부령으로 정하는 기준[1]에 적합한 가정에 보호대상아동을 일정 기간 위탁하는 것을 말한다.

이러한 가정위탁보호의 개념을 바탕으로 가정위탁보호사업의 특색을 요약해 보면, 첫째, 아동의 출생가정이 아닌 타 가정에 의해서 주어지는 보호이다. 둘째, 계획된 기간의 설정이 필요한데, 이는 영구보호가 아니라는 것을 의미한다. 셋째, 위탁부모는 친부모나 법적 후견인 내지 보호자에 의해 아동의 양육을 일정 기간 위임받은 사람으로, 설정된 위탁기간 동안만 위탁아동의 삶에 대한 총체적 책임을 지며, 위탁기간이 종료되면 모든 권한은 소멸된다. 마지막으로 사회복지기관이 개입하는 보호이다. 이와 같이 위탁가정은 계획된 일정 기간 동안만 머무는 다른 가정이므로, 위탁의 사유

1) 위탁가정의 자격기준은 가정위탁보호사업의 체계 부분을 참조하기 바람.

가 된 상황이 해소되면 아동은 친가정으로 돌아가게 된다(이소희, 2005).

가정위탁보호의 의의를 살펴보면, 첫 번째로, 보호가 필요한 아동을 가정에서 보호할 수 있는 방법을 모색함으로써 아동이 가정생활을 할 권리를 보장해 줄 수 있다. 두 번째로, 이렇게 함으로써 아동의 시설입소를 예방하고 불필요한 시설을 점차 줄여갈 수 있다. 세 번째로, 문제가 있는 부모로부터 일정 기간 동안 아동을 분리함으로써 부모와 아동의 문제를 치료하는 것을 통해 원가정을 회복할 수 있다. 마지막으로, 가정위탁보호는 궁극적으로는 아동이 원가정과 재결합하는 것을 목표로 하므로, 가정해체를 방지할 수 있다.

이상에서 살펴본 바와 같이 가정위탁보호는 아동의 원가정과의 재결합을 기본 전제로 하여 아동이 원가정에서 성장할 권리를 보장해 줄 수 있으므로, 사회적 보호가 필요한 아동에게 가정위탁보호가 우선적으로 고려되어야 한다. 다만, 위탁보호아동이 친부모와 재결합을 못하면 위탁아동은 영구적인 가정에서 성장하지 못하고 위탁가정을 옮겨 다니거나 장기간 위탁가정에서 성장해야 하는 문제가 발생할 수 있다. 실제로 우리나라 가정위탁보호 종결사례 중에서 친가정 복귀비율은 11.5%에 불과하며, 위탁기간은 3~6년 미만 35%, 6년 이상은 26.9%로 장기간 위탁보호되는 아동의 비율이 높게 나타났다(중앙가정위탁지원센터, 2012). 따라서 원가정과의 재결합 가능성을 고려하여 가정위탁보호를 선택하여야 하며, 재결합 가능성이 낮거나 불가능한 경우는 영구적 보호계획인 입양이나 시설보호를 고려하여야 한다.

2) 가정위탁보호의 유형

우리나라의 가정위탁보호의 유형은 위탁부모의 특성에 따라 대리양육가정, 친인척에 의한 위탁가정, 일반위탁가정으로 분류하고 있다.

① **대리양육가정** : 친조부모나 외조부모가 위탁아동을 양육하는 경우를 말한다.

② **친인척에 의한 위탁가정** : 친조부모나 외조부모를 제외한 친인척, 즉 민법에 의한 8촌 이내의 혈족이 위탁아동을 양육하는 경우를 말한다.

③ **일반인에 의한 위탁가정** : 위탁아동과 혈연관계가 없는 일반인이 위탁아동을 양육하는 경우를 말한다.

이상의 가정위탁보호 유형 이외에 일부 지방자치단체에서 전문가정위탁, 일시가정위탁 등을 제공하고 있다. 전문가정위탁은 피학대아동, 장애아동, 청소년 등 심리·정서적으로 특수한 욕구가 있는 위탁아동들을 양육하는 데 필요한 전문기술 및 지식에 대한 교육을 받은 위탁부모가 제공하는 가정위탁을 말한다. 전문가정위탁부모 교육은 2009년 강원가정위탁지원센터에서 처음으로 시작하였으며, 2012년에는 중앙가정위탁지원센터 주관으로 '전문가정위탁 매뉴얼 시범교육'을 실시하였으며, 2012년까지 전문위탁부모는 총 93명이며, 현재 31명이 위탁부모로 활동하고 있다(중앙가정위탁지원센터, 2013).

미국의 경우는 일반가정위탁(general foster care), 친인척 가정위탁(kinship foster care), 전문화된 가정위탁(specialized foster care), 치료적 가정위탁(treatment foster care)으로 분류된다. 일반가정위탁은 위탁아동과 혈연관계가 없는 사람이 위탁부모가 되는 것이고, 친인척 가정위탁은 위탁아동과 혈연관계가 있는 사람이 위탁부모가 되는 것으로 전체 위탁아동의 1/3 정도를 차지하고 있다. 전문화된 가정위탁은 AIDS를 앓고 있는 아동, 의료적으로 다른 복합문제가 있는 아동, 발달장애문제 아동, 성학대를 당한 아동들, 자립을 준비하고 있는 청소년, 영아를 돌보는 10대 미혼모 등을 위탁하는 유형이고, 치료적 가정위탁은 특정 행동상의 장애가 있거나 정서장애가 있는 아동을 위탁하는 유형이다.

2. 가정위탁아동의 발생원인

사회적 보호가 필요한 아동의 발생원인은 가정적 원인과 아동 자신의 원인으로 크게 두 가지로 요약할 수 있다. 우리나라는 물론 외국의 경우도 아동 자신보다는 부모나 가정환경 요인에 의해 발생되는 사회적 보호가 필요한 아동이 더 많다. <표 11-1>에 우리나라의 사회적 보호가 필요한 아동의 발생원인의 경향성을 살펴보기 위해 1990년부터 최근까지 5년 단위로 조사결과를 제시하였다.

사회적 보호를 필요로 하는 아동의 발생원인은 2000년 이전과 2000년 이후에 큰 변화가 나타났다. 구체적으로 1995년, 2000년과 2005년, 2010년을 비교하면, 미혼모의 아동은 모두 30%로 내외로 큰 변화가 없었다. 반면에 비행·가출·부랑 아동은 40% 이상에서 10% 크게 감소하였으며, 1995년과 2000년 조사에서는 포함되지 않았던 빈곤·실직·학대 아동이 2005년과 2010년에는 50% 이상으로 가장 높게 나타났다.

〈표 11-1〉 사회적 보호를 필요로 하는 아동의 발생원인

(단위 : 명, %)

연 도	계	유 기	미혼모 아동	미 아	비행·가출·부랑아	빈곤·실직·학대 등 기타
1990	5,721	-	-	-	-	-
1995	4,576	1,227(26.8)	1,285(28.1)	149(3.3)	1,915(41.8)	-
2000	7,760	1,270(16.4)	2,983(38.4)	144(1.9)	3,363(43.3)	-
2005	9,420	429(4.6)	2,638(28.0)	63(0.7)	1,413(15)	4,877(51.7)
2010	8,590	191(2.2)	2,804(32.6)	210(2.5)	772(9.0)	4,613(53.7)

출처 : 보건복지가족부(각 년도). 보건복지통계연보.

한편 2007년부터 2012년까지 가정위탁 의뢰사유를 살펴보면, 이혼, 별거·가출은 각각 30% 내외로 큰 변화가 없었고, 부나 모의 사망도 20~25%로 큰 변화가 없었는데, 부모 모두 사망은 10% 이상에서 5% 미만으로 크게 감소하였다. 부모 실직·빈

곤, 부모수감, 부모질병, 미혼모, 학대 · 방임 등은 각각 1~2%로 거의 변화가 없었고, 기아 · 미아, 시설의뢰 등도 각각 1% 미만으로 큰 변화가 없었다.

3. 가정위탁보호사업의 체계 및 문제

가정위탁보호사업은 위탁아동, 친부모를 비롯한 가족, 위탁부모와 그 가족, 사회복지기관, 지역사회 등 다양한 구성요소로 이루어지며, 이러한 요소와의 유기적 협조에 의해 이루어진다. 따라서 이러한 협조관계를 이끌며, 조정하는 위탁보호사업가와 기관의 역할이 매우 중요하다.

1) 위탁아동

위탁아동은 원가정에서의 부적절한 양육환경 때문에 친부모에 대한 애정과 증오의 갈등에 빠져있는 경우가 많고, 미지의 위탁가정에 대한 불안감과 기대감도 가지고 있어서, 심리적으로 불안하다. 따라서 위탁아동은 친부모와의 분리, 학대와 방임과 같은 부정적 경험을 치료받을 수 있도록, 배치 후 일정 기간 동안 전문적 상담 · 치료서비스를 제공받아야 한다. 전문적 상담과 치료서비스를 통해 정신적 · 육체적 건강을 회복할 수 있고, 더불어 성공적 가정생활과 학교생활을 영위해가도록 적절한 복지서비스도 제공받아야 한다.

현재 우리나라에서 가정위탁보호가 필요한 아동은 다음과 같이 규정하고 있으며, 사회적 보호가 필요한 아동 중에서 만 2세 미만의 아동은 가정위탁을 우선 배치하도록 하고 있다.

- 만 18세 미만의 아동(18세 이상인 경우에도 고등학교 재학 중인 아동은 포함)
- 보호자가 없거나 보호자로부터 이탈된 아동
- 아동을 학대하는 경우 등 그 보호자가 아동을 양육하기에 적당하지 아니하거나 능력이 없는 경우의 아동

만 18세 이상의 아동이라도 대학 이하의 학교, 직업능력개발훈련시설, 학원 등에 재학하는 경우, 장애·질병이 있거나 자립능력이 부족한 경우에는 보호기간의 연장이 가능하다. 그리고 기존의 소년소녀가정 보호제도는 아동에게 위험을 초래할 수 있어 UN 등에서 폐지를 권고하고 있으므로, 소년소녀가정도 대리양육자, 친인척, 일반가정위탁 등 위탁가정을 알선하여 가정위탁보호로 전환하도록 하고 있다(보건복지부, 2013).

2) 친부모

친부모는 사망, 이혼, 별거·가출, 실직·빈곤, 수감, 질병, 미혼모, 학대·방임 등의 사유로 아동을 가정위탁보호에 의뢰하게 된다. 가정위탁보호를 선택하는 친부모의 특성을 살펴보면, 정서적 반응의 변화는 개인적 상황에 따라 다양한 스펙트럼을 보일 수 있지만, Keefer(2000)의 연구에 의하면, 친부모들은 통상적으로 충격과 부인, 분노와 저항, 타협, 우울, 결심 등 다섯 단계의 정서적 변화를 겪는다고 보고하였다. 그리고 Simones(1996)는 264명의 가정위탁 친모들을 연구했는데, 연구대상자들은 사회적 지지를 받지 못하고 있다는 불만족과 자녀를 포기했다는 것에 대한 죄의식을 동시에 경험한다고 하였다(김진숙·이근무, 2011).

3) 위탁부모와 가정

가정위탁보호가 필요한 아동에게 성공적 위탁보호서비스를 제공하기 위해서는 위탁부모를 비롯한 위탁가정 가족구성원의 역할이 매우 중요하므로, 위탁부모의 위탁동기, 가정환경, 태도와 자격 등을 신중히 고려하여야 한다.

먼저 위탁아동에게 위탁보호가 성공적으로 제공되기 위해서는 무엇보다도 위탁가정의 동의와 협조가 필요하다. 즉, 위탁가정의 모든 가족구성원들이 위탁아동이 처했던 지난날의 상황을 이해하고, 정서적 안정을 되찾을 수 있도록 노력하여야 한다. 또한 위탁의 사유가 해소되어 위탁아동이 친가정으로 돌아갈 때 이별의 슬픔을 견디고

아동과 친가정의 행복을 위해 기꺼이 돌려보낼 수 있어야 한다.

두 번째로, 위탁부모의 위탁동기와 양육환경을 고려해야 한다. 위탁동기는 가계보조의 수단으로, 입양의 대안으로, 자녀의 사망에 따른 보상으로 더 이상 자녀를 원하지 않거나 낳기 어려울 때 자녀양육의 기쁨을 맛보기 위해, 사회에 봉사하기 위해, 지난날 자신의 자녀에게 부족했던 점을 보상하기 위한 것 등 매우 다양하다. 그리고 위탁동기와 더불어 위탁부모의 연령, 건강, 교육수준, 친자녀와의 관계, 주거공간, 경제적 안정성 등을 포함한 위탁가정의 양육환경을 고려하여야 한다.

마지막으로, 위탁부모는 위탁아동이 위탁되기 전까지 겪었던 신체적·정신적 아픔을 이해하고, 수용할 수 있을 뿐만 아니라, 그 아픔을 회복시켜야겠다는 적극적 자세를 지니고 있어야 한다. 이를 위해 위탁부모는 친부모와 사회복지기관과 협조적 관계를 유지하고, 지역사회의 제반 자원을 적극적으로 활용할 수 있는 의욕을 지니고 실제 행동함으로써 가족의 재결합을 성취시킬 것이 필요하다.

한편 Fredericksen에 의하면, 훌륭한 위탁부모가 될 수 있는 자격은 다음과 같다.

첫째, 확고한 인생철학, 건전한 도덕적·윤리적 규준 및 정신적 가치평가를 갖고 있어야 한다.

둘째, 아동 성격의 정서적 결함을 채워줄 수 있을 정도로 민감해야 하며 이해력을 갖고 있어야 한다.

셋째, 개별 아동의 수준에 맞게 다룰 수 있어야 한다.

넷째, 아동의 행동이나 성격의 결함을 다룸에 있어서 기관의 도움을 받아 기꺼이 활용할 수 있어야 한다.

다섯째, 아동의 활동과 진전에 관심을 두고 있어야 하며, 필요할 때 언제나 도움과 지지를 해줄 용의를 갖고 있어야 한다.

현재 우리나라의 위탁부모 선정기준을 살펴보면 다음과 같다(보건복지부, 2013).

① 위탁된 보호대상아동(이하 '위탁아동'이라 한다)을 양육하기에 적합한 수준의 소득이 있을 것

② 위탁아동에 대하여 종교의 자유를 인정하고 건전한 사회구성원으로 자랄 수 있도록 양육과 교육을 할 수 있을 것

③ 가정위탁보호를 하려는 사람은 25세 이상(부부인 경우에는 부부 모두 25세 이상)으로서 위탁아동과의 나이 차이가 60세 미만일 것

④ 자녀가 없거나 자녀(18세 이상인 자녀는 제외한다)의 수가 위탁아동을 포함하여 4명 이내일 것

⑤ 가정에 성범죄, 가정폭력, 아동학대, 정신질환 등의 전력이 있는 사람이 없을 것. 거주지 경찰관서에 범죄경력을 조회함

⑥ 다음 사항을 추가적으로 고려하여 위탁가정을 선정함

- 위탁가정을 자기 자녀처럼 양육하기에 필요한 성품・경험・지식을 갖춘 자를 위탁부모로 선정
- 가정이 화목하고 정신적・신체적으로 위탁아동을 양육함에 현저한 장애가 없을 것
- 위탁아동을 건강하게 부양하기에 어려움이 없을 정도의 재산이 있을 것
  - 경제적인 목적이 아닌 선의의 동기로 위탁아동 양육을 결정한 것에 대한 확인이 필요함
  - 기초생활수급자는 충분한 재산이 있다고 볼 수 없음
- 위탁가정으로 적합한지 여부를 가정조사 시 이웃 등을 통해 확인
  - 공립아동상담소 또는 이웃주민의 추천 등
- 위탁부모가 될 자가 대한민국 국민이 아닌 경우, 해당 국가의 법에 따라 위탁부모가 될 자격이 있을 것

4) 가정위탁보호기관과 사회복지사

위탁보호사업은 위탁모의 모집부터 전 과정이 매우 역동적이어서 인간관계의 유지와 조정에 관한 지식과 기술을 필요로 하므로 전문사회복지기관에서 전문사회복지사에 의해 이루어질 필요가 있다.

위탁사업을 담당하는 사회복지사는 위탁아동과 친부모 및 위탁부모를 대상으로 필요한 역할을 수행해야 한다.

위탁보호사업 효과에 관한 종합적 연구결과에 따르면, 위탁아동의 연령과 발달상태, 친부모에 대한 아동의 애착 정도, 아동에 대한 부모의 유대 정도, 위탁의 사유에 대한 아동의 인식과 수용 정도, 아동이 받는 이별메시지, 아동이 받는 환영메시지, 위탁 이후의 환경상태, 위탁아동의 기질 등의 요인이 위탁보호효과에 영향을 미친다고 보고되고 있다.

따라서 사회복지사는 이러한 요인에 대한 종합적인 이해를 바탕으로 임해야 한다. 뿐만 아니라 위탁보호사업가는 위탁되는 아동의 부모-자녀관계와 그 관계에 영향을 미치는 외적인 힘 사이에서 조정자가 된다(Jenson & Whittaker, 1987; Maluccio & Sinanoglu, 1981). 그러므로 위탁담당 사회복지사는 위탁사업의 각 구성요소가 유기적 관련을 가져서 위탁보호의 목적을 잘 달성하도록 이끌어야 한다.

한편 기관에서는 적절한 위탁보호가 제공되는지를 지속적으로 확인하고 환류해야 하며, 특히 팀워크에 유념해야 한다.

(1) 위탁아동에 대한 역할

위탁아동에게 위탁될 가정에 대한 전반적 안내와 함께 위탁기간 등에 대해 알려주는 등의 위탁보호 전반적 과정에 개입하여야 한다.

일반적으로 부적절한 양육환경 때문에 위탁되는 아동은 친부모에 대한 애정과 증오의 갈등에 빠져있는 경우가 많다. 그리고 미지의 가정에 대한 불안감을 가짐과 동시에 기대감도 갖고 있으므로 세심한 배려가 필요하다. 간혹 지나치게 공격적이거나 우울한 아동도 있지만, 이것은 위탁되기 전의 어려운 생활환경으로 인해 영향을 받은 데서 연유하는 것으로 크게 문제되지 않는다.

또한 위탁될 아동에 대한 실제적 양육은 위탁모가 담당한다고 하더라도 위탁의 실시와 종료에 이르는 전반적 과정에서 관여하며, 나아가 사회복지사는 아동의 모델이 된다는 점을 숙지하여야 한다.

(2) 친부모에 대한 역할

가정위탁보호사업에서 친부모에 관한 관점은 친부모 배제 관점과 친부모를 협력자로 보는 관점이 있다. 먼저 친부모 배제 관점은 친부모가 아동분리의 원인이며, 아동의 보호에 장애가 되고, 아동의 이익에 도움이 되지 않는다는 생각에 기초한 것이다. 미국에서 가정위탁보호는 대부분 아동학대나 방임으로 아동에게 적절한 양육환경을 제공하지 못하는 부모에게 강제로 주어지는 서비스이므로, 아동에 대한 부모의 친권을 일부 제한하거나 박탈해 아동의 안전과 이익을 최우선으로 고려한다는 점에서 민감한 사안이다(Downs, Costin & McFadden, 1996). 이러한 배경은 가정위탁보호 과정에서 친부모에 대한 배제의 관점을 갖게 하는 데 큰 영향을 주었다. 그리고 많은 사회복지사는 친부모를 '보이지 않는 클라이언트, 사회적으로 바람직하지 못한 문제가 있는 클라이언트, 사회경제적 소외경험이 있는 클라이언트, 신뢰할 수 없는 클라이언트'라고 인식하게 되었다(Martin, 2000).

두 번째로, 친부모를 협력자로 보는 관점은 사회복지사는 친부모를 가정위탁보호 과정에 참여하고 협력하는 동반자로 존중하는 것이 위탁아동의 적응과 안정에도 도움이 되고, 아동이 친가정으로 빨리 복귀하는 데도 도움이 된다고 본다(장윤영 · 노혜련, 2012). 이러한 관점을 주장하는 많은 연구는 친부모를 '가정위탁보호의 평등한 구성요소, 아동에 관한 중요한 정보제공자, 부모역할을 다시 수행할 수 있는 잠재된 강점의 소유자, 친가정 복귀를 위한 능력이 있는 참여자'라고 평가하고 있다(Blumental & Weinberg, 1981; Mapp, 2007; McFadden, 2000; Haight, 2004; Palmer, 1995). 이러한 관점은 가정위탁보호 과정에서 아동뿐만 아니라 전체 가족이 개입의 초점이 되고, 아동을 돕는 최선의 방법은 가족이 아동의 욕구를 충족시키도록 지원하는 것이라고 믿는 것이다(Petr, 1998). 이러한 관점의 영향을 받아 최근에는 가정위탁보호에서 친부모 참여를 촉진하는 실천이 강조되고 있다(Child welfare information gateway, 2010, 장윤영 · 노혜련, 2012 재인용).

국내 가정위탁보호사업에서 친부모 경험에 관한 국내연구에 따르면, 사회복지사가 친부모에게 관심을 두고 소통하면서 협력할 때 친부모가 아동의 위탁보호 과정에 더 잘 참여하였고, 그 결과 아동의 친가정 복귀를 위한 자구책 모색에 적극적이었다. 그리고 친부모와 아동 간의 접촉이 정기적이고 지속적일 때, 두 사람 간에 친밀한 유대관계가 이루어져 아동의 친가정 복귀 가능성이 있었고, 친부모와 위탁부모 간에 소통이 있을 때 아동의 문제를 함께 의논하는 개방적인 협력관계를 형성할 수 있었고, 가정위탁보호센터와 사회복지사가 친부모를 위한 서비스를 제공했을 때 아동의 친가정 복귀 가능성이 있는 것으로 나타났다(장윤영 · 노혜련, 2012).

(3) 위탁부모에 대한 역할

위탁담당 사회복지사는 먼저 위탁부모에게 위탁부모란 장기간이 아닌 일시적으로 위탁된 아동에게 적절한 양육을 제공하지만, 친부모에게 양육기술을 가르치는 전문가의 역할도 수행한다(Wasson & Hess, 1989)는 것을 확인시킬 뿐만 아니라 위탁보호의 성공 여부를 결정짓는 것과 다를 바 없을 만큼 중요한 사람이라는 것을 주지시키고 격려한다.

그리고 위탁될 아동의 위탁사유와 전반적인 발달 특성과 가정환경 등에 대하여 알려준다. 특히 위탁양육은 일정한 기간 동안만의 양육이므로 장기적 안목에서 일관성 있게 양육하기가 어려운데, 그것은 인간의 행동이란 단기간에 수정되거나 획득하기가 쉽지 않기 때문이다.

따라서 위탁모가 당면하고 있는 양육상의 어려움을 덜어줄 수 있도록 여러 가지 방법을 강구하고, 지원체계를 알선해 주어야 한다. 또한 위탁부모가 입양부모로서 적격하다면, 입양권유와 함께 위탁종결 시 아동과의 관계를 잘 마무리 지을 수 있도록 배려해 주어야 한다(이소희, 2005).

4. 가정위탁아동을 위한 복지서비스 현황

1) 가정위탁보호 현황

가정위탁보호 현황은 입양, 시설보호 등 현행 우리나라 주요 사회적 보호가 필요한 아동의 보호방법과 비교하여 살펴보고자 한다. 현행 아동복지법에 따르면, 사회적 보호가 필요한 아동 발견 시, 보호자 의뢰, 아동과 보호자 상담 · 지도, 보호자 또는 대리양육 연고자 가정보호 · 양육, 아동보호를 희망하는 위탁가정 또는 입양가정에 배치, 아동에 적합한 아동복지시설 입소배치 등의 방법으로 배치하도록 되어 있다.

이러한 사회적 보호를 필요로 하는 아동의 다양한 배치방법 중에서 보건복지부에서는 아동은 가정에서 자랄 수 있도록 가정을 제공하여 주는 것이 가장 바람직하므로, 가정위탁지원센터, 입양기관과 협의하여 아동의 이익이 최우선적으로 고려되는지를 적극 검토하여 추진하도록 하고 있다(보건복지부, 2013).

<표 11-2>에 제시하였듯이 1990년부터 2010년까지 매 5년마다의 사회적 보호가 필요한 아동의 보호 현황을 살펴보면, 먼저 가정위탁보호는 1990년 19.8%에서 2010년 24.6%로 약간 증가하였고, 입양도 1990년 14.9%에서 2010년 16.2%로 약간 증가한 반면, 시설보호는 1990년 65.3%에서 2010년 56.6%로 10% 감소하였다. 즉, 가정위탁보호와 입양의 증가분만큼 시설보호가 감소하였다고 볼 수 있다. 소년소녀가정의 경우 1995년 17.0%로 높은 비율이었으나, UN의 폐지권고로 인해 2000년 이후 계속 감소하였고, 2010년에는 3% 미만으로 나타났다.

〈표 11-2〉 사회적 보호를 필요로 하는 아동의 보호 현황 (단위 : 명, %)

연 도	요보호아동 발생 현황	소년소녀가정보호	가정위탁보호	입 양	시설보호
1990	5,721	-	1,134(19.8)	853(14.9)	3,734(65.3)
1995	4,576	780(17.0)	505(11.0)	472(10.3)	2,819(61.7)
2000	7,760	564(7.3)	1,406(18.1)	1,337(17.2)	4,453(57.4)
2005	9,420	407(4.3)	2,322(24.7)	1,873(19.9)	4,818(51.1)
2010	8,590	231(2.6)	2,124(24.6)	1,393(16.2)	4,842(56.6)

출처 : 보건복지부(각 년도). 보건복지통계연보.

<표 11-3>에 제시하였듯이 2000년부터 2010년까지 매 5년마다의 가정위탁 유형에 따른 위탁아동의 현황을 살펴보면, 전체 위탁아동은 2000년보다 2010년에 약 9배 이상 증가한 것으로 나타났다. 이와 같이 위탁아동이 크게 증가한 것은 국가에서 소년소녀가정 지정을 최소화하고, 대리양육가정과 친인척위탁으로 지정한 것이 주요한 요인이라고 할 수 있다. 일반위탁의 경우 2000년 비해 2010년에 7배 이상 증가하였지만, 전체 위탁보호에서 차지하는 비율은 8.4%에서 6.9%로 거의 변화가 없었다. 최근 10년간 가정위탁 유형에 따른 위탁아동 현황은 대리양육 60% 이상, 친인척위탁 약 30%, 일반위탁 10% 미만이라고 할 수 있다.

〈표 11-3〉 가정위탁 유형에 따른 가정위탁아동 현황 (단위 : 명, %)

연 도	계	대리양육 [(외)조부모]	친인척위탁	일반위탁
2000	1,772	39(2.2)	1,584(89.4)	149(8.4)
2005	12,562	7,552(60.1)	4,007(31.9)	1,003(8.0)
2010	16,359	10,865(66.4)	4,371(26.7)	1,123(6.9)

출처 : 보건복지부(2011).

2) 가정위탁 관련기관 현황

(1) 가정위탁지원센터

중앙가정위탁지원센터와 각 시 · 도 1개소, 경기 2개소 등 전체 17개 지역가정위탁지원센터가 설치 · 운영되고 있으며, 가정위탁지원센터의 구체적 기능은 <표 11-4>와 같다.

〈표 11-4〉 가정위탁지원센터의 기능

분 류	기 능
중앙가정위탁지원센터	· 지역가정위탁지원센터에 대한 지원 · 효과적인 가정위탁사업을 위한 연계체계 구축 · 가정위탁사업과 관련된 연구 및 자료 발간 · 가정위탁사업을 위한 프로그램의 개발 및 평가 · 상담원에 대한 교육 등 가정위탁에 관한 교육 및 홍보 · 가정위탁사업을 위한 정보기반 구축 및 정보제공 · 지역가정위탁지원센터에 대한 평가 · 가정위탁 통합전산시스템의 운영 · 가정위탁아동에 대한 기업 · 단체 등의 후원 장려 및 연계
지역가정위탁지원센터	· 가정위탁사업의 홍보 및 위탁가정의 발굴 · 가정위탁을 하고자 하는 가정에 대한 조사 및 가정위탁대상 아동의 상담 · 가정위탁을 하고자 하는 사람과 위탁가정 부모에 대한 교육 · 위탁가정의 사례관리 · 친부모 가정으로의 복귀지원 · 가정위탁아동의 사례 계획 및 사례관리 · 관할구역 내 가정위탁 관련정보 제공 · 관할구역의 가정위탁아동에 대한 지역사회의 후원 장려 및 연계

출처 : 아동복지법(2013).

(2) 한국수양부모협회

한국수양부모협회(http://www.ngopower.net)는 가정에서 수양딸, 수양아들을 키우던 한국의 역사와 전통을 이어가자는 목적으로 1998년 4월 4일 설립되어 현재까지 약 700여 명의 보호가 필요한 아동이 위탁가정에서 양육되는 것을 지원해왔다. 현재 한국수양부모협회에서는 위탁가정 및 위탁아동상담사업, 위탁부모교육사업, 가정위탁홍보사업 등을 실시하고 있다.

(3) 가정위탁지원센터 종사자

가정위탁지원센터의 소장은 아동복지법 시행령에 근거하여 제10장에 제시한 <표 10-4>의 아동보호전문기관의 시설장의 자격기준 중에서 사회복지사 1급 자격을 가진 자 항목을 제외한 다른 항목은 동일하므로, <표 10-4>를 참고 바란다.

가정위탁지원센터의 상담원의 자격기준은 사회복지사 1급 자격을 가진 자 또는 대학에서 심리학(복지심리학을 포함한다)을 전공하였거나 보건복지부령이 정하는 아동복지 또는 사회복지 관련교과목을 이수한 자이다. <표 11-5>에 가정위탁지원센터 상담원 교육과정을 제시한다.

지역가정위탁지원센터 배치기준은 센터장 1명, 상담원 6명 이상, 자립지원전담요원 1명, 사무원 1명, 임상심리사 1명 등이다. 상담원은 위탁아동 400명 초과 시 200명당 상담원 1인을 추가 배치하여야 한다. 각 시・도지사는 공무원증 규칙의 규격 및 서식을 준용하여 가정위탁지원센터 직원신분증을 발급하도록 하고 있다.

한편 2012년의 경우 상담원 1인이 담당하는 평균 위탁아동 수는 171명이고, 평균 위탁가정 수는 130가정이었다.

〈표 11-5〉 가정위탁지원센터 상담원 교육과정

단 계	교육과목	이수시간 (총 100시간)
기본교육	1. 아동복지 기본 가치 이해(3) 2. 아동복지법의 이해(3) 3. 아동권리의 이해(6) 4. 아동 보호체계에 대한 이해(3) 5. 아동상담심리학의 이해 (6) 6. 아동학대에 대한 이해(6) 7. 아동복지 실천기술론(3)	30시간

전문교육	1. 가정위탁보호사업의 이해(4) 2. 가정위탁 관련법률의 이해(4) 3. 아동심리평가 이해와 실제(10) 4. 위탁아동 양육 프로그램(12) 5. 위탁부모 유형별 특성과 상담(8) 6. 위탁부모교육(8) 7. 가정위탁 상담 및 사례관리(8) 8. 가정위탁 현장실습(8) 9. 가족보존서비스 이론과 실제(8)	70시간

3) 가정위탁아동을 위한 복지서비스 현황

만 18세 미만의 가정위탁아동은 아동복지법, 국민기초생활 보장법, 의료급여법에 의해 복지서비스를 제공받는다. 국민기초생활 보장법에 의해 생계, 의료, 교육 등의 급여를 받고 있으며, 2013년의 경우 1인당 월 12만 원 이상의 양육보조금을 지원받고 있다. 위탁아동이 만 18세 이상인 경우에도 중·고등학교에 재학 중인 경우에는 졸업 시까지 지원받도록 하고 있다. 위탁아동에 대한 후유장애, 입원·통원 의료비 등을 보장받을 수 있는 상해보험료도 2013년의 경우 1인당 1년에 7만 원 이내에서 지원하고 있다. 그리고 심리정서적으로 어려움을 겪고 있는 아동의 경우 2013년의 경우 심리정서치료비 월 20만 원 이내, 심리검사비 20만 원(1회), 교통비 월 2만 원 이내를 지원하고 있으며, 건설교통부에서 대리양육, 친인척 위탁가정에 4~7천만 원 범위에서 일반주택 및 공공임대주택 전세자금을 지원하고 있다. 위탁종결 시 아동복지시설 퇴소아동에 준하여 지방자치단체에서 자립지원정착금을 지급하고 있으며, 2013년의 경우 아동 1인당 3백만 원 이상을 지급하도록 하고 있으며, 위탁아동 대학진학 시에도 등록금으로 3백만 원 이상을 지원하도록 하고 있다.

이상에서 살펴본 경제적 지원 이외에 가정위탁지원센터에서는 위탁아동, 위탁부모, 친부모, 일반대상자에게 제공된 상담을 포함해서 물품, 의료, 학습, 경제적 지원 등 직간접적으로 다양하게 제공하고 있다(중앙가정위탁지원센터, 2013). 구체적으로 가정위탁지원센터에서는 가정위탁보호 책정 이후 위탁아동의 적응을 돕고, 위탁부모의 양육

스트레스 해소를 위해 지속적으로 상담을 하거나, 아동과 위탁부모의 욕구를 파악하고, 지원이 필요한 경우 자원을 발굴하여 연계하는 등 서비스를 제공하고 있다. 또한 위탁부모 자조모임을 통해 양육정보를 공유하고 상호 지지할 수 있는 체계를 마련해 주고 있다. 위탁아동의 친가정 복귀를 지원하기 위해 친부모와 아동이 만나 유기적인 관계를 유지하도록 하고, 친부모교육을 실시하여 아동양육의 책임을 상기시키고, 자립을 돕기 위해 경제컨설팅 등을 실시하고 있다. 그 외에도 아동양육에 필요한 물품 지원, 다양한 문화체험, 학습 지원, 위탁아동 자립교육, 멘토연계를 통한 정서적 지원 등 다양한 서비스를 통해 위탁아동의 양육을 지원하고 있다.

더불어 대리양육, 친인척 위탁가정 등 가정위탁보호 아동의 경우 가까운 이웃에 거주하는 아동위원, 종교인, 지역 여성 지도자, 공무원, 가정위탁지원센터 상담원 등을 후원자로 지정하여 고충이나 애로사항을 상시 의논하여 해결하도록 하고 있다.

4) 가정위탁보호사업의 과정

(1) 위탁부모의 모집, 선정과 교육

위탁부모는 신문, 책자 및 각종 방송매체를 통하여 모집할 수 있다.

가정위탁을 희망하는 사람은 반드시 기본 4시간의 위탁부모 양성교육을 이수한다. 다만, 대리양육가정 및 친인척 위탁가정의 경우에는 가정위탁 후 6개월 이내 교육을 이수하도록 하고 있다. 그리고 일반위탁부모, 대리양육, 친인척 위탁부모는 매년 4시간 이상의 보수교육을 받아야 하며, 내용은 위탁양육에 대한 이해, 위탁양육의 절차, 위탁아동의 특성, 좋은 부모의 역할 등이다. 대리양육·친인척 위탁가정의 경우 교육 이수 대상자가 노령, 질병 등 불가피한 경우에는 직접 가정을 방문하여 교육을 실시할 수 있다(보건복지부, 2013).

(2) 위탁아동의 선정

위탁아동은 친부모 또는 아동복지 관련기관으로부터 의뢰되며, 대개 방임·학대·유기된 아동이다. 위탁보호가 의뢰되면, 아동과 친부모에 대한 심리적·환경적 특성을 파악해야 하며, 이때 개별면접 및 집단면접 방법을 적용할 수 있으며, 가족 이외의 친척과 보호 및 교육기관으로부터도 정보를 수집하여 활용하게 된다. 현재 우리나라에서는 시·도 및 시·군·구 등 행정기관이 위탁대상 아동이 발생하면 기초생활수급자로 책정하고 해당 가정위탁지원센터로 통보하여 적합한 위탁가정을 연계하도록 하고 있다.

(3) 위탁아동의 배치

위탁아동에게 적절한 위탁가정을 배치하기 위해서는 능숙한 사회사업실천방법을 활용해야 하며, 경험있는 전문사회복지사를 통해서 수행되어야 한다.

위탁아동을 위탁가정에 배치할 때 가장 중요한 일은 아동에게 행복의 기회를 갖도록 할 수 있는 가정에 위탁해 주는 것이다. 따라서 적절한 위탁가정을 발견하는 일에 세심한 주의를 기울여야 한다. 이를 위하여 우선 바람직한 가정을 찾아 명단에 올려 평가해가면서 기관의 필요에 따라 선택되는 과정을 거쳐야 한다. 올바른 위탁가정의 발굴은 위탁보호 성공의 기본이 된다. 부적절한 배치는 위탁아동의 가출, 거짓말, 도벽, 행동이상 등의 문제행동을 야기할 수도 있고, 아동의 건전한 인격성장에도 많은 장애를 초래할 수 있다.

결론적으로 아동의 안전과 안정의 욕구를 잘 충족시켜 주는 위탁가정과, 이러한 욕구를 충족시켜 주기 위한 충분한 자격을 지닌 위탁부모에게 위탁아동과 친부모 및 가정환경적 특성을 고려하여 배치하여야 한다. 이때 위탁모의 자격을 심사한 후, 위탁가정 구성원 모두의 동의를 받는다. 왜냐하면 위탁보호가 성공적으로 이루어지기 위해서는 위탁가정 전체의 이해와 협조가 필요하기 때문이다. 동의가 끝나면 배치를 한다.

(4) 사후관리

아동이 위탁되어 있는 동안 위탁담당 사회복지사는 위탁된 아동의 양육상황을 조사・점검하고 위탁아동, 친부모, 위탁부모 모두를 사후관리해야 한다. 동시에 친부모에게도 당면한 문제를 해결할 수 있도록 적절한 도움을 준다.

현재 위탁보호가 필요한 아동 발생 시에 시・군・구는 아동카드를 세 부 작성하여 한 부는 위탁부모, 한 부는 가정위탁지원센터, 한 부는 자치단체에 비치하여 관계공무원이 대리양육 또는 가정위탁보호에 관한 사후 지도상황과 그 아동에게 지급되는 금품의 급여상황을 기록하도록 하고 있다. 가정위탁보호 결정통보를 받은 가정위탁지원센터는 아동을 위탁가정으로 배치하고, 관할 행정기관과 협조하여 위탁아동 및 위탁가정을 사후관리하며, 제공되는 서비스의 내용은 앞의 가정위탁아동을 위한 복지서비스 현황을 참고 바란다. 행정기관은 가정위탁아동의 안전한 양육환경 확인을 위해 아동안전 확인조사를 가정위탁지원센터와 협조하여 실시한다(보건복지부, 2013).

(5) 위탁의 종결

일반적으로 가정위탁은 원가정과 재결합, 위탁아동이 만 18세가 되는 시점, 계획된 위탁기간이 끝났을 경우에 종결된다. 다만, 위탁이 종결될 상황이 아님에도 불구하고, 위탁가정의 개인적・가정적인 요인으로 종결을 요청하거나, 위탁아동이 위탁가정에 잘 적응하지 못하는 경우에도 종결할 수 있다. 이 경우에는 위탁보호를 종결하면서 먼저 원가정과의 재결합을 고려하여야 하며, 원가정과의 재결합이 어려울 경우는 다시 위탁보호를 제공하거나, 영구적 계획이 필요한 경우에는 입양과 시설보호를 고려하여야 한다.

현행 우리나라의 가정위탁보호의 과정과 행정기관과 가정위탁지원센터의 역할은 ❙그림 11-1❙과 같다.

구 분	읍·면·동	시·군·구	가정위탁지원센터
가정위탁 보호신청	- 요보호아동의 발생 - 가정위탁보호의 신청·접수·상담 - 수급권 신청	- 가정위탁보호의 신청·접수	- 가정위탁아동 상담 - 위탁부모 발굴 및 교육
가정위탁 보호결정	일반위탁 - 보호대상 아동 조사서, 아동카드, 동의서를 작성하여 시·군·구에 제출 친인척·대리 양육 - 가정위탁보호(대리양육) 신청서, 가정위탁보호(대리양육) 신청인 가정조사서, 보호대상아동 조사서를 작성하여 시·군·구청에 제출	일반위탁 - 가정위탁보호 결정 - 가정위탁지원센터 위탁가정 연계 의뢰 - 수급자 책정 - 가정위탁지원센터에 책정 및 통보 친인척·대리 양육 - 가정위탁 책정 및 통보 - 가정위탁아동 지원	일반위탁 - 위탁가정을 상담하여 적합한 기정 연계 후 가정위탁보호(대리양육)신청서, 가정위탁보호(대리양육) 신청인 가정조사서, 일반위탁부모 추천서를 작성하여 시·군·구청에 제출
사례관리	- 사례관리 및 복지서비스 제공 등 업무 지원 - 위탁아동, 위탁가정, 친가정 상담	- 위탁아동 지원	- 사례관리 · 위탁아동, 위탁가정, 친가정 관리 · 위탁부모교육 · 위탁아동 및 위탁가정 상담 지원
가정위탁 보호종결		-위탁 종결 · 귀가조치(친가정 복귀 등) · 가정위탁 종결(해지), 가정위탁지원센터 통보	· 재배치 사정 · 아동 귀가신청서 제출 · 사후관리

| 그림 11-1 | 가정위탁보호 과정

출처 : 보건복지부(2013). 아동복지사업안내.

5. 가정위탁아동을 위한 복지정책 및 복지실천 방향

1) 원가정 보존 및 책임 강화

먼저 위탁보호가 필요한 아동이 발생하지 않도록, 빈곤, 가정해체 등 위기가정을 대상으로 한 원가정 보존서비스가 강화되어야 한다. 현재 우리나라는 부모의 이혼이나 경제적 이유로 아동양육에 대한 책임을 스스로 포기하고 있으며, 이것이 사회적으로 수용되고 있는 현상을 보인다. 적어도 경제적인 이유로 또는 가정해체로 아동양육을 포기하는 일은 없어야 하며, 국가 및 사회에서는 위기가정 부모를 대상으로 적절한 상담과 경제적 지원을 해주어야 한다(허남순, 2013). 현행 아동복지법에 따른 취약계층아동에 대한 통합서비스의 내용은 건강검진 및 질병예방교육 등 건강 증진을 위한 서비스, 아동의 기초학습 및 사회성·정서 발달 교육 지원, 부모의 양육지도 등인데, 이러한 서비스가 실제적으로 빈곤 및 가정해체 등 위기가정에 제공되도록 노력하여야 한다.

두 번째로, 위탁기간 중에 친부모가 가정위탁보호에 대한 이해가 부족하여 불쑥 위탁가정을 방문하거나 위탁아동을 만나는 등 위탁보호를 위협하는 행동을 하는 경우가 있으므로, 친부모에게도 위탁기간 동안 위탁아동과의 접촉, 위탁부모와의 관계 등에 대한 정보와 교육을 제공할 필요가 있다.

세 번째로, 위탁아동이 위탁보호 종료 후에 원가정에 복귀할 수 있도록, 경제적 지원, 직업훈련, 주거환경 개선 등 친부모를 위한 자립지원 및 복지서비스가 강화되어야 한다. 현재 친부모에 대한 복지서비스가 제대로 이루어지지 않아서, 위탁아동이 친부모와 재결합한 후에 다시 위탁 의뢰되거나, 시설에 입소하는 사례가 빈번히 발생하고 있다. 게다가 위탁을 의뢰한 친부모가 위탁아동과의 재결합을 원할 경우, 기관에서는 원가정의 양육환경이 부적절하다고 판단하여도, 아동의 귀가를 연기하거나, 사후서비스를 제공할 법적 근거가 없어서 원가정과 재결합한 아동에 대한 사후관리가 문제가 되고 있으므로 이에 대한 대책 마련이 필요하다.

마지막으로, 위탁아동의 친부모가 양육의지가 없는 경우, 예를 들자면 위탁한 후 부모가 행방불명되었거나, 방문, 전화, 편지 등의 소식이 일정한 기간 동안 없는 경우, 보호자가 아동에게 계속해서 해를 끼치는 경우에는 국가와 지방자치단체는 친권을 제한하고, 부모권한을 대행할 수 있도록 하여야 한다. 미국의 경우 연방정부 법인 입양과 가족안전법(Adoption and Safe Families Act of 1997)에서 최대한 빠른 시일 내에 아동의 영구적인 배치계획을 수립하도록 하고 있으며, 22개월 동안 15개월 이상을 위탁가정에서 아동이 양육되면 친부모의 권리를 종료(TPR : Termination of Parental Rights)시킬 수 있도록 하고 있다(변미희 · 정혜선, 2011).

2) 위탁아동 중심의 배치계획 수립

가정위탁지원센터에서 제시하고 있는 가정위탁보호사업의 원칙 중에서 아동의 건전한 인격형성을 최우선으로 고려하여, 아동 최선의 이익을 추구하는 아동중심 원칙에 따라 배치계획이 수립되어야 한다. 이를 위해서는 먼저 아동배치에 대한 원칙을 마련하고, 이를 법률을 통해 제시하여 준수하도록 해야 한다(변미희 · 정혜선, 2011). 미국의 경우 아동에 대한 배치는 가능한 한 가장 덜 통제적인(least restrictive) 환경이어야 하며, 가능하면 친부모와 물리적 거리가 가까운 가장 가정과 유사한 곳(most-family like setting)에 배치하고, 친인척에게 배치하는 원칙을 통해 이루어지고 있다. 또한 연방정부는 주 정부가 그것을 따르는지를 예산배정에 반영하고 있다(강현아, 2009).

두 번째로, 사회적 보호가 필요한 아동을 위한 아동배치위원회를 설립하여 운영할 필요가 있다. 배치위원회는 담당 공무원, 학계 아동복지전문가, 아동보호전문기관, 가정위탁지원센터, 입양기관, 아동시설 등 현장전문가로 구성하여, 아동배치를 보다 신중하고, 객관적으로 결정할 필요가 있다. 더불어 배치위원회는 배치된 이후에도 배치가 적절하였는지 모니터링하고 재사정하는 역할도 담당하는 것이 바람직하다(변미희 · 정혜선, 2011).

마지막으로, 사회적 보호가 필요한 아동에 대해 영구배치계획을 수립할 필요가 있다. 현재는 초기 1회 배치 후에 보호방법의 변경이 어려운데, 적어도 2년에 한 번 정도는 아동배치위원회를 통해 원가정 복귀, 입양, 가정위탁·그룹홈·시설보호 지속 등의 배치계획을 재조정할 필요가 있다. 이를 위해서 가정위탁아동, 입양아동, 그룹홈 아동, 시설아동에 관한 정보를 데이터베이스화하여 통합관리할 필요가 있다(변미희·정혜선, 2011). 실제로 2011년 가정위탁 현황을 볼 때 대리양육 및 친인척 위탁가정에 의해 보호를 받고 있는 아동들뿐 아니라 일반위탁가정의 위탁아동들도 평균 4년 이상 장기위탁보호를 받고 있으며, 6년 이상 위탁보호를 받고 있는 아동의 비율도 26.9%에 이른다는 점에서 위탁아동의 보호기간을 단축할 수 있는 방안을 모색할 필요가 있다. 이에는 대리양육 및 친인척 가정위탁과 일반가정위탁의 아동 특성, 친부모 생존 여부 및 자립 가능성 등에 대한 종합적인 사정과 이에 적절한 개별적인 사례개입 계획이 요구된다고 할 수 있다(노충래, 2012). 미국의 경우 '입양과 가족안전법(Adoption and Safe Families Act of 1997)'을 통하여 입양대상이 되는 위탁아동을 영구적인 배치인 입양가정으로 이동시키기 위해 주 정부가 노력할 것을 요청하고 있다. 2009년의 경우 위탁보호되고 있는 아동의 25%가 입양을 기다리고 있으며, 위탁보호가 종료된 아동의 20%가 입양되었다(U. S. Department of Health and Human Services, 2009). 우리나라의 경우에도 적절한 기준을 제시하여 아동의 보호를 위해 최선이라고 판단될 경우 위탁가정에 입양될 수 있도록 적극적으로 지원하는 방안을 고려해야 할 것이다(변미희·정혜선, 2011).

3) 위탁아동을 위한 복지서비스 및 자립지원 서비스 강화

먼저 위탁아동은 친부모와의 분리, 학대와 방임과 같은 부정적 경험을 치료받을 수 있도록, 배치 후 일정 기간 동안 전문적 상담·치료서비스를 제공받아야 한다. 전문적 상담과 치료서비스를 통해 정신적·육체적 건강을 회복할 수 있고, 더불어 성공적 가정생활과 학교생활을 영위해가도록 적절한 교육지원서비스, 의료, 치과 및 정신건강 서비스를 제공하여야 한다.

두 번째로, 위탁아동 양육비를 현실화하여야 한다. 위탁아동 양육비는 2013년 현재 양육보조금 월 12만 원과 국민기초수급권에 의한 생계비(2013년 1인 가구 생계비 572,168원)를 지원하고 있으므로, 2012년 보건복지부에서 실시한 전국가족실태조사에서 나타난 월 평균 118만 9000원에 비해 매우 부족한 편이다. 또한 현재 위탁아동 양육비를 모든 위탁아동에게 동일하게 지원하고 있는데, 위탁아동의 연령과 욕구를 고려하여 차등지급할 필요가 있으며, 생계비 이외에 의복비, 교통비, 과외활동비, 잡비 등도 추가적으로 지원하여야 한다.

마지막으로, 현행 아동복지법에 위탁아동 및 시설보호아동의 자립지원을 위한 법적 근거가 비교적 체계적으로 마련되어 있지만, 시행 초기이므로 개별 아동의 특성과 욕구를 고려하여 실제적이고 구체적인 자립지원 서비스가 될 수 있도록 지속적인 관심과 노력이 필요하다. 자립지원 서비스의 구체적인 내용은 다음과 같다. 보호대상아동의 위탁보호 종료 또는 아동복지시설 퇴소 이후의 자립을 지원하기 위하여, 자립지원 전담기관 및 아동자립지원추진협의회의 설치를 권고하고 있다. 구체적인 자립지원서비스는 자립에 필요한 주거·생활·교육·취업 등의 지원, 자립에 필요한 자산의 형성 및 관리 지원, 자립에 관한 실태조사 및 연구, 사후관리체계 구축 및 운영 등이다. 그리고 가정위탁지원센터의 장 및 아동복지시설의 장은 보호하고 있는 15세 이상의 아동을 대상으로 매년 개별 아동에 대한 자립지원계획을 수립하고, 그 계획을 수행하는 종사자를 대상으로 자립지원에 관한 교육을 실시하도록 하고 있다. 자립지원계획은 아동의 적성 및 욕구 파악, 사회성 발달 정도 및 자립능력·수준 등 아동의 상태 평가, 정기적 진로상담, 체험 및 교육 프로그램 실시, 자립에 필요한 주거, 취업, 자산 형성, 정서적 지원 등 공적 서비스 및 지역 내 후원자원 연계 등이다.

4) 대리양육 및 친인척 위탁가정에 대한 지원 및 서비스 강화

2011년의 경우 신규 발생하는 위탁아동의 원가정은 한부모가정이 33.3%, 조부모 보호가정이 29.3%, 친인척 보호가정이 11.9%라는 점을 볼 때 많은 위탁아동들이 이미 취약한 가정환경에서 성장할 가능성이 높고, 대리양육 및 친인척 위탁가정에 의해 지속적으로 양육될 가능성이 높다는 점에서 빈곤아동 및 빈곤가족을 대상으로 한 아동 및 가족복지 측면의 정책과 서비스가 마련될 필요성이 제기된다. 특히 대리양육 및 친인척 위탁부모의 경우 고연령, 불안정한 직업 및 소득, 낮은 학력 등으로 인해 위탁아동의 적절한 보호가 매우 미흡한 상황이어서 아동 발달 및 보호에 부정적인 영향을 줄 가능성이 높은 반면, 이들을 위한 가정위탁지원센터의 확대 및 상담원 수 확대는 매우 미흡한 상황이어서 가정위탁보호제도의 실효성을 거두기에는 많은 한계가 있다. 따라서 지역별 사례 수와 지리적 여건 등을 고려하여 지역가정위탁지원센터를 확충해나갈 필요가 있다. 또한 현재 가정위탁보호제도의 주 대상자가 대리양육 및 친인척 위탁가정임을 확고히 하고, 이에 따른 체계적인 사례관리가 가능할 수 있도록 상담원 수를 확대해나갈 필요가 있다(노충래, 2012).

5) 일반위탁 및 전문위탁가정의 교육 및 지원 강화

먼저 가정위탁사업이 활성화되기 위해서는 위탁부모 모집이 원활히 이루어져야 하므로, 신문과 방송, 가정위탁의 날 행사 등 다양한 홍보활동을 펼쳐야 한다.

두 번째로, 성공적 위탁보호를 위해서는 위탁부모에 대한 철저한 교육이 필요하며, 특히 신체적·정신적 장애를 가진 아동을 위탁보호할 수 있도록 위탁부모가 전문적 지식과 기술을 갖추도록 지속적인 교육과 사후관리가 필요하다. 양육의 질은 전적으로 위탁부모 역할수행과 자질에 의해 결정되는 만큼, 위탁부모에 대한 부모교육이 보다 철저하게 제공되어야 한다. 다시 말해서, 위탁아동이 배치 후 혼란을 최소화하고, 잘 적응하도록 돕기 위해서는 자격을 갖춘 위탁부모를 선정하여야 하고, 배치 전후에 적절한 서비스가 제공되어야 한다. 미국의 위탁·입양부모교육은 주마다 다르지만, 사전교육은 24시간, 사후교육, 즉 보수교육은 13시간으로 총 37~40시간이다(변미희·정혜선, 2006). 따라서 위탁부모교육을 강화하여야 하며, 특히 예비·사전교육의 경우 위탁부모로서의 기본적인 역량을 키우는 데 목적이 있으므로, 교육의 시간을 확대하고 교육과정을 정교화할 필요가 있다. 그리고 위탁 및 입양 사전교육은 현재의 일회성 교육 중심에서 향후 입양 및 위탁 양육의 적합성과 자질을 검증하고 키우는 기회로 변화되어야 하며, 사전교육-보수교육-특별·전문교육 등으로 체계화되어야 한다.

마지막으로, 위탁아동들은 일반아동보다 부정적인 생활사건을 경험하였을 가능성이 높고, 특히 학대받은 아동, 심각한 행동 및 정서적 문제를 가진 아동들의 경우 전문위탁가정을 통해 보호되어야 한다. 이 같은 고위험 위탁아동의 경우 일반아동보다 양육하기 쉽지 않기 때문에 위탁부모는 이를 이겨낼 수 있는 자질이 필요하며, 임상경험이 있는 가정을 중심으로 발굴하여 전문교육과정을 통해 지속적으로 훈련하는 것이 필요하다(보건복지부·중앙가정위탁지원센터, 2010).

6) 지역가정위탁지원센터 및 지역사회네트워크 확충

먼저 현재 지역가정위탁지원센터가 지리적으로 넓게 분포되어 있는 지역이나, 사례수가 많은 지역에는 추가로 지역가정위탁지원센터를 설치하여야 한다. 위탁아동과 위탁부모, 친부모의 다양한 욕구에 맞는 복지서비스를 제공하기 위해서는 지역사회에 있는 학교, 법률기관, 보건기관, 상담기관, 지역사회복지관, 아동복지시설 등과 연계할 필요가 있다.

두 번째로, 위탁아동, 위탁부모 및 친부모에게 양질의 복지서비스를 제공하기 위해서는 상담원의 역할이 중요하다. 따라서 우수한 상담원을 확보할 수 있도록 근무환경을 개선할 필요가 있으며, 특히 상담원 1인당 담당 위탁아동 수를 적정하게 유지하도록 하여야 한다. 2012년 가정위탁지원센터 상담원 1인당 담당한 평균 위탁아동 사례수는 171명이며, 위탁가정 수는 130개 가정으로 나타났다(중앙가정위탁지원센터, 2013). 영국이나 네덜란드의 경우는 1인당 적정 관리인원을 50~60명으로 규정하고 있다.

마지막으로, 가정위탁 사례관리 데이터베이스를 구축할 필요가 있다. 가정위탁 사례에 대한 실질적이고 효과적인 데이터베이스 구축과 운영을 통해 위탁아동의 선정과 배치, 사후관리 등 위탁아동에 대한 정보를 공유하고, 사례관리의 질을 높일 수 있다. 미국의 경우 입양과 위탁아동에 대한 국가적인 데이터베이스 시스템인 AFCARS (Adoption and Foster Care Analysis and Reporting System)를 운영하여, 위탁아동과 입양아동의 사례관리를 하고 있다(노충래 외, 2007). 사회적 보호가 필요한 아동에 대한 데이터베이스는 위탁아동뿐만 아니라 학대아동, 입양아동, 시설보호아동 등을 모두 통합하여 운영하는 것이 바람직하다.

연습문제

1. 가정위탁보호의 유형에는 무엇이 있는가?
2. 가정위탁보호사업에서의 사회복지사의 역할은 어떠한가?
3. 위탁부모교육에 포함되어야 할 교육내용은 무엇인가?

연구문제

1. 선진국의 가정위탁보호제도가 우리나라 가정위탁보호제도에 주는 시사점에 대해 생각해 보자.
2. 위탁아동과 친부모의 재결합을 촉진할 수 있는 방안에 대해 생각해 보자.

제 12 장 입양아동을 위한 아동복지실천

1. 입양의 개념과 유형

1) 입양의 개념

입양(adoption)은 생물학적 과정을 통해서가 아니라 법적·사회적 관계에 의해서 친자관계를 맺는 것이다(Kadushin, 1980). 즉, 입양이란 친부모로부터 아동의 현재와 미래에 대한 모든 권리와 의무가 소멸되고 행정적·법적 권한에 의해 혈연관계가 없는 타인에게 양육의 권리와 의무가 이양되는 것을 말한다(이소희, 2005). 미국의 사회사업사전에서도 입양이란 법률에 의해 부모-자녀관계를 맺는 것으로 아동과 친부모 사이에 존재하는 책임과 권리가 양부모와 아동에게 이동하는 것이라 하였다.

이러한 입양은 친자녀를 입양보내야 하는 친부모, 출생한 가정에서 성장하지 못하고 사회적 보호가 필요한 입양아동, 자녀를 원하는 입양부모 등 삼자를 위한 아동·가족복지사업이라고 할 수 있다. 즉, 입양의 주된 목적은 입양되는 아동의 복지이지만, 입양이 성공적으로 성립되기 위해서는 입양아동, 친부모, 입양부모 등 삼자의 이익이 함께 고려되어야 한다. 입양아동, 친부모, 입양부모 모두를 위한 입양사업은 다음과 같은 원리를 지침으로 하여 제공되어야 한다.

첫째, 아동은 자신의 가족, 지역사회, 국가에서 양육되는 것이 최우선이고 가장 바람직하다. 따라서 입양을 고려하기 전에 아동의 친가족을 유지시키고자 모든 노력을 기울여야 한다. 친가족을 유지시키고자 하는 노력에도 불구하고, 친가족이 아동이 건전하게 성장·발달할 권리를 보장하지 못할 때 입양이 고려되어야 한다.

둘째, 입양아동을 위한 대리가정인 입양가정은 우선적으로 아동 자신이 소속해있는 인종집단, 국가, 문화, 종교집단에서 찾아야 한다. 만약 이것이 불가능할 때, 아동이

소속한 사회 밖에서 입양가정을 찾는 노력이 시도되어야 한다.

셋째, 입양의 1차적 목적은 친부모에 의해 양육될 수 없는 아동에게 영구적인 가족을 제공하는 것이다. 따라서 입양사업은 아동을 위해 입양부모와 입양가정을 선택하여야지, 입양부모나 입양가정을 위해 입양아동이 선택되어서는 안 된다.

마지막으로, 입양은 영구적 대리보호가 필요한 아동에게 가장 바람직한 보호방법이다. 즉, 입양은 가정위탁보호나 시설보호보다 안정된 영구적 대리보호의 형태이다. 왜냐하면 입양은 가정위탁보호나 시설보호보다 일정한 입양부모가 부모가 아동에게 필요한 장기적 안정과 애정을 가지고 친밀한 보호를 제공해 줄 수 있는 가능성이 높기 때문이다. 또한 아동의 복지를 위해서는 영구적 대리보호의 필요성 여부에 대한 결정이 가능한 한 빨리 이루어져야 하고, 입양의 완결도 가능하면 빨리 달성되어야 한다 (Kadushin, 1980).

한편 우리나라 중앙정부에서는 입양에 대한 기본 방향을 다음과 같이 제시하고 있다. 첫째, 태어난 가정에서 양육하기 어려운 경우 아동의 최상의 이익을 위해 입양·가정위탁 등 가정보호를 지원한다. 둘째, 보호가 필요한 아동에 대해 시설보호보다는 가정보호(입양 등) 조치가 우선될 수 있도록 지방자치단체가 협조해야 한다. 셋째, 국내입양을 우선으로 하며 국외입양을 차선책으로 추진한다. 넷째, 입양가정 및 아동에 대한 사후관리를 강화한다. 다섯째, 입양가정에 대한 경제적·제도적 지원을 통한 국내입양을 활성화한다. 마지막으로 혈연중심의 가족문화, 비밀입양 위주 입양문화 개선을 위한 대국민 홍보를 강화한다(보건복지부, 2013).

2) 입양의 유형

입양은 입양아동과 입양부모 사이의 가족관계 유무에 따라 친족입양과 비친족입양으로, 입양이 기관을 통해 이루어지는지, 아니면 개인적으로 이루어지는지에 따라 기관입양과 독립입양으로, 입양사실의 공개 여부와 친부모와의 접촉 유무에 따라 비밀입양과 개방입양으로 분류할 수 있다.

먼저 친족입양은 입양아동이 계부, 계모, 큰아버지 등 혈연관계 또는 부나 모의 재혼으로 인해 가족관계를 이루고 있는 사람에 의해 입양되는 경우를 말하며, 비친족입양은 아동이 전혀 가족관계를 갖고 있지 않은 입양부모에 의해 입양되는 경우를 말한다.

두 번째로, 기관입양은 국가가 인정하는 입양기관을 통해 입양이 성립되는 것이고, 민간입양(private 혹은 independent adoption)은 기관을 통하지 않고, 개인과 개인이 합의하여 입양하는 것을 말한다. 독립입양은 입양에 대한 전문적 지식이 없는 개인에 의해 입양되는 것으로 입양아동, 친부모, 양부모, 사회에까지 위험을 초래할 수 있다. 우리나라에서는 기관입양만을 인정하고 있으나, 미국에서는 기관입양과 함께 민간입양 알선을 할 수 있다. 민간입양의 경우에는 주 정부로부터 인가를 받은 사회복지사 또는 변호사에 한해서 알선자격이 주어진다(최승희, 2003).

마지막으로, 비밀입양은 입양사실을 입양아동은 물론 주변의 모든 사람들에게 비밀로 하며, 마치 입양아동을 출산한 것처럼 가정하며 비밀을 계속 유지하는 것을 말한다. 물론 친부모와의 관계도 완전히 단절된다. 반면에 개방입양은 입양사실을 입양아동은 물론이고 주변의 사람들에게 공개하며, 친부모와도 접촉을 한다. 또한 개방입양은 친부모와의 접촉 시 입양기관의 중재 여부에 따라 반개방입양과 완전개방입양으로 구분된다. 먼저 직접적 접촉 없이 입양기관을 통해 생부모와 연락하는 형태는 반개방입양이라 하고, 입양기관의 중재 없이 입양아동, 입양부모, 친부모가 지속적 관계를 유지하는 것은 완전개방입양이라고 한다. 완전개방입양을 통해 입양아동은 입양에 관한 이야기를 자유로이 할 수 있고, 그럼으로써 친부모에 대한 호기심을 갖거나 질문을 하는 것이 입양부모에 대한 충성심이나 사랑의 부족이 아님을 알게 된다. 즉, 입양아동은 죄의식을 느끼지 않고, 친부모와 입양부모라는 두 부모를 생각할 수 있으므로, 완전개방입양은 입양아동의 건전한 성장과 발달에 기여한다. 또한 친부모로부터 아동을 빼앗길 수도 있다는 두려움에서 벗어나게 함으로써 입양부모의 정신건강에도 도움을 준다(배태순, 1998).

현재 우리나라는 민법에 의한 일반입양과 친양자입양[1]과 「입양특례법」에 의한 입양이 있는데, 사회적 보호가 필요한 아동은 「입양특례법」에 의해 입양되므로, 이 장에서는 이 법에 의한 입양에 대해서만 다루고자 한다.

2. 입양 구성요소 및 입양 삼자의 문제[2]

1) 입양의 구성요소

(1) 입양아동

입양대상 아동은 사생아, 고아, 유기아, 친권상실 아동, 부모로부터 심한 학대를 받은 아동과 해체가정의 아동 등으로 입양특례법(2012) 제9조에 따른 입양대상 아동의 법적 자격은 다음과 같다.

- 보호자로부터 이탈된 자로서 특별시장·광역시장·도지사 및 특별자치도지사(이하 시·도지사) 또는 시장·군수·구청장이 부양의무자를 확인할 수 없어 국민기초생활 보장법에 따른 보장시설에 보호의뢰한 사람
- 부모(부모가 사망이나 그 밖의 사유로 동의할 수 없는 경우에는 다른 직계존속) 또는 후견인이 입양에 동의하여 보장시설 또는 입양기관에 보호의뢰한 사람
- 법원에 의하여 친권상실의 선고를 받은 사람의 자녀로서 시·도지사 또는 시장·군수·구청장이 보장시설에 보호의뢰한 사람

1) 민법에 의한 입양은 일반입양과 친양자입양으로 분류된다. 먼저 일반입양은 가정법원의 허가를 통해 성립되며, 입양자녀의 성과 본은 친생부의 성과 본을 유지하며, 양자의 입양 전 친족관계도 존속된다. 일반입양은 협의상 파양과 재판상 파양 모두 가능하다. 두 번째로, 친양자입양은 가정법원의 허가를 통해 성립되며, 친양자로 입양되면 친생부모와의 친족관계 및 상속관계가 모두 종료되고 양부모와의 법률상 친자관계를 새롭게 형성하며, 자녀의 성과 본도 양부의 성과 본으로 변경할 수 있다. 친양자입양은 재판상 파양만 가능하다.

2) 입양아동의 발생원인은 사회적 보호가 필요한 아동의 발생원인과 동일하다고 할 수 있는데, 사회적 보호가 필요한 아동의 발생원인은 '제11장 가정위탁아동을 위한 아동복지실천 2. 가정위탁아동의 발생원인'에 제시하였으므로 참고하기 바란다.

- 그 밖에 부양의무자를 알 수 없는 경우로서 시·도지사 또는 시·군·구청장이 보장시설에 보호의뢰한 자

(2) 입양부모

아동을 입양하고자 하는 부모는 입양동기에 따라 두 가지의 유형으로 분류된다. 먼저 불임 또는 전통적 입양부모로 생물학적 방법으로 가질 수 없는 아동을 입양을 통해 얻고자 하는 부모이다. 이들은 사회적 또는 인도주의적 이유보다는 개인적 이유로 입양하고 대체로 건강한 아동을 원하는 경향이 있다.

두 번째로, 선택적 입양부모로, 아이를 낳을 수는 있으나 가족원을 입양을 통해 늘리고자 선택하는 부모이다. 이들은 일반적으로 개인적이기보다는 아동복지적 또는 인도주의적 동기를 갖고 입양한다. 또한 이 부모들은 자신들과 다른 인종집단의 아동, 연장아동 또는 정서적 문제를 갖고 있는 아동과 같은 특수한 욕구를 가진 아동을 양육하는 데 관심을 갖는 경향이 있다(Kadushin & Martin, 1988).

입양기관에서는 입양부모가 입양신청을 하게 되면 '안정성, 즉 신체적 안정성, 정서적 안정성, 경제적 안정성과 결혼관계의 안정성' 등을 평가한다. 입양특례법(2012) 제10조에 의하여 입양부모가 되려면 다음 조건을 모두 갖추어야 한다.

- 양자를 부양함에 충분한 재산이 있을 것
- 양자에 대하여 종교의 자유를 인정하고 사회의 구성원으로서 그에 상응한 양육과 교육을 할 수 있을 것
- 양친이 될 사람이 아동학대·가정폭력·성폭력·마약 등의 범죄나 알코올 등 약물중독의 경력이 없을 것
- 양친이 될 자가 대한민국 국민이 아닌 경우 해당 국가의 법에 의하여 양친이 될 수 있는 자격이 있을 것
- 양자가 될 아동이 복리에 반하는 직업이나 그 밖에 인권침해의 우려가 있는 직업에 종사하지 아니할 것
- 그 밖에 양자로 될 자의 복지를 위하여 다음의 필요한 요건을 갖출 것

- 25세 이상으로서 양자될 자와의 연령차이가 60세 이내인 자
  (양친이 될 자가 대한민국 국민이 아닌 경우에는 25세 이상 45세 미만)

(3) 친부모

입양대상 아동의 친부모는 아동에 대한 친권포기를 자발적 또는 비자발적으로 할 수 있다. 친부모가 친자녀의 입양을 위해 자발적으로 친권을 포기하는 원인은 경제적 빈곤, 이혼·별거로 야기된 가족해체·가정결손, 미혼모, 시망 등이며, 친권을 박탈당하는 경우는 아동을 심각하게 학대, 유기하는 경우이다.

입양특례법(2012)에 의하여 입양이 성립되려면 반드시 친생부모의 동의가 있어야 하며, 아동이 13세 이상인 경우는 양자될 자의 동의도 필요하다. 그리고 친생부모가 입양을 좀 더 신중하게 결정할 수 있도록 입양숙려제도가 도입되어 친생부모의 입양 동의는 아동의 출생일로부터 1주일이 지난 후에 이루어져야 하며, 숙려기간 동안에는 친생부모가 아동을 보호하는 것을 원칙으로 한다.

2) 입양 삼자의 심리적 문제

입양사업의 대상이 되는 삼자, 즉 입양아동, 입양부모와 친부모는 각각 독특한 심리적 문제를 경험하게 된다.

(1) 입양아동의 성장과 발달

입양아동은 성장하면서 다양한 어려움을 겪기도 하지만, 대부분의 입양아동은 양쪽 부모가 다 있는 가족체계에 놓이게 되고 건강한 양육기회, 교육기회를 가질 수 있고, 경제적으로도 청소년인 미혼모에게 양육되는 것보다 더 나은 접근을 할 수 있다는 점에서 긍정적인 면도 있다(Donnelly & Voydanoff, 1991, 윤미현·이재연, 2001 재인용).

입양아동이 겪게 되는 문제는 먼저 원가정 또는 친부모로부터 분리를 경험하게 되면서 나타난다. 즉, 애착관계를 맺고 있던 사람과 분리되는 것은 아동의 신뢰감과 자존심

형성에 해로운 영향을 미치고, 다른 사람과 정서적 관계를 형성하는 능력을 저하시킬 수 있다. 또한 입양아동은 나름대로의 독특한 분리와 상실의 역사를 갖고 있다. 특히 연장아동은 많은 적응의 문제를 경험하는 경향이 있는데, 이는 주로 시설에서의 생활, 친모와 위탁모 같은 보호자로부터의 분리경험의 충격과 초기 보호자로부터 받은 학대 또는 신체적·정서적 결핍 등과 같은 요인들의 악영향과 연결되어 설명되고 있다.

두 번째로, 입양아동은 자신에게 두 부모(친부모와 입양부모) 혹은 가족이 있다는 사실도 수용해야 하는 문제를 경험한다. 입양사실이 공개된 가정에서 성장한 입양아동은 6세 정도부터 출산과 입양의 차이를 이해하기 시작한다고 한다.

마지막으로, 입양아동은 또한 '유전학적 당혹감'을 경험하게 되는데, 이는 친부모로부터 떨어져서 성장하는 사람들은 누구나 갖는 욕구로, 인간으로서 완전하게 느끼기 위해서 자신의 배경, 가계와 개인력에 대해서 알고자 하는 것이다. 대다수의 입양아는 공허감을 채우고 자신에 대한 이해를 증진시키고 자신이 타고난 신체적·개인적 특징을 설명하기 위해 친부모에 대한 정보를 얻고자 한다. 그러나 그들은 자신이 딛고 설 수 있는 생물학적 기초와 현실을 필요로 하는 것이지 양부모가 아닌 또 다른 부모를 원하는 것은 아니다(Kadushin & Martin, 1988). 입양아동의 이러한 자신의 배경, 가계, 개인력에 대한 궁금증은 뿌리 찾기로 이어지는데, 뿌리 찾기는 입양아동이 출신배경에 관해 더욱 많은 정확한 정보를 획득하는 것 혹은 친부모를 만나는 것이다. 뿌리 찾기는 1970년대 초부터 구미의 입양인들이 그들에게는 두 부모가 있음을 인정해 줄 것과, 입양아동으로 성장하는 것은 친자로 성장하는 것과는 다르다는 것을 주장하면서 시작되었다. 즉, 뿌리 찾기는 일부 입양된 사람들의 일탈적 욕구가 아니라 입양인이면 누구나 필요로 하는 보편적 욕구라는 것, 그리고 무엇보다도 사람은 누구나 기본적인 권리로서 스스로의 뿌리를 알 권리가 있음을 의미한다. 입양아동에게 입양사실은 평생에 걸쳐 영향을 미치므로, 입양아동은 일반아동이 수행하는 발달과업 외에 그들만의 독특한 발달과업을 수행해야 하는데, 그것은 한마디로 입양됨의 이해과정이라 할 수 있다. 따라서 입양아동이 입양을 이해하고, 발달과업을 수행할 수 있도록 지속적 아동복지서비스가 제공되어야 한다.

한편 국외로 입양된 아동은 양부모, 주변사람과 외모가 다른 것으로 인해 자신의 정체성에 대해 더욱 혼란스러워 하거나, 자신의 입양배경 및 친부모에 대한 의문에서 시작된 심리적 갈등으로 인해 입양가정 및 사회에서 적응하는 데 더욱 어려움을 겪는다(Wilkinson, 1995; Hertz, 1996). 실제로 우리나라에서 국외로 입양된 국외입양아동 중 대부분이 자아정체감 혼돈의 상태에 있었으며, 양부모와의 관계, 입양관련 대화의 편안함의 정도, 친부모에 대한 환상, 친부모에 대한 정보 소유, 뿌리 찾기 시도 등의 요인이 입양아동의 자아정체감에 영향을 미치는 요인으로 나타났다(이미선, 2002).

이상에서 살펴본 바와 같이 입양아동은 성장하면서 입양인으로 정체감을 형성하기 위해 다양한 심리적 어려움을 경험할 수 있으나, 외국의 입양아동 발달에 관한 종단연구를 보면, 비입양아동과 큰 차이 없이 성장하는 것으로 보고되고 있다. 구체적으로 영아기에 입양된 아동의 경우 성장해가면서 학령기에는 다소 어려움을 겪을 가능성이 있지만, 이후 청소년기와 성인기를 거치면서 비입양아동과의 차이가 점차 사라진다는 것이다.

한편 국내에서도 입양아동의 성장과 발달에 관한 종단연구가 20년 계획으로 시작되어 2006년, 2008년, 2010년, 2012년 등 4차에 걸쳐 조사를 진행하였고, 2012년의 경우 96가정, 146명을 최종 분석하였다. 먼저 자아개념의 경우 4차에 걸친 조사결과를 요약하면, 입양유아 자아개념은 비입양유아와 차이가 없고, 입양아동 중 초등학교 저학년은 비입양아동과 차이가 나타났으나, 초등학교 고학년, 중·고등학생으로 성장하면서 그 차이는 사라지는 것으로 나타났다. 두 번째로, 2012년 조사에서 초등학생의 경우 입양아동의 학업동기 및 학습전략이 일반아동보다 대체로 낮은 것으로 나타난 반면에, 중·고등학생의 경우 입양아동의 학업동기 및 학습전략이 일반아동들보다 높은 수준인 것으로 나타났다. 세 번째로, 2012년 조사에서 문제행동의 경우 남아와 여아 모두 입양아동들은 비입양아동에 비해 높은 수준으로 나타나, 입양아동들이 성장해가면서 점차 적응상의 어려움을 나타내기 시작하는 것으로 해석할 수 있을 것이다. 마지막으로, 입양아동의 발달에 영향을 미치는 아동요인은 성별, 연장아 여부, 아동이 인지한 의사소통유형 등으로 나타났고, 부모요인으로는 자아존중감, 우울, 결혼만족도, 부모역량, 의사소통유형 등으로 나타났다(변미희 외, 2012).

(2) 입양부모

입양부모, 특히 불임부부인 경우는 불임과 관련되어 여러 가지 심리적 어려움을 경험하게 된다. 불임은 입양부모에게 매우 중요한 상실을 의미한다. 불임은 자존감의 손상뿐만 아니라 개인과 가족의 유전적 지속성에 대한 상실, 부부가 공동으로 잉태한 아동에 대한 상실, 임신, 출산과 수유로부터 오는 신체적 만족감의 상실, 친자녀를 양육하는 경험의 상실, 인생의 통제력에 대한 상실을 경험하게 한다. 따라서 불임부부는 적절한 애도의 과정을 통해 불임에 대한 수용의 단계에 이르렀을 때 입양을 준비해야 한다.

두 번째는, 입양부모는 생물학적으로 연결되어 있지 않은 아동이 실제로 자신들에게 속해있다고 믿기 어렵기 때문에 불안을 경험한다. 이러한 태도는 아동에게 불안과 긴장감을 유발하여 결과적으로는 전체 가족관계에 영향을 미친다. 따라서 불임인 입양부모는 자신이 낳았을 아이와 비슷한 모습을 가진 아이를 입양하고, 양육하면서도 아동이 입양된 사실과 아동의 배경에 대해서 부인하거나 다른 사람들이 관심을 갖지 못하게 하는 많은 노력을 하면서 입양과 출산의 차이를 최소화하려는 경향을 보인다. 이와 같은 생물학적으로 연결되지 않은 것에 대한 불안을 극복하지 못한 입양부모에게 입양아동은 늘 차선책이 되거나 자신이 낳지 못한 '이상아'를 대치해 줄 수 있는 완벽한 아동이 되어야 하고, 아동이 경험하는 모든 문제는 '나쁜 혈통 탓'으로 돌려질 수 있다.

세 번째로, 입양부모는 부모역할에 대해 불안감을 갖는 경향이 있다. 이러한 불안감은 완벽한 부모가 되어야 한다는 입양부모의 생각 때문에 가중된다. 사회는 입양을 정상적인 것이 아닌 것으로 묘사함으로써 입양부모가 완벽한 부모역할을 증명해 보여야 하는 욕구를 더 강화시키고 있다.

마지막으로, 입양부모는 입양아동이 친부모를 찾아 나서고 친부모를 더 좋아하게 될 것이라는 두려움을 가질 수 있다. 입양부모는 종종 아동이 친부모에 대해서 호기심을 갖는 것을 자신들이 부모로서 실패하였거나 아동이 자신들을 사랑하지 않는 증거라고 생각한다. 입양가정은 일반가정보다 극복해야 할 장애물이 많다. 입양부모가 자신감을 갖고 입양가정과 일반가정의 차이를 편안하게 수용할 때 아동도 안정된 상태에서 자라날 수 있다(Kadushin & Martin, 1988).

성공적인 양부모 경험에 기여하는 중요한 요인들은 입양준비의 질과 입양관계가 가진 본래의 특별한 문제들을 다루는 능력이다. 입양을 준비함에 있어서 부모들은 그들의 입양동기를 시험하는 시간을 가지고, 이러한 새로운 관계를 방해하게 되는 사항들을 잘 처리할 필요가 있다.

(3) 친부모

국내입양의 경우 입양대상 아동 중에서 미혼모의 아동이 90% 이상을 차지하며, 2012년의 경우 93%(보건복지부, 2013)로 나타났다. 친권을 포기하고 입양을 선택하는 여성들은 독특한 행동을 보이는 경향이 있는데, 이를 Jones(1993)는 친모증후군(birth mother syndrome)이라고 명명하고 있다. 친모증후군에는 충격적 회상, 악몽, 불안, 기피 또는 공포 반응과 같은 외상 후 스트레스 장애(PTSD : Post-Traumatic Stress Disorder), 손상된 자존감과 피동적 자세, 겉으로는 완벽하고 정상인 것처럼 행동하면서 내적으로는 수치심, 자기 저주 또는 고립감을 느끼는 정체감의 이분화 현상, 친권포기의 순간에 고착되어 있는 것 같은 자기 학대, 애정관계, 가족관계, 자녀양육, 직무태도, 자아상 등 삶 전반에 걸쳐 감정과 행동이 극단을 오가는 생활과 같은 증상들이 포함된다(Kadushin & Martin, 1988).

실제로 국내 실증조사(김혜영 외, 2009)에서도 입양 결정 후 미혼모들은 '슬프고', '후회스러우며', '절망스럽고', '화가 나는' 등의 부정적인 감정을 크게 느꼈던 반면, '편안하거나', '홀가분한' 느낌은 매우 적은 것으로 나타났다. 그리고 입양을 선택한 이유로는 '경제적인 능력이 없어서'(34.4%)가 가장 많았으며, '아기의 장래를 위해서'(29.8%), '부모역할을 하기에는 아직 어려서'(9.8%), '나의 장래를 위해서'(7.4%), '가족들의 권유로'(7.0%), '아기 아버지와 결혼할 수 없어서'(5.1%) 등의 순으로 나타났다. 즉, 입양을 선택하는 미혼모들은 상대적으로 나이가 어리고, 학력수준도 낮은 만큼, 자녀양육에 있어 요구되는 사회경제적 조건들이 미비할 가능성이 높아 자발 혹은 비자발적으로 양육을 포기하는 것으로 볼 수 있다.

반면에 연령이 높을수록, 임신을 원했을수록, 임신사실에 대한 인지가 빠를수록 미혼모들이 양육을 선택할 가능성이 높아졌고, 자녀양육과 부모가 되기 위해 필요한 사회적 여건을 갖추었는지의 여부보다는 자녀에 대한 책임감과 같은 규범적 요소를 중요하게 생각할수록 양육을 선택할 가능성이 높아지는 것으로 나타났다. 양육을 선택한 미혼모들은 양육 결정 후에 후회스럽기보다는 힘들지만 앞으로 좋아질 것이라는 기대(36.9%)나, 일단 결정한 일이므로 최선을 다하겠다는 다짐(53.1%)과 같은 긍정적인 감정을, 양육 결정을 후회하거나(1.1%) 미래에 대해 두려움을 느끼는(8.9%) 등의 부정적 감정에 비해 더 많이 느끼는 것으로 나타났다. 그러나 양육미혼모에 대한 사회적 편견에 대해 92.9%가 심각한 편 또는 매우 심각하다고 응답하였고, 양육미혼모에 대한 심각한 사회적 편견과 차별 정도는 '취업할 때'에 가장 많이 느끼는 것으로 나타났으며, 다음으로 '이웃관계에서', '가족관계에서', '결혼할 때' 순으로 나타났다(김혜영 외, 2009).

3. 입양아동을 위한 복지서비스 현황

1990년부터 2010년까지 매 5년마다 사회적 보호가 필요한 아동 중에서 입양에 배치된 아동은 15~20%이며, 구체적인 내용은 제11장의 <표 11-2> 사회적 보호를 필요로 하는 아동의 보호 현황을 참고 바란다.

1) 입양아동 현황

입양의 변화 추이를 매 5년마다 살펴보면, <표 12-1>에서 나타났듯이, 1958년부터 1980년까지 20년 동안 입양은 지속적으로 증가하였으나, 1980년부터 감소하기 시작하였으며, 2010년에는 2,475명, 2012년에는 1,880명으로 감소되었다. 국내입양과 국외입양 비율을 살펴보면, 2005년까지 국외입양비율이 국내입양보다 높았으며(보건복지부, 2013), 중앙정부에서 2007년 매년 해외입양 아동 수를 10%씩 감소하는 해외입양 쿼터제도가 도입되면서, 국내입양비율이 국외입양비율보다 높아지기 시작했다.

〈표 12-1〉 입양 추이

(단위 : 명, %)

연 도	국내입양	국외입양	합 계	국내입양비율
1958~60	168	2,532	2,700	6.2
1961~70	4,206	7,275	11,481	36.6
1971~80	15,304	48,247	63,551	24.1
1981~85	15,424	35,078	50,502	30.5
1985~90	11,079	30,243	41,322	26.8
1991~95	5,807	10,974	16,791	34.6
2000	1,686	2,360	4,046	41.6
2005	1,461	2,101	3,562	41.0
2010	1,462	1,013	2,475	59.1

출처 : 보건복지부(2013). 연도별 입양 현황.

2) 입양기관 현황

(1) 중앙입양원

입양특례법(2012)에서는 국내입양 활성화 및 입양에 대한 사후관리 등을 위하여 중앙입양원을 재단법인으로 설립·운영하도록 하고 있다. 중앙입양원의 주요 업무는 첫째, 입양아동·가족 정보 및 친가족 찾기에 필요한 통합데이터베이스 운영, 둘째, 입양아동의 데이터베이스 구축 및 연계이다. 입양정보시스템은 중앙입양원에서 운영하며, 개별 입양기관에서 입양아동, 친생부모, 입양부모, 입양성립 등 입양관련 정보를 입력하고, 각 입양기관에서 입양의뢰된 아동과 적합한 양친을 매칭하도록 하고 있다(변미희 외, 2012). 셋째, 국내외 입양정책 및 서비스에 관한 조사·연구, 마지막으로 입양관련 국제협력업무 등이다.

(2) 입양기관

입양기관은 국내외 입양기관인 홀트아동복지회, 동방사회복지회, 대한사회복지회, 국내입양전문기관인 성가정입양원, 16개 국내입양지정기관, 입양업무는 종료하고 사후관리서비스만 제공하고 있는 한국사회봉사회 등 총 21개 입양기관이 있다.

입양특례법(2012)에 따른 입양기관의 의무는 다음과 같다. 첫째, 입양기관의 장은 입양의뢰된 사람의 권익을 보호하고, 부모를 알 수 없는 경우에는 부모 등 직계존속을 찾기 위하여 노력을 다하여야 한다. 둘째, 입양기관의 장은 입양을 알선할 때 양친가정 조사를 실시하여야 한다. 셋째, 입양기관의 장은 양친이 될 사람에게 입양 전에 아동양육에 관한 교육을 하여야 하며, 입양이 성립된 후에는 입양아동과 그에 관한 기록 등을 양친 또는 양친이 될 사람에게 건네주고, 그 결과를 특별자치도지사・시장・군수・구청장에게 보고하여야 한다. 넷째, 입양기관의 장은 입양업무의 효율 및 입양기관 간의 협력체계 구축을 위하여 입양아동과 가족에 관한 정보를 중앙입양원에 제공하여야 한다. 다섯째, 입양기관의 장은 입양업무에 관한 사항을 기록하여야 한다. 여섯째, 입양업무에 관한 기록은 입양아동에 대한 사후관리를 위하여 영구보존하여야 한다. 마지막으로 입양기관의 장은 입양이 성립된 후 1년 동안 양친과 양자의 상호적응을 위하여 사후서비스를 제공하여야 한다.

(3) 한국입양홍보회

한국입양홍보회는 입양가족이 회원으로 구성된 입양가족단체로 입양가족을 위한 정기모임, 입양부모교육, 입양가족캠프, 입양아동캠프, 입양홍보사업 등의 사업을 전개하고 있다. 또한 인터넷 사이트(http://www.mpak.org) 및 정기모임을 통해 예비입양부모, 입양부모, 연장아동 입양부모 등이 입양으로 겪는 다양한 어려움을 상담해 주고 있다.

(4) 입양기관 종사자

입양특례법(2012)에 따르면, 입양기관에서는 촉탁의사를 포함한 의사 1명 이상, 간호사 1명 이상, 사무직원 1명 이상을 고용하여야 하며, 아동상담원은 연간 입양계획인원 50명마다 1명씩 두어야 한다.

아동상담원의 자격은 첫째, 고등교육법에 따른 대학에서 사회복지 또는 아동복지 관련분야를 전공한 사람, 둘째, 대학을 졸업하고 입양기관에서 2년 이상 입양관련 업무에 종사한 경력이 있는 사람, 셋째, 아동복지법에 따라 아동복지전담공무원으로 3년 이상 근무한 경력이 있는 사람 등이다. 아동상담원의 업무는 양자가 될 사람과 입양을 희망하는 가정과의 상담, 입양을 희망하는 가정의 가정상황 조사, 입양된 아동과 그 가정에 대한 사후관리 업무 등이다.

한편 입양기관의 장은 매년 4시간 이상, 종사자는 매년 8시간 이상의 보수교육을 받아야 한다. 보수교육의 내용은 상담이론 및 상담자의 윤리와 자세, 입양아동의 현황과 심리적 특성, 미혼모에 대한 이해와 상담적 접근, 입양관련 법령 및 제도의 동향, 입양부모 및 입양가정에 대한 이해 등이다.

3) 입양아동을 위한 복지서비스 현황

(1) 양육수당 및 장애아동 입양 양육보조금 지원

2013년의 경우 만 13세 미만의 입양아동에 대해 월 15만 원씩 양육수당을 지원하고 있다. 장애아동이 입양되면 만 18세가 될 때까지 2013년의 경우 중증 장애아동인 경우 627,000원, 경증 장애인 및 그 외 장애아동은 551,000원의 양육보조금을 지원하고 있으며, 연간 260만 원 내에서 본인이 부담한 진료·상담·재활 및 치료에 소요되는 비용을 지원하고 있다.

(2) 입양비용 지원

입양비용의 지원범위는 2013년의 경우 입양알선에 소요되는 인건비, 위탁모 비용을 포함한 아동양육비, 입양알선절차에 소요되는 비용, 입양기관의 운영비 및 홍보비, 사후관리비이다. 입양전문기관은 270만 원, 입양지정기관은 100만 원이다. 그리고 입양동의의 철회에 따른 아동보호비용을 73만 원 한도 내에서 지원하고 있으며, 입양숙려기간 산후조리원 등 이용비용을 70만 원 한도 내에서 지원하고 있다.

(3) 의료급여 및 교육비 면제

의료급여법(2013)에 따라 국내 입양된 만 18세 미만의 아동은 의료급여 1종에 해당하며, 입양아동으로서 고등학교 재학생 또는 입학생에게 고등학교 수업료 및 입학금을 면제하고 있다.

(4) 입양절차

국내외 입양과정은 **|그림 12-1|**과 같으며, 2012년 입양특례법 전부개정으로 다양한 제도가 도입되었는데 구체적으로 살펴보면 다음과 같다. 먼저 친생부모 상담의 경우 미혼모의 입양결정이 심리적으로 불안한 상태에서 출산 전에 섣불리 이루어지는 것을 막고, 출산 후 아동과 일정 시간을 보내면서 아동과 부모 자신의 미래에 대해 숙고하고 결정하도록, 출생일로부터 1주일이 지난 후에 입양을 동의하도록 하는 입양숙려제도가 도입되었다. 그리고 충분한 친생부모 상담을 통해 입양결정에 신중을 기하도록 하고 있으며, 상담내용은 친생부모 양육지원서비스, 입양절차에 관한 안내 및 상담, 입양동의의 요건 및 입양동의의 철회에 관한 사항, 입양의 효과 및 파양 등에 관한 사항, 입양정보공개청구 및 친생부모의 동의에 관한 사항 등이다.

두 번째로, 예비입양부모는 입양 전에 상담, 가정조사, 예비입양부모 교육, 범죄경력조회 등의 과정을 거친다. 우선 상담내용은 입양동기, 불임의 경우 불임의 원인과 태도, 양부모의 성장과정 및 가족배경, 결혼과 부부관계, 입양에 대한 태도와 인식, 양육경험, 양부모의 신체적·정신적 건강상태, 양부모의 주거 및 경제적 상태, 원하는 아동 및 장래계획을 포함한다. 그리고 양친가정조사서는 예비입양부모의 가정환경이 아동을 양육하기에 적합한지를 확인하는 과정이며, 입양에 대한 태도와 동기, 양친될 자의 혼인생활, 기타 가족상황, 양친될 자의 현재 수입 및 재산상태, 양친될 자의 알코올 등 약물중독 여부 그 밖의 건강상태, 양친될 자의 인격, 품성 및 종교관 등, 기타 특기사항, 조사자의 의견 등의 항목으로 분류하여 작성된다. 예비입양부모 교육의 내용은 입양과 파양의 요건·절차 및 효과, 입양가정 지원에 관한 정보, 입양사후서비스에 관한 정보, 자녀의 양육방법, 입양아동의 심리정서에 관한 정보, 입양부모 사례발표 및 입양관련 이슈에 대한 집단토의 등이며, 8시간 이상 실시하도록 하고 있다. 입양부모는 아동학대 관련범죄, 가정폭력 관련범죄, 아동대상 성범죄, 성인대상 성범죄, 마약 관련범죄 등의 범죄에 대하여 범죄경력을 조회하여 입양기관에 제출하여야 한다.

세 번째로, 입양의뢰된 아동이 국내에서 입양될 수 있도록 대한민국 국민에게 양친이 될 수 있는 기회를 우선적으로 부여하도록 국내입양우선추진제도가 도입되었다. 구체적으로 아동이 입양의뢰된 시점부터 5개월 동안 먼저 개별입양기관에서 입양부모를 찾고, 입양부모를 찾지 못할 경우에는 2단계로 입양정보시스템을 활용하여 입양부모를 찾도록 하고 있으며, 이러한 노력에도 불구하고 국내입양이 성립되지 못했을 때 3단계로 국외입양을 추진하도록 하고 있다.

네 번째로, 가정법원 입양허가제도가 도입되어 입양대상 아동과 예비입양부모 간의 입양이 성립되려면, 입양허가에 필요한 서류를 제출하여 가정법원의 허가를 받도록 하고 있다. 가정법원은 양자가 될 사람의 복지를 위하여 양친이 될 사람의 입양의 동기와 양육능력, 그 밖의 사정을 고려하여 허가하지 아니할 수 있도록 규정하고 있다.

다섯 번째로, 입양 후 사후관리로 입양기관에서는 입양 후 1년 동안 입양가정을 방문한 후 입양 후 가정조사보고서를 제출하도록 하고 있다. 입양 후 1년 동안 매 3개월마다 총 4회의 가정조사를 실시하여야 하며, 양친가정 조사는 직장 · 이웃 · 가정 등을 2회 이상 직접 방문하여 실시하도록 하고 있다.

마지막으로, 입양인의 알 권리 보장과 출생배경정보 획득을 통한 입양인의 정체성 확립에 도움을 주기 위하여 정보공개제도가 도입되었다. 입양인 및 법정대리인이 정보공개를 신청할 수 있으며, 공개범위는 친생부모가 정보공개에 동의한 경우에 친생부모의 이름 · 생년월일 · 주소 및 연락처, 입양 당시 친생부모의 연령 · 입양사유 및 거주지역, 양자가 된 사람의 입양 전 이름 · 주민등록번호 · 주소 · 출생일시 및 출생장소, 양자가 된 사람이 보호의뢰되었던 보장시설 또는 입양기관, 그 밖에 보건복지부장관이 공개할 필요가 있다고 인정하는 입양정보 등이다(변미희 외, 2012).

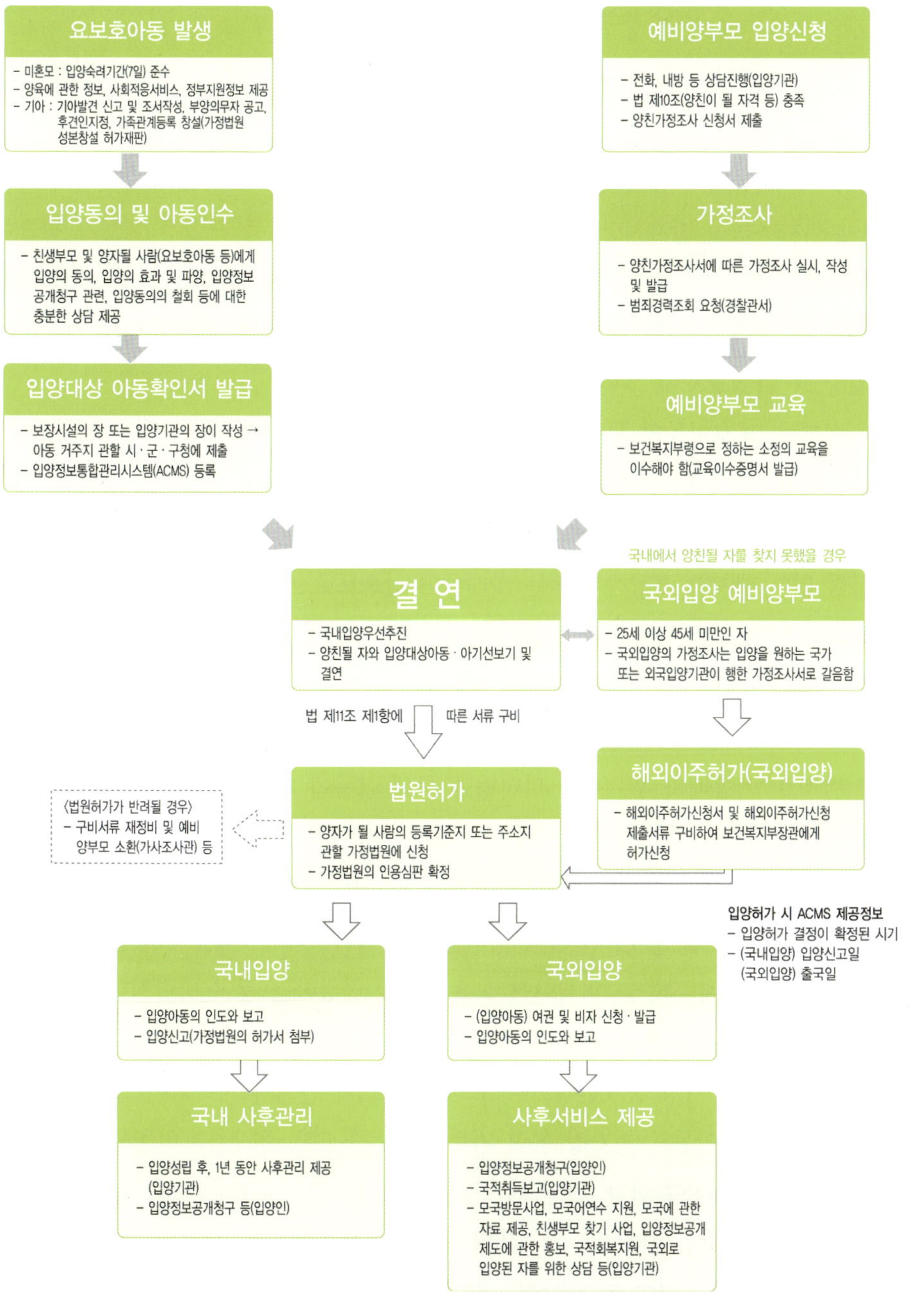

그림 12-1 국내외 입양과정

4. 입양아동을 위한 복지정책 및 복지실천 방향

1) 사회적 보호가 필요한 아동을 위한 배치방법의 체계화

먼저 보호아동의 발달권 보장과 가정생활을 할 권리 보장을 위한 배치결정이 이루어져야 한다. 즉, 지방자치단체, 아동복지센터, 아동상담소 등 사회적 보호가 필요한 아동을 배치하는 기관에서는 아동이 건전하게 성장·발달할 수 있도록 발달권 보장과 가정생활을 할 권리를 보장하기 위해서, 공동생활가정과 시설보호보다는 가정위탁과 입양 등 가정보호에 우선 배치하도록 하여야 한다.

두 번째로, 보호아동의 특성과 욕구를 고려한 맞춤형 배치결정을 위해서는 배치위원회가 운영되어야 한다. 현재 지방자치단체, 아동복지센터, 아동상담소 등에서 사회적 보호가 필요한 아동이 발생하면, 담당자가 아동에 대한 전문적이고 체계적인 조사와 사정 없이 배치를 결정하게 되는 사례들이 있으므로, 배치위원회를 설립하여 운영할 필요가 있다. 배치위원회는 행정기관 담당자, 학계 아동복지전문가, 아동보호전문기관, 가정위탁지원센터, 입양기관, 공동생활가정, 아동복지시설 등 현장전문가로 구성하여, 아동배치를 보다 신중하고, 객관적으로 결정할 필요가 있다.

세 번째로, 아동배치 후 배치모니터링을 통해 아동에 대한 사례관리서비스가 제공되어야 한다. 구체적으로 행정기관의 담당자는 아동배치 3개월 이내에 배치가 적절했는지, 친가정으로 복귀가 가능한지, 재배치가 필요한지 등에 관한 배치모니터링을 실시할 필요가 있다. 모니터링 결과에 따라 아동을 위한 보호계획을 수정할 필요가 있다면, 배치위원회에 자문을 의뢰하여 보호방법을 변경하는 것이 바람직하다.

마지막으로, 친가정 복귀 강화 및 영구적 배치계획을 수립하여야 한다. 가정복귀는 가정위탁보호에서 가장 중요한 목표이고, 친생부모와 관계가 지속되는 공동생활가정 아동과 시설보호 아동도 친가정 복귀 가능성을 높이도록, 친생부모의 양육능력을 회복할 수 있도록 하여야 한다. 만일 친가정 복귀가 어려운 사례에 대해서는 영구적 배치계획을 수립하여야 한다. 즉, 가정위탁보호와 공동생활가정, 시설보호에 의뢰된 아동 중에서 배치 후 3년이 지났음에도 친가정 복귀가 불가능하다면 영구적인 가정인 입양을 고려할 필요가 있다.

2) 미혼모에 대한 복지서비스의 강화

친부모에게도 친부모에게 필요한 사회복지서비스에 대한 정보를 제공하여야 하고, 입양과정에서 입양아동, 입양부모와 함께 친부모의 권리도 보장되어야 하며, 입양 후 겪게 될 심리적 문제에 대한 상담과 치료서비스가 제공되어야 한다.

먼저 특히 입양대상아동의 90% 이상이 미혼모의 아동인데, 자신이 태어난 가정에서 성장하는 것이 바람직하다. 따라서 양육미혼모가 자녀양육과 경제적 자립에 어려움이 없도록 복지서비스, 대안학교 등을 통한 학교교육의 지속 및 자립지원서비스를 강화하여야 하며(김유경 외, 2010), 미혼모에 대한 부정적인 인식이 개선되도록 국가 및 지방자치단체는 노력하여야 한다.

두 번째로, 입양을 결정한 미혼모들의 경우 연령이 낮고, 입양 결정사유 또한 자녀양육에 필요한 제반 여건의 열악성을 크게 꼽고 있는데, 이러한 입양 결정과정에서 경험하는 미혼모들의 부정적 감정은 향후 미혼모의 삶에 지속적으로 부정적인 영향을 미칠 가능성이 높다. 또한 대부분의 미혼모들은 이러한 부정적 경험을 해소할 수 있는 적절한 사회적 지지망을 가지고 있는 경우가 매우 적기 때문에, 개인적 차원에서 이 같은 부정적 경험이 지유될 것으로 기대하기도 어렵다. 따라서 향후 미혼모 지원정책에 있어 입양미혼모들의 정서적 지원방안 마련도 고민해 볼 필요가 있다(김혜영 외, 2009).

3) 입양아동을 위한 복지서비스의 강화

먼저 현재 입양아동 양육비는 아동의 특성과 욕구를 고려하지 않고, 동일하게 제공되고 있는데, 입양을 활성화하기 위해서는 입양아동의 특성과 욕구에 따라 양육비가 차등지원되어야 한다. 즉, 아동의 연령, 장애, 형제자매가 있는 아동 등 개별적 욕구에 따른 적정 양육비를 산출하고, 지원할 수 있는 체계를 마련하고, 의료비, 교육비, 특별활동, 문화체험의 기회를 제공함으로써 입양부모의 양육부담을 경감시키려는 노력이 요구된다. 미국의 경우 입양부모가 선호하는 건강한 신생아의 경우는 양육비를 지원하지 않고, 입양이 어려운 아동들은 실제 소요되는 양육비 예상액을 지원해 주고 있는데, 입양아동에 대한 양육비 지원을 확대한 후에 입양이 더욱 활성화되었다(변미희, 2007). 두 번째로, 현재 심리 · 정서적으로 어려움을 겪고 있는 위탁아동과 입양아동을 위한 심리치료서비스가 제공되고 있는데, 향후 지속적으로 제공될 필요가 있다. 특히 연장아 입양아동은 영아 입양아동들보다 발달 및 적응 면에서 어려움을 겪고 있으므로, 연장아 입양아동의 적응과 발달을 도울 수 있는 프로그램과 연장아 입양부모의 역량을 강화할 수 있는 프로그램이 개발되어야 한다. 마지막으로, 입양아동의 경우 입양인으로 정체감을 형성하는 것은 일생에 걸친 발달과업이므로, 입양아동의 발달단계에 맞추어 본인이 입양된 사실에 대해 이해하면서, 자아정체감을 잘 형성할 수 있도록 입양됨에 대한 교육 프로그램 제공이 필요하다. 더불어 입양아동 자조집단을 형성하여 입양아동이 자신이 겪는 어려움을 선배입양아동이나 또래입양아동과 함께 고민하고 해결할 수 있도록 도울 필요가 있다.

4) 입양부모 상담 및 교육서비스의 강화

입양아동의 양육의 질은 전적으로 입양부모의 역할수행과 자질에 의해 결정되는 만큼, 위탁부모와 입양부모에 대한 부모교육이 보다 철저하게 제공되어야 한다. 즉, 위탁아동과 입양아동이 배치 후 혼란을 최소화하고, 잘 적응하도록 돕기 위해서는 자격을 갖춘 입양부모를 선정하여야 하고, 배치 전후에 적절한 서비스가 제공되어야 한다. 미국의 위탁 · 입양부모교육은 주마다 다르지만, 사전교육은 24시간, 사후교육, 즉 보수교육은 13시간으로 총 37~40시간인 데 반해, 우리나라는 입양의 경우 사전교육 8시간에 불과하다. 따라서 입양부모교육을 강화하여야 하며, 특히 예비 · 사전교육의 경우 입양부모로서의 기본적인 역량을 키우는 데 목적이 있으므로, 교육의 시간을 확대하고 교육과정을 정교화할 필요가 있다. 그리고 입양사전교육은 현재의 일회성 교육 중심에서 훈련과정으로, 입양부모로서의 적합성과 자질을 검증하고 키우는 기회로 변화되어야 하며, 사전교육, 보수교육, 특별 · 전문교육 등으로 체계화되어야 한다. 두 번째로, 입양가족 생애주기에 따른 상담 및 입양부모 역량강화 프로그램이 제공되어야 한다. 입양부모 역시 불임, 부모역할, 친부모 찾기에 대한 불안 등으로 인한 심리적 문제를 경험하고 있으므로, 입양 전후에 입양가정의 적응을 도울 수 있는 상담서비스가 제공되어야 한다. 이러한 상담서비스는 입양기관과 입양부모 자조집단에서 제공할 수 있으며, 입양가족의 생애주기에 따라 발생할 수 있는 입양자녀와 애착형성, 입양공개, 입양자녀의 뿌리 찾기 등 다양한 문제에 대처할 수 있도록 입양부모 가이드북 등이 개발될 필요가 있다.

5) 사후관리 서비스의 강화

사후관리는 입양의 최종적 성공 여부에 매우 중요하다. 현행 입양특례법에 따르면, 입양 후 사후관리로 입양기관에서는 입양 후 1년 동안 입양가정을 방문한 후 입양 후 가정조사보고서를 제출하도록 하고 있다. 입양기관에서는 사후관리가 실제적으로 잘 이루어져서 입양아동과 부모가 입양 후에 잘 적응할 수 있도록 지속적으로 노력하여야 할 것이다.

연습문제

1. 입양아동, 친부모, 입양부모가 겪을 수 있는 심리적 문제는 무엇인가?
2. 입양부모의 자격조건은 어떠한가?

연구문제

1. 국내입양을 촉진할 수 있는 방안에 관해 생각해 보자.
2. 국외입양아동을 위한 복지서비스에 관해 생각해 보자.
3. 비밀입양과 공개입양의 장단점에 관해 생각해 보자.

제 13 장

시설아동을 위한 아동복지실천

1. 시설보호의 개념과 유형

1) 시설보호의 개념

시설보호사업은 혈연적으로 무관한 아동들이 혈연적으로 무관한 성인의 보호 아래 24시간 함께 거주함으로써 아동을 사회적으로 보호하는 아동복지사업이다. 시설보호사업은 입양사업, 가정위탁사업과 함께 부모가 자녀를 양육·보호할 능력을 상실하였거나, 그 역할을 회피할 때 시설에서 제공되는 대리보호사업이다. 시설보호사업의 목적은 시대에 따라 변화해왔는데, 과거에는 사회적 보호가 필요한 아동을 장기적으로 집단수용하는 것이었다면, 현대사회에서는 아동을 일시적으로 보호하면서 아동과 그 가족에 대한 치료서비스를 제공함으로써 아동을 가족으로 복귀시키는 것이다(Kadushin & Martin, 1988).

모든 아동은 가정에서 성장·발달하는 것이 가장 바람직하지만, 가정에서 성장할 수 없는 다음과 같은 상황에 처해있는 아동은 시설보호가 필요하다. 물론 시설보호를 제공하기 전에 원가정에서 아동이 성장할 수 있도록 원가정을 지원해 주는 복지서비스가 우선되어야 하며, 원가정이 아동을 보호할 수 있는 환경으로 회복될 때까지, 일정 기간 동안 타 가정에 아동을 위탁보내는 것도 고려하여야 한다. 그리고 원가정에서 성장하는 것이 도저히 불가능할 경우에는 대리적 가정인 입양을 먼저 고려하여야 하며, 입양이 불가능할 경우에 시설에서 보호하도록 배치하여야 한다.

일반적으로 시설보호가 필요한 아동의 유형은 다음과 같다.

- 부모의 질병이나 가족해체 혹은 이혼 등의 이유로 부모로부터 격리되어야 하는

상황이지만 부모 외에 타인과 유대를 이루지 못할 여러 이유로 위탁보호를 할 수 없는 아동

- 신체가 심하게 부자유스러워 부모가 양육하기 어려운 아동
- 문화실조나 정서장애 등 치료과정에서 집단적 생활경험이 필요한 아동
- 성장과정에서 장애를 일으킨 아동으로서 특수학교교육도 불가능하여 시설에서의 보호와 수용이 필요한 아동
- 사회 전체에 나쁘게 영향을 끼칠 비행청소년이나 범죄아동
- 이전에 같이 생활하던 위탁가정으로부터 크게 실망하였거나 매우 깊은 상처를 입어 가족생활이 적합하지 않은 아동
- 원래의 가족이나 위탁가정으로부터 이탈한 아동

현재 우리나라에서 시설보호대상이 되는 아동은 아동복지법에 따라 18세 미만의 자로 보호자가 없거나 보호자로부터 이탈된 아동, 보호자로부터 학대받은 아동, 보호자의 학대로 아동보호전문기관에 신고되어 동 기관이 시·도지사 또는 시·군·구청장에게 보호조치를 의뢰한 아동, 기초생활보장 수급자로서 보호자의 질병, 가출 등으로 가정 내에서 보호하기 어려운 아동, 시·도지사 또는 시장·군수·구청장이 특별히 보호가 필요하다고 인정하는 아동 등이다(보건복지부, 2013).

이상에서 살펴본 바와 같이 시설보호아동은 만 18세 미만의 자로서 가족해체 또는 장애, 비행 등 아동 자신의 문제로 인해 원가정에서 성장하지 못하고, 시설에서 성장하는 아동을 말한다.

2) 시설보호의 유형

아동복지법(2013)에 의한 아동복지시설의 유형은 아동양육시설, 아동일시보호시설, 아동보호치료시설, 공동생활가정, 자립지원시설, 아동상담소, 아동전용시설, 지역아동센터 등이며, <표 13-1>에 유형별로 대상 및 서비스 내용을 제시하였다.

〈표 13-1〉 아동복지시설의 유형

유 형	대상 및 서비스 내용
아동양육시설	보호대상아동을 입소시켜 보호, 양육 및 취업훈련, 자립지원 서비스 등을 제공하는 것을 목적으로 하는 시설
아동일시보호시설	보호대상아동을 일시보호하고 아동에 대한 향후의 양육대책 수립 및 보호조치를 행하는 것을 목적으로 하는 시설
아동보호치료시설	아동에게 보호 및 치료 서비스를 제공하는 다음 각 목의 시설 가. 불량행위를 하거나 불량행위를 할 우려가 있는 아동으로서 보호자가 없거나 친권자나 후견인이 입소를 신청한 아동 또는 가정법원, 지방법원소년부지원에서 보호위탁된 19세 미만인 사람을 입소시켜 치료와 선도를 통하여 건전한 사회인으로 육성하는 것을 목적으로 하는 시설 나. 정서적·행동적 장애로 인하여 어려움을 겪고 있는 아동 또는 학대로 인하여 부모로부터 일시격리되어 치료받을 필요가 있는 아동을 보호·치료하는 시설
공동생활가정	보호대상아동에게 가정과 같은 주거 여건과 보호, 양육, 자립지원 서비스를 제공하는 것을 목적으로 하는 시설
자립지원시설	아동복지시설에서 퇴소한 사람에게 취업준비기간 또는 취업 후 일정 기간 동안 보호함으로써 자립을 지원하는 것을 목적으로 하는 시설
아동상담소	아동과 그 가족의 문제에 관한 상담, 치료, 예방 및 연구 등을 목적으로 하는 시설
아동전용시설	어린이공원, 어린이놀이터, 아동회관, 체육·연극·영화·과학실험전시 시설, 아동휴게숙박시설, 야영장 등 아동에게 건전한 놀이·오락, 그 밖의 각종 편의를 제공하여 심신의 건강유지와 복지증진에 필요한 서비스를 제공하는 것을 목적으로 하는 시설
지역아동센터	지역사회아동의 보호·교육, 건전한 놀이와 오락의 제공, 보호자와 지역사회의 연계 등 아동의 건전육성을 위하여 종합적인 아동복지서비스를 제공하는 시설

출처 : 아동복지법(2013).

아동복지시설은 각 시설 고유의 목적 사업을 해치지 아니하고 각 시설별 설치기준 및 운영기준을 충족하는 경우 다음 각 호의 사업을 추가로 실시할 수 있다(아동복지법, 2013).

① **아동가정지원사업** : 지역사회아동의 건전한 발달을 위하여 아동, 가정, 지역주민에게 상담, 조언 및 정보를 제공하여 주는 사업

② **아동주간보호사업** : 부득이한 사유로 가정에서 낮 동안 보호를 받을 수 없는 아동을 대상으로 개별적인 보호와 교육을 통하여 아동의 건전한 성장을 도모하는 사업

③ **아동전문상담사업** : 학교부적응아동 등을 대상으로 올바른 인격형성을 위한 상담, 치료 및 학교폭력예방을 실시하는 사업

④ **학대아동보호사업** : 학대아동의 발견, 보호, 치료 및 아동학대의 예방 등을 전문적으로 실시하는 사업

⑤ **공동생활가정사업** : 보호대상아동에게 가정과 같은 주거 여건과 보호를 제공하는 것을 목적으로 하는 사업

⑥ **방과 후 아동지도사업** : 저소득층 아동을 대상으로 방과 후 개별적인 보호와 교육을 통하여 건전한 인격형성을 목적으로 하는 사업

미국, 영국, 호주, 일본 등 외국의 아동복지시설의 대상 아동, 규모, 유형을 <표 13-2>에 제시하였다. 일본을 제외한 미국, 영국, 호주는 가정생활이 어려운 아동을 대상으로 15명 이내의 소규모 시설에서 전체 요보호아동의 20% 미만을 보호하고 있다.

〈표 13-2〉 외국의 아동복지생활시설 비교

구 분	미 국	영 국	호 주	일 본
대 상	문제나 장애로 가정환경 보호가 부적절한 아동	문제나 장애로 가정환경 보호가 부적절한 아동	문제나 장애로 가정환경 보호가 부적절한 아동	부모가 적절하게 보호하지 못하는 아동 문제/ 장애가 있는 아동
비 율	요보호아동 중 18% 생활시설보호	요보호아동 중 13% 생활시설보호	요보호아동 중 4% 생활시설보호	대부분의 요보호아동 생활시설보호
대상 연령	12세 이하는 생활시설에서 보호되고 있는 18% 중 8.7%	-	12세 이상만을 생활시설보호(가정위탁보호의 부족으로 12세 이하 아동이 수용되는 경우도 있음)	1세 미만부터 18세까지
규 모	대부분의 주가 최소인원을 10~15명 소규모화	50%가 6명 이하 평균수용 가능 인원 8명	최대 수용능력 6~8명, 대개 2~4명 1명인 경우도 전체의 1/3	아동양호시설은 최저 정원 30명

유 형	직원/ 지도감독 아파트, 공동생활가정, 생활치료시설, 응급쉼터, 단기진단보호시설, 구금시설, 안전치료시설 등 7개 시설로 분류	3개의 공공시설과 5개의 민간시설로 분류 교육, 장애아동보호, 자립지원, 양육휴식제공, 안전제공, 교정 등 60% 정도가 특화된 전문기능 수행	대규모 생활시설은 없으며, 소규모생활시설이 소수 존재	유아원, 아동양호시설, 아동자립지원시설, 정서장애아단기치료시설, 아동가정지원센터, 정신지체장애아시설, 지체부자유아시설, 중증심신장애아시설, 시각난청장애아시설, 모자생활지원시설

출처 : 김통원 외(2005). 아동복지시설 발전방안 개발연구. 보건복지부 · 한국아동복지연합회.

2. 시설보호아동의 발생원인[1)]

시설보호아동은 대부분 기아, 미혼모, 이혼, 별거, 부모의 사망 등 가족의 구조적 해체와 부모의 경제적 무능력, 질병, 장애, 가족갈등에 따른 학대, 방임, 무관심 등과 같은 가족의 기능적 해체에 의해 발생한다(강복정, 2000). 초기 시설보호를 받는 아동은 전쟁과 사고 등에 의해 부모가 사망하였거나, 실종된 경우에 해당되는 아동과 혼외의 출생에 의해 정상적으로 가정을 형성하지 못한 미혼모의 자녀가 많았다. 그러나 최근에 이르러서는 빈곤한 가정 및 이혼가정의 자녀, 즉 부모가 생존해있는 경우가 증가하고 있다(김승권 외, 2003).

실제로 시설보호아동의 발생원인을 시설아동의 가족관계를 통해 살펴보면, 2008년부터 2012년까지 아동복지시설을 퇴소한 998명을 조사한 신혜령(2012)의 조사에 따르면, 친부모가 있다고 응답한 비율이 51.9%로 가장 높게 나타났고, 없다고 응답한 비율은 33.2%, 친부모 유무를 모른다고 응답한 비율이 16.3%로 나타났다. 이러한 결과는 2005년에 김통원 등(2005)이 시설생활아동을 대상으로 한 조사에서 부모 중 최소한 1인이 생존해있는 아동이 64.8%라고 한 결과보다는 약간 감소하였다고 할 수 있

1) 시설보호아동의 발생원인에 관한 통계자료는 제11장 가정위탁아동을 위한 아동복지실천의 〈표 11-1〉'사회적 보호를 필요로 하는 아동의 발생원인'을 참고하기 바란다.

지만, 시설생활아동의 과반수 이상이 친부모가 존재하므로, 빈곤, 이혼 등으로 인한 가족해체가 시설보호아동이 주요한 요인이라고 할 수 있다. 따라서 지역사회 내에서 가족해체나 기능약화를 방지하고, 강화해 줄 수 있는 원가족 보존서비스를 강화할 필요가 있다.

3. 시설보호아동의 문제

1) 심리정서적 문제

국내 시설아동이 경험하고 있는 장애 및 문제를 살펴보면, 2011년에 시설입소아동의 40% 이상이 치료를 필요로 하는 아동으로 보고되었는데(한국아동복지협회, 2011), 이러한 결과는 2005년 조사(김통원 외)에서 시설아동의 40.2%가 학습부진의 문제, 정서적 장애나 정신과 치료가 필요한 아동, 도벽·거짓말·폭력 등 행동문제가 있는 아동, 학교부적응·가출·형사처벌 등 부적응 문제를 경험하고 있는 것으로 나타난 결과와 비슷하다. 이와 같이 시설보호아동이 심리·정서적으로 어려움을 경험하게 되는 것은 시설입소 전 불안정한 양육환경에서 생활해온 점, 애착을 형성했던 가족과 이별을 경험하게 되는 점, 시설입소 후 집단거주환경 등이 원인이라고 할 수 있다.

따라서 시설아동의 심리정서적 문제를 치료하기 위해서는 발생원인에 따른 접근이 필요하다. 우선 입소 전 환경와 원가족과의 이별로 인해 경험하게 되는 심리정서적 문제를 최소화하기 위해서는 시설입소 원인, 입소 전 부모-자녀관계, 입소 후 부모접촉, 형제자매가 같은 시설에 배치되는 것 등 시설아동의 심리사회적응에 영향을 미치는 요인을 고려할 필요가 있다. 먼저 입소원인을 살펴보면, 입소 전에 안정적 애착을 경험한 아동과 경제적 이유로 입소한 아동은 이혼, 별거 등과 같은 가족해체로 입소한 아동, 부정적 가족관계를 경험한 아동보다 정서적·행동적 문제를 적게 나타냈다(Vorria et al., 1998). 두 번째로, 입소 이전의 부모-자녀관계가 지지적이라고 평가하였던 아동의 우울성향이 낮고 학교적응도 높은 것으로 나타났고(유안진 외, 2001), 입소

전 부모-자녀 유대관계도 사회적 위축 및 우울, 불안과 같은 심리·정서문제에 영향을 미치는 것으로 나타났다(정선욱, 2002). 세 번째로, 입소 후 부모와의 접촉은 단기보호아동(Leathers, 2000)과 집으로 돌아갈 수 있다는 현실적 가능성이 있는 경우에만 시설아동의 심리사회적응에 긍정적 영향을 미치는 것으로 나타났다(Roy et al., 2000). 반면에 장기보호의 경우 효 갈등(fidelity conflict)을 일으키기 때문에 오히려 부정적 영향을 미치며(Leathers, 2000), 부모와의 접촉이 간헐적이고, 지속적이지 않으며 디스트레스와 관련되는 경우도 부정적 영향을 미치는 것으로 나타났다(Roy et al., 2000). 마지막으로, 형제자매가 같은 시설에 배치된 시설아동이 그렇지 않은 아동보다 행동문제, 특히 공격성이 낮은 것으로 나타났다(최일경, 1996; 이순형 외, 2001).

두 번째로, 입소 전에는 별다른 문제가 없었으나, 시설입소 후 생활을 하면서 나타날 수 있는 심리정서적 문제를 최소화하기 위해서는 개별 아동의 특성과 욕구를 고려한 양육환경이 제공되어야 할 것이다. 왜냐하면 시설아동은 집단 내에서 보호를 받음으로써 통제된 집단환경의 상호작용, 낮은 수준의 정서적 관계, 집단 내에서의 실제 행동 등 가정 내에서 성장하는 아동이 경험하지 못하는 생활을 경험하게 되기 때문이다. 즉, 시설아동은 서로 무관한 아동이나 성인과 함께 생활하고 적응해야 하기 때문에 가정과는 전혀 다른 분위기에서 양육된다. 그러므로 시설생활은 따뜻한 인간관계를 맺기에는 제약이 많으며 개인이 집단에 매몰되어 퍼스낼리티(personality)를 상실하거나 개성의 발달 또는 정서적·신체적·창조적 능력의 발달에 대한 기회를 놓치기 쉽다(Friedlander, 1980).

2) 발달지체 문제

시설보호아동은 신체·정서·인지·사회 발달에 있어서 일반아동에 비해 발달지체 현상을 보이는데, 구체적으로 살펴보면 다음과 같다.

먼저 신체발달 측면에서 시설보호를 받고 있는 초등학생의 경우, 체위측정 및 영양섭취상태를 조사한 결과, 대부분의 아동이 신장과 체중 면에서 한국 소아의 발육 표준치에 뒤떨어지고 있으며, 영양소 섭취량도 권장량에 미치지 못하는 것으로 조사되었다. 그리고 이러한 발달 특성은 인지발달에도 영향을 미치는 것으로 나타났다(정혜경·장영은, 1999).

두 번째로, 정서발달 측면에서 살펴보면, 시설아동은 일반아동에 비해 적절히 자신의 의견을 주장하며, 자신의 감정상태를 잘 통제할 수 있는 정서조망능력이 부족한 것으로 나타났다(권세은, 2002). 또한 시설아동은 일반적으로 이중인격을 가지는 경향이 있다. 즉, 표면적으로는 규칙에 순종하지만 내면적으로는 반항적이라는 것이다. 또한 다른 사람들과 접촉하는 것에 대해 두려움을 느끼며, 정서적으로 불안정하며, 결단력도 약하다(양숙미, 1994; 노동익, 1997).

세 번째로, 인지발달 측면에서 살펴보면 그리스의 장기집단보호시설에서 자라는 9세 아동과 일반가정 아동의 사회적·행동적 학교적응을 면접, 관찰, 설문조사 등을 통해 관찰한 연구에 의하면, 수업시간의 경우 집단보호아동들이 다른 학생들에 비해 더 부주의하고 수업활동에 덜 참여하고 보다 수동적이며 비생산적인 활동에 참여하는 경향을 보였다(Vorria et al., 1998, 정선욱, 2002 재인용). 국내의 연구에서도 집단생활로 인해 개별적인 지적 자극을 잘 받지 못하기 때문에 인지발달지체, 학습장애, 창의성 부족, 집중력 부족, 언어발달지체 등의 발달지체가 나타났다(양숙미, 1994; 노동익, 1997).

마지막으로, 사회성 발달 측면에서는 어린 시절 시설보호의 경험이 있는 아동이 보이는 사회적 관계의 특성은 성인들의 관심과 인정을 보다 많이 추구하는 성인지향적 특성을 보였다. 또래관계에서도 어려움을 많이 겪고, 특별한 친구가 적고, 불안할 때 또래로부터의 정서적 지지에 의존하는 경향이 적었으며, 또래관계 양상도 부적절하고, 부정적이며(유안진 외, 2003), 또래관계의 질도 일반아동에 비해 낮은 것으로 나타났다(김진경 외, 2003). 이와 같이 시설아동이 사회성 발달에 어려움을 겪는 것은 설득기술, 위로기술, 대상참조기술 등 의사소통기술(김진경 외, 2003)과 사회적 기술수준이 일반아동에 비해 뒤떨어지기 때문으로 보인다. 특히 사회적 기술수준의 경우 남아가 더욱 어려움을 겪고 있는데, 시설거주남아는 시설거주여아보다 협동, 자기주장, 자아통제의 모든 영역에서 낮은 것으로 나타났다(권세은·이순형, 2002).

한편 최근에 한국청소년정책연구원(2012)에서 지역아동센터와 청소년 방과 후 아카데미, 아동양육시설에서 생활하는 아동과 청소년 패널 1,000명을 대상으로 조사한 결과와 한국아동청소년 패널의 저소득층과 일반가정의 아동·청소년의 조사결과를 비교하여 살펴보면 다음과 같다. 먼저 인지발달의 경우 평가대상이 되는 국어, 영어, 수학, 사회, 과학, 도덕, 음악, 미술, 실과 등 9개 과목의 평가 결과가 양육시설 아동·청소년이 나머지 4개 집단의 아동들에 비해 낮게 나타났다. 양육시설 아동·청소년이 체육교과에서는 다른 4개 집단 아동·청소년보다 유의미하게 높게 나타났다. 두 번째로, 사회·정서적 발달의 경우 학교생활에 있어서 집단 간의 차이를 비교하면, 우선 학습활동은 아동·청소년패널의 저소득층 아동·청소년들의 평균점수가 가장 낮은 것으로 나타났다. 구체적으로 아동양육시설과 청소년 방과 후 아카데미를 이용하는 아동·청소년의 학습활동 평균점수는 아동·청소년패널 저소득층 아동·청소년들의 평균점수보다 높았으며, 일반가정 아동·청소년들의 평균점수는 지역아동센터와 저소득층 아동·청소년들의 평균점수보다 높은 것으로 나타났다. 그리고 학교규칙의 준수, 교우관계, 자아존중감 등에서는 일반가정 아동·청소년들이 취약계층 아동·청소년 집단보다 높은 수준으로 나타났다. 다만, 일반가정을 제외한 취약계층집단만을 비교해 보면, 양육시설에서 생활하는 아동·청소년과 청소년 방과 후 아카데미를 이용하는 아동·청소년은 비슷하며, 저소득층과 지역아동센터를 이용하는 집단보다는 높은 수준인 것으로 나타났다.

3) 자립문제

시설아동이 퇴소 후 건강한 사회인으로 자리잡기 위해서는 퇴소 후에 자립할 수 있도록 시설입소기간 동안의 준비가 필요하다. 노충래(2012)의 조사결과에 따르면, 퇴소아동의 자립생활기술은 96점 만점에 70.38점으로 나타났으며, 하위영역 중에서 가장 점수가 높은 영역은 자기보호기술이었으며, 다음으로 사회적 기술, 일상생활기술, 취업기술 순으로 높았다. 가장 낮은 점수는 돈 관리기술과 지역사회자원 활용기술로 나타났다. 그리고 시설퇴소아동이 퇴소 후 경험하는 가장 큰 어려운 점으로는 생활비 및 학비 부족으로 인한 경제적 어려움이고, 2순위는 거주할 집, 3순위로 심리적 부담감(2012)이었다. 이러한 결과는 2005년에 실시한 김통원 외의 조사에서 나타난 거주할 집 문제 55.6%, 생활비, 학비 등에 필요한 돈의 부족 51.5%, 독립생활에 따른 심리적 부담감 35.4%, 취업에 필요한 기술의 부족 30.3% 조사결과와 비슷하다.

한편 퇴소아동의 자립을 위해서는 우선적으로 안정된 직장에 취업하여야 하는데, 김통원 외(2005)의 조사에서 정규직은 43.4%였고, 일용직, 임시직, 계약직이 24.2%, 구직 중이 11.1%로 나타났고, 신혜령(2012)의 조사에서는 정규직이 67.5%로 다소 증가하였지만, 여전히 비정규직의 비율이 32.5%로 높게 나타났다.

4. 시설보호아동을 위한 복지서비스 현황

1) 아동복지시설 및 보호아동 현황

(1) 아동복지시설 및 보호아동 현황

사회적 보호를 필요로 하는 아동의 발생원인과 보호 현황은 11장의 <표 11-1>과 <표 11-2>를 참고하기 바란다. <표 13-3>에서 1985년부터 2010년까지 매 5년마다 아동복지시설 및 보호아동 현황을 제시하였다. 1985년부터 2010년까지 아동복지시설 수는 거의 변화가 없었으나, 보호아동 수는 1985년 25,424명에서 2010년 17,121명으로 약 30% 감소하였다.

<표 13-4>에 2010년 유형별 아동복지시설 및 보호 현황을 제시하였다. 시설 수는 공동생활가정이 416개로 가장 많은 것으로 나타났는데, 이는 2001년 15개소였으므로 약 27배 증가하였다. 보호하고 있는 아동은 아동양육시설이 15,789명으로 공동생활가정을 포함한 전체 아동복지시설 보호아동 중 82%를 차지하는 것으로 나타났다. 아동양육시설의 시설당 평균 보호아동 수는 66~67명이며, 공동생활가정의 각 시설당 평균 보호아동 수는 5~6명으로 나타났다.

〈표 13-3〉 아동복지시설 및 보호아동 현황 (단위 : 개소, 명)

연 도	시설 수	입소아동	퇴소아동	연말 현재 생활 아동
1985	282	18,698	17,849	25,424
1990	278	8,730	9,811	23,450
1995	269	5,591	6,731	18,074
2000	269	8,567	8,688	17,720
2005	282	6,435	6,298	19,151
2010	280	6,188	6,655	17,121

출처 : 보건복지부(2012). 보건복지통계연보.

〈표 13-4〉 2010년 유형별 아동복지시설 및 보호아동 현황

시설유형	시설 수	보호아동 현황
양육시설	238	15,789
직업훈련시설	2	69
보호치료시설	11	495
자립지원시설	12	235
일시보호시설	14	402
종합시설 (일시보호시설, 상담소)	3	131
소 계	280	17,121
공동생활가정	416	2,127

출처 : 보건복지부(2012). 보건복지통계연보.

(2) 아동복지시설 종사자의 자격 및 배치 기준

먼저 공동생활가정을 포함한 아동복지시설 종사자의 자격기준을 살펴보면, 시설장은 가정위탁지원센터의 장 자격기준과 동일하므로 11장을 참고 바란다. 그리고 공동생활가정을 포함한 아동복지시설 보육사는 사회복지사 3급 이상의 자격, 보육교사, 유치원・초・중등학교 교사자격이 있는 사람이다. 임상심리상담원은 대학 또는 이와 같은 수준 이상의 학교에서 심리학을 전공한 사람이며, 자립지원전담요원은 직업능력개발훈련교사 자격이 있거나, 사회복지사 2급, 초・중등학교 교사자격이 있는 사람

등이다.

두 번째로, 아동복지시설에는 시설장, 사무국장, 상담지도원, 임상심리상담원, 보육사, 생활복지사, 간호사, 직업훈련교사, 조리원, 위생원, 안전관리원, 영양사, 사무원, 자립지원전담요원 등을 배치한다. 보육사의 경우 1~2세까지 아동 2명당 1명, 3~6세까지 아동 5명당 1명, 7세 이상 아동 7명당 1명을 배치하도록 하고 있다. 그리고 임상심리상담원은 양육, 일시보호, 상담소의 경우 30명 이상 1명을 배치하고, 자립지원전담요원은 양육·보호치료시설의 경우 10명 이상 1명, 자립지원시설은 30명 이상 1명을 배치하도록 하고 있다.

2) 시설보호서비스 현황

(1) 공동생활가정(그룹홈) 보호

공동생활가정은 보호를 필요로 하는 아동에게 가정과 같은 주거 여건과 보호를 제공하여 건전한 사회인으로 성장하도록 지원하는 것을 목적으로 한다. 공동생활가정의 유형은 남녀분리형과 남녀혼합형이 있으며, 아동보호전문기관에서 격리보호할 필요가 있다고 판단한 학대피해아동을 보호하기 위하여 시·도에 필수적으로 1개소 이상씩 설치·운영하고 있다.

공동생활가정의 입소대상 아동의 입주절차는 시설아동의 입소절차와 동일하며, 아동 5명을 표준으로 하고 7인 이내로 보호하도록 하고 있다. 공동생활가정은 단독주택, 공동주택 등 일반주택지 내에 위치하도록 하고, 간판이나 표찰을 붙이지 말고 몇 개의 그룹홈이 가능한 한 한 곳에 집결되지 않도록 하여, 지역사회 내에서 자연스럽게 자리 잡도록 하고 있다.

(2) 시설보호

현재 시설보호아동에게는 국민기초생활 보장법에 의한 보장시설 수급자와 동일하게 급여가 제공되고 있으며, 개별시설에서는 지역사회 내에서 후원자를 발굴하고 자원봉사인력을 개발하여 시설아동에게 정서적·경제적 후원을 제공하고 있다. 그리고 만 18세 미만의 아동복지시설·공동생활가정·장애인시설 아동, 가정위탁·소년소녀 가정 아동과 기초생활수급자 가정의 아동이 후원자 또는 보호자의 도움으로 적립 시 국가(지방자치단체)가 월 3만 원 내에서 일대일 매칭을 지원하는 아동발달지원계좌(CDA : Child Development Account)를 지원하고 있다.

아동복지시설에서 제공하고 있는 프로그램 및 서비스의 유형은 초기적응 프로그램, 자립준비 프로그램, 퇴소예정아동 자립지원, 아동상담, 예체능 프로그램, 문화활동 프로그램, 학습 프로그램, 캠프 프로그램, 교류 프로그램, 사회적응 프로그램, 성교육 프로그램 등이다.

한편 시설입소절차를 살펴보면 다음과 같다. 사회적 보호가 필요한 아동이 발생하면 시·도지사 또는 시장·군수·구청장이 아동복지시설장에게 입소를 의뢰하는 한편, 어린이찾아주기센터에 유선으로 통보하고, 사진이 부착된 아동카드를 작성하여 인터넷을 활용, 실시간으로 송부하여 미아 발생 시 부모가 아동을 신속히 찾도록 하고 있다. <표 13-5>에 아동복지시설의 종류에 따른 입소대상과 입소기간을 제시하였다.

〈표 13-5〉 아동복지시설 입소 대상 및 기간

시설명	입소대상 아동	입소기간
아동양육시설 및 일시보호시설	· 보호자가 없거나 보호자로부터 이탈된 아동 · 보호자로부터 학대받은 아동 · 보호자의 학대로 아동보호전문기관에 신고되어 동 기관이 시·도지사 등 행정기관에 보호조치를 의뢰한 아동 · 기초생활보장 수급자로서 보호자의 질병, 가출 등으로 가정 내에서 보호하기 어려운 아동 · 시·도지사 또는 시장·군수·구청장이 특별히 보호가 필요하다고 인정하는 아동	· 양육시설 : 18세 미만 (대학, 직업훈련시설, 학원에 재학 중인 경우, 질병·장애가 있는 경우 연장 가능) · 일시보호시설 : 3개월 (1회에 한해 3개월 연장) · 단기보호시설 : 6개월
자립지원시설	· 시설퇴소아동 중 취업 중인 아동(우선) · 시설퇴소아동 중 취업준비 중인 18세 이상 24세 미만인 자 · 아동복지시설 퇴소자로서 24세 이하 기초생활보장 수급자	24세 이하 1년(필요시 연장 가능)

출처 : 보건복지부(2013). 2013년 아동분야 사업안내.

(3) 자립지원서비스

가정위탁 및 시설보호대상 아동의 자립준비 역량강화 및 보호 종료 후 안정적인 사회진출과 자립실현을 위해 자립지원서비스가 제공되고 있다. 자립지원서비스를 제공하기 위해서 중앙에 아동자립지원사업단이 있으며, 전국적으로 12개 자립지원시설이 운영되고 있다. 그리고 아동복지시설 및 가정위탁 보호아동의 자립지원 현황을 실시간으로 모니터링하고 One-Stop 정보제공을 위하여 자립지원 통합관리시스템(DB)을 구축·운영하고 있다. 자립지원 대상아동을 보호·사례관리하는 아동복지시설 및 가정위탁지원센터에서는 자립지원 대상아동의 자립기술평가 및 자립계획수립, 자립지원 표준화 프로그램의 운영결과, 연장아동 현황, 퇴소아동 자립수준 평가 등을 자립지원 통합관리시스템(DB)에 입력하도록 하고 있다. 한편 자립기술의 영역은 일상생활기술, 자기보호기술, 지역사회 자원활용기술, 돈 관리기술, 사회적 기술, 진로탐색 및 취업기술, 직장생활기술, 다시 집 떠나기 등이며, 아래 <표 13-6> 자립지원단계 및 서비스에 자립지원 단계별로 제공되는 서비스를 제시하였다(보건복지부, 2013).

〈표 13-6〉 자립지원단계 및 서비스

단계별		서비스 내용
1단계	입소(위탁) 상담	원가족 복귀계획 수립
2단계	입소(위탁) 결정 후	건강, 정신, 심리, 학습 관련 통합사정 실시
3단계	시설(위탁가정) 적응기간	아동복지시설(위탁가정) 적응을 위한 프로그램 운영
4단계	적응기간 경과 후	아동복지시설(가정위탁센터) 내 사례관리회의 - 자립·건강·심리·학습 등 관계자 참석
5단계	사례관리회의 후	아동별 자립지원서비스 계획 수립 - 1, 4단계의 내용을 반영 - 원가족 유대강화 서비스 포함
6단계	자립지원 통합관리 시스템(DB) 입력	5단계의 아동 자립지원 서비스 계획을 보건복지부(아동자립지원사업단)의 '자립지원 통합관리시스템 DB'에 입력 * http://work.jarip.or.kr(부여받은 ID/ PW로 접속)
7단계	자립지원 프로그램 운영	연령·수요에 맞추어 자립지원을 위한 프로그램 운영

8단계	자립준비계획 수립 및 운영 (아동복지법 제39조)	15세부터 매년 퇴소(위탁종결) 후를 대비, 개인별 자립준비계획을 수립하여 운영 - 진로, 학습, 취업 계획 등 포함
9단계	퇴소(종결) 점검 - Safe Exit -	퇴소(종결)예정아동과 연장아동에 대한 자립준비 점검 - 대학진학, 취업(예정) 여부, 등록금 조달, 주거 마련, 원가족 관계 등
10단계	퇴소(위탁종결)	
11단계	사례관리 및 상담	퇴소(위탁종결) 후 5년까지 안정적 자립정착을 위한 사례관리 및 자립수준 평가 실시

5. 시설보호아동을 위한 복지정책 및 복지실천 방향

1) 아동양육시설의 기능 변화 및 소규모화

현재 아동복지시설 중에서 양육시설은 환경변화에 대응한 시설수급이 이루어지지 못하고 있다. 즉, 출산율 감소로 인한 아동 수 감소와 더불어 전통적 의미의 요보호아동은 감소하고 있는 반면, 부모의 이혼, 별거, 가출에 의한 보호아동과 비행, 가출, 정서장애 등으로 인한 특수보호가 필요한 아동은 증가하고 있으나, 이에 대비한 적절한 대책이 마련되지 못하였다. 따라서 아동을 양육하는 양육시설의 기능을 치료가 필요한 아동을 위한 치료전문시설로 전환하거나, 지역사회아동을 위한 지역아동센터와 같은 이용시설로 기능을 전환할 필요가 있다. 또한 대규모 생활시설이 갖는 여러 가지 부정적 영향을 최소화하고 시설아동에게 가정과 유사한 형태의 보호를 제공할 수 있도록 공동생활가정(그룹홈)을 활성화하는 것이 바람직하다.

특히 청소년 전문 그룹홈과 치료전문 그룹홈이 활성화될 필요가 있다. 먼저 청소년은 친가족과 친밀감과 유대감을 형성하고 있어서, 위탁가정이나 입양가정에서 적응하는 것이 쉽지 않으므로, 청소년 전문 그룹홈이 활성화되어야 한다. 두 번째로, 2010년 348개 그룹홈 중에서 아동보호전문기관에서 운영하고 있는 30개 그룹홈을 제외하고, 대부분 그룹홈은 일반아동을 양육하고 있다. 그런데 2008년 그룹홈 현황조사에 따르면, 36.8%가 입소 전 학대경험이 있다고 응답하였으므로(배영미, 2009), 치료적 그룹홈의 활성화가 필요하다. 그룹홈의 시설장과 사회복지사의 경우 전문적인 사회복지교육을 받고, 사회복지사 자격증을 소지한 전문가 집단이므로, 정서적 · 사회적으로 어려움이 있는 아동을 양육하기에 적합하다고 할 수 있다. 참고로 미국의 경우를 살펴보면, 사회적 보호가 필요한 아동은 친인척 가정이나 위탁가정, 입양가정 등에 배치하는 것을 우선적으로 고려하지만, 1/5 정도는 그룹홈 또는 아동양육시설로 배치된다. 그룹홈 또는 아동양육시설에 배치되는 아동은 시설이나 그룹홈 세팅을 요구하는 신체적 또는 행동적 욕구가 있는 아동이다(변미희 · 정혜선, 2011).

2) 시설종사자의 처우개선 및 전문성 강화

시설아동에게 양질의 시설보호서비스를 제공하기 위해서는 시설종사자의 역할이 매우 중요하다. 그런데 한국청소년정책연구원(2012)의 조사에 따르면, 지역아동센터의 종사자와 청소년 방과 후 아카데미 종사자는 주당 평균 38~39시간을 근무하고 있는 반면에, 아동양육시설 종사자들은 주당 평균 53~54시간을 근무하고 있는 것으로 나타나 아동양육시설 종사자에 대한 처우개선이 필요하다. 따라서 시설종사자의 이직을 방지하고 전문성을 담보하기 위해서는 시설종사자에 대한 처우를 개선하여 우수한 인력을 확보하여야 하며, 지속적 교육과 슈퍼비전을 통해 전문성을 강화하여야 한다.

3) 시설아동의 건강한 발달을 위한 학습 · 상담 · 치료 프로그램 제공

먼저 시설아동이 신체 · 정서 · 인지 · 사회 발달 면에서 건강하게 성장하기 위해서는 시설아동의 발달에 영향을 주는 시설의 양육환경을 개선할 필요가 있다. 특히 시설의 양육환경 중에서 정서적 분위기, 사회적 성숙의 촉진, 지역사회와의 관계 등이 인지, 사회, 신체, 자아존중감 등 아동의 발달에 영향을 미치는 주요한 요인으로 나타났으므로, 이러한 요인을 중심으로 시설의 양육환경을 개선할 필요가 있다(변미희 외, 2001). 더불어 시설아동의 적성과 재능에 맞는 예체능 교육 프로그램도 제공되어야 한다.

두 번째로, 시설아동의 건강한 발달을 위해서는 입소배경, 심리상태, 발달수준 등을 고려하여, 개별적으로 차별적 서비스가 제공되어야 한다. 먼저 입소배경과 심리상태와 관련하여 시설아동은 시설에 입소하면서 원가정 또는 친부모와의 분리를 경험하게 되며, 특히 원가정에서 심각한 학대나 방임의 경험이 있을 경우 더욱더 심각한 심리문제를 가지게 된다. 현재 입소아동의 대부분이 가정해체에 따른 심리적 외상이 심각하므로, 입소 후 전문가의 심리평가를 통해 적절한 입소상담 서비스가 제공되어야 한다. 특히 입소 전 부정적 부모-자녀관계를 해소할 수 있는 프로그램이 개발될 필요가 있으며, 입소 전 부정적 생활사건을 경험하고 시설에 입소한 아동의 경우도 부정적 경험을 해소할 수 있는 상담 프로그램이 제공되어야 한다(정선욱, 2002).

4) 자립준비 프로그램과 퇴소 후 사회적응 프로그램의 제공

자립준비 프로그램은 빠르면 빠를수록 효과가 크겠지만, 늦어도 고등학교 1학년부터는 개별 자립사정계획을 세워 아동 특성에 따라 자립계획을 세워야 한다. 자립계획을 세운 후 보육사와 시설아동이 함께 대처능력을 개발하고 자립준비기술을 익히기 위한 프로그램에 참여하여 장기적으로 자립을 준비하도록 도와야 한다(신혜령, 2002). 그리고 시설아동의 퇴소 후 생활만족도를 높이기 위해서는 자립기술훈련의 지속적인 제공, 가족·친구·의미있는 타인과의 안정적 관계형성을 위한 노력, 주거안정성 보장을 위한 현실적인 주거정책의 마련, 경력관리의 맥락에서 취업과 교육을 지원하는 전문적인 서비스 제공, 사회보장 급여혜택의 확대 등이 필요하다(정선욱, 2010).

한편 2012년 신혜령의 조사에 따르면, 퇴소아동은 시설과의 관계 면에서 퇴소 후 정기적으로 연락하거나 힘들 때 상담한다고 응답한 비율은 각각 36.0%, 20.2%로 높지 않게 나타났으므로, 시설에서는 시설아동과 신뢰로운 관계를 형성하고, 퇴소 후 퇴소아동에 대한 사후관리가 보다 체계적·지속적으로 이루어져야 할 것이다.

마지막으로 현행 아동복지법에 위탁아동 및 시설보호아동의 자립지원을 위한 법적 근거가 비교적·체계적으로 마련되어 있지만, 시행 초기이므로 개별 아동의 특성과 욕구를 고려하여 실제적이고 구체적인 자립지원 서비스가 될 수 있도록 지속적인 관심과 노력이 필요하다. 자립지원서비스의 내용은 앞의 가정위탁보호사업을 참고하기 바란다.

5) 가족 재결합 프로그램의 활성화

친부모나 친부 또는 친모가 생존해있는 경우는 전체 시설아동의 50% 이상이므로, 시설보호아동 부모의 상당수가 생존해있으나, 경제적 문제나 질병 및 장애 등으로 아동을 보호할 수 없는 상태에 있음을 보여주고 있다. 이와 같이 최근 들어 친부모가 생존해있는 시설보호아동의 수가 늘어가고 있는데, 시설보호아동과 원가정이 재결합하기 위해서는 먼저 아동의 부모 또는 연고자의 정보 작성을 의무화하여야 하며, 가족재결합 프로그램에 참여하도록 하여야 한다. 친부모가 시설아동의 가정복귀를 희망할 경우에는 주거비, 생계비, 양육비의 지원이 보장되어야 한다.

다시 말해, 시설보호 시에도 부모의 책임과 역할이 유지되는 것을 법적으로 명백히 명시하여 부모책임을 강조하여야 하며, 재결합 계획을 수립하고, 이를 수행할 수 있도록 사례관리자를 두어야 한다. 아동에 대한 부모의 접촉과 참여를 의무화하고 부모와 함께 방문계획을 세워 부모가 이를 지키도록 하여야 한다(정영순, 2000). 영국의 1989년 아동법에서는 아동은 부모에 의해 가족 안에서 양육되어야 한다는 신념하에 아동에 대한 보호와 양육 의무로서 부모책임을 강조함은 물론, 국가도 아동이 가정 밖에서 보호받을 때 가능한 한 부모와의 접촉을 보장해야 하는 의무가 있음을 명시하였다. 이는 아동이 일시적 또는 영구적으로 부모와 살 수 없을지라도 부모는 그들의 책임을 유지해야 하고 아동과의 관계가 유지되어야 함을 의미한다.

미국에서는 부모책임을 법에서 강조하지 않았지만, 주어진 기간 내에 아동과 가족이 재결합되도록 하는 가족 재결합 계획을 수립하도록 하고 있다. 미국의 재결합 계획에서도 워커의 일방적 계획보다는 동반자 개념이 강조되어 동반자로서의 부모와 충분한 의사소통을 한 뒤 부모와 함께 재결합 계획을 세우도록 하고 있다(Downs et al., 1996).

이상에서 살펴본 바와 같이 시설보호아동이 시설에서 생활할 때 심리사회적으로 잘 적응하도록, 또 궁극적으로는 시설아동이 원가정으로 복귀하도록 하기 위해서는 시설아동과 원가정의 애착관계가 안정적이고 지속적으로 유지될 수 있는 가족 재결합 프로그램을 개발하고, 활성화하여야 한다.

연습문제

1. 시설아동이 겪는 심리적 문제는 무엇인가?
2. 아동복지시설의 유형과 기능은 무엇인가?

연구문제

1. 시설 입소 직후 제공되는 입소상담 서비스의 내용에 대해 생각해 보자.
2. 시설아동과 친부모의 재결합 프로그램에 대해 생각해 보자.
3. 시설아동의 퇴소 후 자립정착방안에 대해 생각해 보자.

제 14 장

다문화가정 아동을 위한 아동복지실천

1. 다문화가정 아동의 개념 및 유형

1) 다문화가정 아동의 개념

1980년대 후반부터 우리나라에서 국제결혼가정, 이중문화가정, 혼혈인가정 등을 지칭하는 의미를 지닌 다문화가정 또는 다문화가족이라는 용어가 사용되었다. 다문화가정에 대한 정의는 협의의 개념과 광의의 개념으로 구분해 볼 수 있다. 광의의 개념은 자국 내에 거주하는 모든 외국인가정을 포함한다. 반면 협의의 개념은 단순히 거주하는 것이 아니라, 가족 중 한 명이 국적을 취득해 구성된 가정을 의미한다. 광의의 개념은 다문화가족지원법이 제정되기 이전의 개념으로 한국남성과 결혼한 이주여성가정, 한국여성과 결혼한 이주남성가정, 이주민가정(이주노동자, 유학생, 북한이탈주민 등)을 포함하여 그 범위를 확대한 것이다(김희정, 2007; 정하성 외, 2007). 2008년 제정된 다문화가족지원법에 나와있는 다문화가족의 용어는 협의의 개념을 사용하여 결혼한 이민자, 귀화허가를 받은 자와 출생 시부터 대한민국 국적을 취득한 자로 이루어진 가족을 의미한다. 이후 2011년 4월에 다문화가족지원법 개정으로 인해 2012년부터 다문화가족은 결혼이민자 외에 귀화자와 출생·인지·귀화에 의한 한국인으로 구성된 가족으로 범위가 확대되었다[1](김유경 외, 2012).

1) 개정된 '다문화가족지원법'에 의하면, 다문화가족의 개념은 다음 사항 중 하나에 해당하는 가족을 말한다. 첫째, 재한외국인 처우 기본법 제2조 제3호의 결혼이민자와 국적법 제2조부터 제4조까지의 규정에 따라 출생 시부터 대한민국 국적을 취득한 자로 이루어진 가족, 둘째, 국적법 제3조 및 제4조에 따라 대한민국 국적을 취득한 자와 같은 법 제2조부터 제4조까지의 규정에 따라 대한민국 국적을 취득한 자로 이루어진 가족을 말한다[국가법령정보센터(2013.9.1). http://www.law.go.kr).

다문화가정은 종종 정부정책 등에 따라 다문화가족과 혼용되어 적용되고 있으나 교육부는 관행적으로 '다문화가정'이라는 용어를 사용하고 있다. 교육부의 다문화가정 학생을 위한 지원에는 광의의 개념을 적용하여 국제결혼 가정의 국내출생자녀와 중도입국자녀, 외국인근로자 가정의 자녀까지 포함하고 있다(교육부, 2012). 그러나 다문화가족지원과 관련하여 정책대상은 주로 결혼이민자와 그 자녀를 중심으로 이루어지고 있으며, 사회통합적 관점에서 협의의 다문화가족의 개념을 적용하는 경우가 많다. 즉, 다문화가정의 아동은 외국인 어머니와 한국인 아버지 사이에서 태어난 아동으로 규정하기도 한다(김미숙 외, 2011; 양계민 외, 2012).

이 장에서 다문화가정 아동의 개념은 협의의 다문화가족의 개념을 적용하여 결혼이민자 가정의 아동으로 국한하고자 한다. 즉, 다문화가정 아동은 우리와 다른 문화적 배경을 가진 외국국적의 배우자와 한국인이 결혼함으로써 형성된 가정의 자녀를 말한다.

2) 다문화가정 아동의 유형

다문화가족지원법의 제정 이전의 다문화가정과 관련된 연구를 바탕으로 다문화가정 아동의 유형을 구분하면, 국제결혼가정, 외국인근로자 가정, 새터민가정 등 세 집단으로 구분하거나(황범주, 2008; 박효섭, 2006; 서 혁, 2007), 그 외 한민족 아동(정하성 외, 2007), 한국전쟁 후 한국인과 미군 간 가정의 아동(김범수 외, 2007)으로 구분되기도 한다. 사실 다문화가정 아동의 유형은 매우 다양하며, 범위설정에 대한 논의도 다양하다[2]. 실제 교육부는 광의의 다문화가정의 개념을 적용하여 다문화가정의 아동은 국제결혼가정 자녀(국내출생자녀, 중도입국자녀), 외국인가정 자녀로 유형을 구분하여 적용한다(표 14-1).

2) 정상우(2008)는 아동의 국적에 따라 아예 외국적의 '이주민자녀'와 우리나라 국적을 취득한 '다문화가족 자녀'로 구분하는 것을 제안하였다. 또한 다문화가정의 다양한 유형을 모두 포함할 수 있는 용어로 '이주민자녀'로 사용할 것을 제안했으며, 여기서 말하는 '이주민자녀아동'은 "대한민국 국적자가 아닌(북한지역 출신 포함) 부 또는 모를 둔 국내거주아동"을 의미한다. 따라서 이주민아동은 우리나라의 국적을 취득했는지 여부, 아동 자신이 국내로 이주했는지 혹은 국내에서 출생했는지 여부, 그리고 부모가 합법적인 체류자인지의 여부는 문제가 되지 않는다. 이와 같은 정의에 의하면, 국제결혼가정 아동, 이주노동자가정 아동, 새터민가정 아동 외에도 화교자녀, 혼혈인자녀, 난민자녀, 외국적 동포 자녀, 유학생 자녀 등도 포함된다.

〈표 14-1〉 다문화가정 아동의 유형

다문화가정 유형		다문화가정 아동
국제결혼가정	국내출생자녀	• 한국인과 결혼이민자(외국인) 사이에서 국내 출생한 자녀
	중도입국자녀	• 결혼이민자가 한국인과 재혼한 후 본국에서 데려온 자녀 • 외국인 부모의 본국에서 성장하다가 중도입국한 자녀
외국인가정		• 외국인 사이에서 출생한 자녀

출처 : 교육부(2012). 2012년 다문화가정 학부모교육 지원사업 결과보고서.

그러나 다문화가족 지원과 관련한 주된 정책대상이 결혼이민자와 그 자녀로 자리 잡고 있는 실정에서 다문화가정의 아동은 결혼이민자 가정의 아동으로 국한되며, 탈북청소년과 중도입국청소년은 청소년복지지원법 제18조에 따른 이주배경청소년으로 유형이 구별된다(이주배경청소년지원센터, 2013).

2. 다문화가정 아동의 현황

다문화가정 아동의 현황은 다문화가정 아동유형에 따라 차이가 있을 수 있다. 먼저 개정된 다문화가족지원법상의 다문화가정의 아동의 현황은 다음 <표 14-2>와 같다. 연도별로 보면, 다문화가정 아동은 2007년에 44,258명에서 2013년 현재 191,328명으로 2012년도에 비해 22,745명이 증가하였으며, 해마다 증가하는 추세이다. 연령별로 보면, 2013년 현재 만 6세 이하가 116,696명으로 전체 다문화가정 아동 중 약 61%로 가장 많은 비율을 차지하고 있으며, 다음으로 만 7~12세(23.6%), 만 13~15세(9.6%), 만 16~18세(5.8%)의 순으로 나타났다.

〈표 14-2〉 다문화가족 자녀 연령별 현황(외국인주민현황조사, 안전행정부) (단위 : 명)

연 도	연령별 현황				
	계	만 6세 이하	만 7~12세	만 13~15세	만 16~18세
2013	191,328	116,696	45,156	18,395	11,081
2012	168,583	104,694	40,235	15,038	8,616
2011	151,154	93,537	37,590	12,392	7,635
2010	121,935	75,776	30,587	8,688	6,884
2009	107,689	64,040	28,922	8,082	6,645
2008	58,007	33,140	18,691	3,672	2,504
2007	44,258	26,445	14,392	2,080	1,341

* '09년 자녀 수의 큰 폭의 증가는 '09년도부터 결혼이민자의 배우자 정보를 활용하여 조사한 것이 원인이다.
출처 : 여성가족부(2013). 다문화가족연도별 통계.

다문화가정 아동 중 초·중·고에 재학하는 학생 수 또한 매년 급격히 증가하는 추세이다[3]. 2012년 46,954명의 다문화가정 아동이 재학 중이며, 중도입국자녀의 경우, 2012년 현재 4,288명으로 전년대비 69% 증가했다(그림 14-1). 이는 다문화가정 학생 현황을 처음 조사한 '06년(9,389명)보다 5배 늘어난 수치이고, 조사대상에서 제외된 외국인학교 등을 감안할 경우 다문화가정 학생 5만 명 시대가 도래한 것으로 보인다. 또한 전체학생 대비 다문화가정 학생 비율은 0.7%이고, 전체학생 수가 매년 20만 명 이상 감소하고 있는 점을 감안하면 '14년도에는 1%를 상회할 것으로 추정된다(교육과학기술부, 2012).

유형별로 살펴보면, 학교급별의 경우, 여전히 초등학생 비율(72.0%)이 높지만 전년대비 중·고등생의 비율이 점차 증가하고 있으며, 가정유형별로는 국제결혼가정 자녀가 94.4%(국내출생자녀 40,040명, 중도입국자녀 4,288명), 외국인가정 자녀 5.6%(2,626명)였고, 특히 중도입국자녀의 경우 전년(2,540명)보다 68.9%가 증가한 것으로 나타남에

3) 2012년 교육과학기술부 통계자료에서 다문화가정 학생은 국제결혼가정 자녀(국내출생자녀, 중도입국자녀)와 외국인가정 자녀를 포함한 것이다.

따라, 이들의 교육지원을 위해 대안학교[4]('11년 0곳 → '12년 3곳), 예비학교[5]('11년 3곳 → '12년 26곳) 설치 · 운영을 대폭 확대하고 있다.

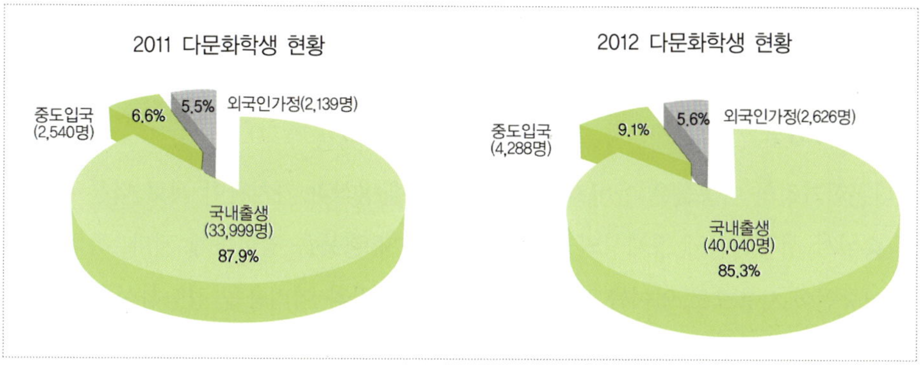

그림 14-1 2011~2012 유형별 비교

출처 : 교육과학기술부(2012.9.18). 보도자료.

3. 다문화가정 아동의 문제

이 절에서는 다문화가정의 아동 중 결혼이민자가정 아동의 가족생활을 포함하여 학교생활, 사회심리적응에 이르기까지 사회적응실태와 복지욕구를 중심으로 다문화가정 아동의 문제를 살펴보기로 한다. 이는 지금까지 이루어진 다문화가정 아동에 대한 선행연구들은 주로 외국인 어머니와 한국인 아버지 사이에서 태어난 아동에 대한 연구를 기초로 하고 있기 때문이다[6]. 이들 연구들에서는 다문화가정의 아동은 언어소통의 문제, 문화적 차이, 경제적 어려움, 가족관계문제, 지원체계 부족 등을 경험하고 있으

4) 대안학교 : (초등)지구촌학교, (고교)서울다솜학교, 충북 한국폴리텍다솜학교.

5) 예비학교 : 중도입국자녀가 정규학교 배치 전 6개월 동안 한국어와 한국문화 교육을 받을 수 있는 학력인정 교육기관으로 부산아시아공동체학교 등 전국 26곳에서 운영.

6) 다만, 이들 연구들 중 대다수의 연구에서는 다문화가정 아동의 문제에 초점을 둠으로써 부적응적인 대상으로서 고정관념이 형성되는 결과를 가져오기도 했다. 최근에는 이러한 다문화가정 아동에 대한 낙인감에 대한 우려가 제기되고 있으며, 종단적인 연구 등을 통해 보다 객관적인 시각을 통한 접근을 시도하는 과정이라 할 수 있다(양계민, 2012).

며, 이로 인해 아동의 복지에도 영향을 받는 것으로 나타났다(그림 14-2). 따라서 이 절에서는 이들 선행연구들의 결과를 중심으로 다문화가정 아동이 경험하는 문제와 관련하여 가족생활, 교육 및 학교생활 문제, 사회적 편견, 심리사회적 적응 등으로 구분하여 살펴보고자 한다.

1) 가족생활

다문화가정의 아동들은 아버지와 어머니의 생활방식과 가치관이 서로 다른 이중문화 속에서 성장하면서 정체성의 혼란과 여러 가지 갈등을 경험하게 된다. 특히 부모의 이중언어 사용으로 언어를 습득하는 데 있어 혼란과 어려움을 경험하며, 언어습득 지체현상도 자주 언급되고 있다(임경혜, 2004). 또한 전통적으로 자녀양육에 있어서 아버지의 참여가 거의 이루어지지 않는 우리 사회의 특성상 자녀에 대한 교육은 주로 어머니에 의해 이루어지게 되는데, 한국말이 서투르고 한국의 풍습에 익숙하지 못한 어머니들은 자녀교육을 하는 데 어려움을 경험하게 되고, 자녀들에게 자신의 정체성과 가치관 정립을 위한 도움을 제공하기 힘들다. 따라서 가족 내 이중문화의 존재로 인해 갈등이 빚어지게 되며, 이러한 고통과 긴장, 경제적 어려움으로 인해 발생하는 스트레스 등으로 인하여 가정 자체를 불안정하게 만드는 복합적인 상황이 존재하게 된다(권오희, 2006; 정하성 외, 2008). 그러나 부부갈등 충격이나 폐해가 아동들에게 직접 영향을 미치기보다는 조부모를 비롯한 확대가족과의 관계, 교사, 이웃들의 지지 등의 개입 여하에 따라 완충될 수 있다(현경순, 2007).

한편 다문화가정의 형성에 있어서 대부분이 중개업자를 통해 형식적인 맞선 이후 결혼하거나 경제적으로 차이가 있는 국가출신 간의 결합 등으로 인해 가정폭력과 불화 등의 문제가 발생하기도 한다. 특히 농촌지역은 외국인 아내와의 이혼이 70% 이상을 차지할 정도로 농촌지역의 다문화가정의 가족관계문제는 매우 심각하다(이지애, 2007). 뿐만 아니라 한국인 배우자가 재혼일 경우, 그 이전의 결혼에서 태어난 자녀와 외국인 모와의 관계, 외국인 모가 이전 결혼에서 출산한 자녀와 동거하지 못하는 데서 오는 어려움 등을 경험하기도 한다(설동훈 외, 2006).

| 그림 14-2 | 다문화가정 아동의 성장과정 문제

출처 : 오성배 외(2008).

2) 학교생활

다문화가정 아동의 학교생활에 관한 연구들은 주로 학업수행 및 학교생활 적응상의 어려움만을 부각시킨 연구에 초점을 두고 있다. 즉, 다문화가정 아동은 학교생활에서 신체상의 차이로 인한 왕따 등의 어려움(신효선, 2007), 사회적 편견에 의한 집단따돌림으로 인한 정서적 어려움 및 중도탈락(교육인적자원부, 2006)을 경험한다.

다문화가정 아동의 상당수가 경제적 · 사회적 · 문화적 기반이 취약하여 한국어능력이 부족하고 한국문화 부적응으로 인한 학습부진을 경험하게 된다(성삼제, 2007). 다문화가정 학생들의 경우 초등학교 저학년은 일상적인 의사소통에는 큰 무리가 없으나 독해 · 어휘력 · 쓰기 · 작문능력이 현저히 낮고, 다른 일반학생들에 비해 언어학습능력이 낮으며, 이로 인한 정체성, 대인관계 형성, 다른 학습능력에 부정적 영향을 미치고 있는 것으로 나타났다(오성배 외, 2008).

다문화가정 아동의 학교생활 적응 및 만족도를 살펴보면, 한국에서의 체류 연한, 한국어 수준, 가정의 지원 정도, 개인적 성향에 따라 다양한 모습을 보이고 있다. 아동들의 한국어능력은 학업성취에 매우 밀접한 관계가 있는 것으로 나타났다(권오희, 2006; 이지애, 2007). 일반가정의 아동들과 비교하여 오히려 뛰어난 성취를 보이는 아동들도 있지만, 다수의 다문화가정 아동들은 국어읽기능력, 수학문제내용 이해 부족, 한국의 역사와 문화를 소개하는 사회과목 등은 어려워하며, 언어나 사회문화적 배경지식이 많이 필요하지 않은 예체능관련 수업시간에는 그다지 어려움이 없는 것으로 보인다. 한국어에 익숙하지 않은 부모로 인해 학습준비물 및 숙제를 수행하는 데 있어 어려움을 경험하기 때문에 지역지원센터의 도움을 받거나 혹은 준비물이나 과제를 아예 해가지 않는 등 일찍부터 자신의 일을 알아서 하는 데 익숙한 것으로 보이기도 한다. 반면에 한국어에 익숙해지고 학업적응에 성공한 아동의 경우, 점차 한국에 동화되고 자신의 엄마 혹은 본국의 언어와 문화를 잊어버리거나 의도적으로 드러내기 싫어하는 등 정체성의 문제가 발생하기도 한다(조혜영 외, 2007).

이상을 통해 다문화가정 아동의 학교생활과 관련한 어려움은 학업부진으로 인한 스트레스, 놀림이나 차별 및 집단따돌림 등임을 알 수 있다.

한편 다문화가정 아동의 학교생활 적응은 다문화가정의 아동 개인 특성 외에 부모의 지지, 사회적 지지, 또래의 지지 등이 매우 긍정적인 영향을 미치기도 한다. 즉, 자기효능감이 높거나 담임교사의 다문화 수용적인 태도와 개방적이고 허용적인 학급풍토는 다문화가정 아동의 학교생활 적응에 긍정적인 영향을 미친다. 따라서 다문화가정 아동의 적응을 위한 사회적 개입이 필요함을 시사한다(이영주, 2007; 정현영, 2007; 최성보, 2010).

3) 사회적 편견

폐쇄적 순혈주의를 주장하는 한국사회는 외국인 여성에 대해 한국의 가부장적인 가치관, 자녀양육관 등을 따르도록 강요하며(이수자, 2004), 피부나 생김새가 다른 다문화가정 아동에 대해 혼혈인이라 부르며 배타적인 태도를 보이기도 한다. 이는 순수 혈통을 중시하는 태도로 인해 비하, 멸시의 대상이 되는데, 다문화가정의 아동이라 할지라도 부모의 출신국에 따라 인식의 차이가 있음을 알 수 있다. 즉, 다문화가정의 아동의 부모가 사회·경제적 하층에 속한 경우 한국인으로 수용하지 않을 가능성이 높지만, 반면에 선진국 출신이나 백인인 경우 한국인으로 수용하려는 경향이 높다는 것이다. 실제 다문화가정 아동들은 주위의 편견과 차별, 소외감을 호소하고 있으며(청소년희망재단, 2009), 외국인 어머니에 대한 사회적 편견으로 인해 아동은 정신적인 고통을 경험한다(남윤주 외, 2009).

일반가정 아동들의 다문화가정 아동에 대한 인식은 지역적으로 다문화가정 아동을 접할 기회가 높은 농촌지역의 아동, 남학생보다는 여학생이 긍정적인 태도를 보이고 있다(박정원, 2007). 최근 한 연구에서도 다문화가정 자녀에 대한 청소년들의 태도는 배타적인 것은 아니나 관계 형성의 허용범위는 매우 제한적인 것으로 나타나 사회적 거리감을 느끼고 있음을 알 수 있다(한국청소년정책연구원, 2009). 즉, 청소년들을 대상으로 다문화가정 자녀를 같은 반 친구로 받아들일 수는 있으나(44%), 단짝(30%), 연인(18%), 결혼(14.8%) 등 친밀한 관계까지는 허용하기 어려워하는 것을 알 수 있다.

4) 심리사회적 적응

다문화가정 아동의 심리사회 적응은 아동 개인의 특성 외에 가족환경, 사회적 지지 등이 영향을 미친다.

아동·청소년기는 건강한 자아존중감과 자아정체성 형성을 위한 중요한 발달시기이다. 이 시기의 부모와의 관계, 의미있는 타인(교사, 또래집단)과의 좋은 관계는 이후 성인기의 성격이나 사회적 능력, 적응과 매우 밀접한 관계가 있다는 점에서 이들 다문화가정 자녀들을 둘러싸고 있는 환경이 미치는 영향 또한 중요하다고 볼 수 있다. 특히 가족환경은 아동의 심리사회적 적응과 매우 밀접한 관련이 있으며(박주희 외, 2010), 가족응집성은 다문화가정 아동의 성공적 적응의 보호요인이 된다. 긴밀하게 형성된 가족관계는 아동에게 심리적 지지 및 정서적인 안정감을 제공함과 동시에 학업적 성취에 대한 동기를 강화시켜 주기도 한다(곽금주, 2008). 그러나 결혼이주여성들은 한국생활에서 적응하는 과정에서 언어 및 문화적 스트레스 등으로 인한 가족 간의 갈등을 경험하며, 이러한 어려움은 부모의 양육효능감이나 양육태도 등에도 영향을 미칠 수 있다. 이로 인해 아동의 애착, 자아존중감, 또래관계 등 심리정서 발달에 부정적인 영향을 미칠 수 있다(박경자 외, 2007). 특히 어머니의 한국어능력은 다문화가정 아동이 지각한 가족관계가 매개요인이 되어 아동의 자아존중감에 영향을 미친다(박명숙, 2010). 일부 아동의 경우 언어발달 지체 및 문화부적응으로 인해 지나치게 소극적이거나 반대로 폭력성 또는 과잉행동장애와 같은 정서장애를 보이기도 한다(보건복지부, 2005). 또한 다문화가정 아동들은 부모의 불안한 신분상태, 잦은 직장이동, 고국문화에의 낮은 접근성, 전문상담기회의 부재 등으로 자기정체성 확립에 어려움을 경험한다. 또한 부모들이 한국적응을 위해 '공부만 강요한다' 또는 '용돈이 부족'하거나 '내 생각을 무시한다', '돈 버느라 함께 대화한 적이 없다' 등에 대한 불만을 갖기도 한다(최현미 외, 2008).

한편 아동의 심리사회적 적응에 영향을 미치는 또 다른 요인은 사회적 지지를 들 수 있다. 일반적인 생각에서 이들 아동들이 낮은 자아존중감과 자아정체성의 혼란을 경험할 것으로 생각하나 이 또한 사회적 편견이라 할 수 있다. 실질적으로 이들은 자신에 대해 다른 한국 아이들과 같다고 생각하고 살아가고 있으며, 한국인으로서의 정체성을 가지고 있는 경우가 많다. 오히려 학교에 입학하면서 '다문화'로 분류되고, 원하지 않거나 필요로 하지 않음에도 불구하고 억지로 지원서비스를 받도록 강요하는 것에 대한 불편함을 가지고 있다(양계민 외, 2012). 나아가 아동들은 외국인 어머니를 두었다는 이유로 차별을 경험하기도 한다. 다문화가정 아동은 고학년이 될수록 심리사회적 적응에 어려움을 경험하며, 특히 어머니의 국적이 베트남, 중국, 필리핀과 같은 아시아계 가정 아동의 심리사회적 부적응이 상대적으로 높은 것으로 나타났다(이영주, 2007). 또한 경제적 어려움과 사회적 차별 속에서 우울감과 무력감을 경험한다(금명자 외, 2006). 그러나 다문화가정 아동의 심리사회적 적응은 교사와 같은 학교환경과 또래친구, 신앙, 지역주민들의 도움, 이중언어 노출의 강점인식 등이 긍정적인 영향을 미치기도 한다.

무엇보다 아동·청소년기의 건강한 자아존중감과 정체성 형성은 이후 건강한 성인기 발달에까지 영향을 미칠 수 있으므로, 이를 감안해 볼 때 우리 사회가 다문화가정에 대한 이해교육과 전문가 양성이 무엇보다 시급함을 알 수 있다.

4. 다문화가정 아동을 위한 복지정책 및 복지서비스 현황

1) 다문화가정 아동을 위한 복지정책

다문화가정 아동을 위한 복지정책 현황과 관련하여 이 절에서는 다문화가정 아동에 대한 정책과 관련하여 다문화가족 관련 지원법과 국내 지원정책 등을 중심으로 살펴보고자 한다.

또한 최근 다문화가정의 취학아동이 급증하고 있는 실정을 고려해 다문화가정 아동에 대한 교육정책의 현황에 대해 살펴보고자 한다(김미숙 외, 2011; 양계민 외, 2012; 오성배 외, 2008; 정상우, 2008; 조혜영 외, 2007; 황범주, 2008).

(1) 다문화가족 관련 지원법

다문화가족 관련 지원법은 다문화가족 관련법과 다문화가족 아동 관련법 등으로 구분해서 살펴보기로 한다. 이를 위해 현행법 중 다문화가족과 자녀에 대해 다루고 있는 다문화가족지원법, 재한외국인 처우 기본법, 영유아보육법, 아동복지법을 중심으로 살펴보고자 한다.

① 다문화가족 관련법

가. 다문화가족지원법

다문화가족지원법은 다문화가족 구성원의 안정적인 가족생활 및 사회통합 지원정책의 제도적인 틀을 마련하기 위해 2008년 제정되었다. 다문화가족 자녀에 대한 지원은 다문화가족지원법 제10조에 나타나 있다. 국가와 지방자치단체는 아동보육·교육을 실시함에 있어서 다문화가족 구성원인 아동을 차별하여서는 안 되고(다문화가족지원법 제10조 제1항), 다문화가족 구성원인 아동이 학교생활에 신속히 적응할 수 있도록 교육지원대책을 마련하여야 하고, 특별시·광역시·시·도·특별자치도의 교육감은 다문화가족 구성원인 아동에 대하여 학과 외 또는 방과 후 교육 프로그램 등을 지원할 수 있으며(동법 제10조 제2항), 다문화가족 구성원인 아동의 초등학교 취학 전 보육 및 교육 지원을 위하여 노력하고, 그 아동의 언어발달을 위하여 한국어교육을 위한 교재지원 및 학습지원 등 언어능력 제고를 위하여 필요한 지원을 할 수 있다(동법 제10조 제3항)고 정의하고 있다. 그러나 보호대상에 있어서 '다문화가족'의 경우, 국제결혼한 가정, 이주노동자 가정 등으로 한정하고 있어 외국인근로자나 북한이주민 등 문화적으로 다양한 가족을 포괄하지 못하고 있는 한계점이 있다.

나. 재한외국인 처우 기본법

재한외국인 처우 기본법에서는 '대한민국 국적을 가지지 아니한 자로서 대한민국에 거주할 목적을 가지고 합법적으로 체류하고 있는 재한외국인과 대한민국 국민과 혼인한 적이 있거나 혼인관계에 있는 재한외국인인 결혼이민자'가 대상이 된다. 이 법에서 결혼이민자 및 그 자녀의 처우에 관하여 "① 국가 및 지방자치단체는 결혼이민자에 대한 국어교육, 대한민국의 제도·문화에 대한 교육, 결혼이민자의 자녀에 대한 보육 및 교육 지원 등을 통하여 결혼이민자 및 그 자녀가 대한민국 사회에 빨리 적응하도록 지원할 수 있다(재한외국인 처우 기본법 제12조 제1항). ② 제1항은 대한민국 국민과 사실혼 관계에서 출생한 자녀를 양육하고 있는 재한외국인 및 그 자녀에 대하여 준용한다(동법 제2조 제2항)"고 규정하였다. 그러나 보호대상에 있어서 '재한외국인'의 경우, 국내 합법적인 체류자만으로 한정하고 있어 다문화가족 불법체류외국인에 대한 인권옹호의 문제, 가족결합권과 관련된 외국인 자녀의 국내입국 문제, 사회보장에 대한 일반적인 입장은 규정되어 있지 않다는 점에서 실질적인 권리와 의무에 관한 사항을 규정한 것으로 보기는 어렵다(서해정 외, 2009).

② 다문화가족 아동 기타 관련법

가. 영유아보육법

영유아보육법에서는 제3조와 제26조 등에서 다문화가정 아동에 관한 보육을 명시하고 있다. 제3조에서는 보육의 대상에 있어서 "영유아가 자신이나 보호자의 성, 연령, 종교, 사회적 신분, 재산, 장애 및 출생지역 등에 따른 어떠한 종류의 차별도 받지 않고 보육되어야 한다"고 명시하고 있으며, 제26조에서는 보육실시에 대하여 "보육시설의 장은 영아, 장애아, 다문화가족 아동 등에 대한 보육을 우선적으로 실시하여야 한다"고 구체적으로 명시하고 있다.

나. 아동복지법

아동복지법은 아동이 건강하게 출생하여 행복하고 안전하게 자라도록 그 복지를 보장함을 목적으로 한다. 2006년에는 다문화가정 아동 보호에 관한 중요한 규정을 신설하는 개정을 하였다. 우선 기본 이념을 규정하고 있는 제2조에서 금지되는 차별이유에 '인종'을 덧붙여 "아동은 자신 또는 부모의 성별, 종교, 사회적 신분, 재산, 장애유무, 출생지역, 인종 등에 따른 어떠한 종류의 차별도 받지 아니하고 자라나야 한다"고 개정하여 인종적 차별을 명시적으로 금지하였다. 이와 함께 제4조 제4항을 "국가와 지방자치단체는 아동이 자신 또는 부모의 성별, 연령, 종교, 사회적 신분, 재산, 장애유무, 출생지역 또는 인종 등에 따른 어떠한 종류의 차별도 받지 아니하도록 필요한 시책을 강구하여야 한다"고 신설하여 국가와 지방자치단체의 책임을 보다 명확히 하였다. 이러한 개정에 따라 모든 아동은 인종 및 사회적 출신과 관련한 어떠한 차별도 받지 않고 아동으로서 보호조치를 받아야 하며, 특히 교육이나 복지에서 차별을 받지 않아야 한다. 비록 법률적 수준에서 명시된 것이지만, 이 법에 위반되는 처분은 위법한 것이라고 할 수 있다.

(2) 다문화가정 아동을 위한 정책

다문화가정 아동을 대상으로 한 정책은 크게 외국인정책과 다문화가족지원정책, 청소년정책에 포함되어 있다. 외국인정책과 다문화가족지원정책은 국무총리가 주재하는 외국인정책위원회와 다문화가족지원정책위원회에서 각각 주관하고, 청소년정책은 여성가족부에서 주관하며 매해 각 정책의 기본 계획에 따라 시행계획을 수립하여 다양한 정책을 추진하고 있다.

① 외국인정책

외국인정책에 관한 기본 계획은 각 부처에서 개별적으로 추진해오던 외국인정책을 중·장기적 관점에서 체계적으로 추진할 수 있는 기틀을 마련한 5년 단위의 국가 기본계획으로, 제2차년도 기본계획은 2013년부터 2017년까지 총 5개의 정책목표와 19개의 중점과제를 추진한다(표 14-3).

〈표 14-3〉 2013~2017년 다문화가정 자녀 대상 정책 : 외국인정책[7]

정책목표	중점과제	단위과제
2. 통합 : 대한민국의 공동가치가 존중되는 사회통합	2-4. 이민자 자녀의 건강한 성장환경 조성	- 이민배경 자녀를 위한 한국어교육 - 이민배경 자녀의 공교육 진입 강화 - 이민배경 청소년의 직업교육 강화 - 이민배경 청소년의 진로·진학상담 활성화 - 다문화가정 학생을 위한 맞춤형 교육 지원 - 외국인학교 정보공시 정착 - 이중언어 CYS-Net 교육환경 조성
3. 인권 : 차별방지와 문화다양성 존중	3-1. 이민자 인권존중 및 차별방지 제도화 3-2. 다양한 문화에 대한 사회적 관용성 확대	- 이민배경 아동의 인권보호 - 초·중·고 및 대학의 문화다양성 이해 역량 강화

출처 : 법무부(2013). 중앙행정기관 외국인정책 시행계획.

7) 외국인정책, 다문화가족지원정책은 2012년에 이미 1차년도 기본계획이 실시되었으며, 2013년부터는 제2차 기본계획이 수립되어 추진된다. 이들 정책 가운데 결혼이민자 및 다문화가족을 단위로 하는 정책 속에서 아동이 지원을 받는 경우도 있으나, 이 절에서는 제2차년도 기본계획들 중에서 다문화가정 아동을 지원하는 목표, 과제만 선별하여 기술하였다.

이 중 두 번째 정책목표인 '통합 : 대한민국의 공동가치가 존중되는 사회통합'하에 '이민자 자녀의 건강한 성장환경 조성'과 세 번째 정책목표인 '인권 : 차별방지와 문화다양성 존중'하에 '이민자 인권존중 및 차별방지 제도화', '다양한 문화에 대한 사회적 관용성 확대'라는 중점과제를 두고 있다. 이를 위해 외국인정책 기본계획에서는 이민배경 자녀를 위한 한국어교육, 이민배경 자녀의 공교육 진입 강화, 이민배경 청소년의 직업교육 강화, 이민배경 청소년의 진로 · 진학상담 활성화, 다문화가정 학생을 위한 맞춤형 교육 지원, 외국인학교 정보공시 정착, 이중언어 CYS-Net 교육환경 조성, 이민배경 아동의 인권보호, 초 · 중 · 고 및 대학의 문화다양성 이해 역량 강화를 추진하는 데 초점을 두고 있다.

② 다문화가족지원정책

〈표 14-4〉 2013~2017년 다문화가정 자녀 대상 정책 : 다문화가족지원정책

정책목표	중점과제	단위과제
2. 다문화가족 자녀의 성장과 발달 지원	2-1. 다문화가족 자녀의 건강한 성장 · 발달 지원 2-2. 한국어능력 향상 2-3. 학교생활 초기적응 지원 2-4. 기초학력 향상 및 진학지도 강화 2-5. 공교육 등에 대한 접근성 제고	2-1-1. 건강검진 정보를 다국어로 제공 2-1-2. 초등생 이하 언어발달 평가 및 교육서비스 확대 실시 2-1-3. 이중언어교육 단계적 확산 2-2-1. 다문화가정 자녀 대상 한국어교육 프로그램 공유 2-2-2. 다문화학생 다수 재학학교에서 한국어교육과정 정규과목 운영 2-3-1. 취학 전 한국어교육 프로그램 지원 2-3-2. 정규학교 배치 전 한국어 · 한국문화 집중교육을 위한 예비학교 확대 및 운영 프로그램 개발 2-3-3. 초등생 이하 자녀생활서비스 확대 2-3-4. 이주배경청소년 초기적응 프로그램 'Rainbow School' 운영 2-4-1. 글로벌선도학교 운영, 기초학력 향상을 위한 대학생 멘토링 지원 2-4-2. 초 · 중생 중심으로 우수학생 육성 프로그램 운영, 직업교육 프로그램 운영 2-5-1. 다문화 전담 코디네이터를 통해 공교육 진입안내 강화

		2-5-2. 청소년특별회의, 청소년참여위원회 등 청소년참여 기구 구성 시 다문화가족 청소년 등 일정 비율 참여할 수 있는 가이드 라인 마련 2-5-3. CYS-Net에 이주배경 청소년 상담 및 자립지원 서비스 제공
3. 안정적인 가족 생활기반 구축	3-3. 소외계층 지원 강화	3-3-2. 다문화 등 취약계층의 방과 후 아동에 대한 시간제 돌봄서비스 확대

출처 : 여성가족부(2013.4.15). 보도자료.

2006년부터 추진되어 온 다문화가족지원정책은 비교적 짧은 기간 동안 어느 정도 법적·제도적 기반을 구축하였고, 다문화가족지원정책을 안정적으로 수행하기 위한 추진체계를 확립한 것으로 평가되고 있다. 여전히 각 부처 간 분명한 역할분담을 통한 체계적 접근이 부족하고, 급증하고 있는 다문화가족의 증가추세 및 수요변화를 적절하게 반영하기 위한 중장기적 지원방안이 요구되면서 2010년에 '다문화가족지원정책 기본계획'을 수립하였다. 제2차 다문화가족정책 기본계획은 2013년부터 2017년까지 5년간 시행된다. 제2차 다문화가족정책 기본계획은 총 6개 추진과제, 67개의 중점과제 중 다문화아동과 관련된 기본계획은 두 번째 정책목표인 '다문화가족 자녀의 성장과 발달 지원'과 세 번째 정책목표인 '안정적인 가족생활 기반 구축'에 포함되어 있다. 이와 관련하여 다문화가족정책 기본계획에서는 다문화가족 자녀의 건강한 성장·발달 지원, 한국어능력 향상, 학교생활 초기적응 지원, 기초학력 향상 및 진학지도 강화, 공교육 등에 대한 접근성 제고, 다문화 등 취약계층의 방과 후 아동에 대한 시간제 돌봄서비스 확대 등을 추진한다.

③ 각 부처별 다문화아동 정책

다문화가정 아동지원정책은 중앙정부와 기타 지방자치단체 등에서 다양하게 추진되고 있으나, 이 절에서는 중앙정부를 중심으로 살펴보기로 한다. 중앙정부의 정책은 교육부, 여성가족부, 보건복지부, 문화체육관광부 등 4개 부처에서 주로 다루고 있다. 다만, 교육부는 다문화가정 학생을 중심으로 정책을 수립하여 추진하며, 여성가족부와 보건복지부는 다문화가족을 중심으로 정책을 수립하였으며, 자녀를 정책에 포함시켜 정책을 수립하여 추진하고 있으므로 함께 살펴보기로 한다.

가. 교육부

교육부는 2009년에 '2009년 다문화가정 학생 맞춤형 교육 지원계획'을 통해 다문화교육 기반 구축 및 연계·활용 강화, 현장중심의 맞춤형 교육 지원, 일반학생의 다문화 이해 및 다문화가족의 강점 발굴 지원 등을 중점 추진방향으로 하여 중앙다문화교육센터 운영 및 다문화교육 관련 교재 및 프로그램 연구·개발 지원, 다문화이해교육 콘텐츠 개발, 다문화가족을 위한 평생교육 프로그램 개발 및 시범운영을 하였다. 이후 교육부는 급증하는 다문화가정 학생의 특성을 고려한 맞춤형 교육지원을 강화하고, 문화에 대한 이해 제고 및 사회적 인식 개선을 강화하기 위해 다문화가정 학생을 글로벌 인재로 육성하는 '글로벌 브릿지 사업'을 추가하여 '2011년 다문화가정 학생 맞춤형 교육 지원계획'을 수립하였다. 이는 2010년에 이전과는 달리 정책대상을 유아, 동반·중도입국자녀 등 취약분야교육 지원을 확대하였고 다문화가족의 강점을 살릴 수 있는 지원을 활성화한 점에서 주목해 볼 만하다. 한 걸음 나아가 2012년에는 다문화가정 학생뿐만 아니라 일반학생들의 다문화 통합교육 차원에서 학교가 중심이 되어 다문화 친화적 교육환경 조성을 통해 다문화학생의 개인별 맞춤형 교육을 강화하는 '다문화학생 교육 선진화 방안'을 수립하였다. 이를 위해 다문화학생 공교육 진입 지원을 위한 예비학교 및 다문화 코디네이터 운영, 한국어 교육과정(KSL : Korean as a Second Language, 제2언어로서의 한국어) 도입 및 기초학력 책임지도 강화, 다문화학생과 일반학생이 함께 배우는 이중언어교육 강화, 다문화학생 진로·진학 지도 강화, 다문화 친화적 학교환경 조성(글로벌 선도학교 150개교 육성 : 거점형 120개교, 집중지원형 30개교), 일반학생과 학부모에 대한 지원 강화 등의 사업을 추진한다(교육과학기술부, 2012a).

이상 교육부의 다문화가정 학생교육 지원사업을 살펴보면, 다문화가정 학생과 일반학생의 사회통합과 다문화가정 학생을 위한 세분화된 맞춤형 교육을 통한 강점 강화를 활성화하는 데 초점을 두고 있음을 알 수 있다.

나. 여성가족부

ㄱ. 다문화가족 지원 생애주기별 맞춤형 서비스

여성가족부는 정책의 기본 방향으로 다문화가족을 위한 가족교육·상담·문화 프로그램 등 서비스 제공을 통해 결혼이민자의 한국사회 조기적응 및 다문화가족의 안정적인 가족생활을 지원한다. 이를 위해 생애주기별 맞춤형 서비스를 통해 다문화가족의 발달단계에 따라 지원을 한다(표 14-5).

〈표 14-5〉 생애주기별 맞춤형 서비스

단 계		제공서비스
1단계	입국 전 결혼준비기	■ 국제결혼과정의 인권보호와 교육 프로그램 - 결혼중개업의 관리에 관한 법률 제·개정 시행 - 결혼중개업자 전문지식 및 윤리의식 향상교육 실시 결혼중개업제도, 인권보호, 소비자보호, 상담실무 등을 교육 - 결혼이민(예정)자 현지사전교육 운영의 내실화
2단계	입국 초 가족관계 형성기	■ 결혼이민자의 조기적응 및 안정적 생활지원 - 한국어교육, 다문화가족 통합교육, 다문화가족 취업연계 및 교육 지원, 개인·가족상담 등 종합서비스 제공 - 다국어판 생활·정책 정보매거진(Rainbow+, 연 4회, 10개 언어, 회당 7만부), 한국생활 가이드북, 다문화가족 포털 '다누리' 운영 등 한국생활 정보제공 - 의사소통 지원을 위한 통·번역 서비스 제공 - 한국어가 유창한 결혼이민자(282명, 12개 언어)가 다문화가족지원센터에서 직접 통·번역 서비스 제공 ■ 다양한 매체를 통한 한국어교육 - 집합교육 : 수준별로 세분화된 교육 프로그램 실시 중 - 방문교육 : 다문화가족지원센터에서 "찾아가는 서비스" 실시 - 온라인교육 : 한국디지털대학교 "다문화가정 e-배움 캠페인" - 방송교육 : EBS 방송교육 ■ 위기개입 및 가족통합교육 실시 - 가정폭력 피해 상담·보호를 위해 이주여성 긴급전화 및 전용 쉼터, 법률구조기관 등 관련기관 간 연계 강화 - 다문화가족의 생활적응 과정에서 발생하는 각종 고충상담 및 생활정보 제공을 위해 다누리콜센터를 '11.6.부터 운영 - 다문화가족(이혼가족 포함)의 개인·가족 상담 - 다문화가족 구성원 간 가족 내 역할 및 가족문화에 대한 이해 향상을 위한 가족통합교육 추진

3 단 계	자녀양육 및 정착기	■ 다문화가족 자녀의 양육 · 교육 지원 - 부모의 자녀양육능력 향상을 위해 부모교육서비스 실시 - 학업성취가 낮고 자아 · 정서 · 사회성 발달에서 어려움을 겪고 있는 다문화가족 자녀에게 자녀생활서비스 실시 - 다문화가족 자녀 언어발달 지원 - 보육시설에서 사회정서 증진 프로그램 등 다문화 프로그램 실시 - 엄마(아빠)나라 언어습득 지원을 위한 언어영재교실 운영
4 단 계	역량 강화기	■ 다문화가족의 경제 · 사회적 자립 지원 - 다문화가족 취업연계 및 취업기초소양교육 실시 - 통번역 요원 및 다문화강사 등 결혼이민자 적합직종 개발 - 국가별 결혼이민자 자조모임 지원
전 단 계	역량 강화기	■ 대국민 인식개선 및 홍보 - 다문화가족 모니터링단 운영 - 다문화가족 포털사이트 '다누리' 운영 - 다문화 인식개선을 위한 콘텐츠 개발 및 보급 ■ 다문화가족 실태조사 실시(다문화가족지원법 제4조) - 전국규모의 다문화가족 실태를 조사 · 분석해 정책수립에 필요한 기초통계 자료 확보 및 맞춤형 서비스 개발

출처 : 여성가족부(2013). http://www.mogef.go.kr

다문화가정 자녀에 대한 지원은 3단계인 자녀양육 및 정착기에 이루어진다. 주요 지원내용은 다문화가족 자녀의 양육 · 교육 지원으로 부모의 자녀양육능력 향상을 위해 부모교육서비스 실시, 학업성취가 낮고 자아 · 정서 · 사회성 발달에서 어려움을 겪고 있는 다문화가족 자녀에게 자녀생활서비스 실시, 다문화가족 자녀 언어발달 지원, 보육시설에서 사회정서 증진 프로그램 등 다문화 프로그램 실시, 엄마(아빠)나라 언어습득 지원을 위한 언어영재교실 운영 등을 제공한다. 2012년에는 언어발달 지원서비스 및 이중언어교육을 단계적으로 확산하기 위해 다문화가족지원센터의 언어발달지도사를 200명에서 2013년에 300명으로 확대하였으며, 이중언어강사를 2012년 121명에서 2013년 158명으로 확대하고, 이중언어강사 배치지역도 2012년 7개 시 · 도에서 2013년에는 9개 시 · 도로 확대하였다. 또한 중도입국청소년 초기적응 프로그램으로 레인보우스쿨을 총 10개 지역, 17개소를 운영하고, 지역사회청소년통합지원체계(CYS-

Net) 운영을 통해 이주배경 청소년들의 국내 정착 및 생활지원 등을 위한 정서적 지지·상담 및 자원연계 서비스 등을 제공한다.

ㄴ. 다문화가족지원센터 운영 및 서비스

여성가족부의 다문화가족지원정책은 다문화가족지원센터를 통해 다문화가족 단위로 운영되고 있다. 다문화가족지원센터는 다문화가족의 안정적인 정착과 가족생활을 지원하기 위해 한국어·문화교육, 가족교육·상담, 자녀지원, 직업교육 및 다문화인식개선 등 다양한 프로그램을 통합적으로 제공 및 서비스를 연계하는 원스톱기관이다. 다문화가정의 아동을 위한 주요 사업은 다문화가족 자녀 언어발달 지원, 이중언어교실 운영, 방문교육 서비스 등을 제공하고 있다.

2) 다문화가정 아동을 위한 복지서비스 현황

앞서 각 부처별 정책과 관련하여 볼 때, 다문화가정 아동을 위한 복지서비스는 총 20개 사업으로 크게 언어지원과 학습지원을 제공하는 교육지원사업, 생활 및 적응 지원사업, 인프라구축 사업 등으로 분류할 수 있다(그림 14-3). 대부분의 사업들은 교육지원사업으로 이루어지고 있으며, 사업의 대상 또한 유아기 및 학령기 초기에 해당하는 아동을 대상으로 이루어지고 있다. 이는 다문화가정 아동의 수가 증가하고 있으나, 대체적으로 다문화가정은 국제결혼한 가족을 위주로 이들의 한국적응을 위한 일환으로 자녀양육 등의 서비스 등에 초점을 두었다고 볼 수 있다. 따라서 다문화가족지원법에 따른 다문화가족을 위한 서비스를 담당하고 있는 다문화가족지원센터의 경우에도 주요 사업의 대상이 미취학 및 학령기 초기의 아동이 된다. 이 절에서는 다문화가정 아동을 위한 서비스 중 다문화가족지원센터에서 실시하고 있는 서비스에 대해 살펴보기로 한다.

(1) 방문교육서비스

방문교육서비스는 다문화가족지원센터를 방문하기 어려운 다문화가족에 대한 한국어교육, 부모교육, 자녀생활 서비스 등을 제공하기 위해 방문교육지도사가 대상가정을 직접 방문하여 개별수업을 진행하거나 마을회관 등에서 그룹수업을 지원하는 사업이다. 이 중 한국어교육과 자녀생활 서비스에 다문화아동을 포함하여 서비스를 제공한다. 한국어교육 서비스는 입국초기 결혼이민자 외에 다문화가족 자녀(만 3~12세 이하)와 중도입국자녀(만 18세 이하)에게 제공한다. 자녀생활 서비스는 집합교육에 참여하기 어려운 농·어촌 지역에 거주하거나 학업성취가 낮고, 자아·정서·사회성 발달에서 어려움을 겪고 있는 다문화가족 자녀(만 3~12세)에게 자녀생활 서비스로 인지영역(독서코칭, 일기, 발표토론, 숙제지도 등), 정서·사회영역(자아, 정서, 사회성 발달 지도), 문화역량강화 영역(문화인식, 정체성 확립, 공동체 인식 지도), 시민교육 영역(기본생활습관, 건강 및 안전, 가정생활, 진로지도 등) 발달서비스를 제공한다.

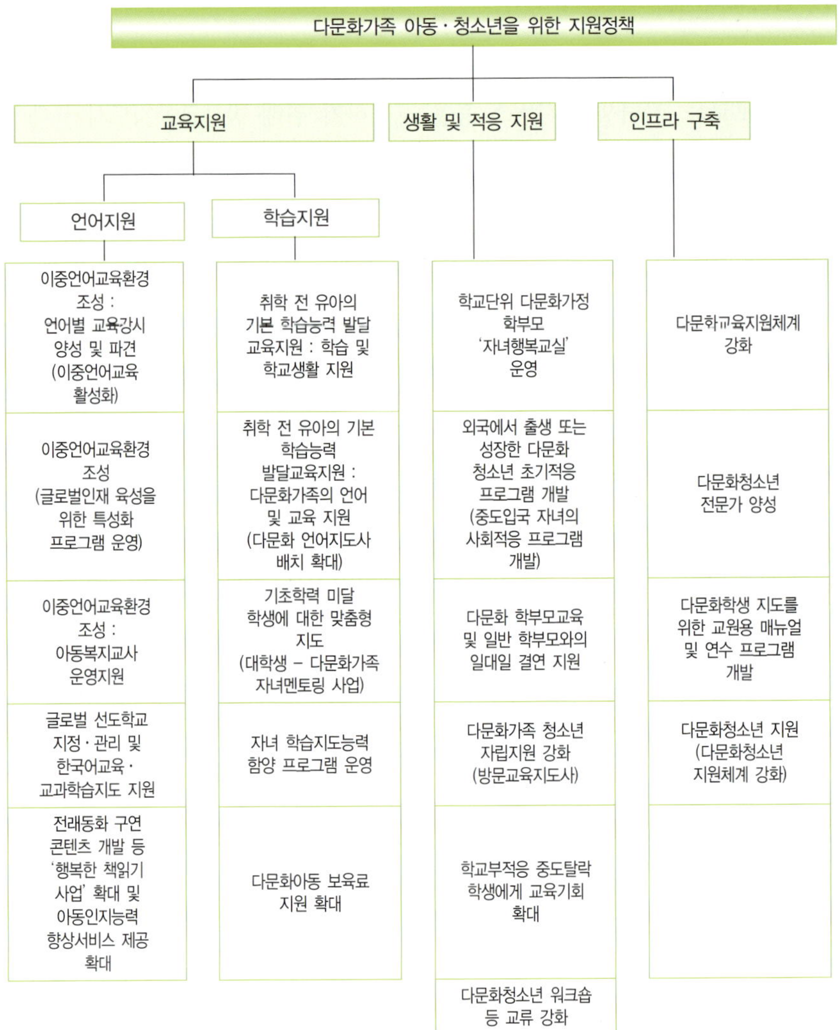

그림 14-3 다문화가정 아동·청소년을 위한 지원정책 내용

출처 : 양계민 외(2012).

5. 다문화가정 아동을 위한 복지정책 및 복지실천 방향

1) 다문화가정 아동을 위한 정책의 기본 전제와 방향

다문화가정 아동들의 진정한 사회통합과 역량개발을 위해서는 다문화가정 아동 지원정책의 기본 전제와 방향이 올바로 정립되어야 한다. 현재 다문화가정 아동을 위한 복지정책은 동시다발적으로 여러 부처에서 실시하고 있어 효율성이 떨어지고 정책의 중복과 예산의 낭비문제가 제기되고 있다. 이로 인해 최근 다문화정책에 대한 기본 방향 설정이 요구되고 있는데, 간략하게 살펴보면 다음과 같다(김미숙 외, 2011; 양계미 외, 2012).

(1) 다문화가정 아동에 대한 법률적 적용범위 확대

현재 다문화가족지원법에 따르면, 다문화가족지원법의 적용대상은 한국인과 결혼한 가정의 구성원에 한정되기 때문에 이를 제외한 다른 유형의 국제결혼가정이나 이주노동자 가정, 외국인 유학생 가정 등의 재한외국인 자녀들은 이에 해당되지 않음을 의미하기 때문에 이주배경을 가지고 있는 아동·청소년들 중 일부는 다문화가족지원법에 의해 지원받기 어려운 상황이다. 다문화가족의 유형이 다양해지고 있는 현상을 감안할 때, 적용대상을 보다 포괄적으로 제시하는 것이 필요할 것으로 생각된다. 또한 다문화가족지원법 제10조에 다문화가족 아동·청소년을 위한 지원방안이 제시되어 있긴 하나, 현행 지원의 내용이 매우 협소하고 한국어교육 및 학습지원 등에 편중되어 있음을 볼 수 있다. 따라서 아동의 성장·발달단계를 고려한 사업이 마련되어야 한다.

(2) 다문화가정 아동에 대한 사업에 대한 전달체계 확립

현재 다문화가정 아동을 위한 사업은 여러 부처에서 실시하고 있으나 부처 간의 사업조정이 필요하며, 사업을 총괄하고 조정할 수 있는 기구가 필요하다. 뿐만 아니라 각 시청, 도청, 교육청 다문화가족지원센터 등의 프로그램들의 대다수가 유사하거나 정보가 접근 가능한 대상 중심으로 중복되고 있는 실정이다. 따라서 예산의 중복 및 낭비를 방지할 뿐만 아니라 사업의 일관성 및 효율성을 제고할 수 있도록 사업의 중심축이 필요하며, 일원화된 전달체계를 통해 체계화된 지원이 이루어져야 한다.

2) 다문화가정 아동을 위한 복지실천의 기본 전제와 방향

(1) 대상자의 특성 및 욕구별 프로그램의 다원화

현재 시행되고 있는 서비스 중 일부는 다양한 다문화가정 아동의 특성을 반영하지 않은 상태에서 이루어지는 과정에서 혼란을 겪기도 한다. 대상자의 소득, 연령, 발달단계 등을 고려한 프로그램이 필요하다. 또한 현재의 서비스는 한국사회에 정착한 가족에 대한 지원보다는 초기 입국자 위주로 정착한 지 오래된 가족들의 경우, 사각지대가 발생하기도 한다. 예를 들면, 다문화가정 아동은 무조건 한국어를 못하고 이중언어를 필요로 할 것이라는 전제하에 한국어서비스와 이중언어서비스를 받도록 강요하는 데서 아동에게 스트레스를 줄 수 있다. 따라서 이러한 대상자의 특성과 요구를 무시한 채 제공되는 현재의 모든 프로그램에 대한 재검토와 욕구조사를 통하여 실제 다문화가족 청소년의 역량을 개발할 수 있는 프로그램들을 심사숙고해야 할 것이다. 예를 들면, 농산어촌지역 거주자에게 요구되는 프로그램, 지역사회중심의 프로그램, 자아정체감 프로그램, 자아성장 프로그램 등 보다 다양한 프로그램의 개발이 요구된다.

(2) 분리가 아닌 사회통합

다문화가정의 아동·청소년들의 대다수는 기본적으로 한국인이라는 정체성을 가지고 있으므로, 이들이 연령이 증가하면서 일반아동과 다른 범주로 분류하여 특별한 지원을 받는 것에 대한 것과, 다문화가족 청소년의 연령이 증가함에 따라 일반 아이들과 다른 범주로 분류하여 특별히 지원하는 것에 대해 불편함을 느끼고 타인의 시선으로 인하여 차별적 정체감을 의식하게 된다. 또한 다문화가족에 대한 별도의 지원에 대해 학부모 역시 불쾌감을 느끼는 경우가 있으며, 별도의 지원으로 인하여 자녀가 의식하지 않던 정체감을 의식하게 되는 것에 대해 부정적으로 받아들일 수 있다. 실질적으로 다문화가족 아동·청소년의 발달에 영향을 미치는 것은 결국 가정의 사회경제적 수준임을 감안해 볼 때 다문화가정 아동이 비주류 소수집단으로 인식되는 것을 방지할 수 있는 사회통합 차원의 지원방향을 검토할 필요가 있다.

(3) 다문화사회에 대한 이해 교육과 포용력(tolerance) 신장 교육

우리나라 다문화가정 아동에 대한 교육지원은 자문화 중심주의(ethnocentrism)적 시각에서 탈피하여 타문화, 특히 비주류인 다문화가정 자녀에 대한 문화를 인정하고 조화로운 관계를 형성하게 하는 정책이 되어야 한다. 현재의 정책과 서비스는 이중문화에의 적응보다는 한국문화에의 적응 쪽으로 더 기울어져 있다고 볼 수 있다.

연습문제

1. 다문화가족지원법에 의한 다문화가정 아동의 유형은 어떠한가?
2. 다문화가정 아동이 경험할 수 있는 심리적 문제는 무엇인가?

연구문제

1. 다문화역량을 키울 수 있는 방안에 관해 생각해 보자.
2. 우리 지역의 다문화가정 아동을 위한 서비스에 관해 생각해 보자.
3. 미디어상에 나타난 다문화가정에 대한 이미지는 어떠한지 생각해 보자.

3

아동복지의 미래

아동복지의 과제와 전망 제15장

Child Welfare

제 15 장 아동복지의 과제와 전망

1. 아동복지의 과제

아동복지정책은 사회정책의 일부분이라고 할 수 있다. 그런 면에서 사회정책과 개념을 같이하는 아동정책은 아동의 교육, 노인의 보호, 경제적 부조가 과거에는 전적으로 가족에 의해 충족되었지만, 지금은 그 기능의 일부가 사회의 다른 구조에 의해 수행되고 있는 것과 동일한 맥락에서 이해할 수 있다. 즉, 이러한 관점에서 우리나라의 아동복지대상은 요보호아동을 위한 아동복지정책에서 일반아동까지 대상의 범위가 넓어지고 있으나, 아직은 요보호아동을 대상으로 하는 정책이 주를 이루고 있다. 그러나 현대사회의 요구에 적합한 아동복지정책의 방향은 아동의 기본적 권리와 욕구를 충족시켜 줄 수 있도록 수립되어야 할 것이며, 이러한 정책을 수립하고 실행하기 위한 기본적인 전제조건으로 아동복지대상에 대한 명확한 규정과 이를 수행하기 위한 일관된 행정부처 간의 전달체계가 이루어져야 할 것이다. 또한 아동복지에 대한 관점을 아동을 대상으로 하는 복지에서 전체 가족을 중심으로 하는 가족중심의 아동복지로 전환하는 것이 필요하다.

1) 아동복지의 이념과 정책

아동복지의 실현을 위한 접근은 복지국가 접근으로 이것은 국가가 그 원인이 어디에 있든 간에 빈곤아동, 장애아동의 문제에 대응하여 보편적인 서비스를 제공할 의무가 있다는 가정에 입각한 것이다. 모든 아동은 이러한 서비스를 제공받을 권리를 가지고 있으며, 이러한 서비스를 제공받을 시에는 공적 차원에서의 서비스가 더욱 우선되어야 하며, 비공식적인 민간 또는 사적 분야에의 의존이 중심이 되어서는 안 된다는 것이다. 이러한 접근은 국가가 서비스의 제공자이어야 한다는 점과 보편적인 서비스의 요구가 있으면 누구나 도움의 혜택을 받을 수 있어야 한다는 점을 나타낸다. 이는 사회복지의 제도적 기능과 연결되는 것으로 국가주도의 자원관리와 공적 책임성이 강조된다고 하겠다(장인협 · 오정수, 1997).

현대사회의 산업화, 도시화의 특징으로 인하여 가족이 아동을 보살피는 노력은 과거에 비하여 약화된 데 반해, 성장하면서 성인의 보살핌을 필요로 하는 아동의 욕구는 과거와 동일하며, 오히려 복잡하고 다양화된 현대생활에 적응하기 위해서 과거에 비하여 외국어능력과 컴퓨터 사용을 통한 정보화능력 등 더 많은 능력이 요구되며, 현 사회의 특성으로 야기된 해로운 환경에 보다 더 많이 노출되어 있다. 가정불화로 인한 부모의 이혼 등 가족해체, 가정폭력, 정신질환, 성개방 풍조, 향락추구의 생활문화, 교통사고 등의 재해 증가는 현대사회가 안고 있는 부정적인 측면이고, 이러한 측면은 직간접적으로 아동에게 여러 가지 악영향을 주고 있다.

아동에게 불리한 이러한 사회적 조건으로부터 아동을 보호함으로써 가능한 한 모든 아동이 건전하게 성장할 수 있도록 하는 것은 문제의 소지를 막는 예방적 차원의 아동복지정책이 될 것이다. 그리고 이러한 차원의 아동복지정책은 보편적 아동복지서비스이고, 이와 더불어 바람직하지 않은 상황에 놓여있는 아동들 또한 계속 발생할 것이기 때문에 이들을 위한 별도의 정책이 필요하다. 이러한 아동은 아동복지법에서 정의한 '도움이 필요한 아동'이고, 협의의 아동복지대상자라고 할 수 있다. 현대사회를 사는 아동에게 가족, 이웃의 기능이 약화됨으로 해서 충족되지 못한 욕구를 충족시키고, 위해한 환경으로부터 아동을 보호하는 노력이 필요하다(김현용 외, 2001). 이와 더불어 우리나라의 아동복지는 시설 위주의 서비스에 중점을 두어 왔지만 사회의 변동추이에 따라서 앞으로는 지역을 근거지로 하는 재가복지서비스가 추진되어야 하겠다.

그리고 아동복지정책의 위상을 정립하기 위하여 아동복지의 패러다임(paradigm)을 명확히 설정해야 하는데, 이를 위해 아동복지의 기본적 인식, 가치, 존재를 새로운 관점에서 정립시켜야 한다. 또 아동복지에 있어 연구의 대상, 주체, 방법, 목적을 재평가해야 하며, 이것은 인간주체에 의한 실존주의적 아동복지여야 한다.

(1) 아동수당제의 도입

아동수당은 아동양육비의 보조적 급여를 통하여 아동의 최저생활을 보장하고 가정의 정상적인 생활수준을 확보한다는 사회보장의 관점에서 출발하였다. 이는 아동양육에 드는 비용을 모두 부모(가족)가 부담하는 것이 아니라, 많은 부분을 공비로 부담하여 사회적 양육의 합의를 형성해가는 것이다. 아동수당제도는 가족의 형태와 아동양육의 환경・방법이 변화하고 있는 현대사회에서 본래 아동수당이 갖고 있던 방빈(防貧)대책의 의미와 함께 국가사회가 가정의 아동양육부담을 완화하고 출산을 장려하기 위한 가족양육정책의 하나로 출산율 저하에 대한 인구정책의 하나로도 논의되고 있어(澁谷敦司, 1999; Kierman, 1997) 우리나라에 시사하는 바가 크다고 할 수 있다(이용복, 2004b).

외국의 경우 1997년 현재 아동수당제도를 실시하고 있는 국가는 86개국이며(Social Security Administration, 1997), 사회보험비를 포함하여 복지재정의 삭감경향을 띠는 최근 각국의 복지제도 개혁 속에서도 아동수당제도가 그 대상범위를 확대하고 있다는 점은 국가는 모든 아동을 지원할 의무가 있으며, 보편적 아동수당제도야말로 도움이 필요한 가정에 혜택을 주는 데 가장 효과적이라는 취지의 표명이기도 하다(조애지 외, 2000).

서구 사회의 경우, 1917년 '아동수당협회'가 창설된 이래 1960년대 후반부터 서구 선진국들 사이에는 저출산 현상이 계속 진행되었고, 그 가운데 '제2의 인구전환'이라는 관점에서 출산, 가족에 대한 의식과 인구의 질적 변화를 위한 가족정책이 강화되기 시작하였는데, 아동수당은 가족정책의 하나로 그 중요성이 재확인되는 계기가 된 것으로 판단된다(van de Kaa, 1987). 또한 1989년 EC의 가족관계 각료 이사회에서는 저출산과 인구고령화에 따라 사회정책의 명시적 목적으로 출산촉진정책을 재차 강조하고 있는데, 이를 위해서는 사회보장재정 갹출세대의 부담을 경감시켜야 하며, 이러한 효과로 아동수당의 중요성이 부각된다(Commission of the European Communities, 1989).

현재 아동수당을 포함하는 가족수당제도를 세계에서 가장 중시하고 있는 프랑스의 경우, 1946년 전 국민을 대상으로 하는 가족수당에 관한 규정이 제정된 이래로 전 국민을 대상으로 하는 아동수당제도가 실시되기 시작하여, 현재 사회보장지출에서 가족수당이 차지하는 비율은 13.7%이다. 이는 1991년 '가족정책보고서'에서도 아동수당이 세 번째 자녀에 대한 지원강화를 반영할 수 있는 인구학적 목적을 반영할 것을 제시하고 있어(Conseil of Europe, 1994), 가족정책의 틀 안에 아동수당제도를 통한 인구정책의 실시를 암시하고 있는 것을 알 수 있다. 프랑스의 아동수당제도는 초기에는 비용의 전액 또는 대부분을 사업주 갹출에 의거한 고용관련 시스템으로서 시작되었으나, 현재는 아동이 있는 모든 가정을 대상으로, 재원은 국고에서 지출하며, 피용자, 자영업자, 실업자에 관계없이 국가의 국민을 대상으로 실시하고 있다.

이와 같은 형태의 아동수당제도는 영국, 스웨덴, 독일, 네덜란드 등의 국가에서도 실시되고 있으며, 스웨덴에서는 가족수당의 실시로 1976년부터 1984년 동안 1.6포인트로 떨어진 합계출산율이 1985년 이후부터 상승하였고, 1989년부터 1992년에는 2.1포인트 전후까지 회복되기도 하였다. 이러한 외국의 사례를 통하여 현재 일부 사회보장제도상의 아동관련 급부 또는 특수 계층의 공무원이나 대기업 중심의 임금보조적인 성격을 갖고 있는 가족수당은, 모든 가정을 대상으로 아동의 건전육성과 자질향상을 위한 제도로서 보편주의형 가족수당 도입을 위한 연구·검토가 있어야 할 것이다(도미향 외, 2004).

(2) 육아휴직제도의 정비

이 제도는 어머니가 갖는 모성적 기능(출산·육아) 보호를 통한 출산정책의 하나로 볼 수 있다. 본래 어머니가 갖는 모성적 기능, 즉 출산·육아에 대한 사회적 배려는 다음 세대를 이어나갈 아동을 낳고 기르는 기능을 단순히 노동자 개인의 책임문제로 하는 것이 아니라 사회기능을 포함하여 사적 노동에서 사회적 노동으로, 즉 육아의 사회화(집단적·사회적 보육)를 발전시키는 기본이 된다고 본다(竹中惠美子, 1995).

국제적으로는 1965년 ILO 123호 조약이 가족적 책임을 갖는 여성노동자의 부담을 경감하는 시책으로 출발하였고, 미국의 경우 임신·출산에 대한 법적 보호를 배경으로 정립되고 있다. 영국의 경우 육아휴업제도는 법제화되어 있지는 않지만 이를 대신

하는 제도로 고용보호법에 의한 '출산·육아 이후의 직장복귀의 권리'와 사회보장법에 의한 '임신·출산휴가 중의 소득보장에 관한 권리'가 있어 가족책임과 노동의 조화를 도모하는 다양한 휴가제도와 조치를 취하는 기업이 증가하고 있다(神尾眞知子, 1991). 우리나라의 경우 남녀고용평등법에 의하여 육아휴직제도를 실시하고 있으나, 이를 실시하는 기업은 2.3%(엄규숙, 2002)로 나타나 아직까지 요원한 상황이다. 스웨덴의 경우 육아휴업제도는 1974년에 출발한 이래 그 목적인 출산율의 증가도 달성하였으며(1970년 1.92명, 1980년 1.68명, 1985년 1.73명, 1990년 2.14명), 또한 어머니의 일과 육아의 양립도 가능케 하였다. 일본의 경우 1991년 육아휴직법을 제정하고 기존의 모성휴직에 이어 출산 후 최대 1년까지 모 또는 부에게 육아휴직을 제공하고 있다. 또한 프랑스의 경우 1985년도에 제정된 유급 육아휴직제도는 자녀가 최소한 두 명 이상인 조건에서 막내 자녀의 연령이 3세 이하인 경우 직업활동을 완전히 중단했거나 부분적으로 중단한 부모에게 지급된다(황옥경, 2003).

이러한 육아휴직제도는 부모의 자녀양육 지원을 통해 저출산을 극복하는 방법으로 지원되고 있으며, 우리나라도 법률상의 조건정비를 기반으로 기혼 여성의 노동권의 확보와 남녀차별 철폐의 관점과 함께 일과 출산·육아의 양립을 위한 대책으로 자리매김을 도모할 필요가 있다(도미향 외, 2004).

2) 아동복지 관련법

우리나라 아동복지는 1981년 아동복지법 전면개정 이전에는 요보호아동에 대하여 도움을 주는 자선적이고 인도적인 차원에서 추진되어 왔으나, 오늘날의 아동복지는 "요보호아동을 포함한 모든 아동들이 가족 및 사회의 일원으로 육체적·정신적으로 건강하게 성장·발달할 수 있도록 보호지원하여 그들의 건전육성을 도모한다"고 규정하고 있다(보건복지부, 2000). 이는 전체 아동의 권익을 보호하고 복지권을 보장하려는 시각으로 발전되고 있음을 명시하고 있는 것이다. 그러나 개정 아동복지법의 발전적 규정에도 불구하고 아직도 일부 과제를 지니고 있다(노혜련, 2000 : 84-89 재정리, 도미향, 2001; 2002 재정리).

(1) 가족보존과 가족복지의 강화

최선의 아동복지는 최선의 가족복지를 통해서 이루어질 수 있다는 점을 아동복지 서비스의 기본 원칙으로 설정하여, 아동복지법의 기본 이념(제2조)에 "모든 아동은 영구적인 가정에서 성장할 수 있는 권리를 갖고 있다는 것"을 명시하고, 국가와 지방자치단체의 책무(제4조) 조항에 "국가와 지방자치단체는 아동이 건전한 가정 내에서 양육되도록 최선을 다하며 이를 위해 아동과 가정에 대한 지원을 하도록 하는" 항목을 삽입해야 한다. 또한 아동학대와 관련해서는 아동과 가족을 모두 보호하는 가족보존 서비스를 우리나라 실정에 맞게 개발하고 적용하는 것이 필요하다. 가족주의적 전통을 갖고 있는 우리나라의 문화적 특성상 아동의 진정한 보호는 가능하면 가족 내에서 하는 것이 최우선적으로 고려될 수 있도록 그 근거를 마련해 주어야 한다.

(2) 아동학대 규정의 강화

우리나라 아동복지정책은 자유방임주의적인 관점에서 지금까지는 가족의 역할과 책임이 강조되고 있었다. 앞으로는 아동이 가정에서 학대받거나 아동의 복지가 위기에 처한 상황에서는 가정이나 부모에 대하여 강제적인 공권력의 개입이 이루어질 수 있는 사회적 인식이 확대되어야 하고, 법적 · 제도적 장치의 강제성이 필요하다. 이런 측면에서 가정에서 학대받는 아동의 보호를 위한 아동복지법의 개정은 바람직하다고 할 수 있으며, 2004년 개정에서 아동학대의 정의 중 방임에 법 제17조의 "의식주를 포함한 기본적 보호, 양육 및 치료를 소홀히 하는 행위"가 포함된 점은 더욱 고무적이다. 그러나 이 법의 효과적인 시행을 위해 구체적인 시행규칙과 학대부모에 대한 법적 규제방안, 즉 가해자 수강명령제도 등이 마련되어야 하며, 아동서비스기관의 확충, 관련기관의 연계, 지역 내 아동복지 자원의 확충이 필요하다. 또한 인력의 전문성 제고와 지역사회에 근거한 프로그램 개발을 통해 가족을 보호하고, 강화하는 데 주력해야 한다. 또한 신고의무자의 처벌조항 추가, 아동학대 신고의무자 정기교육 의무화, 아동보호전문기관의 역할수행 강화, 전문상담원의 자격 강화 그리고 학대부모에 대한 제재조치규정 첨가 등이 필요하다.

(3) 아동복지지도원의 신분보장 및 자격기준 강화

아동복지지도원의 신분을 사회복지전담공무원으로 상승시킨 것은 매우 바람직한 일이나 현재의 자격기준을 강화해야만 입양, 아동과 가족상담, 아동학대, 가족보존 등과 관련된 다양한 전문 아동복지서비스를 제공할 수 있는 전문가로 자리 잡을 수 있을 것이다. 또한 현재 아동위원들이 아동복지서비스 실천을 위한 지원체계로 활용될 수 있기 위해서는 이들의 선정기준을 철저히 하고, 그들에 대한 정기적인 교육을 의무화하고, 아동복지지도원의 지도하에 활동하게 해야 한다.

(4) 공동생활가정 지원 강화

우리나라에서 보호가 필요한 아동을 위한 효과적인 대리보호형태로 존재하고 있는 공동생활가정(그룹홈)을 공식적인 지원과 관리의 영역으로 흡수할 수 있도록 법적 근거를 더욱 강화하여야 한다. 개정 아동복지법은 여전히 사후 처방적인 측면이 적지 않다. 우리나라에서도 아동수당과 같은 보편주의적인 접근을 추구하여 아동복지서비스가 예방적이고 가족보존적인 방향으로 나아가야 한다.

(5) 지역아동센터 지원 강화

지역아동센터(공부방)는 지역사회 안에서 방치된 아동과 함께하기 위해, 지역사회운동의 역사 속에서 풀뿌리, 자생적으로 생겨난 아동복지실천 프로그램으로 볼 수 있다. 지역사회 안에서 방치된 아동에 대한 제도와 정책이 담보되지 않은 지난 20년 전부터 현재까지 빈곤한 지역에서 사는 부모, 가족, 아동의 욕구로부터 출발한 것이기에 더욱 더 의미있는 실천 프로그램이다. 이러한 지역아동센터는 아동복지법 개정(2004. 1)에 따라 지역사회아동의 보호·교육, 건전한 놀이와 오락의 제공, 보호자와 지역사회의 연계 등 아동의 건전육성을 위하여 종합적인 아동복지서비스를 제공하고자 하는 목적으로 운영을 강화하고 있다(보건복지부, 2005). 이러한 지역아동센터의 프로그램을 전문화·다양화하고, 지역아동센터를 확대·설치하는 등 적극적인 지원정책이 필요하다.

(6) 저출산 극복과 건강가정기본법의 제정

건강가정기본법의 제정은 우리나라의 급속한 저출산 현상의 진행에 따라 종합적인 가정육아 및 차세대 아동의 육성 지원대책을 추진하는 관점에서 그 기본 이념 및 정책 방향을 제시하고 대책수립과 추진체계를 확립하는 기반을 마련하기 위한 모법이 될 것이다. 이때 기본법은 기본법으로서 여러 관련법을 포괄하고 하나의 체계를 이루도록 해야 하며, 이를 위하여 개별법령을 제정 또는 개정하는 경우 이 법에 부합하도록 해야 한다.

우리보다 먼저 저출산을 경험한 일본의 경우를 보면, 저출산 현상에 대비하기 위한 법 제정의 노력은 2003년 7월 30일 공포된 소자화(少子化)기본법과 2003년 7월 16일의 차세대육성지원대책추진법을 들 수 있다. 이 법들은 소자화의 진행이 가져올 영향에 대처하기 위하여 장기적 시점에서 안심하고 지낼 수 있는 사회를 실현하고, 차세대육성지원대책을 추진하여 아동이 건강하게 태어나 육성될 수 있는 사회를 형성하고자 하는 데 목적을 두고, 이를 위한 부모, 국가, 사업주, 국민의 책임을 강조하고 있다. 특히 차세대육성지원대책추진법의 경우, 차세대육성지원대책 관련 3법을 아동복지법, 아동수당법, 육아·개호휴업법으로 정하고, 종합적이고 효과적으로 추진하기 위하여 각각의 법 내용을 개정해나가고 있다.

우리나라의 경우, 2005년 5월 저출산·고령사회기본법이 제정되었으며, 이와 함께 최근 보육시설의 바우처 제도처럼 아동수당법의 제정이나 저출산과 관련하여 기타 관련법들의 법조항의 개정작업의 추진도 필요하겠다.

3) 아동복지서비스

성장세대의 생활을 향상하고 행복한 삶을 보장해 주기 위한 아동복지서비스는 단순한 물질적 원조도 중요하지만 정신적·심리적 안녕과 복지를 위한 대비가 더욱 중요하기 때문에 강화될 필요가 있다. 취약한 아동에게 우선 물질적 지원을 해야 함은 물론 정신적 고통과 상처를 어루만져 줄 수 있는 복지정책으로 나아가야 하는데, 일반아동과 보호가 필요한 아동에 대한 과제로 나누어 살펴보면 다음과 같다.

(1) 일반아동을 위한 서비스 개발

아동복지에서는 모든 아동의 생활의 질을 향상시킬 수 있는 제도, 문화, 물질적 조건을 갖추는 것이 필요한데, 아동의 경우 그들만의 독특한 문화를 지니고 있으므로 이들이 생활에서 만족감을 누릴 수 있고, 그들의 생활의 질이 향상될 수 있도록 이들의 욕구를 반영해 주고, 성인시기를 준비할 수 있도록 모든 노력을 기울이는 것이 필요하다. 아동의 생활의 질을 향상시키기 위한 사회적 노력으로는 국제적 기준에 합당한 아동복지를 실천하는 것도 중요한 수단이 된다. 「아동권리에 관한 국제협약」, 「국가 간 입양에 관한 국제협약」 등이 이러한 국제적 기준이 된다. 그리고 이와 더불어 아동이 성장·발달하는 데 가장 큰 영향을 미치는 부모에 대한 교육과 학교에서 실천적 사회복지의 지향이 아동의 예방적·지지적 차원에서 해결해야 할 과제이다.

① 부모교육 및 통합적 종합복지 강화

문제아동의 경우 문제를 파생케 하는 부모의 방임, 학대, 유기 등의 다양한 요인이 내재되어 있는 경우가 많다. 특히 급변하는 사회변천에 부응해서 자녀들을 양육할 수 있는 능력을 부모들은 점차 상실해가고 있다. 따라서 각종 교육단체나 사회단체를 통해 아동의 기본적 욕구충족에 관한 교육 및 홍보활동을 강화하고 가정의 기본 욕구와 정부기관의 서비스를 효과적으로 연결할 수 있도록 폭넓고 체계적인 사회교육적 프로그램이 개발되어야 한다. 또한 건전한 아동문화, 가족문화의 형성과 부모가 자녀에 대한 애정을 더욱 강화시키는 데 연결고리가 되는 시설들, 즉 아동이 건전하게 놀 수 있고 여가를 즐길 수 있는 시설이 많이 필요하고, 건전한 가정교육을 위해서는 부모와 성인을 위한 교육이 이루어져야 한다.

다시 말해, 아동의 성장·발달은 부모의 물질적·정신적 자원에 의해 좌우되고, 아동의 안녕과 복지가 부모의 안녕과 복지와 직결되어 있고, 부모와 자녀의 분리가 아동의 성격 형성과 지적 발달에 결정적 악영향을 미친다고 한다면, 아동복지서비스 제공의 기본 철학은 부모와 아동을 하나의 단위로 하여 서비스가 계획되고 제공되어야 한다는 것이다. 복지서비스의 구체적인 실천에서는 아동과 부모에 대한 서비스가 각

각 다를 수 있지만 정책의 수립이나 프로그램의 계획에 있어서는 항상 부모와 자녀를 하나의 서비스 단위로 생각하여야 한다.

② 학교사회사업의 제도화

학교는 아동을 위한 가장 기본적인 복지서비스의 장이라 할 수 있다. 학교부적응, 학교폭력, 가정문제, 또래관계의 문제, 약물남용, 비행 등 아동과 관련된 전반적인 문제는 학교에서 상당 부분 관찰이 가능하며, 따라서 해결 역시 학교에서 이루어질 때 그 효과는 배가될 수 있다. 일부 학교에서는 학교사회사업가가 상주하면서 학생들의 문제를 해결하고 있으나 아직은 부분적으로 실시되고 있다. 아동의 문제는 조기 개입이 가장 효과적이라는 측면에서 모든 학교에 학교사회사업가를 배치하여 부모와 가족 지원, 아동상담 및 치료, 교사 및 지역사회자원과의 연계와 같은 서비스를 실시해 나가야 하며, 무엇보다도 교육부, 보건복지부 등 관련부서가 함께 노력하여 학교사회사업이 제도화되도록 노력해야 한다. 그 밖에 지지적 서비스 기능의 강화를 위한 민간 상담기관의 설치, 사회적 분위기를 조성하는 세미나, 홍보활동 등 각종 노력이 있어야 한다.

③ 영유아보육서비스의 정비 및 다양화

보육서비스의 충실은 출산율 회복에 중요한 정책으로 작용하는데, 0세부터 6세까지 아동인구에 대한 보육시설 재적률을 증가시키면 출산율의 증가가 가능하다(島田晴雄, 2000). 왜냐하면 많은 사람들이 출산을 아이를 낳는 그 시점의 일로 보는 것이 아니라, 이후의 육아와 결부하여 봄으로써 양육부담이라는 장애가 저출산과 연계되기 때문이다. 이렇게 볼 때 정부정책은 결혼이나 출산 시점에 개입하는 것에서 출산 이후의 양육시점에 개입하는 것으로 그 방향전환을 모색해 볼 필요가 있으며, 이에 보육서비스의 다양화와 같은 정책 개발에 무게가 실려야 할 것이다. 보육서비스는 많은 국가들이 자녀의 출산·양육의 지원시스템 정책의 하나로 중시하고 있는데, 우리보다 저출산을 먼저 경험한 일본의 경우 1994년 엔젤플랜을 시작으로 긴급보육대책 5개년 사업, 지방판 엔젤플랜, 신 엔젤플랜이라는 일련의 시책하에 저연령 아동의 입소 확대, 다양한 보육욕구에 따른 서비스 추진, 방과 후 보육의 활성화 등을 추진하고 있다.

우리나라는 1990년대 이후 정부의 보육사업 확충계획에 따라 보육시설이 증가하여 현재 양적인 측면에서는 어느 정도 충족되었으며(도미향, 2000), 최근에는 보육시설 전체의 재적률은 감소하지만 0세부터 1, 2세 영유아 재적률은 증가하는 경향을 보이고 있다. 이러한 아동의 저연령층화에 대응하여 보육교사의 질적 향상과 시설의 충실은 중요한 정책과제로 여겨진다.

또한 여기서 중요한 것은 가정 내 자가보육을 받고 있는 아동 가정의 양육지원의 추진을 고려해야 한다는 것이다. 취학 전 영유아 360만 명 중 보육시설을 이용하고 있는 아동은 약 90만 명으로 1/4에 지나지 않는다(통계청, 2004). 따라서 보육시설의 비이용자, 비취업모 가정인 자가보육계층이 실감할 수 있는 보육서비스가 존재하지 않으면 출산율은 상승하지 않을 것이다. 이는 보육서비스가 기존의 맞벌이가정의 일과 출산·육아의 양립지원을 중심으로 전개하던 서비스의 영역에서 비취업모 가정까지 포함하는 지역 내 양육지원을 포함하는 관점으로 방향을 전환해야 한다는 것을 의미한다. 이를 위해서는 현행 보육시설 입소기준에 대한 유연성 있는 해석과 지역 내 양육지원센터로서 보육시설의 기능 확대를 위한 체제의 정비가 필요하다. 그리고 다양한 형태의 보육료 지원을 통해 보육료 부담을 줄이고 방과 후 장애아동보육 등, 특별보육의 지속적 확충도 필요하다. 또한 보육서비스의 질적 측면의 향상을 위한 시설 종사자의 전문화, 우수 보육 프로그램의 개발과 보급, 보육기준과 내용의 내실화를 기해야 한다(도미향 외, 2004).

④ 아동가정상담 지원사업

아동가정상담 지원사업은 아동에 관한 각 문제에 대하여 가족 또는 다른 사람들의 상담에 대응하여 아동이 가지고 있는 문제 또는 아동의 욕구, 아동이 처해있는 환경의 상황 등을 정확히 이해하고 개개 아동이나 가족에게 가장 효과적인 처우를 실시하여 아동의 복지를 도모함과 동시에 아동의 권리를 보장하는 것이다(長谷川眞人·神戸賢次·小川英彦, 2001).

상담사업은 아동, 가정, 지역사회 상호의 연계에 의해 지역사회 내의 양육기능을 강화하여, 실제로 아동을 양육하는 데 부모들이 겪는 어려움과 갈등의 해소를 통해 아동양육의 불안이나 스트레스를 감소시켜 원활한 부모-자녀관계를 확보할 수 있는 체제의 정비를 지원하는 것이다. 또한 학대나 집단따돌림 등의 사회적 문제에 조기 대응하기 위하여 소아과 의사 등에 의한 상담체제를 정비하여 종합적으로 아동의 심신발달과 모친이 육아에 대한 보람을 느낄 수 있도록 하는 것이다.

일본의 경우 아동복지상담소의 기능은 상담, 일시보호, 송치, 지역주민이나 관계기관으로부터의 통고, 복지사무소나 가정재판소로부터 송치를 받아 상담원조를 전개하는 것이며, 또한 친권자 친권상실의 선고 청구, 후견인 선임 및 해임의 청구를 가정재판소에 하는 등 아동복지의 중간기관으로의 기능을 하고 있다. 그리고 이러한 상담, 판정, 지도, 송치, 일시보호 업무의 일환으로 일시가정위탁이나 입양의 알선, 등교거부 아동의 복지모형 사업, 아동학대상담 등의 사업을 전개하고 있다. 종합적으로는 아동의 심신건강을 보장하고 부모의 자녀양육기능을 지원함으로써 자녀양육 지원 네트워크를 구축하고, 이로써 사회구성원들이 사회적 양육의 지원시스템을 구축해나간다는 측면에서 유용한 방법으로 고려될 수 있다.

⑤ 아동문화 · 전용시설의 정비 및 지역복지 강화

민주화와 지방자치화 시대에 알맞은 아동정책의 기본 방향은 아동복지 전달체계의 확충이며, 아동긴급보호체계를 확립하여 인간으로서 아동의 복지를 보장하도록 실천하는 것이다. 지금까지 우리나라의 아동복지는 대체로 시설 위주의 서비스에만 중점을 두어 왔지만, 사회의 변동추이에 맞추어 앞으로는 지역을 거점으로 하는 복지서비스가 추진되어야 하고, 더 나아가 재가복지서비스로 변화하여 그 기틀을 잡아가야 한다.

그리고 산업화 · 도시화 과정에서 많은 자연환경이 파괴되어 아동의 놀이공간도 축소되고 있으며, 학원이나 특기교육 등으로 아동의 생활과 놀이시간도 많은 변화를 보이고 있다. 아동의 문화와 전용시설은 이러한 아동의 상황을 극복하여, 아동이 안전한 환경에서 자유롭게 놀며 친구들과 창조적 활동을 할 수 있는 지역사회의 시설이다.

또한 아동의 놀이뿐만 아니라 부모와 지역주민이 협력하고 조직화하여 지역활동을 전개하는 거점으로서의 역할도 한다. 특히 주 5일제 수업의 실시와 함께 건전한 아동문화, 가족문화의 형성과 부모의 자녀에 대한 애정을 더욱 강화하는 연결고리가 되는 이러한 시설들이 많이 필요하다.

우리나라는 아동복지법 제3조에 의거하여 아동복지시설의 하나로 아동전용시설을 규정하고 있는데 어린이공원, 어린이놀이터, 아동회관, 체육·연극·영화·과학실험전시시설, 아동휴양숙박시설, 야영장 등이 있으며, 아동에게 건전한 놀이, 오락, 기타 각종 편의를 제공하여 심신의 건강을 유지·증진하고 정서를 조장시키는 것을 목적으로 하는 시설로 규정하고 있다. 그러나 이러한 시설의 수적 부족은 물론이고 안전성 문제는 많은 우려를 제기하고 있는 실정이다. 또한 진행지도원의 상주 여부도 불확실하고 설치기준은 있으나, 운영기준에 대한 법적 기준은 갖추어지지 않은 상황이다.

일본의 경우 1994년부터 실시된 '아동에게 좋은 거리 만들기 사업'은 아동의 놀이장소 확보, 자연에 둘러싸인 지역에서의 체험활동, 노인과의 교류 프로그램 등을 추진함으로써, 아동의 건전육성사업을 위한 아동문화환경 만들기 사업을 전개시키고 있다. 또한 아동관이나 아동놀이공원 등의 시설에는 놀이지도원을 배치하여 아동에게 건전한 놀이문화를 지도하고 아동의 건강을 증진하는 목적을 갖춘 아동건전육성사업의 거점이 되고 있다. 따라서 향후 다양한 아동전용시설과 프로그램을 개발하고 이들 종사자에 대한 자격요건, 운영기준에 대한 제도적 장치 마련이 필요하다.

⑥ 보건소 및 건강보건지원센터 사업

지역 내 보건소는 아동, 임산부의 보건에 관한 지식의 보급, 보건생활지도, 건강진단과 조사, 지역 내 보건위생 등의 사업을 실시하는 곳이다. 저출산 시대의 보건소 역할은 가정의 출산·양육 지원의 분담으로 기본적으로 모자보건서비스 부분(모자 건강수첩, 건강검진, 건강 방문지도 등)을 담당하는 일이다. 또한 아동, 임산부의 보건에 관한 지식의 보급, 건강상담, 건강진료 등의 업무를 통하여 모자보건서비스를 제공할 수 있다. 이는 아동, 가정, 지역사회의 상호 연계를 통하여 부모의 자녀 출산·양육의 신체적 · 정신적 안정의 지지와 육아불안의 해소를 도모하고, 학대나 왕따 등의 사회적 문제에 조기에 대응할 수 있도록 하여야 하겠다. 또한 영유아 양육 육성 지도를 하거나 모자보건의 지도 등을 고려해야 할 것이다. 이때 가족상황에 따라 기본적인 생활능력 향상을 지원할 필요가 있는 경우 간호사, 작업치료사 등을 파견하여 개개의 발달단계나 가정의 상황에 적합한 교육훈련을 지도하는 전문직원파견 사업도 고려할 필요가 있다.

(2) 보호가 필요한 아동을 위한 서비스의 개발

보호가 필요한 아동을, 가정에서 이탈된 아동, 빈곤가정의 아동으로 규정하고 이들을 위해서 사회적 노력이 집중되어 왔다. 그러나 그러한 아동의 감소추세와 새롭게 도움이 필요한 아동으로 대두된 학대와 방임으로부터 고통받고 있는 아동, 개인적 문제아동의 증가추세로 보아 아동문제의 관심은 이제 후자의 아동들로 확대되어야 할 것이다. 그리고 현재 보호가 필요한 아동에 대한 아동복지서비스에 대하여 다음과 같은 관점에서 재검토가 이루어져야 한다.

먼저 소년소녀가정세대를 독립된 가정으로 간주하고 경제적 원조만 제공하는 것으로 그치지 말고, 이들을 책임있는 성인이 돌보는 프로그램이 만들어져야 하며, 부부갈등과 이혼, 별거의 와중에서 고통받고 있는 아동을 도와줄 수 있는 사회적 대책이 마련되어야 한다. 또한 정서와 행동문제를 가진 아동을 도와줄 사회적 프로그램을 고려해야 하고, 학대받는 아동의 고통을 제거하고 학대를 예방할 사회적 대책이 강구되어야 한다.

① 입양과 가정위탁제도의 활성화

아동은 가능하면 가정과 같은 환경에서 성장하는 것이 바람직하다. 즉, 가정 우선 아동보호원칙(원가정보호의 원칙)에 의하여 가정위탁과 입양과 같은 제도를 정착할 필요가 있다. 이를 위해서 실천현장에서는 아동복지법에서 명시하듯이 대리양육을 원하는 연고자에 대하여 그 가정에서 보호 · 양육할 수 있도록 조치를 하고 있고, 아동의 보호를 희망하는 자에게 보호를 위탁하는 제도를 마련하고 있어 점차 시설보호에서 가정위탁보호로 전환해나가고 있으며, 앞으로도 계속 이에 관한 적극적 노력이 요구된다. 따라서 국민의식의 전환과 함께 위탁가정과 입양가정에 대한 국가의 지원을 현실적 수준으로 상향 조정해야 하며, 이를 정책적으로 정착시켜 나가기 위한 노력이 반드시 선행되어야 할 것이다.

② 장애아동을 위한 조기 진단과 치료

아동의 신체, 인지, 정서와 관련한 문제는 조기에 발견하여 조기 개입하는 것이 가장 효과적이다. 이를 위해서 지역사회 내에 주택서비스와 시설서비스의 알선, 장애인복지센터나 클럽 운영, 아동진료소 등과 같은 전문시설을 보강하고 사회복지사, 심리치료전문가, 물리치료사 등 다양한 전문인력과 의사, 사회사업가, 심리학자, 교육자 등의 팀별 접근을 통해서 이들을 재활케 하며, 사회로의 통합을 촉진케 해야 한다. 그리고 무엇보다도 정보 제공, 물적 지원과 함께 장애아동을 진단하고 지속적으로 치료할 수 있도록 가정을 지원하는 프로그램이 확충되어야 한다.

③ 정서장애아동을 위한 정신건강서비스

많은 아동이 행동 면에서 공격적 · 자폐적 · 신경증적 문제를 지니고 있으며, 심한 경우에는 법적 보호대상이 되어 가정이나 사회환경에 적응하지 못하는 아동이 된다. 이들을 위해 이미 선진국에서는 지역사회 정신보건센터(Community Mental Health Center)나 아동진료소, 정서장애자 단기치료센터를 설치하여 문제를 해결하고 있지만, 우리의 경우는 이들에 대한 예방이나 진단 또는 치료조차 매우 미약한 상태에 있다. 다만, 새로 개정된 아동복지법 시행령에 시설을 설치할 근거를 마련해 놓고 있는바, 앞으로 사회복지적 차원에서 관여해야 할 영역이다.

이상과 같이 보호가 필요한 아동을 위한 복지대책으로는 전문적 서비스의 강화가 필요하다. 복지서비스가 아동의 '필요'에 초점을 맞추어야 하는 것이고, 아동복지가 전통적으로 기아, 고아, 빈곤가정의 아동, 장애아동 등 이른바 '비정상적' 아동에 대한 서비스라는 잔여적 개념의 시각은 아동복지서비스가 감정적 보호나 물질적 대비에 그치는 경향을 낳게 되었다. 그 결과 그들의 결손과 장애의 치료 및 훈련, 교육서비스의 지원은 소위 '일반아'에게 베풀어지는 수준보다 더 낮은 정도였기 때문에 앞으로 과학적인, 이른바 전문적인 서비스로서 아동을 지원할 수 있는 아동복지정책을 확립해야 한다.

4) 아동복지행정

(1) 아동복지 전달체계 및 재정

아동복지의 과업을 실천하기 위해서는 현재의 아동복지 전달체계가 재정비되어야 한다. 아동복지의 공적 전달체계, 민간 전달체계, 중간체계 성격인 연합회와 협회, 아동복지 관련학회 등의 조직과 기능이 적절하게 개선되어야 할 것이며, 또한 이 조직체의 일선에서 일하고 있는 아동복지 종사자들의 자질 향상에 대한 노력이 강구되어야 한다. 다시 말해, 우리나라의 아동복지서비스 전달체계는 공적인 아동복지를 담당하는 중앙부서인 보건복지부, 교육부, 고용노동부, 법무부 등으로 산재되어 있어 부처 간에도 정책의 일관성이 없고, 심각한 경우에는 극심한 부처 이기주의가 발생하는 사례가 적지 않은 실정이기 때문이다. 특수한 경우를 제외하고 공적인 전달체계를 일원화하는 방안이 마련되어야 한다. 또한 사적인 전달체계와 연결하여 민・관이 합동하는 전달체계가 수립되면, 서비스의 중복성이나 낭비적 요소를 줄일 수 있을 뿐 아니라 민간기관의 전문성을 적극 활용하여 보다 효율적인 복지서비스를 제공할 수 있을 것이다.

또한 복지에 대한 사명의식을 가진 사람이 운영할 수 있도록 법인의 자유로운 인수인계, 항목 구별 없이 통괄예산으로 지원하는 등 사회복지법인의 시설 운영에 있어서 자율성을 보장해야 하며, 이를 통해 시설의 특성화도 촉진할 수 있도록 해야 한다. 그리고 복지사업을 경영하고 있는 각종 민간 법인이나 단체 등의 관심을 자체 수익사업을 개발하는 데 집중시켜 국가나 후원단체의 지원을 최소화하여 재정적으로 자립할 수 있는 활로를 모색하게 해야 한다.

(2) 아동복지시설과 종사자

아동복지시설에 대한 새로운 체제, 개념 및 기능의 적용이 필요한데, 이를 위해서는 지금까지의 시설에 대한 수용보호적인 개념에서 정상화, 재활사회통합 등의 시설의 의의를 강조하는 경향으로 나아가야 하며, 또한 전문적인 예방, 치료, 재활, 교육, 상담 등의 기능을 강화하는 방향으로 발전시킴과 동시에, 이를 뒷받침할 수 있는 전문인력의 확보와 활용이 이루어져야 한다. 또한 이용형, 통원형, 상담형, 수용형 등 시설의 체계적 분류, 통합 및 세분화 과업이 요청되며, 시설종별에 따른 위치, 구조, 설비기구 등을 확보해야 한다. 그리하여 시설에서도 아동의 보호와 교육을 일반가정 이상으로 보장하여 아동이 건전한 집단생활환경을 통해서 성장할 수 있도록 그 기능을 수행해야 할 것이다. 따라서 앞으로의 아동시설은 아동의 생활공동체로서 그들의 개성을 발전시켜 건전한 성장·발달을 보장할 수 있는 환경으로 변모시켜야 할 것이다.

5) 북한의 아동복지

남북의 통일문제는 한민족의 공통된 소망이며 지상과제로서 앞으로 민족공동체로서의 통일을 고려하지 않을 수 없는데, 사회통합을 위한 전제로서 미래 통일한국의 주인공인 아동에 대해 보다 많은 관심을 가져야 할 것으로 보인다. 이는 우선적으로 경제난, 식량난 등의 어려움을 갖고 있는 북한의 아동복지에 대한 관심을 고조시킬 것으로 전망된다. 우리 민족의 숙원이라 할 수 있는 통일을 위해 계속된 경제난과 식량난으로 심각한 어려움에 직면해있는 북한 아동에 대한 인도주의적 관심은 지속적으로 실현되어야 할 것이며, 이제는 통일시대의 남북 아동에 대한 장기적인 아동복지정책과 대책이 국가적 차원에서 추진되어야 할 것이다.

아동복지제도 통합의 과제는 남북한의 통일이 이루어지는 과정에서 중요한 정책과제가 될 것이다. 특히 통일의 초기과정에서 인구이동이 일어나는 경우 보호가 필요한 아동을 포함하는 인구대책의 차원에서 사전준비가 필요하다. 나아가 장기적으로 보면, 남북한의 제도를 통합하는 과정에서 아동복지제도의 통합도 동시에 이루어질 것이다. 현재 이념의 차이로 인하여 남한에는 존재하지만 북한에는 존재하지 않는 입양, 가정위탁과 같은 아동복지제도들은 통일 이후 새롭게 준비할 필요가 있다. 그리고 보육제도나 수용시설은 현재 남북한에 공존하므로 통일국가의 이념에 맞추어 발전시켜 나가야 할 것이다(김현용 외, 2001).

2. 아동복지의 전망

1) 아동복지에 대한 새로운 패러다임의 적용

최근 아동복지의 개념은 과거의 자선적·인도적 사고와는 달리 좀 더 국가발전에 호응하는 이념, 즉 목적과 가치를 갖는 것으로 그 사업을 위해 전문적 지식이나 개념을 새롭게 해야 한다. 아동복지의 목적은 국가발전의 원동력, 국가부강의 기본 및 국가안정의 바탕이라고 할 수 있다. 한편 가치 면에서 볼 때 아동복지는 인격완성의 기초를 마련해 주며, 아동의 기본권을 보장해 주는 것이라 할 수 있다. 실천적인 면에서도 "아동복지는 사회복지의 한 분야로서 사회복지사의 적극적 활동분야이다"라는 확신을 가진 좀 더 정규적인 훈련과 경험을 쌓은 아동복지전문가들에 의해서 그 사업이 수행되어야 한다.

무엇보다 중요한 점은 아동복지사업에서 잔여적·보편적 관점의 두 가지 패러다임이 함께 통합되어야 한다는 것이다. 사회복지실천의 발달과정을 살펴볼 때, 잔여적 접근방법인 개별사회사업 이론과 실천의 발달은 사회복지전문직을 정립하는 계기가 되었으나, 개인의 심리문제에 지나치게 집착함으로써 모든 아동에 대한 복지보다 특정 아동의 보호에 집중함으로써 사회복지사들에게 실제 결과에 필요한 전체적인 변화를 가져올 수 없었으며, 결과적으로 사회복지 내에 과도한 전문분화를 야기하였다. 또한 하나의 기술이나 실천영역을 강조하는 사회복지전문직 안의 동향은 다양한 요인이 복합적으로 작용하는 실천영역에 대해서는 효과적으로 대처하지 못한다는 한계를 낳게 되었다. 따라서 이러한 한계를 보완하기 위해서는 아동복지를 개인적인 미시적 혹은 사회환경적인 거시적 차원에서만이 아니라 개인과 집단, 지역에 대한 통합적·다시스템적 접근방법(개인+집단+지역=통합적 접근방법)으로 실행해야 한다.

2) 다양한 아동복지 프로그램과 서비스의 개발

오늘날 아동복지의 대상은 특수아동으로부터 일반아동에 이르는 모든 아동을 포함하고 있다. 따라서 일반아동의 경우에 있어서도 그들의 건전한 성장·발달을 위하여 다양하고 적절한 프로그램과 서비스를 계속 개발해야 한다. 또한 자신이나 자기 주위 환경에 문제가 발생한 아동에 대한 문제해결의 방안을 널리 연구, 개발해야 할 것이다. 다시 말해, 아동복지사업의 프로그램을 "부모들이 충분하게 수행하지 못하는 보모의 기능을 강화·보완·대리하는 것이다"라고 할 때, 위탁보호 및 입양, 가정상담, Child Guidance Program, Home Maker Service, Protective Service, Residential Treatment Service, Medical Service, Public Assistance 등의 다양한 프로그램들이 개발되어야 할 것이다.

3) 지역사회중심의 아동복지

국가가 모든 국민의 요구나 생활을 보장하거나 책임지기 어렵다는 측면에서 일정한 지역사회를 기반으로 자치적으로 지역주민의 생활권 보장과 지방의 균형적 발전에 기여할 수 있는 복지시스템을 확립시켜 나가야 한다. 그러한 방향에서 커뮤니티케어의 중요성이 강조된다. 이 개념은 영국, 미국 등 선진국에서 1960년대 이후부터 발전되어 왔는데, 이는 지역사회를 기반으로 하여 공공기관, 민간기관 및 가족이 함께 참여하는 다원주의적 복지서비스를 강화하는 것이다. 즉, 가족중심의 접근과 민간복지서비스의 강화를 일컫는다. 이러한 커뮤니티케어는 지역사회의 기초단위인 가족중심적 접근이나 서비스로서 우리나라에서도 재가복지라는 새로운 개념의 서비스가 중요한 정책과제로 등장하고 있으며, 재가복지의 정책이나 제도가 점차 강조되어 개발되고 있다.

즉, 아동복지에서 가족중심의 접근은 지역사회의 가장 최고단위인 가정을 기반으로 하여 개별적인 아동과 가족의 욕구충족을 도모하는 프로그램과 서비스가 개발되어야 한다는 것이다. 이는 지지적 서비스(supportive service)의 강화를 통해 아동과 가족의 문제를 사전에 예방하는 효과를 가질 수 있다. 아동의 양육과 보호를 지원하는 프로그램을 개발하고, 전문인력이나 자원봉사자를 참여시켜 아동이 원가정 또는 대리가정에서 생활하면서 치료와 서비스를 받을 수 있는 형태가 활성화되어야 하며, 재가아동과 장애아동에 대한 상담, 치료, 교육훈련, 지역사회와의 교류 및 여가활동 등을 지역사회 내에서 총체적으로 지원할 수 있는 방안이 강구되어야 할 것이다.

4) 공공과 민간기관의 협력

아동복지사업이 공적이어야 하느냐, 사적이어야 하느냐 하는 문제를 두고 일률적으로 어느 것이 좋다고 규정 짓기는 어려우나 일반적으로 모든 아동이 대상에 포함되는 보편적인 사업인 경우는 공공부문에서 추진되는 것이 바람직하며, 그와 반대인 경우는 민간기관에서 주도할 수 있다. 그러나 현재 공적이어야 하는 아동복지 분야가 지나치게 사적 책임으로 전가되고 있거나 반대로 사적이어야 하는 분야가 지나치게 공적인 것에 의하여 좌우되고 있는 것은 문제이다. 정리하여 말하면, 일반적으로 국민의 광범위한 대상에 관련되는 사업내용인 경우와 사적 기관에서 할 수 없는 사업내용일 경우는 공적 사업으로 추진되는 것이 좋겠고 그와 반대되는 경우에는 사적 운영이 좋을 것이라는 이론이 성립되겠다(표갑수, 2000).

가장 기본이 되는 아동양육 프로그램은 국가가 사회보장의 형태로 시행할 수 있는데 아동수당의 경우가 가장 대표적인 예이다. 그러나 우리나라에서는 재정문제로 아직 도입하지 않은 상태이며, 이에 따라 빈곤가정이나 결손가정 아동이 취약한 여건에 놓여있다. 아동수당제도는 곧 우리나라에 있어 IMF 이후 늘어났던 아동복지시설 보호아동 수의 감소는 물론 아동의 유기와 방임, 학대 등을 예방하는 적극적인 제도적 장치가 될 수 있으리라 본다. 또한 나아가서는 감소추세에 있는 아동 인구의 증가에도 적지 않은 긍정적 효과를 기대할 수 있으리라 생각한다.

또한 민간기관에서 특수 프로그램을 개발하고, 결연후원과 같은 멘토 연계, 후견인(tutoring)과 같이 지역 내 아동 및 가정을 적극 지원하고 보호하는 사업을 활성해나갈 수 있도록 민간기관들의 참여를 지원하는 등 민간과 공공 부문이 함께 이루어져야 할 것이다.

5) 새로운 실천방법 및 평가활동의 추진

아동은 생리적 인간으로서의 성장·발달의 과정보다 사회적 인간으로서의 성장·발달과정에서 더 많은 문제에 부딪히게 된다. 때문에 아동복지실천가들은 지금까지의 보호가 필요한 아동의 기본적인 생리적 욕구충족에 대한 활동에서 벗어나 일반아동의 심리적 욕구충족에까지 복지서비스 영역을 확대하기 위해 노력하고 있다. 수용시설은 문제아동치료센터 또는 직업기술학교로 그 기능을 확대하고 있고, 구조도 가정단위의 공동생활가정(cottage system, family group home)으로 바뀌어 종전의 의식주 중심 사업에서 사회적 적응력을 배양해 주기 위한 방향으로 점차 변화하고 있다. 또한 일반 육아시설의 기능이나 방법도 새로이 검토되어 요보호아동의 보호와 양육문제 해결방안으로 활용하거나 일반아동의 가정생활, 교육, 건강, 오락, 특수보호와 같은 종합적 욕구를 고려하여 위탁보호, 입양, 가정상담, 홈메이커서비스, 강제보호서비스 등 다양한 프로그램이나 서비스가 개발되어야 한다. 특히 방법 면에서 단순한 보모중심적 형태에서 그룹워크나 케이스워크의 방법론을 채택하는 것이 필요하다.

한편 충족되지 않은 욕구 개발과 평가활동의 추진이 필요하다. 우리들이 참된 아동복지를 실천하기 위해서는 다양한 욕구의 개발과 현재 프로그램의 정확한 평가작업을 통해서 올바른 아동복지활동에 공헌할 수 있어야 한다.

연습문제

1. 시설 위주의 아동복지서비스에서 벗어난, 지역을 기점으로 하는 아동복지서비스는 무엇이 있을까?
2. 부모와 아동을 하나의 단위로 서비스를 제공하는 곳이 있다면 어떤 곳이고, 어떤 내용으로 서비스를 제공하고 있을까?
3. 서비스 전달체계가 일원화되기 위한 방안은 무엇이고, 일원화된다면 얻게 되는 이점은 무엇일까?

연구문제

1. 우리나라에서 육아휴직제도를 정비할 때 기업에서 협조해야 하는 역할은 무엇이 있을까 생각해 보자.
2. 보편적 아동복지로의 자리매김을 위한 일반아동을 위한 서비스의 내용에 관해 생각해 보자.
3. 아동복지정책의 위상을 정립하기 위하여 필요한 아동복지의 패러다임에 관해 논의해 보자.

참고문헌

감정기(2004). 장애인복지 2차 5개년 계획 평가와 제언, 민주노동당 정책위원회. 제2차 장애인복지 발전 5개년계획 평가 정책워크숍 자료집, 21-45.

강경미(2005). 통일을 대비한 북한청소년의 복음화와 기독교 상담전략. 성경과 신학. **한국복음주의 신학회 논문집**. 기독교연합신문사, 37, 260-290.

강기정 · 이무영 · 김영희(2002). 한부모가정의 복지지원체계로서의 가상공동체 활용에 관한 기초 연구. **대한가정학회지**, **40**(2).

강란혜 · 박미석(2005). **아동복지론**. 대왕사.

강병진(1992). **아동교육**. 기독교문서선교회.

강복정(2000). 시설아동을 위한 퇴소준비교육 프로그램의 효과에 관한 연구. 동국대학교 대학원 박사학위논문.

강봉규(1999). **상담이론과 실제**. 교육출판사.

_____(2000). **인간발달**. 동문사.

강욱모(2004). 한부모가족과 빈곤 : 영국에서의 정책변화. **한국사회복지학**, **56**(1).

건강지원센터(2007). 아동양육지원사업 운영매뉴얼.

공계순 · 박현선 · 오승환 · 이상균 · 이현주(2003). **아동복지론**. 학지사.

곽형식 · 박영애 · 박인전 · 양점도 · 윤종희 · 이소희 · 이항재 · 최영희(2001). **인간행동과 사회환경**. 형설출판사.

교육과학기술부(2008a). 2008년도 새터민 청소년 교육지원 계획.

____________(2008b). 다문화가정 학생교육 지원계획.

____________(2008c). 보도자료.

교육인적자원부(2004). 2004 연차보고서. 2004년 정기국회 보고 자료.

____________(2006). 다문화가정자녀 교육지원 대책 자료집.

____________(2007). 다문화가정자녀 교육지원 계획 자료집.

구인회(2003). 경제적 상실과 소득수준이 청소년의 교육성취에 미치는 영향. **한국사회복지학**, **53**, 7-29.

국민복지기획단(1995). 삶의 질 향상을 위한 국민복지의 기본 구상(안).

국민일보(2001. 11. 16).

국회도서관 입법조사분석실(2004). 통일 이후 남북한 교육통합 방안연구. 국회도서관입법조사분석실.

권선진 · 김형수 · 전학석(1996). 장애인구 대상별 특성과 정책 과제. 한국보건사회연구원.

권세은(2002). 시설보호아동과 일반아동의 사회적 기술, 정서조망능력과 자기역량 지각의 비교. 서울대학교 대학원 석사학위논문.

권세은 · 이순형(2002). 시설보호아동과 일반아동의 사회적 기술, 정서조망능력의 비교. **아동학회지**, **23**(2).

권오희(2006). 국내 결혼이민자 가정의 자녀문제에 관한 연구. 경희대학교 행정대학원 석사학위논문.

권용은 · 마미정 · 박민정 · 박초아 · 박춘미 · 이삼범 · 이정란 · 채혜선(2007). 보육정보센터의 발전방안 연구. 전국보육정보센터협의회.

권이종 외(2008). 새터민 청소년 교육지원을 위한 법 · 제도보완 방안. 통일부 · (사) 한국청소년연합.

권지성(2004). 공개입양가족의 적응과정에 대한 문화기술지. **한국아동복지학**, 17.

권지성 · 변미희 · 안재진 · 최운선(2007). 입양아동의 입양됨의 의미. 한국입양홍보회.

금명자 · 이영선 · 김수리 · 손재환 · 이현숙(2006). 한국의 다문화가정청소년실태. 국가청소년위원회 · 한국청소년상담원 편. 다문화가정청소년 사회적응 실태 및 지원방안, 17-72.

길은배 · 문성호(2003a). 북한이탈 청소년의 남한사회 적응문제와 정책적 함의. **청소년학 연구**, 10(4), 163-186.

___________(2003b). 북한이탈 청소년의 남한사회 적응 실태 및 지원방안 연구. 한국청소년개발원.

김광웅(1987). **유아생활지도**. 교육과학사.

김기형(2008). 남북통합시대를 대비한 복지전문인력 양성 및 허브구축을 위한 현장 제언. 그리스도대학교 2008 민 · 관 · 학 파트너십을 위한 기초단체장 및 유관기관장 초청 토론회 자료집, 31-41.

김만지(2001). 청소년기 미혼모의 진로태도 성숙 향상을 위한 집단 프로그램 개입에 관한 연구. **한국아동복지학**, 12.

김미숙 · 박민정 · 이상헌 · 홍석표 · 조병은 · 원영희(2000). 저소득 편부모가족의 생활실태와 정책 과제. 한국보건사회연구원.

김미숙 · 원영희 · 이현송 · 장혜정(2005). 한국의 이혼실태와 이혼가정 지원정책 연구. 한국보건사회연구원.

김민정(2002). 아동학대 무엇이 문제인가?. 전남아동학대예방센터 개소 2주년 기념 세미나 발표 자료.

김범수 · 서은주 · 손병돈 · 정재훈 · 조석연 · 최현미 · 신승연 · 최승희(2007). **다문화사회복지론**. 양서원.

김상균 · 최일섭 · 최성재 · 조흥식 · 김혜란(2001). **사회복지개론**. 나남출판.

김선우(2002). 인터넷 중독 실태와 영향요인에 관한 연구. 서울대학교 대학원 석사학위논문.

김성경 · 김혜영 · 최현미(2004). **아동복지론**. 양서원.

김성천 · 윤혜미(2000). 가족복지 증진을 위한 정책 대안 연구. 보건복지부 연구보고서.

김수정(2002). 집단치료놀이를 통한 사회성 증진 보육 프로그램의 효과. 숙명여자대학교 대학원 박사학위논문.

김승권(2003). 저출산 대비 인구정책 개발 및 범정부 추진체계 수립연구 : 정책보고. 보건복지부 · 한국보건사회연구원.

김승권 · 조애저 · 박세경 · 임유경 · 윤영아 · 이종은(2003). 아동복지시설 생활아동복지 증진 방안 모색. 한국보건사회연구원.

김연진 · 이상희(2007). **부모교육**. 태영출판사.

김영철(2001). 우리나라 교육시장의 종합 진단 : 사교육과 공교육의 역할분담 관계를 중심으로. **교육개발**, **5 · 6월호**, 18-24.

김옥암(2000). **인구경제학**. 유림문화사.

김익균・홍연숙・도미향 외(2002). **사회복지개론**. 대학출판사.

김정원(2006). 외국인근로자 자녀교육 문제와 다문화교육. **국회도서관보**, 43(5).

김주석(2005). 북한이탈아동의 남한 초등학교 생활 연구. 한국교원대학교 대학원 석사학위논문.

김진경・유안진(2003). 시설 거주 여부, 성별 및 연령에 따른 초기 청소년의 의사소통기술과 또래관계 질. **아동학회지**, 23(2).

김춘경・문혁준・신유림・심미경・옥경희・위영희・이경희・이정희・정계숙・정현숙・제경숙・조성연・천희영(2002). **아동학개론**. 학지사.

김태성・손병돈(2002). **빈곤과 사회복지정책**. 청목출판사.

김통원・김경륜・김성천・박은미・이상균 외(2005). 아동복지시설 발전방안 개발연구. 보건복지부・한국아동복지연합회.

김현숙(1997). 사회변화에 따른 육아시설사업 개선에 관한 연구. **국립사회복지연수원 사회복지연구논문집**, 20.

김현용 외(2003). **현대사회와 아동**. 소화.

김현용・윤현숙・노혜련・김연옥・이배근(2001). **현대사회와 아동**. 소화.

김혜란・홍선미・공계순(2003). **사회복지실천기술론**. 나남출판.

김혜영(2012). 아동복지현장변화와 사례관리 역할. 2012 대전사회복지사 학술대회 자료집. 209-221.

김혜영・선보영・김은영・정재훈(2009). 미혼부모의 사회통합방안 연구. 한국여성정책연구원.

나동석(1983). **청소년복지론**. 한국청소년개발원.

남세진・조흥식(1997). **집단지도방법론**(전정판). 서울대학교출판부.

노동익(1997). 아동복지수용시설의 운영개선 방안에 관한 연구. 중앙대학교 대학원 석사학위논문.

노충래(2002). 아동 및 가해자의 특성에 따른 아동학대의 심각성 예측요인에 관한 연구. **한국아동복지학**, 13.

노충래・김원희(2004). 시설 거주 미혼모의 입양결정요인에 관한 연구. **한국아동복지학**, 17.

노충래・박은미・강현아・신혜령(2007). 가정위탁보호사업 활성화 방안 연구. 보건복지가족부.

노 혁(2013). **사회복지실천론**. 학지사.

노혜련(2000). 한국사회복지학회 춘계학술대회. 사회복지관련법 설명회 자료집.

노혜련・장정순(1998). 육아시설아동의 심리사회적 문제에 관한 연구. **한국사회복지학**, 34, 45-67.

대전광역시사회복지사협회(2011). Case-Management 디딤터 사업 사례관리 실천 매뉴얼.

도미향(1997). 서울시 위탁 보육교사보수교육 자료집. 동덕여자대학교 여성사회교육원.

______(1999). **사회복지와 보육사업**. 양서원.

______(2000). 보육서비스가 기혼여성의 취업 및 가족복지감에 미친 영향. 숙명여자대학교 대학원 박사학위논문.

______(2000). 보육서비스가 기혼여성의 가족복지감에 미친 영향. **한국가족복지학**, 5(2).

______(2003a). 아동복지로서의 보육정책의 정체성에 관한 연구. **아동복지연구**, **창간호**, 87-101.

_____(2003b). Decentralization and Regional Even Development in the 21st Century. 지방분권과 아동복지정책. (사) 서울행정학회 창립 20주년 기념 국제학술대회 논문집, 133-154.

_____(2004a). '보육행정체계의 문제점과 개선 방안'에 대한 토론. 국회 여성특별위원회 연구과제 중간 보고.

_____(2004b). 한국아동복지정책과 관련법에 관한 연구. **한국가족복지학**, 9(2), 35-50.

_____(2012). 무상보육 보육정책과 핀란드의 보육정책 안산시 시의회 발표자료.

_____(2013a). 핀란드의 육아 및 가족복지정책. **코칭연구**, 6(1).

_____(2013b). 육아지원 전달체계로서의 시·군·구보육정보센터의 역할과 개선방안. **한국가족복지학**, 18(4).

도미향·김영희(2005). 맞벌이가족 아동의 득과 실. 맞벌이가족 아동의 심리적 복지감을 중심으로. 한국가족복지학회 춘계학술대회 발표 자료집.

도미향·변미희·이명숙·윤지영(2013). **보육학개론**. 신정출판.

도미향·이기숙·강기정·이무영·박경애(2009). **가족정책론**. 신정.

도미향·이소희 외(2001). **여성복지**. 형설출판사.

도미향·이용복(2004). 저출산 시대 부모의 자녀양육기능 강화를 위한 아동복지정책의 방향. **부모교육연구**, 1(2).

도미향·정미현(2013). **보육과정**. 양서원.

류연규·최현수(2003). 우리나라 아동빈곤율 수준과 변화경향 : 1982~2002년 도시근로자 가구를 중심으로. **한국아동복지학**, 16, 135-165.

마석훈(2005). 탈북 청소년의 특성과 남한사회의 편견. 한양대학교 대학원 석사학위논문.

메디컬투데이(2008. 10. 24).

문성호(2005). 북한이탈 청소년의 남한사회 적응과 청소년 복지의 과제. **청소년복지연구**, 7(1), 5-17.

미래창조과학부·한국인터넷진흥원(2013). 인터넷이용실태조사.

박명숙(2002). 아동학대서비스에서 관련기관들 간의 연계성에 관한 논의. **한국아동복지학**, 13.

박미석·이종남(1999). 탈북가족의 남한사회 적응 시 겪는 어려움과 그에 따른 대처방안. **통일논총**, 17, 3-73.

박영숙(2005). 서구의 가정위탁제도. http://www.ngopower.net

박영희 외(2008). **북한 이탈주민 가족복지론**. 나눔의집.

박옥희·권중돈(1994). 장애인복지의 현황과 정책 과제. 한국보건사회연구원.

박윤숙(2006). 북한이탈청소년의 사회적 지지 특성과 남한사회 적응에 관한 연구. 서울여자대학교 대학원 박사학위논문.

박인선(1995). 해외입양인의 뿌리 찾기에 관한 연구. 이화여자대학교 대학원 박사학위논문.

박정원(2007). 초등학생의 국제결혼자녀에 대한 인식. 한국교원대학교 대학원 석사학위논문.

박종보·조용보(2006). 다문화가족 지원마련을 위한 연구. 연구보고 2006-22. 여성가족부.

박한비(2014). 아동권리협약과 관련한 아동의 인권상황 및 문제점. 경북대학교 대학원 석사학위논문.

박효섭(2006). 다문화가정을 통해서 본 다문화교육의 현실과 가능성 : 아시아공동체학교를 중심으로. 제7차 국제이해교육 **학술대회자료집**, 60-75.

배태순(1998). **현대사회에서의 입양의 이해와 입양의 성공**. 경남대학교출판부.

배화옥(2004). 아동학대 재발생의 유형과 요인에 대한 다변량생존분석 : 미국 플로리다 주 자료를 바탕으로. **한국아동복지학**, 18.

백선희(2001). 보건사회연구원 공청회 자료.

법무부(2013). 중앙행정기관 외국인정책 시행계획.

법원행정처(2008). 사법연감.

법제처(2009). http://www.moleg.go.kr/

변미희(2002). 제1회 입양부모상담원 양성교육 자료집. 한국입양홍보회.

변미희 · 권지성 · 최운선 · 안재진(2006). 입양아동발달에 관한 종단연구 -1차년도 결과보고서 -. 한국입양홍보회.

변미희 · 백경숙(2001). 공개입양부모를 위한 사전 · 사후 서비스 프로그램 개발을 위한 기초조사연구. **아동권리연구**, 5(2).

변미희 · 최운선 · 안재진 · 권지성(2012). 입양아동발달에 관한 종단연구 - 4차년도 결과보고서 -. 중앙입양원

변용찬 외(2001). 2000년도 장애인 실태 조사. 한국보건사회연구원.

변용찬(2002). **장애인 자립을 위한 장애인복지정책의 현황과 중 · 장기 발전방안**. 한국보건사회연구원.

변용찬 · 이삼식 · 김유정(1999). **우리나라 입양제도 개선에 관한 연구**. 한국보건사회연구원.

변화순 · 원영애 · 김성경 · 김영란 · 김민정(2000). **최근 가족해체 실태 및 복지대책**. 한국여성개발원.

보건복지가족부(2007). 보건복지가족부 사업안내.

____________(2008). 2008년도 아동복지사업안내.

____________(2008). 보건복지가족부 사업안내.

____________(2008a). 2009년 다문화가족지원센터 사업안내.

____________(2008b). 다문화가족 생애주기별 맞춤형 지원 강화대책.

보건복지가족부 · 중앙아동보호전문기관(2008). 전국아동학대현황보고서.

보건복지부(2000). 2000년도 여성복지사업안내.

_________(2000). 보건복지부 홈페이지.

_________(2000). 보육사업안내.

_________(2001). 보건복지통계연보.

_________(2002). 장애인복지사업안내.

_________(2003). 장애인복지법령집.

_________(2004). 보건복지백서.

_________(2004). 보건복지통계연보.

_________(2004). 보육사업안내.

_________(2005). 2005년 아동복지사업안내.

________(2005). 가정위탁사업 활성화 대책.

________(2005). 보건복지부 사업안내.

________(2005). 2005년도 모·부자복지사업안내.

________(2005). 국제결혼 이주여성 실태 조사 및 보건·복지지원 정책방안.

________(2011). 내부자료.

________(2013). 2013년도 드림스타트 사업안내.

________(2013). 아동분야사업안내.

________(2013). 2012 아동복지시설현황.

________(2013). http://www.mw.go.kr

________(2013). 누리과정 해설서.

________(2013). 연도별 입양현황.

________(2013a). 보육사업안내.

________(2013a). 어린이집 평가인증지표.

________(2014). http://www.mw.go.kr

보건복지부 위탁 지역아동센터중앙지원단(2012). 지역아동센터 사례관리 업무매뉴얼.

보건복지부·중앙아동학대예방센터(2004). 전국아동학대현황보고서.

보건복지부·중앙아동보호전문기관(2013). 2012 전국아동학대현황보고서.

보건복지부·중앙가정위탁지원센터·Save the Children(2013). 가정위탁 10년.

보건복지부·중앙가정위탁지원센터(2012). 2011 가정위탁현황보고서.

보건복지부한국아동권리모니터링센터(2011).

보건사회연구원(2001). 2000년도 장애인 실태 조사 보고서.

복지연합신문(2003. 4. 21).

사회복지공동모금회(2004). 내부자료.

살고 싶은 복지도시 천안네트워크(2002). 사회복지정책 제안집. 천안을 복지세상으로 만드는 33가지 방법.

서문희(2010). 보육서비스이용의 지속성과 정책변화에 따른 이용만족도 변화. 아동가구의 육아지원서비스 이용 및 욕구. 육아정책연구소.

서문희·양미선·도미향·송신영(2011). 공공형 어린이집 시범 모니터링과 평가. 보건복지부·육아정책연구소.

서문희·유혜미·이세원(2010). 저소득층가정의 보육서비스와 사업효과. 한국여성재단.

서문희·이미화·도미향·신윤정(2012). 중장기국가정책과제 수립 보고서. 맞춤형 보육서비스. 기획재정부·육아정책연구소.

서울대학교 사회복지실천연구회 역(2001). **사회복지실천기법과 지침**. 나남출판.

서영숙(2008). 보육정보센터 : 보육정책과 보육현장을 이어주는 허브. 전국보육정보센터토론회 미래지향적 보육정보센터의 역할 재정립, 7-21.

서영숙·황은숙(2004). **한부모가정과 이혼 이해교육**. 양서원.

서 혁(2007). 다문화가정 현황 및 한국어교육 지원방안. **인간연구, 第12호,** 59-60. 가톨릭대학교 인간학연구소.

설동훈 · 이혜경 · 조성남(2006). 결혼이민자 가족실태조사 및 중장기 지원정책방안 연구. 연구보고. 여성가족부.

성삼제(2007). 다문화가정 자녀교육 지원. **서울교육, 19,** 23-26. 서울특별시교육연구원.

성영혜 · 김과웅 · 이재연 · 서영숙 · 이소희(2001). **아동심리학**. 숙명여자대학교출판부.

성영혜 · 김연진(2001). **아동복지론**. 동문사.

성영혜 · 이소희 · 허 선(1997). **사회복지와 보육사업**. 양서원.

손덕순 · 공선영 · 김지애(2007). 경기도 저소득 한부모가족에 대한 정책적 지원방안 연구. 경기도가족여성개발원.

송근원 · 김태성(1995). **사회복지정책**. 나남출판.

신영화(2005). 이혼숙려제도에 대한 임상적 접근. 한국가족치료학회 제20회 춘계학술대회 자료집.

신혜령(2001). 시설아동의 자립 준비에 관한 연구. 이화여자대학교 대학원 박사학위논문.

_____(2012). 아동자립지원포럼 자료집. 아동자립지원사업단.

신혜령 · 김성경 · 안혜영(2003). 시설퇴소아동 자립생활의 영향요인에 관한 연구. **한국아동복지학**, 16.

신혜령 · 정재훈 · 김성경(2006). 한부모가족지원법안에 관한 연구. 여성가족부.

아산사회복지사업재단(1997). 아동복지편람.

안명옥(2004). 저출산사회대책기본법 제정의 필요성. 대한가정학회 57차 추계학술대회 발표집.

안재진(2008). 국내입양가족의 초기적응에 관한 연구. 서울대학교 대학원 박사학위논문.

양계민 · 김승경 · 김윤영 · 정소희 · 이정미 · 박선영(2012). 연구보고12-R08. 한국청소년정책연구원

양숙미(1994). 시설아동에 대한 집단사회사업 실천개입에 관한 연구. 서울대학교 대학원 박사학위논문.

양점도 · 변미희(2001). 아동복지시설의 양육환경이 아동 · 아동발달에 미치는 영향. **아동복지연구**.

양정하 외(2002). **사회복지정책론**. 양서원.

엄규숙(2002). 모성보호비용의 사회분담화 문제. **노동 법률**, 110, 73-77.

엄명용 · 김성천 · 오혜경 · 윤혜미(2000). **사회복지실천의 이해**. 학지사.

여성가족부(2005). 2005년 보육사업지침.

_________(2011). 나홀로아동(자기보호) 실태조사.

_________(2013.4.15). 보도자료.

여성부(2001). 여성백서.

_____(2004). 보육사업 전달체계 효율성 강화 방안 연구.

_____(2005). 2005년도 보육사업안내.

연합뉴스(2003. 4. 17).

_______(2013). 유보통합추진위원회.

영유아보육법(2013). http://www.moleg.go.kr

오성배 · 강태중 · 이기범(2008). 다문화가정 학생교육 지원 중장기계획 수립을 위한 연구. 교육과학기술부.

오승환(2000). 소년소녀가장의 심리사회적 특성에 관한 비교 연구 : 일반아동과의 비교를 중심으로. **한국아동복지학**, 9, 99-126.

오영림 · 김봉석 · 신나리 · 배은경 공역(2005). **아동을 위한 사회사업실천**. 하나의학사.

오정수 · 정익중(2013). **아동복지론**. 학지사.

오혜경(2002). 장애아동복지정책의 문제점과 개선방안. **2002년 한국아동학회 추계학술대회 자료집**, 63-89.

우대식(1992). 어머니 취업 유무에 따른 양육태도와 아동의 문제행동에 대한 지각과의 관계. 경남대학교 교육대학원 석사학위논문.

유계숙 · 장혜경 · 전혜정 · 김윤정 · 민성혜 · 박은미 · 안재희 · 장보현 · 한지숙(2007). **가족정책론**. 시그마프레스.

유명복(2005). 탈북청소년의 남한사회 적응과 기독교 교육의 과제. 성경과 신학. **한국복음주의 신학회 논문집**. 기독교연합신문사. 37, 297-316.

유안진(1999). **아동발달의 이해**. 문음사.

유안진 · 김진경(2002). 시설아동의 자아정체감과 심리사회적 적응 : 학령기 아동과 청소년을 중심으로. **대한가정학회지**, 29(3).

유안진 · 한유진 · 김진경(2003). 시설보호아동의 또래관계 증진을 위한 사회적 역량 프로그램의 효과. **아동학회지**, 24(2).

윤미현 · 이재연(2001). 10대 미혼모의 유아입양관련 요인들에 관한 연구. **아동학회지**, 22(1).

윤여상(2002). 재중 탈북 청소년 인권실태와 대처방안. 북한인권 및 남북 인도적 문제 현황과 대책 비공개 워크숍.

윤혜미(2002). 아동학대방지법과 아동학대예방대책. **한국의 아동복지법**. 소화.

_____(2003). 우리나라 아동학대예방센터 활동분석과 아동보호서비스 개선을 위한 논의. **한국아동복지학**, 15.

이 옥(1993). 도시지역 방과 후 탁아 프로그램 제공을 위한 기초 조사연구. 탁아연구소.

이경희 · 이소희(1993). **가족복지**. 형설출판사.

이경희 · 이소희 · 방은령(1995). **가족복지론**. 형설출판사.

이기영(2002). 탈북청소년의 남한사회 적응에 관한 질적 분석. **한국청소년연구**, 13(1), 175-221.

이남옥(2005). 독일의 이혼상담. 한국가족치료학회 제20회 춘계학술대회 자료집.

이두호 외(1991). **빈곤론**. 나남출판.

이무영(2003). **이혼결정과정**에 영향을 미치는 요인 분석. 숙명여자대학교 대학원 박사학위논문.

_____(2008). 한부모가족의 부모역할 지원을 위한 리더십 개발의 필요성과 방향. 한국코칭학회 추계학술대회 자료집.

이무영 · 채경선(2004). 영아기 부모교육사 교과과정 개발에 관한 기초 연구. 대한부모교육학회 추계학술대회 자료집.

이미선(2002). 해외입양인의 자아정체감 및 이에 영향을 미치는 요인에 관한 연구. **한국아동복지학**, 14.

이배근(2003). 사이버복지선교원. http://www.cyberwelfare.or.kr

이소희 외(2000). 현대가족복지론. 양서원.

이소희 외(2003). 아동복지학. 교문사.

이소희 외(2005). 아동학대. 미간행 자료.

이소희(1995). 보육교사 수요체계와 공급체계의 적정성 검토 및 개선방안. 한국영유아보육학, 3.

_____(1999). 기독교적 관점에서 본 아동발달과 양육. 예영커뮤니케이션.

_____(2005). 아동복지론. 학현사.

이소희·도미향 외(2004). 아동학대와 인터넷. 시그마프레스.

이소희·박인전·도미향 외(1998). 현대가족복지론. 양서원.

이소희·변미희·이무영(2004). 1999년 아동복지법 전면개정의 정책결정과정 연구. 한국가족복지학, 9(1).

이소희·최덕경·강기정·김 훈(2004). 가족문제와 가족복지. 대왕사.

이수자(2004). 이주여성 디아스포라. 한국사회학, 38(2).

이수정(2007). '제3국 체류 탈북 청소년들의 실태와 정책 제언'. 다문화 청소년 정책방향 탐색. 2007 한국청소년정책연구원 고유과제 합동 심포지엄 발표문.

이숙재·이봉선(2002). 유아의 발달과 교육. 창지사.

이순형 외(2001). 시설아동의 가족관계망에 따른 행동문제. 대한가정학회지, 39(4).

이용교(2005). 새터청소년을 위한 자립지원정책의 개선방안 연구. 청소년복지연구, 8(1), 51-67.

이용교·황옥경·김영지·김형욱·이중섭·박경희(2005). 한국의 아동·청소년권리. 인간과 복지.

이용복(2004). 외국의 아동수당제도의 비교연구-저출산 인구정책적 관점에서-. 대한아동복지연구, 2(2), 97-113.

이용환(2003). 아동복지시설 퇴소아동의 취업실태에 관한 연구. 한국아동복지학, 15.

이영주(2007). 다문화가정 아동의 심리사회적 적응에 영향을 미치는 요인에 관한 연구. 공주대학교 대학원 박사학위논문.

이윤로(2005). 사회복지실천기술론. 학지사.

이인정·최해경(1997). 인간행동과 사회환경. 나남출판.

이재연(1993). 아동발달. 문음사.

이재연·김경희(1990). 부모교육. 양서원.

이재연·서영숙·이명조 공역(1990). 아동상담과 치료. 양서원.

이지애(2007). 다문화가정 아동과 일반가정 아동의 학교적응에 관한 비교연구 - 자아존중감을 중심으로 -. 고려대학교 사회복지대학원 석사학위논문.

이혜경(1991). 우리나라 탁아정책의 모델과 재정제도의 선택. 우리 아이들의 육아현실과 미래. 한울.

이혜연·박영균·유성렬·정선욱(2011). 취약계층 아동·청소년 종단조사 Ⅲ. 한국청소년정책연구원.

임경혜(2004). 국제결혼 사례별로 나타난 가족문제에 따른 사회복지적 대책에 관한 연구. 대구대학교 사회복지대학원 석사학위논문.

임인숙(1999). 미국 학계의 가족변화 논쟁. 가족과 문화, 11(1), 23-46.

임춘희(1994). 재혼가족연구의 시각과 연구성과에 관한 문헌 고찰. **대한가정학회지**, 32(2), 93-108.

_____(1996). 재혼가족 내 계모의 스트레스와 적응에 관한 질적 연구. **한국가정관리학회지**, 36.

임춘희 · 정옥분(1997). 초혼계모의 재혼가족생활 스트레스와 적응에 대한 경험적 연구. **대한가정학회지**, 35.

장경미(1995). 취업모의 취업경험과 자녀의 행동 간의 관계. 연세대학교 대학원 석사학위논문.

장인협 · 오정수(2000). **아동 · 청소년복지론**. 서울대학교출판부.

장혜경(2001). 재혼가족을 위한 가족정책 방향과 과제. 여성과 가족정책 세미나 자료. 한국여성개발원.

장혜경 · 김영란(2000). 북한이탈주민가족의 가족안정성 및 사회적응과 여성의 역할. 한국여성개발원 연구보고서.

장혜경 · 민가영(2001). 재혼가족의 적응 실태와 지원방안에 관한 연구. 한국여성개발원.

장혜경 · 송다영 · 김영란 · 김정훈(2001). 한부모가정 및 실질적 여성가장가족의 여성을 위한 가족정책 방향과 과제. 여성과 가족정책세미나 자료. 한국여성개발원.

전용호(1994). **장애인복지론**. 학문사.

전재일 외(1999). 부자가정의 실태와 복지정책. 사회복지개발연구원.

정경희 · 김유경(1997). 지역별 보육수요와 정책방안. 한국보건사회연구원.

정상우(2008). '이주아동'의 기본권 보장에 관한 연구. **법제연구, 통권 34호,** 309-345. 한국법제연구원.

정선욱(2002). 시설보호아동의 심리사회적 적응에 영향을 미치는 요인. 서울대학교 대학원 박사학위논문.

정수주(2000). 한부모가정의 문제유형과 문제요인에 관한 연구. 대구대학교 대학원 석사학위논문.

정영숙(2003). **발달장애아동과 가족복지의 실제**. 현학사.

정영순(1999). 아동복지시설 관련 아동보호, 해체가정의 아동보호. 한국아동복지학회 '99 한국아동복지학회 제11회 학술대회 자료집.

_____(2000). 시설보호아동의 가족재결합 촉구방안. **한국아동복지학**, 9.

정하성 · 유진이 · 이장현(2007). **다문화청소년이해론**. 양서원.

정진웅(2004). 적응을 넘어서. **열린교육연구,** 12(2).

정현숙 · 유계숙(2001). **가족관계**. 신정.

정현숙 · 유계숙 · 임춘희 · 전춘애 · 천혜정(2000). 재혼가족에 대한 실태 및 재혼생활의 질에 대한 연구. **대한가정학회지**, 38(4).

정현영(2007). 다문화가정 자녀의 학교생활 적응에 영향을 미치는 요인에 관한 연구. 숭실대학교 대학원 석사학위논문.

정혜경 · 장영은(1999). 사회복지시설아동의 신체 발육 및 영양 상태. **대한지역사회영양학회지**, 3-11.

조애저 · 김형모 · 김유경 · 이상헌 · 이재연(2000). 아동수당제도의 도입방안에 관한 연구. 한국보건사회연구원.

조영달(2006). 다문화가정의 자녀교육실태조사. 교육인적자원부.

조옥라(1996). 재혼 그 또 다른 시작. 한국가정법률상담소 창립 40주년 심포지엄 자료집.

조은미(1985). 시설아동의 성취동기에 관한 연구. 숙명여자대학교 교육대학원 석사학위논문.
조추용 · 오정옥 · 한성심 · 이채식(2001). 가족복지론. 창지사.
조한범 · 이우영 · 이금순 · 전효관(2003). 북한이탈청소년 및 귀국청소년 문제행동 예방과 대책연구. 한국청소년개발원 통일연구원.
조혜영 · 이창호 · 권순희 · 서덕희 · 이은하(2007). 다문화가족 자녀의 학교생활실태와 교사 · 학생의 수용성 연구. 한국청소년정책연구원.
주소희(2004). 이혼가족자녀의 탄력성 향상을 위한 프로그램 모형 개발. 명륜복지연구, 2.
주정일 · 이소희(2000). 아동복지학. 교문사.
____________(2003). 아동복지실천론. 교문사.
중앙가정위탁지원센터. http://www.fostercare.or.kr
__________________(2008). 가정위탁현황.
중앙건강지원센터(2007). 결혼이민자가족 아동양육지원사업 결과보고서.
중앙아동학대예방센터. http://korea1391.org
중앙일보(2001. 2. 19).
_______(2001. 12. 12).
채정민 · 김종남(2004). 북한이탈주민의 상대적 박탈감과 심리적 적응 : 개인적 적응과 사회적 정체감의 영향을 중심으로. 한국심리학회지 : 사회 및 성격, 18(1), 41-63.
천성문 · 송재홍 · 윤치연 · 윤호열 · 이영순 · 박천식 · 김경일 · 하영자 · 김상희 · 원요한 공역(2001). 아동상담의 이론과 실제. 시그마프레스.
천안 · 아산 · 안산 · 평택(2011). 일반 및 특별회계 세입세출 예산서.
최경석 · 김양희 · 김성천 · 김진희 · 박정윤 · 윤정향(2001). 한국가족복지의 이해. 인간과 복지.
최선희(2003). 교육복지투자 우선지역 아동 · 청소년 실태 조사. 강북 · 노원지역사업 담당자 워크숍. 서울특별시성북교육청 · 강북지역복지협의회 · 노원교육복지협의회.
최성임(1998). 어머니의 취업과 일 만족이 자녀의 성취동기에 미치는 영향. 대구대학교 대학원 석사학위논문.
최승희(2003). 자녀를 상실한 미혼모들을 위한 슬픔완화 지지집단 프로그램의 효과. 한국아동복지학, 16.
최옥채 · 박미은 · 서미경 · 전석균(2005). 인간행동과 사회환경. 양서원.
최일경(1996). 시설아동의 문제행동에 관한 연구. 연세대학교 대학원 석사학위논문.
최현미 · 이혜경 · 신은주 · 최승희 · 김연희 · 송성실(2008). 다문화가족복지론. 양서원.
통계청(1996). 인구동태통계연보.
_____(2000). 1999 생활시간 조사보고서.
_____(2002). 2002년 혼인 · 이혼통계.
_____(2004). 가구소비실태조사 1996. 2000. 전국가계조사.
_____ 각 연도 인구동태조사.

통계청 인구동향과(2012). 사망원인통계.
통일문답(2001). 북한주민의 종교의식. 통일부 통일교육원.
통일부(2004). 북한이탈주민 정착지원 업무 실무편람.
_____(2006). 북한이탈주민 정착지원 업무 실무편람.
_____(2007). 북한이탈주민 정착지원 업무 실무편람.
_____(2008). 북한이탈주민 정착지원 업무 실무편람.
표갑수(2000). **아동·청소년복지론**. 청주대학교출판부.
_____(2000). **아동복지론**. 나남출판.
하승민·서지영·강현아·마주리·서혜전·장정백(2008). **아동상담**. 공동체.
한국가족치료학회(2005). 임상적 관점에서 본 이혼 전 숙려제도. 제20회 춘계학술대회 자료집.
한겨레신문(200. 1. 23).
________(2009. 2. 2).
________(2009. 2. 11).
한국보건사회연구원(1994). 장애인복지의 현황과 정책 과제.
______________(1995). 1995년도 장애인 실태 조사.
______________(2003). 가족 총소득 대비 1인당 평균 자녀양육비.
한국보육시설연합회(2001). 보육정보.
한국수양부모협회. http://www.ngopower.net
한국아동복지협회(2011). 아동복지법 개정에 따른 아동복지시설 발전방향.
한국아동학회(2001). **아동발달백서**. 한솔교육문화연구원.
한국인간발달학회(1996). **유아의 심리**. 중앙적성출판사.
한국입양홍보회. http://www.mpak.org
___________(2001). 제2회 전국입양부모대회 자료집.
한국청소년개발원(2003). **청소년정책론**.
한국청소년연구원(2009. 2). 보도자료.
한국청소년정책연구원(2011). 한국 아동·청소년 인권실태 연구Ⅰ. 연구보고 11-R11.
한만길(1997). **통일시대 북한교육론**. 교육과학사.
한미숙(2001). 대구지역 가정위탁보호사업에 관한 연구. 계명대학교 여성학대학원 석사학위논문.
한인영(2001). 북한이탈주민의 우울성향에 관한 연구. **정신보건과 사회사업**, 1(6), 78-94.
한인영·이소래(2002). 북한이탈주민의 이주형태 및 성별에 따른 건강관련 특성 비교연구. **한국가족복지학**, 10, 121-141.
함인희(1993). 변화하는 가족과 여성의 지위. **21세기와 여성**. 한국여성개발원.
허남순(2004). 친인척 가정위탁과 일반 가정위탁아동의 심리사회적 특성 및 위탁가정의 서비스 욕구에 대한 비교연구. **한국아동복지학**, 18.
_____(2004). 한국 가정위탁보호제도의 현황과 법률 제정의 필요성.

현경순(2007). 국제결혼 부부의 부부갈등 및 양육태도가 자녀들의 학교생활 부적응에 미치는 영향. 성균관대학교 사회복지대학원 석사학위논문.

현외성 외(1998). **한국노인복지학 강론**. 예풍출판사.

홍봉선(1997). 비행청소년 자아개념 강화를 위한 집단사회사업 프로그램 개발과 그 적용에 관한 연구. 부산대학교 대학원 박사학위논문.

홍봉선 · 남미애(2001). **청소년복지론**. 양서원.

황범주(2008). 다문화가정 자녀를 위한 교육정책분석. 안양대학교 교육대학원 박사학위논문.

황옥경(2003). 영국 · 프랑스 · 일본의 아동양육에 대한 사회적 지원. 국제아동복지학회 2003년차 학술대회 자료.

황은숙(2008). 한부모가정 복지정책의 현황과 개선방안. 한국한부모가정학회 창립기념학술대회 자료집, 23-45.

황진수 · 전신욱(2004). 북한이탈 청소년의 남한사회적응지원방안. **한국정책과학학회보, 8**(3). 한국정책과학회.

島田晴雄(2000). 高齢・少子化社會 家族と經濟. NTT出版.

澁谷敦司(1999). 少子化問題の社會的構成と家族政策. **季刊會問題硏究, 34**(4), 374-383.

神長谷川眞人・神戸賢次・小川英彦(2001). **子どもの援助と子育て支援**. ミネルビア書房.

竹中惠美子(1995). 育兒休業職制度とその問題點. **賃金と社會保障, 370**.

Amato, P. R., & Keith, B.(1991). Parental Divorce and the Well-being of Children : A Meta-analysis. *Psychology Bulletin, 110*, 26-46.

Amato, P. R.(1993). Child's Adjustment to Divorce : Theories, Hypotheses, and Empirical Support. *Journal of Marriage and the Family, 55*, 23-38.

American Humane Association(1984). *Trends in officially reported child neglect and abuse*. American Humane Association, Child Protection Divisions.

Anthony N. Maluccio(1995). Children : Direct Practice. *Encyclopedia of Social Work*(19th ed.). NASW.

ASGW(1989). *Professional standards for the training of group workers*. ASGW/ ACA.

Bartfeld, J.(2000). Child Support and the Postdivorce Economic Well-being of Mothers, Fathers, and Children. *Demography, 37*(2).

Belskly, J.(1993). Etiology of child maltreatment : A developmental-ecological analysis. *Psychological Bulletin, 114*(3).

Bernstein(1999). *Problems-solving styles of aggressive and victimized children*. NM.

Besharov, D. J.(1990). *Recognizing child abuse : A guide for concerned*. New York : Free Press.

Brooks-Gunn, J., & Duncan, G. J.(1997). The Effects of Poverty on Children and Youth. *The Future of Children*, 7, 55-71.

Catheleen Jordan, Cynthia Franklin(2003). *Clinical Assessment for Social Workers*. Lyceum Books, Inc.

Clapp, Genevieve(2000). *Divorce and New Beginnings*. John Wiley & Sons Inc.

Conseil of Europe(1994). *Recent Demographic Developments in European 1993*. Conseil of Europe Press.

Costin, L., Bell, C., & Downs, S.(1991). *Child Welfare : Policies and Practice*. Longman.

Dorothy Zietz(1969). *Child Welfare Services and Perspectives*. New York : John Wiley & Sons.

Duncan, G. J., & Brooks-Gunn, J.(2000). Family Poverty, Welfare Reform, and Child Development. *Child Development*, *71*(1), 188-197.

Eamon, M. K.(2001). The Effects of Poverty on Children's Socioemotional Development : An Ecological Systems Analysis. *Social Work*, *46*(3), 256-266.

Eliner B. Rosenberg. 이윤로 · 이미선(2007). **입양의 생애주기**. 신정.

Elion, D.(1990). Therapy with remarriage families with children : Positive interventions from the client perspective. Unpublished master's thesis, University of Wisconsin-Stout.

Emery, R. E.(1999). *Marriage, Divorce, and Children's Adjustment*(2nd ed.). Sage Publications Inc.

Esping-Andersen, G.(1993). *The Three Worlds of Welfare Capitalism*. Princeton University Press.

__________________(2002). *Why We Need a New Welfare State*. New York : Oxford University Press.

Farel, A. M.(1980). Effects of preferred maternal roles, maternal employment, and socio-demographic status on school adjustment and competence. *Child Development*, *51*, 1179-1186.

Ganong, L., & Coleman, M.(1994). *Remarriaged family relationship*. Sage publications.

Ganong, L., Coleman, M., & Fine, M.(1995). Remarriage and stepfamilies. In R. D. Day, K. R. Gilbert, B. H. Settles, & W. R. Burr(Eds.), *Research and theory in family*. Science Books/ Cole.

Gilbert, N., & Terrel, P.(1998). *Dimensions of Social Welfare Policy*(4th ed.). Boston : Allyn and Bacon.

Glick, P. C.(1989). Remarriage families, stepfamilies and stepchildren : A brief demographic profile. *Family Relations*, *38*, 24-27.

Goldenberg, H., & Goldenberg, I.(1998). *Counseling Today's Families*(3rd ed.). Books/ Cole Publishing Company.

Goldner, V.(1982), Remarriage family : Structure, System, Future. In Hansen, J. C., & Messinger, L.(Eds.), *Therapy with Remarried Families*, Aspen, 187-206.

Hollis, F.(1970). The Psycho-Social Approach to the Practice of casework. In Roberts & Nee(Eds.), *Theories of social casework*. Chicago : Chicago University Press.

Jenson, J., & Whittaker, J.(1987). Parental involvement in residential treatment : From Pre-placement to after care. *Children and Youth Services Review, 9*.

Johnson, L.(1986). *Social Work Practice : A generalist approach*. Newton, MA : Allyn & Bacon.

Kadushin, A., & Martin, J. A.(1998). *Child welfare services*(4th ed.). NY : Macmillan Publishing Co.

Kadushin, A.(1974). *Child Welfare Services*. New York : Macmillan.

Kahn, A. J.(1979). *Social Policy and Social Services*(2nd ed.). New York : Random House.

Kempe, C. H., Silverman, F. N., Steele, B. T., Droegemueller, W., & Silver, H. K.(1962). The battered child syndrome. *Journal of the American Medical Association, 181*.

Kierman, K.(1997). 第2回厚生政策セミナー少子化時代を考える. 厚生省.

Kissman. K., & Allen, J. A.(1993). *Single-Parent Families*. SAGE Publications.

Leathers, S. J.(2000). *Behavioral Disturbance Among Foster Children : The Role of Detachment From Caregivers and Community Institutions*. The University of Chicago. Doctoral Dissertation.

Loeler, R.(1990). Development and risk factors of juvenile antisocial behavior and delinquency. *Clinical Psychology Review, 10*, 1-41.

Macnair, R., & Elizabeth McKinney(1983). *Assessment of Child and Adolescent Functioning : A Practitioner's Instrument for Assessing Clients*. Athens : Institute of Community and Area Development, University of Georgia.

Maluocio, A. N., & Sinanoglu, P. A.(Eds)(1981). *The Challenge of partnership : Working with parents children in foster care*. New York : Child Welfare League of America.

McFadden, E. J.(1980). *Working with natural families foster care*. Ypsilanti : Eastern Michigan University.

McLoyd, V. C., & Wilson, L.(1992). *The strain of living poor : Parenting, social support, and child mental health*(pp.105-134). Child in Poverty : Child Development and Public Policy. Huston, A. C.(Ed.). Cambridge, UK : Cambridge University Press.

Murray, C.(1984). *Losing Ground : American Social Policy, 1950-1980*. New York : Russell Sage Foundation.

NAIC(National Adoption Information Clearinhouse)(2004). Adoption Disruption and Dissolution : Number and Trends.

Papalia, D. E.(1996). 인간발달Ⅰ. 교육과학사.

Popenoe, D.(1993). American family decline, 1960-1990 : A review and appraisal. *Journal of Marriage and the Family, 55*, 527-555.

Perlman, H.(1957). *Social casework : A Problem solving process*. Chicago : University of Chicago Press.

Roy, P., Rutter, M., & Zigler, E.(1991). Vulnerability and Competence : A Review of Research on Resilience in Childhood. *American Journal of Orthopsychiatry, 61*(1), 139-149.

Sheafor, B. W., Horejsi, C. R., & Horejsi, G. A.(1997). *Techniques and guidelines for social work practice*. Needham Heights, MA : Allyn & Bacon.

Social Security Administration(1997). Social Security Program Throughout the World-1997.

Tatara, T.(1993). *Characteristics of children in institute and adoptive care : A Statistical summary of the VICS National Child Welfare Data Base*. Washington, DC : Child Welfare League of America.

Titmuss, R. M.(1976). *Social policy*. London : George Allen & Unwin.

Toseland, R. W., & Rivas, R. F.(1995). *An introduction to group work practice*(2nd ed.). New York : Macmillan.

Van de Kaa & Dirk, J.(1987). Europe's Second Demographic Transition. *Population Bulletin*, 42(1), 32-41.

Virginia, L. S., Nancy, B. M., & Lisa, K.(1999). The Impact of Social Support on Women's Adjustment to Divorce : A Literature Review and Analysis. *Journal of Divorce & Remarriage*, *32*.

Visher, E. B., & Visher, J. S.(1996). *Therapy with Stepfamilies*. New York : Brunner.

Voria, P., Rutter, M., Pickles, A., Wolkind, S., & Hobsbaum, A.(1998). A Comparative Study of Greek Children in long-term Residential Group Care and in Two-parent Families : Ⅱ. Possible Mediating Mechanisms. *Journal of Child Psychology and Psychiatry*, *39*(2).

Warren, D. H.(1994). *Blindness and Children*. New York : Cambridge University Press.

Wassen, D., & Hess, P.(1989, Spring). *Foster parents as child welfare educators*. Public Welfare.

Watson, J. B.(1919). *Psychology from its Standpoint of a Behaviorist*. Philadelphia : J. B. Lippencott.

Wilson, W.(1987). *The Truly Disadvantaged : The Inner City, the Underclass, and Public Policy*. Chicago : The University of Chicago Press.

http://unicef.or.kr/crc

http://www.mohw.go.kr/html/kor/11 open data, 2005. 4. 16.

http://www.icareinfo.info.

찾아보기

저/자/약/력

■ 도 미 향

숙명여자대학교 대학원 아동복지 전공(아동복지학 박사)
남서울대학교 아동복지학과 교수
한국가족복지학회 회장/ 평택시 보육정보센터 소장
보건복지가족부 저출산대책포럼 위원 / 국가보훈처 정책 및 평가위원
〈저서〉 현대가족복지론(2005, 공저)
인간행동과 사회환경(2005, 공저)
방과 후 아동지도(2004, 공저)
그것은 아동학대예요(2002, 공저)
아동학대전문상담(2004, 공저) 등

■ 남 연 희

대구대학교 대학원 사회복지학과(철학박사)
한일장신대학교 사회복지학부 교수
〈저서〉 자원봉사론(2007, 공저), 장애인복지론(2009, 공저)
사회복지실천론(2011, 공저), 사회복지의 이해(2002, 공저)
사회복지조사방법론(2005, 공저)

■ 이 무 영

숙명여자대학교 대학원 아동복지 전공(문학박사)
대덕대학교 사회복지과 교수
〈저서〉 사회복지개론(2004, 공저)
Studies on Women Series Ⅲ－The Activities of Women's Organizations in Korea(2000, 공저)
성경적 자녀양육(2005, 공저)
성경적 태교(2005, 공저)

■ 변 미 희

숙명여자대학교 대학원 아동복지 전공(문학박사)
백석대학교 사회복지학부 교수
〈저서〉 청소년복지론(2005, 공저)
성경적 자녀양육(2005, 공저)
성경적 태교(2005, 공저)